21世纪经济与管理规划教材·金融学系列

农村金融学

（第三版）

王曙光 等著

北京大学出版社
PEKING UNIVERSITY PRESS

图书在版编目(CIP)数据

农村金融学/王曙光等著. —3 版. —北京:北京大学出版社,2023. 12
21 世纪经济与管理规划教材. 金融学系列
ISBN 978 - 7 - 301 - 34488 - 0

Ⅰ. ①农… Ⅱ. ①王… Ⅲ. ①农村金融—高等学校—教材 Ⅳ. ①F830. 34

中国国家版本馆 CIP 数据核字(2023)第 183895 号

书　　名	农村金融学(第三版) NONGCUN JINRONGXUE (DI-SAN BAN)
著作责任者	王曙光　等著
责任编辑	兰　慧
标准书号	ISBN 978 - 7 - 301 - 34488 - 0
出版发行	北京大学出版社
地　　址	北京市海淀区成府路 205 号　100871
网　　址	http://www. pup. cn
微信公众号	北京大学经管书苑(pupembook)
电子邮箱	编辑部 em@ pup. cn　总编室 zpup@ pup. cn
电　　话	邮购部 010 - 62752015　发行部 010 - 62750672　编辑部 010 - 62752926
印 刷 者	河北文福旺印刷有限公司
经 销 者	新华书店
	787 毫米×1092 毫米　16 开本　21 印张　485 千字
	2008 年 1 月第 1 版　2015 年 9 月第 2 版
	2023 年 12 月第 3 版　2023 年 12 月第 1 次印刷
定　　价	65.00 元

丛书出版说明

教材作为人才培养重要的一环，一直都是高等院校与大学出版社工作的重中之重。“21 世纪经济与管理规划教材”是我社组织在经济与管理各领域颇具影响力的专家学者编写而成的，面向在校学生或有自学需求的社会读者；不仅涵盖经济与管理领域传统课程，还涵盖学科发展衍生的新兴课程；在吸收国内外同类最新教材优点的基础上，注重思想性、科学性、系统性，以及学生综合素质的培养，以帮助学生打下扎实的专业基础和掌握最新的学科前沿知识，满足高等院校培养高质量人才的需要。自出版以来，本系列教材被众多高等院校选用，得到了授课教师的广泛好评。

随着信息技术的飞速进步，在线学习、翻转课堂等新的教学/学习模式不断涌现并日渐流行，终身学习的理念深入人心；而在教材以外，学生们还能从各种渠道获取纷繁复杂的信息。如何引导他们树立正确的世界观、人生观、价值观，是新时代给高等教育带来的一个重大挑战。为了适应这些变化，我们特对“21 世纪经济与管理规划教材”进行了改版升级。

首先，为深入贯彻落实习近平总书记关于教育的重要论述、全国教育大会精神以及中共中央办公厅、国务院办公厅《关于深化新时代学校思想政治理论课改革创新的若干意见》，我们按照国家教材委员会《全国大中小学教材建设规划（2019—2022 年）》《习近平新时代中国特色社会主义思想进课程教材指南》《关于做好党的二十大精神进教材工作的通知》和教育部《普通高等学校教材管理办法》《高等学校课程思政建设指导纲要》等文件精神，将课程思政内容尤其是党的二十大精神融入教材，以坚持正确导向，强化价值引领，落实立德树人根本任务，立足中国实践，形成具有中国特色的教材体系。

其次，响应国家积极组织构建信息技术与教育教学深度融合、多种介质综合运用、表现力丰富的高质量数字化教材体系的要求，本系列教材在形式上将不再局限于传统纸质教材，而是会根据学科特点，添加讲解重点难点的视频音频、检测学习效果的在线测评、扩展学习内容的延伸阅读、展示运算过程及结果的软件应用等数字资源，以增强教材的表现力和吸引力，有效服务线上教学、混合式教学等新型教学模式。

为了使本系列教材具有持续的生命力，我们将积极与作者沟通，争取按学制周期对教材进行修订。您在使用本系列教材的过程中，如果发现任何问题或者有任何意见或建议，欢迎随时与我们联系（请发邮件至 em@ pup. cn）。我们会将您的宝贵意见或建议及时反馈给作者，以便修订再版时进一步完善教材内容，更好地满足教师教学和学生学习的需要。

最后，感谢所有参与编写和为我们出谋划策提供帮助的专家学者，以及广大使用本系列教材的师生。希望本系列教材能够为我国高等院校经管专业教育贡献绵薄之力！

北京大学出版社

经济与管理图书事业部

目　录

第一篇　总　论

第二篇　农村合作金融

第三篇　农村民间金融

第四篇 农村微型金融

第五篇　农业政策性金融

第六篇　农村中小企业融资

第七篇 新兴农村金融市场

第一篇

总　　论

第一章　农村金融学引言:方法与框架

【学习目的】

◆ 对农村金融学的研究对象和研究方法有整体的了解,并对这门学科的理论框架有一个大致的把握。

◆ 理解农村金融研究的方法论,掌握正确的方法对农村金融研究的重要性。

【内容概要】

本章第一节首先从资源配置和要素流动的角度,论述了资金作为一种生产要素,其合理配置与有序流动对农村经济发展的重要意义,从而阐明研究农村金融的理论意义和实践意义;第二节探讨了农村金融学的学科性质、研究对象以及基本范畴,并着重探讨了研究发展中国家农村金融发展的特殊意义;本章的主体部分是第三节,详尽讨论了农村金融学研究的方法论问题和基本研究方法,说明了经济理论和经济史方法、社会学和文化人类学方法以及社会调查方法、制度分析和比较经济学方法等研究方法在农村金融学研究中的意义和具体应用;最后,第四节介绍了本书的基本框架和思路,帮助读者对全书的基本内容有一个大致的了解。

第一节　为什么要研究农村金融

一、农村金融、资源配置和要素流动

农村金融是农村经济的核心,而农村金融研究的核心问题之一是农村经济和农业产业运行过程中的资金流动与配置。资源配置是经济学研究的重要内容,市场中所有资源(包括土地、劳动力、资金、知识和技术等)的合理配置和有序流动是市场经济有效性的重要保障和经济效率的源泉。资金作为市场经济中的重要资源之一,其配置的有效性直接关系到一个国家和地区经济增长的速度与效率。在农村经济领域,由于其经济主体资金存量有限和信息不充分等,资金的有效动员和合理配置显得尤为重要,因此也就凸显出各种农村金融机构(包括正规金融机构和非正规金融机构)在农村经济发展中的重要性。如果农村金融机构能够有效而有序地运转,农村的资金流动就会得到保障,农村经济的发展就能获得较大的金融支持;反之,如果农村金融机构缺乏效率,而且违背正常的运作规则,则不仅会使农村的信贷关系发生扭曲,而且会扰乱农村金融市场的秩序,为农村经济增长带来消极的后果。一个良好的农村金融体系,可以较好地动员农村地区的储蓄,满足农村地区农户和企业的融资要求,对农村经济发展和农业转型极为重要。

从我国农村经济发展的历史进程来看,资源的有效配置和要素的合理流动一直是影

响农村经济发展的重要因素。在20世纪七八十年代的改革之前，农村经济发展受到传统计划经济体制的制约，劳动力、土地等重要生产要素的配置并不受市场信号的指引，而是按照计划部门的指令进行配置，这就导致农村经济增长缺乏持续的动力；在此之后的农村经济体制改革造就了中国的经济增长奇迹，而成功背后的基本逻辑则是遵循了基本的经济学原理，即实现劳动力和土地等生产要素的有效配置，使各要素实现了更大程度的自由流动。这使得农村地区大大释放了积蓄已久的生产力，并为中国经济长达四十多年的快速增长奠定了基础。可以说，如果没有农村经济领域的初始制度变迁，就不可能为其他部门的制度变迁提供巨大的农业剩余，从而也就不可能保障整体制度变迁的顺利进行并支撑中国经济的长期增长。

当前，在我国农村地区，生产要素有序而合理的流动还难以得到彻底的保障，在当前的农村经济制度安排框架中，农村的劳动力流动、土地流转和资金流动还不顺畅，从而制约了农村经济的进一步发展。农村经济和农村金融还需要继续深化改革，以促进资金和土地等生产要素的合理有效配置。

二、农村金融发展与新农村建设

21世纪初期，我国提出“新农村建设”的基本目标，这表明，全国上下已经深刻认识到促进城乡区域协调发展、全面振兴农村经济的战略重要性。新农村建设的目标，就是从社会主义现代化建设全局出发，统筹城乡区域发展；坚持解决好“三农”问题，实行工业反哺农业、城市支持农村，推进社会主义新农村建设，促进城镇化健康发展；落实区域发展总体战略，形成东中西优势互补、良性互动的区域协调发展机制。在新农村建设中，实现农村各种生产要素的合理流动和资源的有效配置，成为最重要的指导思想和基本原则。比如，稳定并完善以家庭承包经营为基础、统分结合的双层经营体制，有条件的地方可根据自愿、有偿的原则依法流转土地承包经营权，发展多种形式的适度规模经营，这就强调了土地等要素流动的重要性。再如，深化农村流通体制改革，积极开拓农村市场，就是强调农村中正常的商品流动的重要性。我们还要逐步建立城乡统一的劳动力市场和公平竞争的就业制度，依法保障进城务工人员的权益，这是强调农村劳动力合理流动的重要性。

除了劳动力、土地和商品等要素的合理流动，实际上，农村资金的流动在农村经济发展中也扮演着非常重要的角色。要深化农村金融体制改革，规范发展适合农村特点的金融组织，探索和发展农业保险，改善农村金融服务。当前的农村金融体制和运行状况制约了农村资金的流动，未能对农村储蓄实施有效的动员和合理的配置，反而使大量农村金融剩余流出农村领域，造成了严重的“系统性负投资”现象，对我国的经济发展造成负面影响（见专栏1.1）。国有商业银行从农村地区大量撤出，邮政储蓄体系又吸走大量农村储蓄，农村信用社运转效率低下且商业化倾向日益加重，这些因素导致农村金融体系根本无法承担支撑农村经济发展和农业产业结构转型的重要使命。“新农村建设”离开农村金融的全面改革是难以想象的。

专栏 1.1

系统性负投资的定义、表现和规模

“系统性负投资”是对金融机构贷款进行歧视性检测的重要内容,所谓“系统性负投资”,是指银行或其他金融机构从一个地区的居民中获得储蓄,而没有以相应比例向该地区发放贷款。对这种系统性负投资的一个检测方法是审查银行对某个社区的信贷与储蓄的比率。从统计数据来看,改革开放以来我国农村地区已经出现了严重的系统性负投资现象,而且这种现象自 20 世纪 90 年代以来有所加剧。1978—2005 年,中国农业银行、农村信用社、邮政储蓄系统以及其他金融机构等都在不同程度地从农村地区吸走大量资金,但并没有以同样的比例向农村地区发放贷款,这种趋势在 1992—2005 年间更为明显。数据显示,90 年代初,农村地区金融机构负投资额为 1 234.70 亿元,到了 2005 年,农村地区金融机构负投资额达到 11 378.46 亿元,增长了将近 9 倍,而这十多年正好也是大批国有金融机构网点纷纷从农村地区撤离的时期,这使得农村资金短缺的状况异常突出。如果将财政渠道的负投资额计算在内,这种状况就更加严重,农村地区的负投资总量在 1992 年为 261.28 亿元,2005 年这个数字猛增到 30 440.41 亿元,13 年间扩大了 116 倍(见图 1.1)。

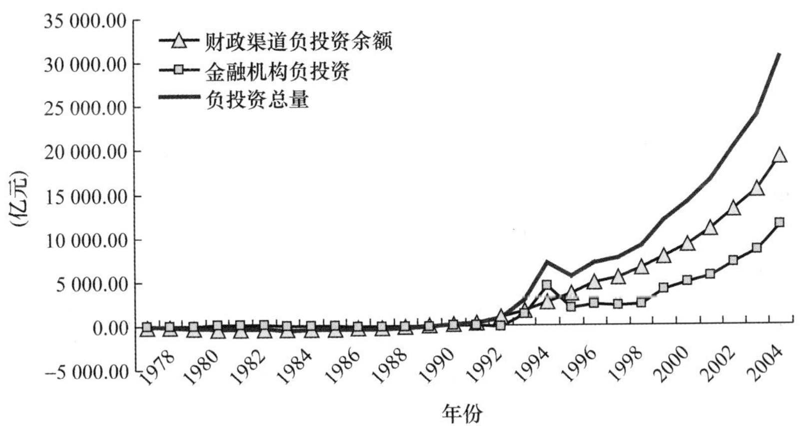

图 1.1　1978—2005 年农村系统性负投资额

资料来源:历年《中国统计年鉴》《中国乡镇企业年鉴》和《中国金融年鉴》。

农村系统性负投资包括农村资金通过财政渠道的净外流量和通过金融机构的净外流量。其中国家财政用于农业的支出和农业各税与乡镇企业税相抵后的净值为农村资金通过财政渠道的外流量。农业各税包括农业税、牧业税、耕地占用税、农业特产税和契税。[①] 通过金融机构的净外流量是金融机构农村存款和农村贷款之差,其中农村存款包括农户存款、乡镇企业存款等;农村贷款包括农户贷款、乡镇企业贷款等,该差值若为负数表示资金净流入。本专栏所统计的金融机构包括中国人民银行、政策性银行、国有商

① 农业税、牧业税、农业特产税于 2006 年废止。——编者注

业银行、邮政储蓄机构、农村信用社和城市信用社。

农村系统性负投资现象在一定程度上阻碍了农村经济的发展。20世纪90年代之后，农村资金加剧外流造成了两方面的消极后果：一方面，农村经济的发展受到资本缺乏的制约，农村地区金融供求缺口增大，农民的信贷可及性大为降低，因而农民收入增加的速度大为减慢，这导致城乡居民收入差距增大，我国居民收入分配的差异程度递增。另一方面，随着农村资本稀缺性的增强，农村非正规金融迅速成长，在某些地区甚至成为农村信贷供给的主导力量，导致双重二元金融结构的特征更加明显。尽管非正规金融的存在在微观上缓解了部分农村信贷需求者的资金饥渴，但从整体上来说，非正规金融的过快增长对宏观经济有可能产生消极的影响。

资料来源：王曙光、李冰冰，《农村金融负投资与农村经济增长——库兹涅茨效应的经验验证与矫正框架》，《财贸经济》，2013年第2期；王曙光，《问道乡野——农村发展、制度创新与反贫困》，北京：北京大学出版社，2014年版。

农村金融的改革涉及正式金融体系和非正式金融体系两个层面。对于正式金融体系而言，目前农村信用合作社（以下简称“农村信用社”）是主体。令人感到欣慰的是，近年来农村信用社的改革力度明显加大，各地根据实际情况在原有农村信用社的基础上组建了农村合作银行和农村商业银行，重新构造了农村金融的框架体系，使一些地区的农村正式金融焕发出蓬勃生机。国家的资金支持与农村信用社自身的体制改革相结合，使农村信用社的盈利能力和资产状况大为改观。除了农村信用社，村镇银行、小额贷款公司和新型农民合作金融组织也蓬勃兴起，大型商业银行和股份制商业银行也开始大举进军农村金融业，这是近年来出现的好现象，农村金融领域的竞争态势初步形成。对于非正式金融体系而言，中央已经改变了以往彻底取缔和完全抑制的政策，在肯定非正式金融体系对农村经济增长和农户生产经营重要作用的基础上，采取了措施对农村非正式金融体系进行规范化监督和管理。这些情况都表明，农村金融已经进入一个新的战略发展期，必将对未来农村经济的发展发挥积极的作用。

第二节　农村金融学的研究对象和基本范畴

一、农村金融学的研究对象

农村金融学是一门以农村各类经济主体的资金融通行为和各类农村金融组织资金运作规律为基本研究对象，全面探讨农村金融市场、农村金融机构和农村金融工具的社会科学学科。在这个定义中，所谓农村各类经济主体，既包括一般意义上的农民和农户，也包括农村各类中小企业组织以及各类基层组织和合作组织，而且随着农村产业结构和运作机制的转型，农村的中小企业、基层组织以及各类专业性的合作组织（如各种生产性、技术性或流通性的专业协会与合作社）的资金运营规模迅速提升，在农村金融市场上的重要性也日益凸显。可以说，随着农村经济中合作组织、中小企业、家庭农场等新型经营组织的兴起，农村金融的需求主体正在逐步多元化。定义中的“各类农村金融组织”，不仅包括正式金融组织，还包括非正式金融组织。其中正式金融组织是指那些获得国家正式金融业务许可并受到国家金融法规监管的金融组织，包括国家正式承认的各类商业性金融组织、政策性金融组织和合作性金融组织；非正式金融组织是指那些未获得国家正式金融业务许可、未受到国家金融法规监管，因而其经营处于地下状态的金融组织，包括各种合会、农村基金会、钱庄等，一般也称为民间金融组织。

就农村金融学的研究范畴而言，其社会科学性质决定了农村金融学在研究对象方面不可能脱离对于人的行为的研究（农村金融学在学科体系中的位置见图 1.2）。具体而言，农村金融学着重于农村社区中的农民和农户的行为的研究。由于经济结构、文化传统和运行机制的特殊性，农村社区的农民和农户的行为具有其他经济行为主体不具备的特征，其储蓄和投资行为不能简单地套用一般的主流经济学框架去理解和解释。同时，在探讨农村金融学时，我们将特别关注农村金融组织与农村经济主体之间的相互关系以及这种关系给农村经济主体带来的影响。这种关系是一种动态的互动的关系，农民和农户等经济主体的行为影响了农村金融组织的运作模式，同时农村金融组织的运营也给农村经济主体的投资行为带来了积极或消极的影响。比如，就农民的信用意识和契约观念而言，传统小农经济条件下的农户的信用观念很强，其信用行为受到农村社区的公众舆论的强大影响和约束；而在农村经济转型时期，农村人口流动性增强和传统群体结构变化导致农民的信用行为在一定程度上扭曲了。因此，农村信用社等金融组织如何正确地运用传统文化下的信用资源，如何运用各种有效方式挖掘农民内在的信用传统并培育新的市场经济下的信用意识，是一个研究任务艰巨的课题，在农民与农村金融组织之间的互动中，在多次的动态博弈中，农民和农村金融组织同时积累了大量关于信用的知识，这对我国农村金融体系的正常运转和有序发展非常重要。

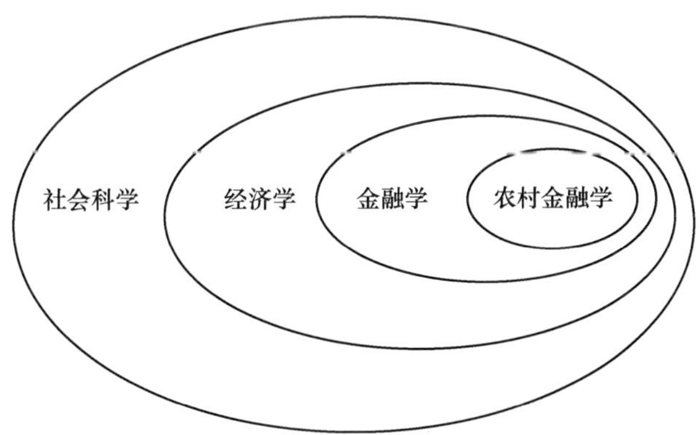

图 1.2 农村金融学在学科体系中的位置

二、关注发展中国家农村金融的发展

在本书中，我们对农村金融的研究，更多关注发展中国家农村金融发展的一般规律，探讨发展中国家农村的资金借贷关系和资本流动规律，尽管在某些部分我们也讨论到一些发达国家的农村金融状况，但是主要的研究目的是通过这种比较分析揭示发展中国家农村金融发展的规律。探讨一个发展中国家的农村金融发展，其中所涉及的命题与探讨发达国家的农村金融发展很不一样，其分析范式和研究视角有很大的区别。发达国家城乡二元格局不明显，城市和乡村基本融为一体；同时，发达国家由于市场发育比较完善，市场机制运作比较规范，即使在农村金融市场上，其所面临的问题也与一般金融市场没有太大区别。发达国家的农场作为一个经营单位，所遵循的基本市场准则与一个典型的利润最大化的厂商没有任何区别。但是在发展中国家，尤其是中国这样有着悠久的小农经济传统的国家，农村经济结构与发达国家的区别很大，农户和农民的经济行为很难用主流的新古典经济学理论来概括，这是本书在很多地方都特别强调的一点。

发展中国家农村金融体系的发展还不充分，这种不成熟状态也就意味着农村金融有很大的制度创新空间和潜力。这种制度创新体现在三个方面：

首先是农村经济主体的不断变化给农村金融带来巨大的发展机遇。就中国农村来说，改革开放以来，农村中小企业获得了空前的发展，因而顺理成章地成为农村金融服务的主要对象之一。农村中小企业作为农村经济中一支重要的生力军，其融资行为对农村金融组织产生多方面的影响，直接决定了农村金融组织的资产负债结构和经营运行机制的变化。而随着计划经济向市场经济的转轨，作为农村经济主体的农民和农户的投资与借贷行为也发生了巨大的变化，家庭的市场化经营与合作经营改变了传统小农经济的经济形态，也就必然引起农村金融组织产生相应的革新。

其次是农村和城市关系的变化给农村金融改革带来新的机遇。城市和农村的传统二元格局正在慢慢消融，农村经济主体与城市经济主体之间的关系愈加紧密，城市和农村金融机构的融资行为互相影响。在一些城乡结合地区，这种状况尤其明显，城市和农村的金融机构互相渗透，进行良性的竞争与合作，这对农村金融机构的传统业务产生了深远的影响。

最后是农村经济本身的转型对农村金融发展提出了新的要求。传统农业向现代农业的转型，粗放型农业向集约型农业的转型，使得农村的金融需求空前巨大，这不可避免地会引起农村金融机构的行为发生变化，促使其不断进行产品创新和制度创新，以适应农业的转型。本书的所有理论探讨，都是着眼于农村经济中的经济转型和制度演进而展开的。

第三节　农村金融学的研究方法

一、方法论的基本理念

研究方法对于科学的发展至关重要。一门成熟的学科，首先必须具备成熟的研究方法，也就是中国古人说的“工欲善其事，必先利其器”。现代经济学在两个世纪的演变历程中，已经逐渐形成一整套比较成熟、规范和系统的方法，尤其是作为现代经济学主流学派的新古典经济学，确已为经济学研究者提供了一整套研究经济行为和经济现象的分析框架。这个框架由三个主要部分组成：视角（如经济人偏好、生产技术和制度约束、可供使用的资源禀赋等经济学基本假定）、参照系或基准点（即为研究真实世界而提供的非真实的高度抽象的经济学模型,如一般均衡理论中的阿罗-德布鲁定理),以及分析工具(即用较为简明的图像和数学结构帮助我们深入分析纷繁错综的经济行为和现象)(钱颖一,2002)。包括新古典经济学在内的现代经济学,确实为研究经济学各个分支学科提供了比较好的视角、参照系和分析工具,我们凭借这些视角、参照系和分析工具,对真实世界的经济现象和经济行为进行较为科学的研究。但需要指出的是,现代经济学提供的这些基本的视角、参照系和分析工具,是纯粹抽象意义上的经济研究方法,在分析具体的经济现象和经济行为时,应该特别注重观察这些经济现象和经济行为背后所给定的约束条件,注重观察不同经济现象背后特殊的制度环境、历史情境和文化因素,切不可完全照搬现成的经济学理论,把主流的经济学思潮不加批判地应用到自己的研究中。事实证明,这种不理会经济现象背后的特殊约束条件和制度环境而照搬经济学基本理论的“囫囵吞枣”的研究方法,在学术上是非常危险的,也是非常荒谬的。

就农村金融学而言,尽管从一般意义上讲,现代经济学的一些基本分析方法和范式,都可以在农村金融学中得到较好的应用(比如供求分析方法、成本收益比较方法,以及更为现代的博弈论方法等),但是在应用现代经济学方法时,需要对现代经济学方法的局限性和条件性加以特别注意。比如在分析小农经济下的农户借贷行为时,简单地套用现代经济学的一些方法是不明智的,因为现代经济学研究的经济行为和经济现象,是在一个规范的、成熟的市场中所发生的,成熟市场的存在以及市场主体按照市场价格的指示有效地配置资源,是现代经济学分析的一个不言自明的前提。但是这个前提在传统的小农经济形态下是不存在的,小农经济下不存在成熟的市场形态,农户也不同于一般的资本主义企业,不能用一般成熟市场经济下厂商的利润最大化行为来描述和分析农户,同时农户的雇佣行为也难以等同于资本主义市场经济下企业主的雇佣行为。在分析农村金融市场的利率决定时,一般的现代利率决定理论(如市场分割理论、首选栖息地理论和可贷资金理论等)只能作为参考,为我们的研究提供一个理论的参照系,但绝不可照搬现有的理论。尤其是在分析民间金融的利率决定和高利贷的利率问题时,我们应该更多地从制度环境、社会结构和群体文化传统的角度寻求答案,而不是拘泥于传统的新古典经济学教条。

谈到研究方法,我们需要厘清几个最基本的理念:

第一,研究方法不能拘泥于一家一派,而应该广收博取,融汇百家,为我所用。只有综合运用各种有效的分析方法,才能正确地从多个维度认识事物,从而达到认识真理的目的。研究者应该审慎地考察各个不同学派的观点的假定条件和特殊立论背景,从而采纳其合理的成分,融汇到自己的理论中。举例来说,就农村研究而言,当我们在考察农户和农民的行为时,至少会面临三个不同的学派:强调农户利润最大化理性行为的“理性小农派”、强调农户寻求生存的稳定性和小农经济中的互惠关系的“道义小农派”,以及强调研究农村中的阶级构成和生产关系的马克思主义学派。实际上,这三个学派各有其侧重点,其观察农村经济的视角和参照系不同,因而形成了不同的观点,但这些观点又是可以互补和融合的。不加分析地拘泥于一家之言,会严重影响科学研究的客观性和全面性。

第二,研究方法不是一成不变的教条,随着研究技术的进步、研究领域和视野的变化、研究对象的历史演进,研究方法也应该随之变化,以适应不同的研究对象和情境。也就是说，在研究方法上应该采取与时俱进的态度。当我们研究传统经济形态下的小农行为时，一般不能采用成熟市场经济形态下的厂商理论和利润最大化假说；但当我们研究农业经济极为发达条件下的经营性农场的经济行为时，现代经济学的厂商理论和利润最大化假说就基本符合研究对象的实际状况。同样，小农经济下的借贷关系和现代大农业条件下的金融支持是完全不同的情况，应该采用不同的范式来研究。在农村金融的研究中，可以根据研究的实际情况采用一些数理经济学或者博弈论的方法。

第三，研究方法应注重不同学科的方法的融合与交叉，在科学研究交叉性和多元性日益增强的今天，研究方法也应该融会贯通。单一地拘泥于某一学科的方法，是不能奏效的，也是不符合学术发展历史趋势的。农村金融学是一个交叉学科，我们在研究中经常会遇到不同学科领域的问题，这就需要我们在研究中开阔眼界，注意汲取不同学科的理论成果，并融会贯通。比如农村金融学的研究涉及对农村社会和农民、农户行为的研究，因此在研究中广泛使用社会学、文化人类学的方法，就是题中应有之义。另外，农村金融的研究中还会用到大量经济史和金融史的知识，因此历史的视角也是研究中不可或缺的。

二、逻辑和历史/经济理论与经济史

研究农村金融学同研究一切社会科学一样，会面临历史和逻辑的关系问题，也就是一般而言的经济理论和经济史的关系问题。历史和逻辑的统一说起来很容易，但要落实到社会科学研究的实践之中，并非易事。在经济学的发展进程中，出现了很多不同的流派，不同流派对历史和逻辑同一性这个命题的回答是不同的。

在经济学史上，奥地利学派的"门格尔-米塞斯系统"强调演绎和逻辑推理在经济研究中的作用，而摒弃所谓经验研究。门格尔把确立他所说的"严格的规律"作为经济学的任务，而这种规律并不需要经验事实来确认或否认。米塞斯认为经济学理论本身应该是完全正确的人类行动知识体系，经济理论命题与经验事实不符，不能说明经济理论本身是不正确的。

应该说，米塞斯对先验的理性的强调，其哲学来源可以追溯到笛卡尔的"工具理性"。笛卡尔与培根的区别在于，前者强调先验的、理性的作用，强调人类的理性可以为我们提供科学的结果；而后者强调经验，强调从经验的观察和整理中获得知识。前者提出"我思故我在"，说明理性思维的重要性；而后者提出"知识就是力量"，强调人类的经验和历史对于知识积累的重要性。前者采用理论科学的研究方法，而后者采用描述科学的研究方法。前者使用演绎法，而后者使用归纳法。米塞斯的"人类行动科学"方法论也和笛卡尔的方法一样，试图寻求超越人类经验的一种先验的科学体系，这种科学体系不依赖于人类的经验和历史事实的验证，而是取决于人类的理性思维中一种逻辑的演绎能力。

显然，单纯强调"纯粹逻辑"在社会科学研究中的作用是失之偏颇的，社会科学研究应该是历史和逻辑的统一，在社会科学发现中，强调逻辑推演和先验理性的演绎法，与强调经验研究和知识累积的归纳法同样重要。实际上，经济学中充斥着这种将过度抽象化的总体变量加以滥用的现象。如经济学中各种对于人类行为总体性的假说就带有某种普适色彩，这种试图寻找某种具有普适性的理念从而忽视真实世界多样性与复杂联系的方法论倾向，妨碍了经济学家对真实世界的复杂性和多元主义的理解。

在研究农村金融学的过程中，历史和逻辑的统一显得尤为重要，这是因为农村金融的发展首先是一个历史的、动态的过程，对这一过程的任何理解，都应该将逻辑推演与实际的历史过程结合起来考察，如此才能获得对农村金融的正确认识。在农村金融学领域的研究中，金融史或者一般意义上的经济史研究显得特别重要。在经济理论的探索中重视经济史研究，这是熊彼特在其《经济分析史》中特别强调的方法论。熊彼特将经济分析方法分为三部分，即经济史、统计和经济理论，而在这三部分中，他特别推崇经济史的作用。

农村金融学的研究，特别是与农户/农民行为研究以及农村经济/社会结构研究相关的工作，在很大程度上要借助于经济史的研究成果。本书的写作即受益于大量研究中国农业史和农村史的优秀成果，比如黄宗智先生关于近代华北和长江三角洲传统小农经济的研究、许倬云先生关于汉代农业和中国精耕农业形成的研究、美国学者彭慕兰等关于中国传统社会历史变迁与西方的比较研究等。农村金融学涉及大量有关农业、农民、农村的内容，而农业、农民和农村是一个在悠久的历史进程中逐渐形成和演进的研究对象，如果不对其历史演进过程做彻底的梳理、深入的理解，我们就很难理解当前的农业、农民和农村。在农村金融学中，每一个看似细微的话题都有可能牵引出大量带有深远历史背景和厚重历史积淀的问题，而只有对这些问题在历史上的演变过程和来龙去脉进行科学的分析，才能够对该领域的现状以及未来趋势有一个准确的把握。比如，关于农业人口的社会保障问题、关于高利贷在农村经济中的作用问题、关于农村民间金融的地位问题等，都必须在较长的时间跨度和较悠远的历史的框架内才能得到正确的阐释，只注重短期的分析，是不会获得科学的结论的。因此，在农村金融学的研究中，注重逻辑分析和历史探讨的统一，注重经济理论和经济史的统一，不是空洞的说教，而是有其实际的方法论意义的。

三、社会学、文化人类学和社会调查

研究农村金融学，首要的问题是理解农村社会和农民阶层的生活状态与行为特征。而要理解这一点，不能仅仅凭借逻辑上的理性推演，更要依靠历史的、经验的研究，在这方面，我们必须在很大程度上借助和参考社会学与文化人类学的研究方法以及研究成果。在研究中国农村金融时，如果不能深刻了解中国的农民和农村的社会生活及其结构特征，就很难理解为什么农民会选择某一种金融组织形式和融资方式，而拒斥另一种金融组织形式和融资方式，也很难理解为什么有些金融机构在农村获得了极大的成功，而另一些金融机构却负债累累甚至倒闭。社会学在农村金融研究中的重要性，在某种程度上甚至超过了经济学理论，换句话说，我们能够从社会学研究成果那里获得的研究灵感，可能要比从正统的经济学理论那里得到的还要多。梁漱溟先生和晏阳初先生开创的乡村建设运动及其对农村社会的理念，在中国农村金融制度变迁研究领域具有里程碑式的意义；费孝通先生有关中国传统农村社会的富有启发性和持久影响力的著作，也是我们了解传统农业社会的结构与特征的基础性文献。另外，我国早期的一些著名社会学家的著作直到目前仍然对我们了解中国传统农业社会及其变迁有极大帮助。

在农村金融学的研究中，社会学方法获得了广泛的运用，其中最主要的社会学方法是社区研究、社会调查，也就是运用各种分析工具对所要研究的农村社区进行实地调查研究。这是社会学的一个优秀传统，实际上，实地调研、田野考察应该成为一切社会科学普遍运用的基础研究方法之一，经济学也不例外。遗憾的是，经济学在迅速发展其逻辑分析工具和数学描述语言的同时，在很大程度上抛弃了这个优秀的传统。经济学仅仅依赖那些来自统计年鉴的总量数据进行数理经济学的逻辑推理和计量建模，而忽视了直接从真实世界获得鲜活的理论灵感和一手的数据，这种状况在很大程度上影响了经济学的健康发展，也有损经济学作为一门科学的声誉。现在，应该是经济学向社会学学习，从而真正实现经济学和社会学融合的时候了。事实上，目前正在发生的事情是，社会学和经济学这两门主要社会科学之间的界线正在被重新描绘，从而为全面研究社会学和经济学领域中的一系列重大问题提供一种全新的视角，一些经济学家开始更多地将社会学的分析方法和范式运用到经济学研究中。在农村金融学研究中，农村社区的经济结构和社会结构、农户的借贷行为及其社会行为等研究资料的获得，仅仅依赖官方统计数据和现有研究成果是不够的，研究者还应该尽可能对研究对象进行实地调研。在农村金融学研究中，如果没有那些亲身参与式的实地考察，我们可能永远也无法设身处地地理解农民的生活和思想。当然，实地调查不仅是感性认知的获得，还是掌握第一手科学数据的重要方法。

社会研究的一些基本方式在农村金融学研究中都可以用到。社会研究的基本方式有调查研究、实验研究、实地研究和文献研究（见表1.1），其中每一种方式都具备某些基本的元素或特定的语言，构成一项具体社会研究区别于其他社会研究的明显特征。

表1.1　社会研究的基本方式简介

研究方式	子类型	资料收集方法	资料分析方法	研究的性质
调查研究	普遍调查 抽样调查	统计报表 自填式问卷 结构式访问	统计分析	定量
实验研究	实地实验 实验室实验	自填式问卷 结构式访问 结构式观察 量表测量	统计分析	定量
实地研究	参与观察 个案研究	无结构观察 自由式访问	定性分析	定性
文献研究	统计资料分析 二次分析 内容分析 历史比较分析	官方统计资料 他人原始数据 文字声像文献 历史文献	统计分析 定性分析	定量和定性

资料来源：风笑天，《社会学研究方法》，北京：中国人民大学出版社，2001年版，第7—9页。

在农村金融学的研究中，实证主义方法和人文主义方法都是可以应用的，而且都具有巨大的作用。就实证主义方法而言，问卷调查、访问调查、观察调研、抽样方法、测量方法、统计分析方法以及比较新的计算机应用分析技术等，都可以应用。这些方法尤其是问卷调查和访问调查，是农村金融学研究中经常使用的。比如，要了解农村信用社的运作情况,我们可以采用问卷调查方法,设计出一套简明而有效的问卷,对所在社区内的农民和农户进行调查,了解其在农村信用社的存款和贷款情况,了解农户参与农村信用社业务的情况,也可以了解农村信用社对"三农"的支持情况。访问调查方法也很有效,我们可以访问一些比较典型的农村中小企业,了解它们对农村信用社信贷的看法,也可以访问农村信用社的员工和管理者,了解农村信用社的运作过程和经营理念。至于统计分析,更是农村金融学研究中必不可少的方法,对农村信用社存款、贷款、不良贷款等指标的统计分析以及结构分析,可以帮助我们了解农村信用社的基本业务状况和素质,判断农村信用社的竞争力。一些人文主义方法在农村金融学的研究中也是有用的,这种方法一般用于一些对文化、风俗、宗教信仰、社会关系的研究。

文化人类学在农村金融学中也有很重要的作用。从某种意义上来说,经济学的研究对象是人类行为,而人类社会在长久的历史发展过程中必然形成一种具有持久性的行为规范和行为模式,这种规范和模式也就是我们所说的文化。因此,经济学的研究不能脱离对于文化的研究,农村金融学研究也是如此。当我们分析和考察一个村落及当地农民的借贷行为时,不仅要将这个村落里的农户和农民作为一个理性的个体去看待,更要将他们视为一个巨大文化群体中的一员,农户和农民的借贷行为更多地受到群体文化的影响,这也决定了小农经济条件下的农村信贷行为与成熟市场经济条件下的农场主的借贷行为不一样。文化人类学的一些重要著作已经成为我们研究传统社会必须参考的经典,比如摩尔根的《古代社会》、费孝通的《乡土中国》等。本书强调了对文化人类学的应用,在我们分析农村金融中农户和农民的信用时,以及在分析传统农村向现代农村转型中的文化断裂时,经常会使用文化人类学的视角和方法。一个经济学家必须是一个眼界开阔的研究者,而不能囿于自己的专业领域而对其他领域的优秀成果和方法采取封闭和拒斥的态度。

四、制度分析和比较经济分析

在经济学研究中,制度视角越来越受到研究者的重视,制度经济学已经成为发展势头最为迅猛、同时对真实世界解释能力最强的经济学理论之一。现实的经济世界是一个复杂的系统,在这个系统中,人们的经济行为和非经济行为都受到一系列规则的约束与指引。这些规则有时表现为比较清晰和刚性的法律及规章制度,有时则表现为比较软性和含蓄的文化、风俗、潜规则以及习惯行为,不管是正规的法律制度还是非正规的习惯性约束,都可以称为制度。正如制度经济学一直强调的,制度的重要作用在于保护个人的自由领域,帮助人们避免或缓和冲突,增进劳动和知识的分工,并促进经济繁荣。规范人际交往的规则对经济增长非常重要,以至于连人类的生存和繁荣也完全依赖于正确的制度,以及支撑这些制度的基本人类价值。新古典经济学假定市场中的各种交易行为在一种"制度"真空和无交易成本的环境下进行,作为一种经济学研究的合理抽象,这种假定自然是可以被接受的,但是这种假定完全违背了真实世界中市场交易和各种非市场交易的本质。现在,大部分经济学家已经接受了制度经济学的核心判断,即制度在协调个人行动上发挥着重要作用。可以说,对制度的分析构成了理解真实世界的基础。

在农村金融学研究中,制度分析渗透于研究的全过程。在分析传统农业社会的借贷关系时，我们不可避免地要研究维系传统农业社会借贷的制度基础。这些制度基础基本上是一些不成文的、软性的、非正式的制度，表现为乡村中的宗法关系、亲缘关系、社区中的人际交往准则、传统道德观念以及乡规民约。只有理解了这些存在于传统乡村社会的非正式制度，我们才能理解农村的各种非正式金融经历了上千年的演变仍能保持其旺盛生命力的内在原因。如果缺乏制度分析的视角，仅仅试图运用新古典经济学来解释这些现象，我们就会感到困惑和不得要领。制度分析还有助于我们理解现代农村转型条件下金融制度安排的基本趋势。

举例来说，对中国农村合作金融的争论，大部分集中于对中国农村合作金融的性质的探讨，很多学者注意到中国农村合作金融在性质上与国际上标准的农村合作金融有非常大的区别。但是很少有学者从制度分析的角度来探讨，为什么一种规范的合作金融在中国会演变成为一种“不规范”的合作金融形式？合作金融在中国的“异化”背后有什么制度层面的根源？实际上，农村合作金融在中国的“异化”有着深刻的制度根源，这些制度根源包括小农经济条件下农村特有的信用拓展机制、行政权力渗透下合作金融的委托—代理关系的扭曲、政府制度背景下农村合作金融的信用软约束倾向等。基于这样的分析，农村合作金融的未来改革就不应是僵硬地规定农村合作社的业务领域和职能，而是在制度安排上顺应其内在制度特征，将合作金融制度引导到适应现代市场经济的农村商业银行或股份合作制的合作银行制度。从这个例子可以看出，制度层面的分析确实会加深我们对农村金融的现状和未来发展趋势的认识。

比较经济学和比较制度分析在农村金融学的研究中也起着非常重要的作用。比较经济学是一门对不同经济发展模式、不同经济体制与不同经济政策的国家和地区进行比较研究的经济科学，其主旨是通过比较研究获得关于不同国家发展路径及其绩效判断的基本原则和方法。比较制度分析通过将经济体制视为各种制度的集合来分析市场经济体制的多样性和绩效，这里的“制度”，其定义是十分宽泛的，即将正式的法律制度和合同以及非正式的习俗文化等都包含在内。从学科的角度来讲，比较经济学的研究范围较之比较制度分析要宽泛一些。在农村金融学的研究中，比较制度分析的方法也是无处不在的。当我们分析农村合作金融、农村民间金融、农村政策性金融等的时候，不可避免地要将不同国家和地区的制度进行比较分析，以了解这些金融组织形式在不同国家和地区产生的根源、不同的组织结构、不同的运作机制以及不同的经济绩效。这些比较分析带给我们更为广阔的分析视角，使我们得以发现和揭示农村金融制度在不同国家的表现形式与效果，对我们理解农村金融极为重要。举例而言，关于农村小额信贷，有很多种不同的运作模式，这些成功的模式都是适用于某一国家和地区的特殊模式，只有在具体分析其存在的文化和组织基础的前提下，我们才可以将其吸取到本国的小额信贷实践中。脱离了比较分析，就很可能得到“南橘北枳”的结果。由此可以看出比较分析的重要性。

以上我们探讨了农村金融学研究中的方法论和基本研究方法，实际上，就像我们强调的那样，研究方法不具有独立的意义，研究方法是为特定的研究对象和研究目的服务的，在具体的研究中，应该针对特定的研究对象和目的选择适当的方法。农村金融学研究往往要综合运用以上各种方法，将经济学和金融理论、经济史和金融史方法、社会学和人类学方法（包括实地研究、调查研究等各种社会研究方法）、制度分析方法和比较经济学方法等熔为一炉,才能获得科学的、可信的结论。成功的农村金融学研究往往是理论研究和社会调研的完美结合,通过逻辑的推演获得理论,再通过社会调查检验和充实理论结论,最后获得一个接近真实世界的理论体系。实际上,不光是农村金融学,任何社会科学几乎都要遵循这样的研究规律。

第四节　农村金融学的基本框架

本书共分七篇。第一篇是总论部分,主要介绍农村金融学的研究对象、研究方法和框架,阐述农村金融发展的基本理论,并通过对农民、农户的借贷行为的分析和农村信贷的供求分析,为农村金融学研究奠定理论和方法论基础。第二篇是农村合作金融,在梳理合作制度和合作金融的基本理论的基础上,对各国合作金融制度的运作模式进行比较制度分析,并对我国农村信用社的历史进程、当前争议和未来改革趋势进行探讨。第三篇是农村民间金融,主要探讨农村民间金融的运作方式和内生扩张机制,以及农村民间金融的绩效和风险防范。第四篇是农村微型金融,对农村微型金融的基本概念、运作模式和核心制度设计进行概括,对中国农村微型金融的创新模式进行系统探讨。第五篇是农业政策性金融,对政策性金融的存在理由进行经济学意义上的分析,并探讨政策性金融对经济发展的影响,在此基础上比较若干典型国家农村政策性金融的运作机制,并对我国农村政策性金融的改革发展提出若干看法。第六篇是农村中小企业融资,对中小企业融资难问题的根源进行深入探讨,对世界各国中小企业融资扶持体系进行系统梳理,并提出中国解决中小企业融资困境的政策体系。第七篇是新兴农村金融市场,对农产品期货市场、农业保险、互联网金融与农村普惠金融、农地金融创新、农业供应链金融等前沿性问题进行研究与介绍。本书比较完整地探讨了农村金融学的基本理论和世界各国以及中国农村金融的创新实践,对一些前沿性问题进行了深入分析,第三版与前两版相比,以更大的篇幅对近几年农村金融领域的创新模式和新兴市场进行了讨论,反映了农村金融领域最新的变革与创新。

关键术语

资源配置	要素流动	新农村建设	农村金融学
农村经济主体	农村金融组织	农村正式金融组织	农村非正式金融组织
经济理论和经济史	逻辑和历史的统一	社会学方法	文化人类学方法
社会调查	制度分析	比较经济学方法	综合分析

思考与讨论

1. 研究农村金融学对当前中国农村经济发展有何意义?
2. 理解资源配置和要素流动在农村经济发展中的重要意义。

3. 新农村建设中农村金融扮演着什么样的角色？

4. 农村金融学的研究对象是什么？这些研究对象与一般金融学的研究对象有何区别？

5. 理解农村金融组织中正式金融组织和非正式金融组织的作用。

6. 理解社会学方法和文化人类学方法在农村金融学研究中的应用。

7. 如何在农村金融学研究中贯彻“逻辑和历史的统一”的原则？

8. 比较经济学方法在农村金融学中起到什么作用？

9. 谈谈你对农村金融学理论体系的理解。

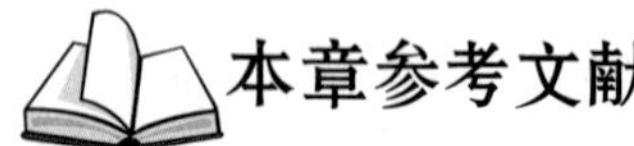

本章参考文献

波普尔.开放社会及其敌人[M].陆衡,等,译.北京:中国社会科学出版社,1999.

波普尔.历史主义贫困论[M].何林,等,译.北京:中国社会科学出版社,1998.

笛卡尔.谈谈方法[M].王太庆,译.北京:商务印书馆,2000.

恩格斯.反杜林论[M]//马克思,恩格斯.马克思恩格斯选集:第三卷.中共中央马克思恩格斯列宁斯大林著作编译局,编译.北京:人民出版社,1972.

费孝通.江村经济:中国农民的生活[M].北京:商务印书馆,2001.

费孝通.乡土中国 生育制度[M].北京:北京大学出版社,1998.

风笑天.社会学研究方法[M].北京:中国人民大学出版社,2001.

哈耶克.经济学与知识[M]//哈耶克.个人主义与经济秩序.邓正来,译.北京:生活·读书·新知三联书店,2003.

黄宗智.长江三角洲小农经济与乡村发展[M].北京:中华书局,2000.

黄宗智.华北的小农经济与社会变迁[M].北京:中华书局,2000.

柯武刚,史漫飞.制度经济学:社会秩序与公共政策[M].韩朝华,译.北京:商务印书馆,2000.

李景汉.北京郊区乡村家庭生活调查札记[M].北京:生活·读书·新知三联书店,1981.

李景汉.定县社会概况调查[M].北京:中国人民大学出版社,1986.

梁漱溟.乡村建设大义[M]//梁漱溟.梁漱溟全集:第1卷.济南:山东人民出版社,1989.

梁漱溟.乡村建设理论[M]//梁漱溟.梁漱溟全集:第2卷.济南:山东人民出版社,1990.

刘伟,杨云龙.比较经济学[M].北京:中国财政经济出版社,1990.

米塞斯.经济学的认识论问题[M].梁小民,译.北京:经济科学出版社,2001.

彭慕兰.大分流:欧洲、中国及现代世界经济的发展[M].史建云,译.南京:江苏人民出版社,2003.

钱颖一.理解现代经济学[J].经济社会体制比较,2002(2).

青木昌彦,奥野正宽.经济体制的比较制度分析[M].魏加宇,等,译.北京:中国发展出版社,1999.

青木昌彦.比较制度分析[M].周黎安,译.上海:上海远东出版社,2001.

斯威德伯格.经济学与社会学——研究范围的重新界定:与经济学家和社会学家的对话[M].安佳,译.北京:商务印书馆,2003.

唐盛明.社会科学研究方法[M].上海:上海社会科学院出版社,2003.

王曙光,李冰冰.农村金融负投资与农村经济增长——库兹涅茨效应的经验验证与矫正框架[J].财贸经济,2013(2).

王曙光.问道乡野——农村发展、制度创新与反贫困[M].北京:北京大学出版社,2014.

熊彼特.经济分析史:第一编,第一卷[M].北京:商务印书馆,1996.

许倬云.汉代农业[M].桂林:广西师范大学出版社,2005.

晏阳初,赛珍珠.告语人民[M].桂林:广西师范大学出版社,2003.

晏阳初.农村运动的使命[M]//晏阳初.晏阳初全集:第1卷.长沙:湖南教育出版社,1989.

杨开道.农村政策:第1版,第2版[M].上海:世界书局,1931,1932.

杨开道.农村自治:第1版,第4版[M].上海:世界书局,1930,1931.

杨开道.农村组织:第1版,第4版[M].上海:世界书局,1930,1931.

约翰逊.经济发展中的农业、农村、农民问题[M].林毅夫,赵耀辉,编译.北京:商务印书馆,2004.

第二章　金融发展理论与农村金融发展

【学习目的】

- 深刻理解金融发展理论的基本演进框架，了解金融发展理论中一些代表性人物的基本思想。
- 了解农村金融抑制和二元金融结构的成因及其经济效果。
- 了解农村金融理论的不同学派的观点，并着重思考农村金融中政府适度干预的必要性。

【内容概要】

本章首先介绍了以“麦金农-肖”学派及其第一代和第二代拓展模型为核心的金融发展理论，对该理论的演进过程、历史贡献和内在缺陷进行了梳理；在此基础上，本章运用制度变迁成本分担假说阐释了发展中国家农村金融抑制的根源，并进一步对农村金融市场上存在的二元金融结构进行了理论分析；最后，介绍了20世纪六七十年代至今一些主要的农村金融理论流派，并对农村金融市场不完全竞争理论进行了详细介绍，探讨了农村金融市场中政府介入的理论基础和经济功能。本章有助于读者为研究和学习农村金融学奠定基本的理论基础。

第一节　金融发展、金融抑制与经济增长

本书所讨论的农村金融，尽管在某些个别章节中涉及一些发达国家的农村金融问题，但是总体而言，我们着重探讨的是发展中国家的农村金融。探讨发展中国家的农村金融，就必须将其置于整个发展中国家的金融发展和金融制度演进的大框架中去考察，没有这样一个宏观视角，关于农村金融的讨论就会陷入一些纷繁芜杂的金融现象中，从而无法发现和把握这些现象背后的基本金融规律及金融原理。对发展中国家金融制度变迁的历史考察始于20世纪70年代，盛于90年代，这几十年是全球发展中国家金融制度变迁和金融自由化最为迅猛的时期，在此期间，发展中国家的金融体系发生了深刻的变化，金融制度和金融结构的内在演进基本上遵循了新古典经济学的框架。然而，以新古典经济学为指导思想的发展中国家金融自由化也遭遇了各种挑战和困境，其中最值得关注的是发展中国家金融危机的频繁爆发。本节将简要介绍金融发展理论的基本思想和演变进程，同时对发展中国家的金融抑制进行解释，从正反两方面探讨发展中国家的金融发展对经济增长的影响。

一、金融发展理论的历史演进：贡献与缺陷

金融理论的早期文献可以追溯到金融体系尚处于幼稚阶段的17—18世纪，在这个阶段，以英国为代表的欧洲资本主义经济的初步发展和产业资本的繁荣对金融资本的发展提出了崭新的要求，而金融体系的逐渐发展对产业资本也产生了巨大的促进作用，这个时代的学者注意到运转良好的资金借贷体系对于产业部门成长的重要性，强调强有力的货币体系和不受约束的金融中介的重要性，在洛克、斯密和边沁有关金融发展的早期著作中，都体现了这样的理论倾向。在20世纪早期的经济学家中，熊彼特最早从企业家才能和创新的角度论述了金融体系在经济发展过程中的重要性，那些通过新技术的创新来推动发展的纯粹企业家们，只有在信贷和金融市场的支持下才能发挥其经济功能，就如同熊彼特所指出的，纯粹的企业家在成为企业家之前必须首先使自身成为债务人，也就是说，金融体系功能的实现是企业家才能、创新以及经济发展的先决条件，金融体系赋予了企业家生产性的力量。只有这样，经济发展才有可能从单纯的循环性的流动中升华，达到一种完美的均衡状态。

20世纪60年代，随着金融体系的迅速拓展和金融工具的不断创新，金融在经济发展中的地位也愈加突出，现代经济在某种意义上已经成为一种"金融经济"。随着金融体系的不断演进，金融结构也在不断发生变迁，金融结构变迁的一般规律及其对于经济发展的影响成为亟待解决的学术课题。1969年，耶鲁大学出版社出版了戈德史密斯在金融结构和金融发展方面的开创性研究成果《金融结构与发展》，该著作开宗明义地指出金融理论的职责在于找出决定一国金融结构、金融工具存量和金融交易流量的主要经济因素，并阐明这些因素通过怎样的相互作用来形成和促进金融发展。世界各国在金融结构上有显著的差别，也就是说，各国在金融工具种类、金融机构的设立、各种类型金融机构和金融工具的实际特征及相对规模、各种金融中介分支机构的密集度、金融工具数量和金融机构资金量与经济总量（如国民财富、国民产出、资本形成和储蓄等）的相互关系等方面，都存在区别，这些区别形成了金融发展和经济发展的不同特征。世界各国在金融结构随时间变迁的轨迹上也有所不同，在各国不同的时间序列上，不同类型的金融工具和金融机构会出现在经济中，其相对增长速度有所不同，向不同的经济部门渗透的方式也有所不同，其适应经济结构变迁的速度与特征也不同，这些不同构成了各国金融发展的不同特征。戈德史密斯认为，对金融结构和金融发展的比较研究，其目的就是揭示不同国家在金融发展的不同阶段中金融结构的差异，探讨"金融发展与经济增长的相互关系"。

20世纪70年代初期，金融发展和金融深化理论有了重大突破，金融学主流理论受到强有力的挑战，这种挑战主要来自麦金农和肖分别在同一年出版的《经济发展中的金融深化》和《经济发展中的货币与资本》这两部经典著作。在这两部著作中，麦金农和肖都拓展了他们的金融发展模型，在他们的模型中，金融自由化和金融发展加快了经济增长的速度，而金融抑制（利率上限、较高的准备金比率、指导性信贷政策以及对金融中介结构的歧视性税收政策等）则对经济增长有严重的消极后果。麦金农和肖反对凯恩斯、凯恩斯学派以及结构主义学派的货币模型，他们都认为从发展中国家的角度来看，这些分析范式中的关键性假设都是错误的。他们都提出了完整的理论框架，来分析金融发展在

经济增长过程中的作用，挑战过低的控制性利率和金融抑制的理论基础。麦金农和肖都主张适当提高甚至最终取消利率上限，认为提高利率上限可以刺激经济中的储蓄和投资。他们都强调利率扭曲等金融抑制措施对金融发展和经济增长的消极作用，都倾向于实行金融自由化，并提出了系统的金融改革和金融深化的基本模式，他们的思想标志着金融深化理论的确立，对后来的金融自由化理论和实践产生了广泛而深刻的影响。

金融深化理论的影响从20世纪70年代以来逐渐扩大，其对金融抑制的表现形式和经济后果的描述以及金融自由化的政策建议对发展中国家的金融制度改革产生了巨大影响，特别是通过国际货币基金组织和世界银行的作用，金融深化论实际上被许多发展中国家采纳并付诸实践。金融深化的核心政策工具包括利率政策、金融发展政策和信贷政策。利率政策的基本含义是放弃政府对于利率的直接干预而让市场机制决定利率水平，这样利率就能够反映资本的真实稀缺程度，同时政府采取积极措施治理通货膨胀，从而维持较高的正的实际利率水平，刺激储蓄和投资的增长。金融发展政策主要是扶持金融中介机构的发展，建立多样化的金融机构，使得经济中的金融资产机构化程度提高，同时鼓励各金融机构之间的竞争，消除金融体系中的银行垄断和市场准入限制，从而提高整个经济中的资金融通效率、增加可贷资金数量。信贷政策的主要内容是取消原有的政府信贷配给政策，使得资金配置方式由政府主导转向市场机制主导，国家不对信贷资金流动做行政性干预，特别是国家应该鼓励金融机构对于中小企业的信贷。从原则上来说，这些政策建议基本符合发展中国家金融发展的要求，对发展中国家消除金融抑制有积极的效果，但是金融自由化政策本身不是解决一切问题的药方，要使得金融自由化政策获得预期的结果，就必须有财政政策、外贸政策和其他宏观经济政策的有效配合。

二、金融抑制的经济学分析

金融抑制政策几乎是20世纪80年代之前所有执行赶超战略的国家共同采取的金融政策。不同社会制度和意识形态的国家选择了共同的金融战略，因此我们必须寻找隐藏在“金融抑制”后面的经济逻辑，揭示这些国家在政策选择上的共同规律。

经济发展战略的制定在一个国家中具有重要的政策指示作用，不同的发展战略需要匹配不同的政策措施，因而发展战略本身就带有强烈的政策倾向，它指示着各微观经济主体在经济格局中为达成这样的战略所必须承担的职能，所以发展战略对于微观经济主体行为的影响是深远的，特别是发展战略的确定决定了政府行为的基本趋向，从而决定了政府与其他微观经济主体之间的关系模式。发展中国家一旦制定了赶超战略，其面临的目标函数也就随之确定，那就是在重工业优先发展条件下的资金积累最大化，重工业本身的产业性质决定了这样的目标函数。从产业性质上考察，我们可以发现重工业是一种需要密集资金、投资规模巨大且投资回收周期较长的产业，而发展中国家要实现赶超战略就必须拥有自己完整的重工业体系，这样才能摆脱对发达国家的经济依赖。重工业的产业性质决定了目标函数是资金积累最大化，但发展中国家面临的约束条件是非常苛刻的：资金在发展中国家是十分稀缺的要素，重工业所要求的密集的大规模的资金需求无法得到保证，资金的稀缺性导致资金的价格也就是利率呈现偏高的趋势；发展中国家的资金不但稀缺,而且十分分散地存在于经济当中,在短时间内迅速筹集大规模资金非常困难;由于金融市场的浅化和金融体系不完善,发展中国家政府资金动员的能力普遍较差,不能满足重工业迅速动员资金的要求;发展中国家在对外出口方面处于不利地位,出口收入少导致外汇普遍短缺,难以满足重工业发展所必需的设备进口,因此在市场上的汇率水平呈现偏高趋势;由于资金在发展中国家非常稀缺,为了保证赶超战略的实现,资金必须有序流动。这些约束条件在大部分发展中国家都不同程度地存在,它们构成了一种现实的制约因素,迫使发展中国家在赶超战略的前提下对这些制约瓶颈选择合适的政策策略。

在这样的约束条件下,要实现经济赶超的重工业优先发展战略,必须做到以下几点:第一,为保证重工业发展所必需的资金,有必要对利率水平进行限制;第二,为克服资金的分散性,必须设计一种最大限度筹集资金的金融体系;第三,为克服国家资金动员能力弱的缺陷,必须有一种针对金融体系的有效控制机制,以最大限度地动员资金;第四,为克服外汇短缺的矛盾,必须对汇率进行严格管制,对对外贸易进行某种程度的限制;第五,为保证资金按照政府的战略目标有序流动,必须对金融体系的市场机制进行严格的限制,以保证金融体系不偏离国家的总体发展轨道。“金融抑制”战略就是按照这样的逻辑应运而生的。

在金融抑制中,政府的作用被过分强调,市场的自发力量受到限制,在某些领域,市场的交易甚至被取消。金融体系中的重要价格信号“利率”被严重扭曲,名义利率水平被人为压低,如果考虑到通货膨胀的因素,实际利率在许多国家可能成为负数。较低的贷款利率为工业部门节约了生产的资金成本,改善了工业部门的财务状况。较低的存款利率使得银行可以以非常低廉的成本从储蓄者(分散的资金剩余者)那里获取稀缺的资金,达到低成本筹集资金以供应工业部门的目的。较低的利率水平刺激了工业部门旺盛的投资需求,导致投资需求远远超过了资金的供给数量,因此国家在有限的资金约束下就必然采取“信贷配给”政策,由国家作为资源配置的主体对资金按照国家总体的发展战略进行分配,解决市场供求的矛盾。

同利率一样,为了在国际贸易中以较少的本国资金获取较多的国外设备,汇率也被人为降低了(即一单位本国货币可以兑换较多的外国货币),因此就形成了官方的比较僵滞的近似固定的汇率体系,同时外汇的管制措施也非常严格。

大规模筹集资金并使资金按照国家发展战略要求有序流动,就必然要削弱金融市场的自发作用。所以在大部分发展中国家,承担直接融资功能的证券市场一直受到抑制,原因就在于直接融资市场的资金流向难以用政府管制的方法来控制,相比而言,对于银行(间接融资)的控制就相对容易一些,在这里,银行成为政府行为的延伸。政府运用银行这个工具,造就了一种可以大规模筹集资金(居民分散的资金没有其他投资选择,只能选择银行储蓄)并保证资金有序流动(银行只能按照政府的意愿来配置资金)的金融体制,这种制度安排对于执行赶超战略的政府来讲,是成本最低且能够有效克服经济中瓶颈制约的制度安排。这是发展中国家选择金融抑制背后的一整套逻辑体系。

金融抑制在农村金融领域有突出的表现。由于存在严重的金融抑制,农村正规金融体系的利率水平严重低于市场均衡水平,而过低的利率水平不利于动员农民的储蓄,也不利于使普通农民获得良好的信贷服务，同时使得农村金融机构难以弥补其运行成本。严重的利率管制还使得高利贷在农村广泛存在。金融抑制还限制了农村金融市场的竞争，使农村金融机构单一且竞争严重不充分，农村金融机构的绩效得不到提升，影响了农民信贷可及性的提升。

第二节　农村金融发展：一般性描述

一、农村金融抑制与制度变迁成本分担

在一般的发展中国家，农村金融在整个金融体系中处于边缘的、被抑制的地位，而农村金融边缘化的内在根源必须在发展中国家整个制度变迁和经济赶超的大背景下探求，即在发展中国家（包括一些从计划经济向市场经济转轨的发展中国家）的经济发展中，农村金融成为制度变迁成本的承担者，为经济发展、经济赶超和经济转轨贡献了巨大金融剩余，而农村金融抑制成为提供这种金融剩余的重要内在制度基础。

考察像中国这样的发展中转轨国家的经济转轨过程，可以发现这样一个典型的经验事实：在经济转轨国家中，银行部门往往成为国家控制力最强的部门，银行部门的商业化和市场化改革的速度往往大大落后于一般产业部门，因而大部分国家的银行体系在转轨过程中依旧维持着相当强大的国家控制和国家干预，政府通过利率控制和直接信贷配给，促使银行成为政府的“准财政代理人”；同时，即使在那些已经部分完成了银行商业化的经济转轨国家中，商业银行也遗留了大量的传统国有银行的行为特征。中国的制度变迁表现出这样的典型特征，即金融部门以外的其他产业部门已经经历了大规模的制度变迁，其市场化竞争程度和产权多元化程度已经完全不同于传统计划经济下的产业部门；与产业部门迅速而大规模的制度变迁相比，金融部门的市场化改革和产权改革则处于非常滞后的状态，金融体系仍然维持着国有银行部门在市场竞争中的垄断地位和产权制度安排上的单一化局面。可见，转轨经济国家银行部门和其他产业部门在制度变迁速度和规模上的明显不对称性和非均衡性并不是某个转轨经济国家的独特现象，而是一个普遍的共同的现象，在这普遍现象背后，必然潜藏着我们所探求的转轨经济金融抑制的更深层次的内在原因。

转轨经济国家面临着巨大的制度变迁成本，其中对制度变迁过程影响最大的是国有企业的改革，因为国有企业改革涉及整个经济的市场化转型，国有企业改革的顺利推进，对于计划经济国家成功实现经济转轨至关重要。但是国有企业改革的制度变迁成本是高昂的。首先，国有企业的迅猛改革导致国有企业在整个经济中的控制力和竞争力减弱，而私人企业的控制力和竞争力迅速增强，国有企业在原计划经济下的稳定性和垄断地位受到威胁和削弱，增大了破产和倒闭的风险概率。其次，国有企业破产概率增大和竞争力减弱必然导致大量失业人员的出现，而在转轨经济国家尚未健全和完善市场化福利制度的情况下，国家难以动用财政力量维持失业者的基本福利水平。最后，在执行渐进式制度变迁模式的转轨国家，国有企业改革不是通过大规模私有化而推进的，而是采取渐进的增量改革的方式，转轨经济国家仍然要维持某些国有企业的资本金水平和市场

竞争能力,并保证国有企业就业的基本稳定,这就必然需要大量的补贴,而对于已经实现由国家财政主导型向银行体系主导型融资模式转型的转轨经济,不可能再通过国家财政力量对国有企业渐进式改革进行大规模补贴。在这种情形下,金融体系就必然成为转轨经济国家大规模制度变迁成本的承担者,也就是说,金融体系(尤其是国有银行体系)代替国家财政力量而对国有企业制度变迁提供巨额补贴,以降低国有企业改革的成本,维持国有企业在一定阶段中在市场竞争和就业上的稳定性,避免国有企业大规模破产以及由此引起的大规模失业带来的经济和社会动荡。为了实现这个目标,国家必须适当维持对于国有商业银行的控制力,采取各种金融抑制手段约束商业银行的自由发展:国家对国有银行的改革速度和改革模式进行强有力的控制,使得银行体系改革大大滞后于产业部门;国家对国有银行产权多元化进程进行严格控制,极力维持商业银行体系中产权结构的单一化特征;国家对商业银行体系的竞争进行强有力的控制,在建立新的商业银行和其他民间金融机构方面采取审慎态度,以维持国有商业银行在金融体系中的垄断地位;同时,国家仍维持对国有银行信贷行为的控制能力,使得国有银行成为政府的"准财政代理",国家针对特定产业和企业的各种政策性贷款指令使国有银行在信贷行为上仍然不能脱离计划经济模式的痕迹,仍然带有传统计划经济下信贷配给的特征;国家对存款利率和贷款利率进行控制,一方面维持国有银行筹集资金的较低成本,另一方面则使得国有企业以较低资本成本维持经营,改善其资产负债状况。所有这些金融抑制措施的目的都在于维持国有商业银行的传统制度结构,使其在市场竞争和产权构成方面维持垄断性和单一性特征,这样,转轨经济国家就可以通过金融体系为产业部门提供大规模补贴,以分担国有企业的制度变迁成本。

运用制度变迁成本分担假说,我们可以很好地解释为什么在转轨国家,金融体系的改革总是滞后于其他部门的改革,即金融部门承担了国有企业改革的成本,使整个经济转轨可以有秩序、有步骤地推进。但是"金融部门"并不是一个抽象的名词。我们可以把金融部门简单地分为城市金融部门和农村金融部门。在一般意义上,城市金融部门服务于国有企业和其他城市工商业部门,以保证国有企业的持续性发展以及城市居民的投资与消费活动的有序开展;而农村金融部门服务于农村居民和其他农业部门,为农业经济的发展提供资金支持。但是在一般的发展中国家和转轨国家,农村金融体系处于严重被抑制的状况,与资金实力强大的国有商业银行和其他金融机构相比,农村金融机构不但资金规模小、资金来源单一,而且金融机构的种类少,农村金融结构处于非常不合理的状态。抑制农村金融的目的何在?通过制度变迁成本分担假说,我们可以发现,实际承担着发展中国家和转轨国家制度变迁成本的金融主体是农村金融部门,而农村金融所承担的制度变迁成本,本质上是由广大农村居民和农业部门支付的。这就可以解释为什么在中国的金融体制改革中,金融体系改革滞后于其他部门,同时在金融体系内部,国有商业银行从农村地区大规模撤并业务,使农村金融部门实际成为向城市地区和国有商业银行输送资金的"净资金输出者"。通过从农村地区获取金融剩余,广大发展中国家支持着早期的工业化和经济赶超,为工业部门提供大量的资金;同时转轨经济利用大规模的农村剩余为国有经济的转型弥补成本,从而造成农村金融长时期被抑制的状态,并使得农村金融在整个国家的金融发展战略中被严重"边缘化"。

二、农村金融发展与农村经济增长:双重二元金融结构

发展中国家的经济在一般性质上基本属于二元经济结构:一方面是发达的现代工业部门,另一方面是落后的传统部门,尤其是传统农业部门。对二元经济结构理论做出早期贡献的是刘易斯。按照刘易斯的说法,这种二元经济结构中以现代工业部门为代表的资本主义部门以追求利润最大化的企业为核心,受短期内劳动和资本边际收益递减规律的制约,在完全竞争条件下,资本主义部门的就业水平和生产量由劳动边际生产率等于实际工资水平的交点决定。二元经济结构中的非资本主义部门是以农业部门为代表的,传统农业部门是一个仅仅维持自身生存需要的部门,其生产方式落后,技术进步处于停滞状态。在刘易斯的二元经济结构中,传统农业部门向现代工业部门贡献剩余劳动力,在早期,传统部门的劳动力是无限供给的,但是到一定阶段之后,劳动力无限供给的状态就会结束,此时到达一个转折点。这个过程实际上就是一场资本积累与劳动力供给之间的竞争性均衡过程:资本积累表现为劳动边际生产率随时间不断增长,决定着剩余劳动的吸收量不断递减;劳动力供给则决定于初始劳动剩余量和人口的增长速度。在刘易斯的二元经济模型中,传统部门剩余劳动力很丰富,从而决定了现代部门的低工资,而这又导致现代部门的高速增长和资本家利润份额的上升。但是这个过程并不是永远持续下去的,原因在于随着剩余劳动力被吸收,剩余劳动力的数量越来越少,现代工业部门扩张到一定程度后,已经将传统部门逐渐吸收或吞噬。进入这个阶段后,劳动力无限供给的局面将结束,而劳动将与资本一样成为稀缺的生产要素。

然而在这个二元经济结构中,实际上传统部门并非仅仅向现代部门贡献剩余劳动力,还贡献着其他农业剩余。兰尼斯-费景汉模型对刘易斯模型进行了有价值的修正,认为二元经济中的农业部门不仅为现代工业部门提供所需要的劳动力,而且为工业部门提供农业剩余,因此,发展中国家在政策上应该支持农业部门的技术进步和发展,使得农业部门的劳动生产率得到提高。从这个意义上来说,农业部门在兰尼斯-费景汉模型中被赋予了重要的意义,而不是像在刘易斯模型中那样仅仅被视为剩余劳动力的提供者。兰尼斯-费景汉模型还强调农业部门和现代部门的互动与协调发展,这一思想对发展中国家极为重要。

现代工业部门向传统农业部门索取农业剩余的途径,除了增加农民的税收,更主要的是通过扭曲价格机制来剥夺金融资源。但是经济学家们对农村金融剩余向城市和国有部门的转移缺乏足够的重视。本书提出“双重二元金融结构”的概念,以更准确地概括中国金融体系的内在结构特征。所谓双重二元金融结构,是指中国金融体系中出现双重的二元对立结构:第一重二元对立结构是城市和农村金融体系的二元对立,相比城市金融体系而言,农村金融体系发展非常滞后,农村信贷供给和农民信贷可及性低,农村金融剩余向城市净流出;第二重二元对立结构是农村金融体系中正规金融体系和非正规金融体系的二元对立,农村正规金融体系受到国家政策和法律的保护,但其对农村金融需求的满足度低,金融服务的效率较低,而农村非正规金融体系虽然在满足农村信贷需求中起到重要作用,却难以获得国家的合法保护,使得非正规金融体系的融资成本提高,并在一定程度上累积了金融风险。第一重二元对立结构体现在农村金融体系出现所谓“系统

性负投资”问题上,第二重二元对立结构体现在我国农村非正规金融的扩张并对农村经济增长的绩效形成了巨大影响上。

第三节　农村金融发展的一般理论

一、管制论、市场论与不完全竞争论

农村金融是发展中国家金融体系的重要组成部分,与发达国家相比,发展中国家的农村金融特殊性尤为明显。发展中国家农业经济的生产特点是分散性的小农生产,其生产和消费的市场化与商业化程度极低。与分散化的小农生产相对应的是资金需求规模的有限性,这使得从事农村信贷服务的金融机构难以在贷款上获得规模效应;与资金需求相对应的是发展中国家资金供应的有限性,资金的瓶颈约束经常是制约农村金融机构发展的重要因素之一;在贷款回收方面,信贷风险评估和借款者信用评估的困难,使得发展中国家农村金融机构的贷款回收遭遇困境,不良贷款率往往处于非常高的状况。发展中国家的这些特点,导致在发展中国家农村金融发展的理论方面,必然出现很多不同的观点和理论派别,这些理论派别从自身对于农村金融的理解出发,对农村金融发展的路径提出了不同的设计。其中一个核心的问题是,如何看待发展中国家政府在农村金融发展中的作用。从这个角度出发,大致有三种不同的农村金融理论:一是农村金融管制论,这种理论主张政府干预农村金融市场,进行必要的利率管制和市场准入管制,同时国家设立专门的非营利性农村金融机构,向农村金融机构注入资金以扶持农村经济发展,对农村的非正规金融持严格的限制态度;二是农村金融市场论,这种理论重视农村金融市场的作用,主张政府最好不要干预农村金融市场,利率水平应该由市场决定而不是由政府管制,同时在资金方面,应该尽量从农村内部筹集资金,同时采用各种市场化的手段提高农村信贷的回收率;三是农村金融市场不完全竞争论,这种理论以信息经济学的最新成果为基础,从信息不完全和信息的公共品性质出发,认为政府一定程度的干预对于弥补市场失灵是必要的,同时政府应该逐步放松对利率的管制和对金融机构的保护性措施,鼓励农村金融市场的竞争,对农村非正规金融持积极的扶持和鼓励态度。表 2.1 列示了以上三种理论的主要观点。

表 2.1　农村金融发展理论派别及其观点概要

观点	派别		
	农村金融管制论	农村金融市场论	农村金融市场不完全竞争论
政府干预市场	有必要,政府应在农村金融发展中扮演积极角色	没有必要,重视市场机制的作用	政府一定程度的干预有助于弥补市场失灵
利率管制	支持利率管制,维持低利率水平	利率水平应该由市场机制决定	应逐步放松利率管制,保持正的实际利率水平
资金筹集方法	主张由政府建立专门机构从外部注入资金	应动员农村内部资金,反对从外部注入	应基本依赖农村内部资金,外部资金起补充作用

（续表）

观点	派别		
	农村金融管制论	农村金融市场论	农村金融市场不完全竞争论
金融机构管制	有必要通过优惠措施保护农村金融机构并实施管制	没有必要实施金融机构保护和管制措施，而应鼓励金融机构的竞争	在农村金融发展初期有必要进行一定程度的保护和管制，后期应逐步放松管制，鼓励竞争
资金回收方法	进行指导性贷款，不注重资金回收率的提高	运用市场性手段提高资金回收率，保持农村金融的自我可持续性	改善信息非对称，利用担保融资、使用权担保以及互助储金会等回收资金
非正规金融	非正规金融阻碍农村发展，弊端多，应取消	非正规金融是有效的金融形式，具有一定合理性，应予以规范发展	政府应适度介入非正规金融，以提高非正规金融效率
政策性金融	建立政策性金融，实施以贫困阶层为目标的专项贷款	政策性金融是无效的，应动员农村资金，反对特定目标贷款制度	政策性金融应在一定范围内存在，但不能妨碍正当的金融市场竞争

资料来源：张元红等，《当代农村金融发展的理论与实践》，南昌：江西人民出版社，2002 年版，第 13—14 页。本书作者对相关内容进行了必要的补充和修正。

理论的发展总是历史发展的产物，从这个意义上来说，理论的发展历程总是追随着历史发展的脚步，是特定历史环境和历史条件的产物，同时理论又对一定历史时期的政策制定产生影响。农村金融发展理论中的三种代表性理论，是 20 世纪六七十年代以来一些主流经济学思潮在农村金融领域的反映，而这些理论又与当时的社会历史发展阶段密切相关。从这个视角来看这三种理论，很难直接地做出肯定或否定的判断，我们看到，每一种理论都诞生于特殊的发展阶段，对特定的历史时期产生积极的影响，同时随着这个阶段的过去，又产生了对历史发展的不适应性，因此出现了新的理论来替代或修正旧有的理论。在对某种特定的理论进行评价时，我们必须采取这种历史主义的态度，而不是根据当下的价值标准评判历史上的理论。

农村金融管制论产生于 20 世纪六七十年代，80 年代之后已经不再是农村金融领域的主流理论。与 20 世纪六七十年代之前的主流经济学理论一样，农村金融管制论对于政府的功能和作用采取完全肯定的态度，这种态度基于对农村经济和金融的一个基本判断，即农村居民的贫困导致农村储蓄能力低下、资金供给不足，同时由于农村信贷具有需求的长期性和收益的高度不确定性，以利润最大化为目标的商业性金融机构缺乏进入农村金融市场的意愿，因而政府应该在农村金融市场中占据绝对主导地位。这个基本判断到现在为止都不能说是完全错误的，反而有相当的合理性。该理论在 20 世纪 80 年代之前对发展中国家具有重要指导意义。因此在一些发展中国家，建立了大量由政府主导的政策性金融机构，由这些金融机构对农村地区进行资金供给，并实行定向的信贷服务和指导性贷款；同时为了打击高利贷和各种民间金融活动，发展中国家政府往往采取强硬的取缔措施，并运用政策性金融机构的低利率贷款排挤民间金融。从客观效果来看，这个时期的政府管制型农村金融政策，在某种程度上确实促进了农村经济暂时的恢复性增长(比如在中国的20世纪50年代),但是这种管制政策的负面效果是非常明显的。该政策并没有从根本上满足农村地区的资金需求,政府的过度管制反而压制了这种需求;同时,缺乏对农村储蓄的动员机制,不注重挖掘农村内部的资金筹集能力,使农村金融的资金供给能力受到抑制;在供求两方面都受到抑制的情况下,政府管制型农村金融的贷款回收率很低,金融机构的自我持续性发展能力不强,这极大地影响了农村金融自身的发展。

20世纪80年代以来,以新古典经济学为理论基础、主张放松管制和自由主义价值观的新自由主义思潮开始出现,以麦金农和肖为代表的金融深化及金融发展理论逐渐成为主流,此时,政府管制型农村金融理论开始受到质疑和挑战,继之以新自由主义的农村金融市场论的兴起。这种理论继承麦金农–肖模型的基本结论,认为发展中国家的低利率政策会极大地影响发展中国家的储蓄动员能力,因此保持正的实际利率水平成为该学派最核心的观点之一。由于注重市场机制的作用,该学派对政府过度干预农村金融市场持排斥态度,而对非正规金融存在的合理性进行了理论上的论证。实际上,该学派不过是新自由主义思潮在农村金融领域的反映,它是对发展中国家过去几十年执行的政府干预政策的一种反对,而这种干预政策曾经得到正统经济学理论和世界银行等国际金融组织的支持。农村金融市场论的基本理论倾向和政策主张与前文所述的金融发展理论是相同的。

20世纪90年代后发展中国家和新兴市场国家所爆发的一系列金融动荡与金融危机使经济学界开始反思完全的经济自由主义和金融自由化所带来的消极后果,同时注意到政府的适度干预对于金融市场稳健发展的重要作用。这种反思也反映到农村金融理论上,这种理论的代表人物是斯蒂格利茨。斯蒂格利茨是一个温和的国家干预主义者,说他是一个温和的自由主义者也可以,他在国家干预论和自由市场论之间保持了一种适度的均衡,既基本肯定市场机制和正确的价格体系的重要性,也注重适度的政府干预对稳定市场、矫正市场失败的作用。尤其是针对发展中国家的农村金融市场而言,具有明显的更为严重的信息不完全和市场分割的情形,因此政府的适度干预是非常必要的。在政策建议上,斯蒂格利茨主张将政策性金融与商业性金融有机结合,既注重发挥非正规金融的积极作用,又主张政府的适度规范和合理引导,以政府的有限介入来弥补市场机制本身的缺欠。总体而言,斯蒂格利茨的不完全竞争和不完全信息理论对发展中国家农村金融的现状是比较有解释力的,与其他两种理论相比,也更具有可操作性和现实性。在以下的内容中,我们先介绍斯蒂格利茨的政府介入农村金融市场的基本理论基础,然后具体阐释这种理论框架下政府的基本功能以及运作方式。

二、政府介入农村金融市场的理论基础

斯蒂格利茨有关不完全竞争理论的基础是对金融市场中信息不完全和市场失败的论证与阐释。他认为,在金融市场中,作为公共品的信息问题往往产生于两个不同的领域,一个是关于金融机构偿债能力的信息,另一个是关于这些金融机构经营的信息。关于金融机构偿债能力和经营的信息是一种公共品,具有明显的非竞争性和非排他性特征,同时由于公共品具有供给不足的性质,花费在监督金融机构偿债能力信息方面的努力是非常少的。这产生了两个结果:一是金融机构知道自己处于未被监督的状态,因而可能采取风险性(不审慎)的行为,或者将资金挪作他用,从而产生金融市场中的败德行

为,但是要设立关于合理的审慎标准和败德标准是非常困难的;二是投资者对金融机构的信任和依赖度下降,导致社会上通过金融机构配置的资源的数量下降,这就意味着金融机构难以行使正常的经济功能。因此,从某种意义上来说,私人监督和政府监督是一种互补的关系,而不是替代的关系。不管从理论上还是在实践中,政府都有着私人部门不具备的优势:第一,由于监督信息具有公共品性质,依赖私人部门提供这种公共品是无效率的,私人部门无法筹集足够的资金用于有效的监督;第二,信息作为公共品有自然垄断的性质,因此在这些信息服务上就不可能存在有效率的竞争,而失去有效竞争,私人部门便难以提供有效率的信息服务,而政府可以通过合理的制度机构设计来解决这方面的问题;第三,政府在信息监督方面的优势还在于政府具有强制力量,可以强制公司披露信息,而且可以对不完全的披露或欺诈性的披露进行惩罚。

政府介入金融市场的另一个重要原因是金融市场中存在外部性问题。金融机构的重要功能是在不同投资项目中进行选择,以及在资本配置完毕之后进行监督。所以一个银行或金融机构愿意对某个厂商进行贷款这一行为本身就对其他金融机构传达了有价值的信息,这就对其他金融机构产生了外部性,而且是一种正的外部性。金融机构的贷款选择同样存在负的外部性。同样,金融市场内部和不同金融市场之间也会存在严重的外部性。这种外部性对于金融体系和金融机构(比如银行)的负面影响非常严重。

金融市场中还存在大量的市场缺失和市场不完全的情形,这些情形极大地限制了金融市场在资源配置中的作用。市场缺失本身不但使得某些交易难以进行,从而损失交易收益和资源配置收益,而且使得某些经济中的风险难以得到规避和分担。市场缺失和市场不完全的原因在于道德风险和逆向选择,道德风险和逆向选择意味着这些市场的有效交易成本高昂,高昂的交易成本又限制了交易和市场的运作。在防范道德风险和逆向选择方面,政府具有明显的优势,它可以强迫金融机构和厂商参与强制性的保险方案和风险分担,以此降低逆向选择问题对金融市场造成的损失;同时,在缓解道德风险方面,政府也处于优势地位,因为政府拥有更大的强制力量,可以强制金融机构和厂商进行全面有效的信息披露,以及通过更广泛的非直接控制工具(如税收、补贴和其他管制措施)来达到减少道德风险的目的。当然,政府在风险评估和决定合宜的政府公平利率方面也存在劣势,政府行为还容易创造寻租行为和潜在补贴的机会。

斯蒂格利茨还认为,与信息问题有关的金融市场失灵还表现在金融市场中的不完全竞争上,实际上,即使在发达国家,不完全竞争或者垄断的情形也是非常普遍的。没有完全竞争的市场,就不会有自动有效的资源配置,这些现象的存在为政府的金融市场干预提供了理由。

综上所述,通过对斯蒂格利茨的文献进行梳理,我们发现金融市场中存在大量与不完全信息、不完全市场、外部性等问题相关的市场失灵和市场缺失,这些市场失灵和市场缺失为政府在金融市场中的干预行为提供了理由。自然,在认识到金融市场中的市场失灵的同时,也不能忽视政府在某些情形下的缺陷,不能忽视政府的介入行为可能造成的消极后果。

具体到农村金融市场,斯蒂格利茨所分析的不完全信息、不完全市场、外部性等问题更加严重。由于发展中国家的农村生产和投资行为具有高度分散性,信息的获取非常困难,农村金融市场的信息不完全比一般的金融市场更严重。同时,农村金融市场也是一个典型的不完全竞争市场,由于农村金融机构在地理分布上的分散性,作为借款方的农户或农村企业不可能自由地选择金融机构,因此农村金融机构具有在某个区域内一定程度上的天然垄断性。由于农户的分散性和农户行为的可观测性较弱,农村金融机构缺乏关于借款人的信用的信息,这就导致道德风险和逆向选择在农村金融市场上大量存在。从这些论述来看,农村金融市场中适度的政府介入是必要的。

三、农村金融中的政府功能

从前文的分析来看,传统理论对完美均衡、完全信息、完全竞争、完全市场、帕累托最优效率等理想化状态的描述和假设在金融市场中是非常罕见的,作为以生产传递信息和风险分担为主要功能的金融市场,其存在大量与信息和外部性相关的市场缺陷,这就为政府在金融市场中的介入奠定了基础。政府在一般商品市场中承担着必要的制度功能,而在金融市场这个特殊的市场形态中,政府这种制度安排的存在更有着特殊的必要性,因为金融市场比一般商品市场更具有不确定性、脆弱性、风险性和复杂性,与信息和外部性相关的市场失灵现象也更加明显和严重。在现实经济中,实现金融自由化和金融发展且金融体系较为稳健的经济,其金融市场中也存在大量政府介入和政府管制;而金融危机频繁的经济也并非仅仅源于政府干预过多,问题的根源在于政府对金融体系干预和介入的方式与途径。政府干预和管制的正确设计可以提高政府行为的质量,弥补金融市场的失灵,降低金融体系系统性风险的概率。因此,问题的关键在于设计合宜的政府干预的制度安排,以保证政府对金融市场进行有限而有效的干预。在设计政府干预的制度安排时,我们必须意识到,管制措施的执行本身是要付出成本的,这里既包括管制者的成本,也包括被管制的金融机构的成本;制度设计时要认识到,金融市场中的信息总是不完全的,而相对于被管制的金融机构而言,政府经常处于信息上的劣势地位;制度设计时应了解,某些指标或变量的监督成本较低,或者说某些指标监督的准确性较高,而某些指标具有较高的监督成本,监督的准确性也比较低;制度设计时还应该意识到,政府管制措施实施的效果,依赖于是否对金融机构进行了足够的激励,政府管制发挥作用归根结底要靠对金融机构本身的激励,所有制度设计都要基于这一点。所以,从总体上来说,政府管制的制度设计,应该考虑到政府本身的缺陷和限制,考虑到可观测变量的监督成本,还要基于对金融机构本身的激励来达到管制目标。

政府在金融市场中的一个重要功能是创造金融机构,以此来弥补那些私人机构所不能提供的信贷种类,这是发展中国家政府进行金融市场干预最重要的任务。许多经济发达国家在其经济发展的一定阶段,都存在政府创造某些金融机构以提供某些信贷服务的现象。欧洲一些国家的政府在 19 世纪曾积极投身于创立长期信贷机构;日本政府在第二次世界大战前曾建立日本工业银行,战后建立了日本发展银行和大量带有政府色彩的金融机构;美国政府则建立了联邦国民抵押贷款协会,从而帮助实现抵押贷款的证券化,以弥补私人抵押市场的不足。在许多发展中国家,存在一些为特殊团体、特定种类的厂商(比如专门为中小企业贷款的金融机构)、特殊目的(比如专门为进出口业务进行融资的进出口银行)而设立的金融机构。在现实经济中,不论是在发达经济还是在不发达经济中，都存在一些政府在创造新的金融机构或制度安排中担负主要责任的情形。

政府在金融市场中的制度功能还体现在对金融机构的监管上，这是政府在维持金融市场秩序、保证金融机构稳健经营、防范金融动荡和金融危机方面的重要职责。各国政府几乎都采取必要的管制措施对金融机构进行监管，这些管制措施或者是出于矫正金融市场中的市场失灵，或者是达到某些更宽泛的社会目标，或者是对金融市场中的系统性风险进行控制。除了政府管制，政府还会运用其他方法为金融机构提供激励，使其行为更加符合政府认为合宜的标准。但是，政府在设计激励性制度安排时，一定要考虑到这种激励制度对政府和金融机构行为所可能产生的消极后果。

政府对金融市场进行直接介入的例证在发展中国家和发达国家都可以找到，美国就存在大量政府直接贷款，比如对小企业的贷款，而发展中国家政府信贷的比例可能更高。尽管如此，我们仍应谨慎对待政府对金融市场的介入。应该看到，政府在金融市场中的核心制度功能是提供公平的游戏规则，也就是为整个金融体系制定公平、清晰、有效的法律框架，以对金融机构进行有效的激励和约束。政府对金融市场的干预是建立在这一框架之上的对金融市场失灵的弥补，而不是试图以政府力量取代市场力量、以行政机制代替市场机制来配置资源。而且，在政府介入金融市场的过程中，还存在对介入行为不断进行调整的必要性。也就是说，对于健康的经济发展而言，不存在一劳永逸的、永远有效的金融制度，所有金融介入措施都有一个随着金融和经济发展态势而不断调整的过程，在一定发展阶段表现优异的有效的政府制度安排，在其他发展阶段有可能成为损害金融效率和经济增长的制度安排。

具体到农村金融市场，政府介入的方式在不同的发展中国家和发达国家是不同的。在世界各国，几乎都存在专门为农村居民和企业提供金融服务的政策性金融机构，这是与农村金融的分散性、低收益性、贷款的长期性以及高度不确定性联系在一起的。因此，在创造新的金融机构方面，政府对农村金融领域的介入要比对一般的金融市场深得多。我们在后面的章节中，会专门论述这种农业政策性金融，探讨政策性金融的运作模式。众所周知，在发展中国家的政策性金融中，如何控制信贷风险、提高资金回收率、缩减不良贷款规模，并将政策性业务与商业性业务有机协调，是一个世界性的难题。同时，在农村合作金融、小额信贷、民间金融以及农业保险中，都涉及对政府行为的合宜性和有效性的探讨，因此，如何进行有效的制度设计，使得政府既能够实施对农村金融市场的有效干预和监管，又能够避免政府对农村金融市场的过度抑制，是本书着重探讨的核心问题。

关键术语

金融发展	金融抑制	金融自由化
金融结构	金融深化	麦金农-肖学派
赶超战略	制度变迁成本分担假说	农村二元金融结构
二元经济	农村金融管制论	农村金融市场论
农村金融市场不完全竞争论	政府行为	政策性金融

思考与讨论

1. 金融发展理论有哪些主要代表人物？其主要思想是什么？
2. 试分析麦金农–肖学派的理论观点和政策倾向，并探讨其内在理论缺陷。
3. 发展中国家金融抑制的经济根源是什么？试分析发展中国家金融抑制的绩效。
4. 发展中国家二元经济结构和二元金融结构具有哪些基本特征？
5. 试探讨发展中国家农村金融抑制的原因，并阐释制度变迁成本分担假说的基本思想。
6. 农村金融市场的基本特点是什么？这些特点是如何影响金融机构的行为的？
7. 试对不同的农村金融发展理论进行评述。
8. 应如何看待政府在农村金融市场中的地位和作用？

本章参考文献

A Smith. An Inquiry into the Nature and Causes of the Wealth of Nations[M]. London: W. Strahan & T. Cadell, 1776.

B Greenwald, J E Stiglitz. Externalities in Economies with Imperfect Information and Incomplete Markets[J]. Quarterly Journal of Economics, 1986, 101(2).

C Denizer, M D Raj, N Gueorguiev. The Political Economy of Financial Repression in Transition Economies[R]. World Bank Policy Research Working Paper No. 2030, 1998.

C John, H Fei, G Ranis. Development in the Labor Surplus Economy[M]. Homewood: Richard D. Irwin, 1964.

D Beason, J James. The Political Economy of Japanese Financial Markets: Myths versus Reality[M]. London: Macmillan Press Limited, 1999.

E S Shaw. Financial Deepening and Economic Development[M]. New York: Oxford University Press, 1973.

G Yi. Money, Banking and Financial Markets in China[M]. Boulder: Westview Press, 1994.

J A Schumpeter. The Theory of Economic Development: An Inquiry into Profits, Capital, Credit, Interest, and the Business Cycle[M]. Translated by Redvers Opie. Cambridge: Harvard University Press, 1912, 1934.

J Bentham. Defence of Usury[M]. London: Payne & Sons, 1787.

J E Stiglitz. The Role of the State in Financial Markets[C]. Chung-Hua Series of Lectures by Invited Eminent Economists, No. 21, The Institute of Economics, Academia Sinica, April, 1993.

L Locke. Further Considerations Concerning Raising the Value of Money, 2nd ed. [M]. London: A. & J. Churchil, 1695.

M J Fry. Money, Interest, and Banking in Economic Development, 2nd Ed. [M]. Baltimore: The Johns Hopkins University Press, 1988, 1995.

P Arestis, P Demetriades. Financial Liberalization: The Experience of Developing Countries[J]. Eastern Economic Journal, 1999, 25(4).

R I McKinnon. Financial Liberalization and Debt Crisis in LDCs: The International Misregulation of Commercial Banks[C]. Stanford: Center for Research in Economic Growth Memorandum No. 265, October, 1984.

R I McKinnon. Money and Capital in Economic Development[M]. Washington, D. C.: The Brookings Institution, 1973.

R I McKinnon. The Order of Economic Liberalization: Lessons from Chile and Argentina [C]. Carnegie-Rochester Conference Series on Public Policy, 17, Autumn, 1982.

R J Arnott, J E Stiglitz. Moral Hazard and Optimal Commodity Taxation[J]. Journal of Public Economics, 1986, 29(1).

R W Goldsmith. Financial Structure and Development[M]. Newhaven: Yale University Press, 1969.

W A Lewis. Economic Development with Unlimited Supplies of Labor[J]. The Manchester School, May, 1954, 22(2).

鲍威尔逊.国家和农民:试验中的农业政策[M]//道,等,编著.发展经济学的革命.黄祖辉,等,译.上海:上海三联书店,上海人民出版社,2000.

黄季焜.改革以来中国农业资源配置效率的变化及评价[J].中国农村观察,1999(2).

林毅夫,蔡昉,李周.中国的奇迹:发展战略与经济改革[M].上海:上海三联书店,上海人民出版社,1994.

刘易斯.经济增长理论[M].梁小民,译.上海:上海三联书店,1994.

王曙光.金融自由化与经济发展:第2版[M].北京:北京大学出版社,2004.

王曙光,王东宾.双重二元金融结构、农户信贷需求与农村金融改革[J].财贸经济,2011(5).

中国社会科学院农村发展研究所和国家统计局农村社会经济调查总队.中国农村经济形势分析与预测(农村经济绿皮书)(1997—2002)[M].北京:社会科学文献出版社,1998—2002.

第三章　农村金融学的逻辑起点

【学习目的】

- ◆ 把握农业、农村、农民以及农户的特征,为研究农村金融建立一个基本的背景性的理论框架。
- ◆ 深入了解农户和农民的行为特征,了解农村社区的基本文化特征和组织特征,了解传统农业及其转型给农村带来的影响,深入把握农村金融制度演进的趋势。
- ◆ 着重从社会学和文化人类学意义上理解农民和农户,理解其借贷行为的基本特点,并思考这些特点与一般金融市场主体之间的区别。

【内容概要】

本章第一节主要从社会学、文化人类学等视角审视农民、农户的行为特征,考察农村的基本组织形态和人际关系形态,并探讨传统农业及其转型对农村金融的要求。第二节主要探讨农民和农户的信用行为,讨论制度转型期乡土社会向市场社会的转变给农村信用实践带来的影响,同时深入探讨农户和农民信贷行为的基本特征,最后讨论农民的信用问题,阐明在转型期农民信用观念的塑造与培育的重要性。第三节主要讨论农村信贷的供求问题,以及农村金融市场中利率水平的决定,说明利率市场化在农村金融改革中的作用。

第一节　农民、农村和农业发展

研究农村金融学的逻辑起点应该包括:第一,深刻把握农民的行为特征,尤其是农民信贷行为的基本特征,从而为研究农村金融机构和农村金融市场的效率奠定基础;第二,系统探究农村社会组织的基本特点,从社会学的角度探讨农村地区特有的社会网络特征、人际关系格局、信用拓展路径,以便理解农村地区特有的信贷形式和农村金融管理模式;第三,全面理解传统农业和现代农业的产业特征,以及这些特征对农村金融提出的要求,从而为探讨农村金融的未来发展提供理论基础。所有这些工作,首要的是研究农民、了解农民,深入体察农民的生产与生活状况。本节将着重研究发展中国家农民、农村与农业的基本特征,并探讨这些特征在由传统的乡土社会向现代工业社会转变的过程中所发生的历史性变迁。

一、理解农民的重要性

本节探讨的对象主要是发展中国家的农民。在发展中国家工业化的进程中,农民为城市和工业部门提供了大量的剩余劳动力,也为工业化贡献了大量金融剩余。但是,在工业化的过程中,农民的地位被严重地忽视了,他们成为社会中被“边缘化”的阶层,他们的社会地位、福利待遇和公民权利并没有得到足够的保障,农民成为事实上的“弱势群体”。

忽视农民的状况在中国尤其典型。在中国渐进式经济转轨的进程中,农业部门不仅为国有经济体系提供了大量的农业剩余,而且为其他经济成分提供了大量低成本的劳动力及其他资源,农民为我国的经济转轨和经济发展做出了历史性的贡献。但是农民的公民权利并没有得到切实的保障。在中国走向现代化的进程中,农民与城市居民相比,还没有获得充分平等的待遇,农民作为公民还受到很多歧视,农民的自由迁徙权和受教育权、农村的社会保障及医疗卫生体系、农民在城市就业的基本权利,以及土地产权和政治权利等还存在很大的缺陷。这些状况严重制约了农村经济的增长,也束缚了农民作为公民的全面自由发展。

当一个发展中国家基本实现了工业化,或者进入工业化后期时,社会和谐发展的历史使命就会被提上议事日程,农民的问题必然要得到应有的重视。21 世纪初,中央提出了“建设社会主义新农村”的一系列战略构想与改革举措,这无疑对我国农村经济体制的全面革新和经济结构的全面优化起到了重要的促进作用,也对农民的权利和地位有了新的估价。这同时表明,我国的经济转轨与经济发展已经进入了这样一个崭新的阶段:依靠农业部门贡献大量农业剩余(其中包含农村地区为国有经济部门提供的大量农村金融剩余)来为经济转轨支付大规模制度变迁成本的时期已经基本结束,同时四十多年改革开放的顺利进行和国民经济的持续增长也使我国积聚起足够的国民财富,从而有能力对发展相对滞后的农业部门进行某种程度的“反哺”。这种“反哺”是制度变迁中必要的补偿机制,它对于我国国民经济的长期稳定增长、区域经济的全面协调发展以及缩小贫富差距、促进城乡一体化进程都具有极为重要的战略意义。国家开始逐步改善农民的社会保障水平和受教育水平,并通过产业结构调整逐步改变以往二元经济结构下农村经济徘徊的局面。

二、农民和农户及其行为

农民是传统文化中非常重要的象征性元素,当我们试图理解农民时,必须深入文化传统中去讨论,把农民当成传统文化的一个有机构成部分去审视;反之亦然,当我们试图理解传统文化时,必须首先理解农民,忽视农民是很难透彻理解我国的传统文化的。农民从概念上来说应包括在土地上从事农业生产劳动以及其他相关活动的劳动者。在中国历史悠久的农耕文化中,农民一直是传统社会中最重要的群体,农业也一直是传统经济中被统治者最为大力倡导的产业。我国传统社会中一般将国民分为“士、农、工、商”四民,《汉书》中有“士、农、工、商,四民有业”之说。传统社会中对农民的重视显然是出于统治者自身的需要,农业生产的稳定性是国家财政稳定的重要基础,因此中国历史上几乎所有主流的经济思想都主张“重本抑末”,所谓“本”,就是农业生产;所谓“末”,就是工商业。

理解农民的基础是必须将农民视为“理性的经济人”,而理性经济人的最重要特征在于对自身成本收益的精明的、准确的计算。提出这样一个基本假说并不是多余的,因为在很多经济学家和社会学家的认识中,农民被假定为非理性的。乡村建设的先驱者晏阳初先生将中国农民的弊病总结为"贫、愚、弱、私",因此倾其毕生心力关注农民问题,倡导农村的文化建设。就文化知识素质而言,农民无疑是缺乏的,晏阳初先生的判断并没有错误;但是假如将这种文化知识的缺乏理解为农民的非理性,则是不正确的。"理性经济人"在这里并非一般的经济学假定,而是正确认识农民的必要前提。农民在长期的农业生产中,对生产、投资和消费都有一种特殊的、谨慎的计算方法,这使他们在某种程度上成为最好的经济学家。成本收益的计算在农民手中成为娴熟的工具,他们以此来衡量各种投资的合理性。当我们发现农村中的一些"不可思议"的现象或者农民的一些难以理解的行为时,我们切记首先不要以"非理性"来轻易地解释。农民是根据自己的资源禀赋特征,以及自己的预期收益和成本来确定自己的行为的,而不是根据我们在脑海里想象的主观理由。比如在农村金融市场上,农民往往以比较高的利率水平来接受高利贷,如果仅仅从"非理性"这个视角来观察,我们就会得出错误的结论。实际上,高利贷的存在是农村金融市场上供求关系、交易成本以及信息等各种因素造成的必然结果,是农民在一定的约束条件下的理性选择。把农民行为理解为理性选择行为的意义在于,一方面,学者在这种理念的基础上能够发现那些"不可理解"的农民行为背后的根源,从而以一种更为科学和客观的眼光看待发生在农村的各种现象;另一方面,政策制定者通过这种观察,可以反省自己制定的农业政策的合理性,而不是简单地抱怨农民的"愚"和"非理性"。在中国20世纪50年代,一些地方的政府强制性地、过于迅猛地推行农业合作化,导致很多地区的农业生产遭受损失,农民的劳动积极性下降,甚至很多地区出现了农民要求"退社"的现象。出现这种现象的原因并不是政策制定者所抱怨的农民"没有政治觉悟",而是合作化运动本身容易导致"搭便车"行为,使农业劳动生产率降低,农民从理性选择和成本收益的计算出发决定退出合作社。这个例子很好地说明了农民的经济理性。

在农民经济理性的假定基础之上,我们可以进一步分析农民行为的特征。在这里我们探讨的是传统农业社会和传统文化背景之下农民的行为特征。传统农业社会中农民行为的基本特征可以概括为以下内容:以亲缘关系为纽带的人际交往网络,以个体分散决策为基础的日常投资和生产方式,缺乏社会性保障前提下的风险规避型行为方式,以家庭为基本组织单位从而天然排斥商业化市场的运作机制,对家族声望与个人信誉的极端珍视。以下分别对这些特点进行详细阐述:

第一,以亲缘关系为纽带的人际交往网络。传统农民的人际交往是以亲缘关系为纽带开展的,人际交往以与自己的亲缘关系的远近亲疏为标准。亲戚在农民的世界中是非常重要的角色,当一个农民试图努力做些什么时,他首先想到的是自己的亲戚能够帮助什么、能够为自己的决策提供哪些支持。当然,这种以亲缘关系为纽带的人际网络也可以在某种程度上进行拓展,但拓展的方式仍然是建立一种"模拟的亲缘关系共同体"。在中国的传统故事里面,无论是《三国演义》中的"桃园三结义",还是《水浒传》中描述的梁山泊好汉,都是这种模拟的亲缘关系共同体,在共同体内部,大家都以兄弟相称,因此尽管彼此之间没有亲缘关系,但这种模拟的共同体实际上就相当于亲缘关系的扩大和拓展。因此,不难解释,在我国的文化传统中,难以内生地演化出现代企业制度,而是天然地成长出以家族的亲缘关系为纽带的家族式企业。农民的借贷行为一般也是以这种以亲缘关系为纽带的人际关系网络为基础展开的。

第二,以个体分散决策为基础的日常投资和生产方式。我们常常将农民称为小农,小农经济的一个主要特点是农民决策的个体性和分散性。在中国长期的小农经济中,以劳动者之间的分工协作为基础的规模经济形态基本处于缺位状态,而代之以农民的个体决策,这与土地制度和农村经济制度密切相关。在这种小农经济下,农民在自己所拥有的小块土地上耕耘,土地面积与生产规模小导致他们只能以分散的决策来规划他们的投资和生产行为,因而缺乏劳动者之间的联合、土地规模的扩大和生产的规模经济性的可能。分散决策意味着农民天然应该带有一种小私有者的特征,意味着农民带有个体主义的倾向,对集团化的行为有一种天然的排斥。同时,分散决策也意味着农民抗击风险的能力较弱,因而其行为自然带有保守的特征,从而对任何新生的技术和组织形式采取观望的谨慎态度,这一点在布洛赫对法国农民的描述中已经被清晰地揭示出来了。

第三,缺乏社会性保障前提下的风险规避型行为方式。小农经济下土地规模较小和传统社会中社会保障体系的普遍缺位,导致农民对风险的抗击能力较弱,农民天然的性格是对一切布洛赫所谓的“新精神”相当谨慎。这种保守主义的特征,在农业社会中是一种保护自我、防范风险、避免大规模破产的必要性格。农民的风险规避型行为特征意味着农民的任何改变或者革新都只能是尝试性的,带有谨慎试错的边际改进的特征,这也就解释了为什么很多社会改革行动或者大规模的创新行动在农村难以推行。农民是理性的,他们用来抗击未来不确定性的资源很少,因此很难轻易接受自己不熟悉的事物,只有当他们切实地感受到革新带来的积极效果时,才会慢慢真正地接受。我国传统文化中的保守主义和中庸主义的国民性格,实际上就是这种小农性格的折射。在农民的借贷行为中,由于缺乏抵押物,农民只能在很小的范围内、以很小的规模进行借贷,所从事的投资也一般是收益比较稳健的项目,一些带有技术创新色彩的项目难以在短时期内被农民所接受。

美国经济学家斯科特(2001)也对农民的这种风险规避倾向进行了研究。在斯科特看来,小农经济坚守的是“安全第一”的原则,具有强烈生存取向的农民宁可选择避免经济灾难,也不会冒险追求平均收益的最大化。或者说,他们宁愿选择回报较低但较为稳妥的策略,也不会选择冒着风险去追求较高回报。从历史来看,斯科特所揭示的这种农民特有的“生存伦理”可以很好地解释传统农业社会中一切社会、技术和伦理的安排,同样可以解释农民借贷行为的特征。实际上,斯科特所揭示的道理在我们看来没有什么难以理解的地方。

第四,以家庭为基本组织单位从而天然排斥商业化市场的运作机制。这种特征是由传统农业社会的基本特点决定的。在传统农业社会中,农民的生产具有分散性,投资决策是个体主义的,分工不明显,因此商业化的交易在农村是缺乏的,即使有交易,大多也是一种小规模、小范围内的带有消费性质的交易。一个传统农业社会中的家庭,往往是一个独立的生产和投资决策共同体:家庭里的权威长辈往往是决策的制定者,家庭内部的分工较为明确而细致,一切生活消费物品基本都以这个家庭自己生产的东西为基础，从而形成一个自给自足的单位。传统农业社会的这个特点，使得农民对市场是陌生的，对市场中交易者各自的权利和义务关系也是陌生的。一个农民进入城市，当他面临一个全新的环境时，难以判断自己的行为是否合宜，此时家庭内的分工变成市场上的分工，家庭内的带有道德伦理意义的权利义务关系变成市场上的界定清晰的法律关系，这种转变是一种革命性的转变（我们在本章第二节中将探讨由乡土社会向市场社会的转变将给农民的信贷行为造成何种影响）。认识到以家庭为基本单位的农村组织方式并不是无关紧要的，在对农民信贷行为的分析中，我们一般不以农民个体作为分析的基本单位，而是将核心放在农户，即一个农民家庭单元上，以此为理论的分析基础。

第五，对家族声望与个人信誉的极端珍视。这是理解农民的非常关键的一点。一个传统农业社会的农民，由于从小生活在一个相对小而确定的社区中，社区内部的成员世代生活在一个地域范围内，因此其对各自的家族历史和行为特点非常熟悉；同时，决定家族之间交往的并不是现代社会中的契约，而是各个家族通过漫长的时间累积的家族声誉。对那些家族声誉高的人，大家一般有较高的信任度；而对那些在家族史中有污点的人，大家在交往时一般采取回避或谨慎的态度。这就是为什么农村社区在决定婚姻时，往往详细考察对方祖辈的声望，对那些辈辈诗书传家、代代家世清白的人，给予最大的信任。基于这种原因，在农村的传统中，农民对于自己以及家族的信誉是非常重视的，农民会相信，一旦自己的信誉或家族的名声沾染了污点，自己在本村社区中生存的质量就会下降，甚至有被剥夺生存权利的危险。他会千方百计地维护自己的信誉，同时维护一个家族的信誉。在我国农村很多地区所实施的小额信贷试验中，大家发现实际上农民违约的概率是很低的，农民一般不愿意成为一个违背合约的人，不愿背上欠债不还的名声。

以上我们以一种非常概要的、抽象的方式探讨了农民行为的基本特征。值得强调的有两点：第一，我们首先要将农民理解为一个面临自己的实际约束条件和资源禀赋条件进行理性的收益成本计算的“理性经济人”，在这个基础上再来理解农民行为的特殊性。离开这个基本点去谈论农民，不仅在学术意义上是错误的，而且在政策意义上也是危险的。第二，以上所概括的农民的行为特征只在一定的历史维度内有意义，如果脱离了传统农业社会和文化语境，很多结论就会发生变化，就应该被修正。比如，前面论述的关于农民行为特征中的个体主义和保守主义特征，在经济转轨和制度变迁的情况下，可能并不适合对另外一些农民群体的描述。在我国很多地区，农民的自发合作、集体化经营以及创新性行动，已经获得了令人瞩目的成就。新的观念、新的合作机制以及新的市场原则被引入农民的意识，会极大地改变农民的传统行为特征。因此，理解农民，应该以这种动态的方法去把握，而不是以一种僵化的、教条式的态度去理解。

三、农村、城市与文明演进

理解了农民，就为理解农村经济和社会奠定了基础。然而，在城市化的脚步逐渐加快的今天，农村的形态也发生着巨大的变化，其中经济和社会的关系也变得纷繁复杂。

对今天的研究者而言，理解城市也许比理解农村更容易。农村是一个分化特别严重的社区，在一些地区，农村可能还保留着相当原始的面貌，农民的生产和生活还处于刀耕火种的阶段，但有一些农村已经基本进入了现代化的阶段，农民的人均收入和生产方式基本与发达的城市没有什么不同。农村经济的分化现象为我们理解农村造成了困难，也给了我们一些重要的启发：假如我们以发展的眼光来看待农村，就会发现农村中潜伏着巨大的发展潜力；而假如我们以停滞的眼光来看农村，就会得出一些错误的结论。

实际上，首先应该肯定的一个历史事实是，农村是一个历史的范畴，是某个特定的人类历史发展阶段的产物。社会学者一般将农村定义为：在以农业生产活动为基础的社会生活区域内，以从事农业生产劳动为主的居民聚居地（韩明谟，2001）。从人类历史的发展看，农村是在社会生产力达到一定水平，即能够掌握用土坯和石块修筑房子，并且有了农业生产，在定居的基础上出现的。在远古时代，农业几乎是唯一的生产部门，其他的小型手工业和商业都是依附于农业的次要产业，人类都居住在村落之内，此时无所谓农村还是非农村，或者说整个社会就是一个农村社会形态。当生产力发展到一定程度时，商业、工业逐步从农业中分离出来，工商业组织以及代表统治者政权的政府职能部门都开始从农村中分离出来，集中到一些交通便利、水源充足、生产条件优越的地区，建筑城堡和城墙，逐步形成城市。因此，城市是随着生产的发展逐步从农村中分化出来的。当今世界城市化的加速，使得农村与城市的界线变得越来越模糊，可以想象，在未来，当人类社会的生产力达到一定高度之后，农村和城市的界线将彻底消失，农村作为一种特定的经济与社会范畴也将退出历史舞台。

了解农村与城市的分化的历史进程可以帮助我们理解未来农村的发展。人类社会三次大分工①的最终结果是农业部门和工商业部门的分离，导致城市的功能日益完善，规模日益扩张，专制国家的形态逐渐清晰。著名的历史学家斯塔夫里阿诺斯（1988）曾经借一个假想的“人类社会进步观察员”的“报道”描述了这个由野蛮时代向文明时代的转变过程：

> 大多数人类仍在狩猎动物和采集食物，但是，种植农作物或饲养家畜的人类的百分比现正在迅速地上升。某些地区还有了值得注意的新发展；在那些地区，有一些很大的村落，村落的四周围着高墙，人类的成员长期地居住在这些村落里。其中有些人不生产粮食，也不从事任何工作，而是劝诱或强迫居住在一起的其他人生产剩余粮食和手工艺品，为他们服务。这一小撮人虽然不从事任何体力劳动，却过着极为奢侈的生活，这种生活是过去任何人都没有享受过的。

斯塔夫里阿诺斯所描述的这个时代，大约是公元前3500年的时期，技术的进步、人类活动范围的增大以及分工的出现导致社会经济形态发生变化，部落文化向文明过渡，这种变化是人类经济和技术条件变化带来的必然结果，而不是因为有人想象出城市中心或者城市文明才发生的。这种人类生活方式的革命却是以人类内部的分化为代价的，城

---

① 人类社会第一次分工是游牧部落从其他野蛮人中分离出来，第二次分工是手工业和农业分离，第三次分工是商业从其他行业中分离出来。当手工业和商业比较发达的时代到来后，城市就出现并逐步完善起来。

市的出现必然导致贫富分化的加剧,而这种交战状态,即城市与农村的矛盾冲突,在现在的人类社会中仍旧没有得到完全解决,在中国的大部分地区,农村和城市处于尖锐的矛盾中。这种文明时代的共同特点包括:城市中心、由制度确立的国家的政治权力、纳贡或税收、文字、社会划分阶级或等级、巨大的建筑物、各种专门的艺术和科学,等等。中国历史上城市与农村的分离以及早期文明的特征即与此类似,在中国的夏商时期,尤其是商朝,农业的技术进步迅猛,手工业(尤其是青铜冶铸业)比较发达,手工业、商业与农业有了初步的分离,规模较大的城市、庞大的军队以及专制国家开始逐步完善(翦伯赞,1995)。

对农村和城市分离的历史描述与总结并不是没有意义的。从这个历史过程中,我们可以看到城市从农村中分离出来是由于分工和社会生产力的进步。同时,城市的出现和扩大加剧了城市与农村的分化,农村处于被剥夺的状态,社会中的差距开始扩大。那么,农村作为一个与城市相对应的社区,到底有哪些基本特征?这些特征对农村社会权力结构会造成哪些影响?这是以下我们要探讨的问题。

四、农村社区的经济社会特征

城市与农村的划分,并没有绝对的标准,尤其在一些发达国家,城市和农村的面貌已经很难区分,农村逐渐向城市转变,所谓农村即城市。同样,另外一个相反的趋势在发展中国家也存在,即在城市中有大量农村性质的经济和社会成分存在,比如一些城市居民也从事一些农村居民才从事的养殖和种植活动,这是所谓城市中有农村。我们看到很多城镇的居民在家里还养着鸡鸭,甚至从事着一些田间劳动,这是工业化初期农村与城市混杂的产物。我国农村和城市的划分标准发生过多次变化,但基本上都是以人口聚居的数量作为首要标准的。多年来我国一般以人口聚居数量 2 000 人为界限,2 000 人以上为城镇,2 000 人以下为农村。其次以职业作为辅助标准,即农业人口与非农业人口比例,一般非农业人口占 50% 以上才是城镇,否则是农村。第三个标准就是我国特有的行政管理标准,即县(市)人民政府所在地不论人口多少皆为城镇(韩明谟,2001)。

与城市社区相比,可以将农村社区的经济社会特点归结为以下几点:

第一,农村人口职业结构的单一性。这是农村社区与城市社区最明显的区别。农村基本上以农业生产劳动为主,农民的职业与城市相比是单一的。传统农村中,非农业的职业是很少的,比如农具制造业、编织业等。职业结构的单一使农村社区内大规模的分工合作很罕见,从而养成了小农的一种独立而不善于合作的群体性格。职业结构的单一性又是与农村人口流动的缓慢结合在一起的,人口流动性低,使得农村人口长期保持了这种职业结构,很少发生改变。

第二,农村产业结构的自我循环性和自我复制性。农村产业结构中,种植业、养殖业、编织业、小型制造业等,一般都是在一个村落里组织进行的,其原料来自村落自身,其生产过程由本村的农民承担,而消费者的主体也是本村以及邻近村落的农民。因此,农村产业结构具有很强的自我循环性,不太需要与村落外的其他产业要素进行交换,从而形成了彼此独立的产业群。同时,由于农村劳动力流动性非常低,农村中的各个产业或

者行当都是具有自我复制性的，村里的工匠们往往是子承父业。例如，在笔者童年所居住的胶东半岛农村中，有很“齐全”的产业，这个产业群包括油坊（负责榨花生油）、铁匠屋（负责铸造各种铁制农具）、豆腐和凉粉屋（负责制造粉条、豆腐、凉粉等副食品）、编织队（负责编织篓子、簸箕、柳条筐等生产或生活用具），另外还有为数不少的石匠和木匠，在农业劳动的间隙从事石料加工和家具制造，甚至还有比较专业的牙医。从事这些行业的村民，一般都会将手艺传授给自己的子孙，因此这种自我复制性多少带有“家族绝活”或独特的知识产权的性质。但是，应该注意到，这些产业群的自我复制性，只是传统农业社会中封闭的自给自足的一种表现，如果市场拓展到一定程度，产业同样能够演变成为具有竞争力的市场主体。在笔者童年所居住的村子中，后来村里的编织业甚至能够供给出口的需要，而雨衣制造业在当地也有很高的声誉，在市场竞争中获得了一定的市场份额。

第三，农村社会评价体系的历史延续性和评价机制的软性化。农村的社会评价体系是依靠农村村落里的居民世代相传进行的，邻里之间的“闲言碎语”（gossip）对农民行为的约束力很强。所谓社会评价体系的历史延续性，指的是农村中对一个人的评价往往不仅看这个人的行为和品质，还要考察这个人所在的家族在历史上的行为和伦理积淀。这个道理我们在分析农民的行为时已经有过详尽的阐述。同时，农村中的社会评价机制是软性化的，即农村中一般很少运用比较硬性的社会指标去评价人，也缺乏这样一些指标。城市可以用银行账户、学历、职业性质等标示自己的信誉，甚至在城市中已经发展出一些标准的机构和模型来表明一个人的信用，但是农村中是没有这些评价形式的。农村中的评价还是依靠口碑，而口碑的激励虽然在形式上是软性的，但是实际上的约束力往往超过那些硬性的指标。

第四，农村治理结构的非制度化，即非正式制度成为农村社会治理的主要形式。传统农村的治理，一般通过一些非正式的制度，比如在农村中，对村落事务有裁判权的往往是家族中有权威、有声望的长辈，而依据的标准又是这个村落中长期流行的伦理规范或乡规民约。在乡土社会中，正式的法律制度，尤其从西方的法律传统派生出的法律体系，由于不能适应中国传统农业社会的社会结构，往往处于失效的状态。因此，如何结合我国乡土社会的道德资源，促进法律的本土化，是法学界的重要课题。非正式制度安排如果能够与正式的制度安排很好地结合，就可以提高农村的治理水平；如果忽视这些非正式的制度安排，一味强调正式制度尤其是法律规范，则往往达不到预期的目的。

第五，农村权力结构中宗族势力与地方能人势力的结合。在农村的权力结构中，传统上以宗族的势力为核心，这是建立在家族传统和宗法关系基础上的一种治理方式。一般而言，政府力量难以渗入农村的治理中，尽管在民国时期，农村建立了保甲制度，但是这种保甲制度是一种外部强加的行政体系，很难与原有的治理结构很好地融合。虽然民国时期政府制定了非常完善和详细的正式法律，用来规范这种保甲制度，但是并没有达到预期的目的。费孝通先生把农村中原有的组织制度称为事实上的体制，而把这种政府强加的制度称为法定的体制。他指出，这两种体制是不相符合的，保甲是一种“强加的行政体制”。因此，在农村的权力结构中，宗族的势力似乎是一种更具生命力的力量，但随着农村的逐步演变,农村中宗族势力日渐式微,而地方能人势力开始增强。在当今的农村地区,由于普遍实施自治和直接选举,村里的权力结构倾向于那些有较强行政能力以及其他人脉资源的能人,这些能人因为能够带领村民发展生产而受到拥戴。从某种意义上说,一些富裕村的崛起,就是地方能人发挥作用的结果。地方能人在某种意义上相当于现代的企业家,富有企业家精神,能够有效地调动和整合农村的资源,把整个村落的经济当成一个企业的经济形态去运作,从而在农村中引入市场观念和竞争观念,引入企业家精神和企业管理的基本理念。在农村经济市场化的进程中,这种地方能人的作用将越来越多地取代传统的宗族势力而成为农村权力结构的核心。

第六,农村交往体系的差序格局。"差序格局"这个概念是一个很生动的名词,表明传统农村中的交往体系是按照与自己亲缘关系的亲疏来安排的。农村交往中的这种差序格局极大地影响了农村商业关系的基本形态,也影响了农民的交往理念。当农民走出狭小的村落,进入更为广大的城市,从而进入一种更为复杂的人际网络时,他往往还是本能地幻想依靠原有的亲缘关系,甚至在城市里复制这种亲缘关系。值得注意的是,广东、福建等沿海地区的一些农民,当他们漂洋过海到国外之后,仍然会在当地建立起一种类似于农村亲缘关系的交际网络,现在的很多所谓"宗亲会"就是这种农村亲缘关系的翻版或扩大。

五、传统农业及其转型

农业作为一个产业的基本特征,是自然再生产和经济再生产过程的交织。这个特征使得农业生产本身既具有人类经济再生产的一般性,也具有特殊性,即农业不管生产技术有多高,一般都难以从根本上改变作物生长发育的自然规律,这就决定了农业是一种风险性和季节约束性都比较大的产业,容易受到季候周期和自然灾害的影响。传统农业受自然条件的影响很大,同时传统农业最重要的成就也建立在对自然力的科学和有效利用上。在传统农业中,金属农具和木质农具被广泛使用,铁犁、铁锄、铁耙、耧车、风车、水车、石磨等生产工具的运用在历史上曾掀起农业革命,对人类生产力的提高具有重大意义。同时,在传统农业中,农作物的培育与畜种的改良技术获得提高,农家肥料的使用和水利灌溉技术的成熟,再加上间作、轮作制等各种精耕细作的方法,极大地提高了粮食的产量。中国精耕细作的技术在很多经典的农书如《氾胜之书》《齐民要术》《农桑辑要》《农政全书》等中都有详细的记载。除了技术上的特征,传统农业在经营上具有小生产(农业生产规模小)、小市场(农产品和农业生产过程的市场化程度低)、小经营(包括农产品销售过程在内的农业产业化经营的规模小)等特点,同时农业劳动生产率低,服务社会化程度低,生产的专业化程度低,农业的技术贡献率低。这些特征使得传统农业有必要向现代农业转化。

传统农业向现代农业的转型,不仅是先进的生物技术的使用,而且是产业结构、农业产业发展模式、农业产业组织制度的革新和演进。概括起来,农业产业转型的基本趋势有四化:市场化、产业化、集约化、开放化。

（一）市场化

传统产业的基本特征是市场半径小、市场化程度低。典型的非市场化农业是计划经济国家的计划农业，我国在农业合作化之后，逐步将农业计划化。到了人民公社时期，农业完全失去了自由发展的权利，农民的生产自由被取消，农产品贸易的自由市场和集市几乎全部消失。非市场化导致农业生产效率低下，农民收入增长缓慢。因此，市场化是农业转型进程中一个必然的制度创新和制度安排。与城市相比，农业领域计划经济制度安排的约束条件相对较“软”，从而使农业领域以市场化为导向的制度变迁成本相对较低，农村的市场化改革比较容易推进。我国的市场化改革从农村开始，取得了巨大的成效，为整体改革的推进奠定了经济基础和舆论基础。农业市场化还有利于土地、劳动力、资本和技术等生产要素的有效配置，引导农业经济资源合理流动，从而提高资源的要素生产率。

市场化不仅是要素配置效率提高的需要，还有助于重构农业经济发展的微观基础和组织机制。在计划经济下，我国农业的微观基础是公社制度下作为一种集体经营的生产队组织形式，即通常所说的“三级所有，队为基础”，研究表明，这种组织形式作为我国农业微观经济机制，其绩效是非常有限的，束缚了农业的生产力。市场化改革促进了微观经济组织的重构，确立了以家庭承包经营制度为基础的双层经营体制，赋予了农户完全的生产主体权利，使其成为农业生产风险与收益的直接承担者，实现了农村生产要素新的组合与配置，推动了农户经营与市场机制的有机结合，从而提高了农业的生产效率，促成了整个农村经济的生产结构转型。

农业市场化也意味着国家宏观调控机制的市场化。农业宏观调控主要涉及农业生产与农业流通两个基本领域。就生产领域而言，主要指农业区划、产业布局、区域协调、生态保护、农业基础设施建设等；就流通领域而言，主要指农产品价格机制、农产品流通体制、农村市场体系、农村金融体系等。农业宏观调控的基本职能就是对这些方面基于全局性、长期性、系统性和战略性的规划与管理，而其效率取决于宏观调控的运行机制效率。我国在很长一段时间内习惯运用计划手段和行政命令进行农业宏观调控，事实证明这是没有效率的。以市场化作为农业宏观调控的基本导向，意味着需要以市场化为主要手段，将市场工具、计划手段有机结合，将财政政策、货币政策和金融政策有机结合，从而解决农业发展中的一系列瓶颈难题。

（二）产业化

传统农业是一种分散化的决策过程，农业的产业链很短，产业之间的联系不紧密，导致信息传递效率和资源配置效率低下，农民承担的风险和收益不对等。对于农业产业化，学术界目前有很多争议，有代表性的表述是，农业产业化是以市场为导向、以提高经济效益为中心，对农业的支柱产业和主导产业实行区域化布局、专业化生产、一体化经营、社会化服务和企业化管理，把产供销、农工贸、农技贸紧密结合起来的经营体制的转换过程，即改造传统的自给、半自给的农业和农村经济，与市场经济接轨，在家庭经营的基础上，逐步实现农业生产的专业化、商品化和社会化的过程。传统农业经济的弊端在于农户的小规模经营与外部市场的所谓“非协调性低效率均衡”,导致农户与市场、生产与流通、供给与需求之间的连接机制缺失。当小规模分散化经营的农户直接面对市场时,其交易费用和交易风险提高,导致其比较收益递减,这种趋势持续下去,极容易导致农业陷入一种“低效率陷阱”,使得已经存在的二元经济结构被强化和深化。农业产业化的途径,一是发展农业龙头企业,通过龙头企业带动农户复归集体经营;二是建立健全农业合作经济组织,通过这些组织提高农户家庭经营的组织化水平,增强其市场竞争能力、市场进入能力和市场风险抵御能力。

(三) 集约化

农业的转型发展一般分为两种模式:一种是常规模式(Common Pattern,CP),另一种是集约模式(Intensive Pattern,IP)。所谓常规模式是指以生态资源的高开发、生产资源(劳动、土地、资本资源等)的高投入、追求生产数量增长为特征的农业发展模式。常规模式是一定历史阶段农业发展的基本模式,这个阶段基本反映了传统农业的一些特点:比如重视满足短时期基本生活需要,而忽视长远的人类生存环境的改善;重视经济效益,而忽视资源利用效率和生态效益;重视经济再生产的规模扩张,忽视自然再生产的良性循环等。这种发展模式在资源日益短缺、人类生存环境日益恶化的情况下,表现出一定的不适应性。而集约模式是指遵循经济规律和自然规律,以可持续发展理论为指导,以社会发展、经济增长、生态平衡和资源有效利用为目标,以集约经营为基本增长方式,充分依靠科技进步和科技创新,从而实现社会、经济、资源和生态环境的持续协调发展的现代化农业发展模式。集约模式的核心在于农业发展的可持续性,以及在实现人与自然和谐基础上的农业生产率的提高,是农业经营方式和增长方式的实质性的转变。

农业可持续发展表现在三个方面:首先是经济可持续:劳动力得到充分合理的利用,技术适用而且有利于提高经济效益;既要保证粮食产量持续增加,又要保证农民收入不断增长;农业产业结构合理,发展多种经营。其次是生态可持续:采取某种维护自然资源基础的方式,合理利用、保护和改善自然资源,积极创造良好的生态环境系统,实现人与自然的和谐发展。最后是社会可持续:有效缓解人口和土地的矛盾,即土地的有限性与人口不断增长的矛盾,保障粮食安全;增加劳动力的就业机会,努力消除农村贫困状况,缓解和改善农村与城市的二元经济结构,实现城乡的同步增长。集约化经营有利于实现以上目标,它反映了现代农业的以下特点:注重经济增长的质的提高,强调以现代科技为基础,追求高产、优质、高效、低耗;注重农业发展与资源环境的协调性,追求生态系统的平衡,坚持农业发展要以自然资源的永续利用、生态环境的不断改善为前提;强调农业发展不仅要实现“代内公平”,还要实现“代际公平”,使得自然资源基础保持在适当水平上,使后代人不仅能够得到同样的产出,而且能通过提高资源利用效率满足他们更高的需求,也就是给后辈留出足够的发展空间。

农业转型发展的常规模式与集约模式的效率差异可以用图 3.1 来表示。

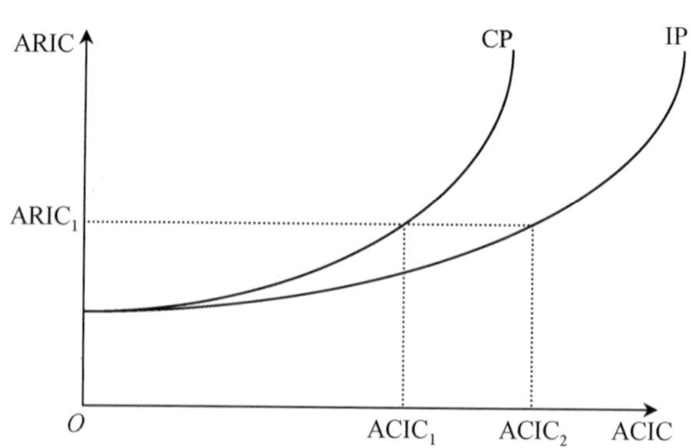

图 3.1　农业转型发展的常规模式与集约模式比较

资料来源：王永龙(2004)，第 63 页。

在图 3.1 中，纵轴表示“农业资源投入系数”(Agricultural Resources Invest Coefficient，ARIC)，横轴表示“农业综合增长系数”(Agricultural Comprehensive Increase Coefficient，ACIC)。CP 曲线表示常规模式，而 IP 曲线表示集约模式。农业资源投入包括资本、土地、劳动、自然资源、技术和企业家才能等。所谓农业资源投入系数，是指给定产量下各种不同农业资源的投入量及其组合效率，该系数可以用来反映并表达特定发展状态下的农业生产率。在一般意义上，我们经常使用的诸如“劳动生产率”“资本生产率”“技术效率”“资源配置效率”等概念，实际上是该系数的另一种表达方式。所谓农业综合增长系数，是指给定资源投入下的农业产出量及其增长率。该系数经常被用来反映并表述特定发展状态的农业发展与增长效率。在多数情形下，我们所使用的诸如“农业总产值”“农业附加值”“农业总产值增长率”“农业收入及其增长率”“人均农业收入及其增长率”“农村第二、三产业增加值”“农业综合要素成本”等概念，都是该系数的理论表述。从图 3.1 可以看出，在给定的资源投入系数下，两种不同的农业转型模式显示出不同的增长效率，两者的增长率差额称为“增长效应余额”(increase effect difference)，在图中表现为 $ACIC_2$ 和 $ACIC_1$ 之间的差额。

（四）开放化

传统农业与现代农业的一个很大的区别在于，传统农业的市场化程度低，很少参与国际市场竞争，但现代农业是处于一个开放经济的大环境下，不得不面对全球性的竞争，因此必然具有开放性特征。我国加入世界贸易组织(WTO)对农业转型发展而言既是机遇也是挑战。加入 WTO 对改造我国农业的传统产业结构、农业增长模式和农业宏观调控模式有重要意义，但是我国目前的小农经济模式和二元经济结构难以应对国际强势农业企业的竞争。实行农业领域的对外开放，就是要将我国原有的封闭型农业转变为“外向型农业”，充分发挥我国农业的比较优势，在国际分工中获得自己的市场份额。研究表明，我国农业开放将使我国从世界农产品贸易自由化中获得巨大的收益。

第二节　转型期的农民信用与农户借贷

一、乡土社会向市场社会转型期的信用困境

目前中国正在由传统社会结构向契约社会结构转型。将传统社会命名为“乡土社会”，是从费孝通先生20世纪40年代末期的名著《乡土中国》中借用过来的。所谓乡土社会，是指以族缘、地缘、血缘关系为基础形成的社会结构，而所谓契约社会，是指以社会经济活动主体之间的合约为基础形成的社会结构；在乡土社会中，由熟人之间的相互信赖构成经济交易和非经济活动的基础，而在契约社会中，在经济主体之间按照平等和公平的原则自愿达成合约，这种合约可以使交易扩展到陌生人之间的交易。从经济学角度来说，中国当下从计划经济向市场经济的过渡固然是非常重要的一种社会转型；但是从社会学角度来看，中国从传统的乡土社会向现代的契约社会的转型可能更为重要，因为这种转型将对社会经济行为主体的经济行为产生重大的影响，因此也就决定着他们的伦理行为和道德谱系的演化。

费孝通先生在《乡土中国》中正确地指出了传统社会与现代社会的重大区分，即传统社会是一个熟人社会，而现代社会是一个陌生人的社会；维系传统社会的基础是与生俱来的由熟悉带来的信任，而维系现代社会的基础是契约。费孝通先生说：“乡土社会的信用并不是对契约的重视，而是发生于对一种行为的规矩熟悉到不假思索时的可靠性。”但是这种行为模式在以陌生人为主的现代社会中是难以应用的，“在我们社会的急速变迁中，从乡土社会进入现代社会的过程中，我们在乡土社会中所养成的生活方式处处产生了流弊。陌生人所组成的现代社会是无法用乡土社会的习俗来应付的”。

但是费孝通先生更大的贡献在于他对乡土社会和契约社会的社会格局的精辟分析，他把西方的社会格局称为“团体格局”，而把中国传统的乡土社会中的社会格局称为“差序格局”。他运用非常形象的比喻来说明这两种不同的社会格局的区别，把西方团体格局的社会构造比喻为“一捆一捆扎清楚的柴”，团体界限非常清楚，而把中国传统的差序格局的社会构造比喻为“一块石头丢在水面上所发生的一圈圈推出去的波纹，每个人都是他社会影响所推出去的圈子的中心”，这种格局具有很强的伸缩性。因此，在传统的乡土社会里，由“己”这个核心延伸开去，就像石子周围产生的涟漪一样，社会关系的展开和交易活动的进行，只是这个“己”的扩展而已。与自己最为亲近、最为密切、最为熟悉因此也最值得信赖的关系，总是置于那些陌生者之先；一个传统乡土社会中的交易能否达成，依赖于交易者自己对交易对方在这个差序格局中所占据的位置的考察。一旦交易扩展到陌生人的层次，交易双方的信任感就会大大降低，此时“涟漪”就会非常微弱，以至于难以达成任何有效的交易行为。

差序格局的乡土社会与团体格局的市场社会，其达成交易的基础自然是不同的，前者依赖于由熟悉带来的信任，而后者依赖于由契约所保障的权利与义务的清晰界限。因此，两种社会格局的交易半径就大相径庭。用“交易半径”这个术语表示达成有效交易的主体的广度，传统乡土社会的交易仅限于交易主体熟悉的范围，而契约社会的交易可以

扩展到与交易主体完全陌生的他人,因此,契约社会中交易主体的广度就得到空前的扩展,甚至扩展到与自己根本没有任何接触的人群。现代社会中的绝大多数交易,都发生于陌生人之间;一些现代金融产品和衍生工具的交易,甚至不需要交易者有任何面对面的接触。这些交易方式,在传统的乡土社会是难以想象的。“我们怎么能够相信一个我们从来没有见过面的人呢?”这是一个习惯于乡土社会游戏规则的人自然而然发出的疑问。在乡土社会里,我们只能信任我们熟悉的人,对不熟悉的人抱着天然的拒斥和怀疑。由于怀疑陌生人,乡土社会中的交易者很容易发展出“欺骗”陌生人的行为:一方面,乡土社会中的人自以为与陌生人的交易概率极低,因此偶然的欺骗所造成的成本(包括收益成本和声誉成本)都很低;另一方面,乡土社会中的交易者对交易对方的诚信水平存在质疑,认为“先下手为强”的欺骗有利于自己避免更大的损失。

在乡土社会向契约社会过渡的过程中,道德的断裂和失序就不可避免。道德规范在乡土社会中是无形的,人和人之间有着天然的缘于地域、血缘和宗族关系的信任感,他们互相熟悉,因此互相欺骗的概率极低,而互相欺骗的成本极高。一旦在乡土社会中发生了欺骗的行为,欺骗者就会给整个家族带来恶名,从而整个家族世代积累起来的美誉就会面临毁于一旦的危险。互相熟悉的人们就会以“闲言碎语”的方式来传播欺骗者的行为,从而使欺骗者未来的交易收益受损,交易达成的概率大大降低。但是向契约社会过渡的过程中,人们由于社会关系的扩展,而不得不将交易扩展到陌生人的范围;然而一个来自乡土社会并熟悉乡土社会游戏规则的人还没有学会如何适应这个陌生人的世界,还不知道如何以契约社会的方式来进行交易,也不知道在受到其他陌生人欺骗的时候如何以契约来维护自己的利益与尊严,而更严重的是整个社会还没有为契约社会的到来准备必要的法律环境和惩罚激励机制。这个时候,普遍的不信任感就产生了,欺骗成为交易者的最优选择。

对于那些由一种经济社会结构过渡到另一种经济社会结构的国家而言,不管是从计划经济向市场经济的过渡,还是由乡土社会向契约社会的过渡,都直接面临着商业伦理资源匮乏带来的巨大风险。这是中国在双重转轨(由计划经济向市场经济的转轨以及由传统乡土社会向契约社会的转轨)的进程中必然产生的阵痛——要分娩出自由而有秩序的新的经济体制,要在传统乡土社会中分娩出具有现代商业准则和陌生人之间相互信任的新的伦理环境,必然需要付出这样的成本。

然而我们也发现,在传统的乡土社会向现代的市场社会转变的过程中,很容易出现这样的道德悖论:一个人在共同体内部(如一个家庭、一个家族、一个宗族、一个村落),可能是一个非常值得尊重、非常有道德感、对共同体富有责任感、在共同体内部有着良好声誉的人,但是当他面临着外部市场,或者他的行为超越这个共同体,与陌生人打交道时,他仿佛就变成另外一种有着完全相反道德表现的人——他可能会欺骗他的交易对手,会不履行合约,会不惜以损害消费者的健康为代价制造劣质的消费品。他不关心他在共同体以外的声誉,也不在意自己的非道德行为会给社会和他人造成何种恶劣的影响,此时他似乎变成一个完全没有道德感和伦理观念的人,与他在共同体内部判若两人。一个在共同体内部恪守道德要求的人,当这个“差序格局”扩展到距离“波纹核心”十分遥远的地方从而远离共同体时,这个人的自我道德约束就会显得非常微弱。这种共同体内部的基于道德的交易行为和共同体外部的非道德交易所形成的悖论，是我们作为外部观察者必须注意的现象。只有了解了这个悖论以及它产生的根源，我们也许才能找出解决问题的办法。

一个行为主体在共同体内部和外部的截然不同的表现，令我们深思。从经济学角度来看，一个行为主体在两种不同情境下的不同行为模式，实际上来自他对自己行为的成本收益的计算。在共同体内部，由于有着数量确定的参加者，而且各参加者之间的关系极为亲密，因此一个人的行为具有以下明显的特征：第一，他的行为很容易被观察到，不论他的行为是否符合道德要求，都不可能逃离共同体内其他成员的眼睛，在共同体内部成员之间，关于各自行动的信息几乎是完全而且对称的。第二，行为的长期性。共同体成员之间的关系是建立在一种默契的长期非正式合约的基础之上的，这就决定了共同体成员不太可能出现短期行为，不可能冒着被共同体唾弃和抛弃的风险而破坏共同体的伦理规则。第三，在共同体内部存在对非道德行为的经常监督和约束机制，那就是前文提到的共同体成员之间的"闲言碎语"。家族和邻里之间这些具有强大监督能力的"民间舆论"，是约束共同体成员最有效的力量，许多成员就是出于对这种"民间舆论"的敬畏和对自己长期名誉的珍惜，而收敛自己的非道德行为。第四，在共同体内部，成员的非道德行为可以被及时惩罚，惩罚的最有效方式就是在共同体内部彻底而永久性地毁坏该成员及其家族的名誉，使他与其他成员达成交易的可能性几乎降为零。实践证明，这种惩罚方式非常有效，一个声名狼藉的家族，其后代寻找配偶都异常困难，这表明共同体内部不遵守道德准则的成本高昂。

而在共同体外部，情况就迥然不同了。在共同体外部，一个人的行为很难被观察，人和人之间有关各自社会行为的信息是非对称和不完全的；共同体外部往往会诱发人的短期行为，使得人们为了短期的利益而忽视长远的收益；共同体外部也不存在强有力的监督机制；共同体外部对一个人的非道德行为往往难以实施有效的惩罚。这就解释了为什么会出现共同体内部道德交易和跨共同体的非道德交易的悖论，也解释了为什么在中国这样一个伦理范式转型的社会当中会出现那么多的道德失序现象。

二、农户借贷行为分析

研究我国农村金融并不是一件容易的事。从表面上看，农村金融的融资规模和借贷规模很小，农村金融的供求主体都比较单一，农村金融市场中的金融工具多元化程度不高，因此农村金融研究给人的印象是很简单的一件事。但是，一旦深入研究起来，就会发现其中所牵涉的问题很多，所涉及的主体的复杂性和问题本身的复杂性都远远超出预料。农村金融问题与农村经济和农业发展问题息息相关。由于我国农业文明的历史悠久，任何一个细小的命题，如果不从长期的历史演进中寻求其渊源，就难以获得正确的结论。这就要求研究者在面对农村金融研究时，不能仅仅着重于短期的、当前境况的分析，还要追寻该种农村金融现象的历史条件和历史镜像，从历史的长期发展进程及其对当下经济社会的影响中寻求答案。在农村金融研究中，一种本能的广袤而深邃的历史感是不可缺少的，如果不能在农村金融研究中准确地追溯源头，不能从悠久的历史传统中梳理出农村金融现象的变迁过程，我们就难以对现在的农村金融改革提出正确的建议。在这里，历史的研究和长期的视角就显得特别重要。

任何一项研究都要首先确定研究的基本单位。尽管我们在前面更多分析的是抽象的农民的行为，然而单个的农民很显然难以作为农村金融分析的基本单位。在农村中，生产和生活的基本单位是农户，即一个农民家庭，尽管这个家庭的形式可以多种多样①，但是农民家庭无疑是生产、消费和生活的基本单位。在研究农村金融市场中的借贷关系时，单个的农民很少作为借贷的基本单位，而是以一个家庭为单位借贷，因此在农村金融机构评估农民信用时，也很少关注单个的农民，而是着眼于一个农户。因此，顺理成章地，我们在研究农村金融体系的制度变迁以及农村金融微观主体的运作机制时，对农户的分析是我们分析框架中的逻辑起点。

学术界对于农户的研究文献，基本上可以分成两个不同的流派，一派强调农户的理性动机，另一派则强调农户的生存逻辑（张杰，2003）。我们可以把前者称为"理性小农派"，而把后者称为"道义小农派"。"理性小农派"早期的代表人物是美国经济学家、1979年诺贝尔经济学奖得主西奥多·舒尔茨（Theodore Schultz）。舒尔茨曾经得出这样的结论：农户相当于资本主义市场经济中的企业单位，农民比起任何资本主义企业家来说毫不逊色，因此，改造传统农业的出路在于激励农民为追求利润而创新的行为（舒尔茨，1987）。波普金的观点与舒尔茨很接近，他认为小农的农场完全可以用资本主义的公司来刻画，小农无论在市场领域还是在政治社会活动中，都更倾向于按理性的投资者的原则行事（Popkin，1979）。舒尔茨-波普金命题的实质，是将农户置于传统的理性假说下，将农户视为按照最大化原则行事的当事人，在这样的假定下，核心的问题是如何为小农与农户提供市场要素和创造市场条件，也就是说，只要为农户提供足够的外部市场条件和市场要素，使之合理地按照市场的要求配置这些资源，农业经济自然就会获得正常的发展，农户就会焕发出类似"企业家精神"的进取精神，按照市场原则来安排生产和投资。"理性小农假说"与我们在本章前面所强调的将农民和农户视为"理性的经济人"的观点是一致的，也就是说，从理解农户和农民的行为的角度，理性假说是正确的，农民和农户总是根据自己的资源禀赋状况，以及自己对成本收益的理性计算来安排生产和投资。在前面的论述中，我们强调过这样的观点，如果把农民或者农户视为"非理性的"，则不仅在理论研究上是错误的，在经济政策制定上更是危险的。舒尔茨-波普金命题强调市场要素和市场环境的重要作用，无疑也是正确的，这与我们前文所引述的约翰逊的观点是一致的，要素的市场化和合理配置无疑是未来我国农村改革的重要方向。但是舒尔茨-波普金命题将农户的理性行为仅仅理解为"追求利润最大化行为"，在理论上是偏颇的。用资本主义企业的利润最大化行为去理解农户的行为是不恰当的，因为小农经济下的农户，其面临的市场约束和资源禀赋特征与资本主义市场条件下的企业是有区别的。农户面临的是一个不完全的、分散的市场，农村中的市场主体之间即农户之间的竞争是微弱的，这与小农经济下土地的分散性和规模的有限性有密切关系；同时，农户之间的信

① 农村家庭或者说农户的形态是多样的，传统上的农民家庭是一个庞大的按照亲缘关系组织的共同体，几代人居住在一个空间中，共同消费和生产，共同体中的成员有比较明确的分工，甚至在某些比较封闭的地方至今还很好地保持着几十口人的农民家庭共同进餐的传统。但是当代农民家庭的变化很大，家庭规模逐渐变小，家庭成员一般是父母和未婚子女，他们组成一个简单的家庭共同体。现在，那种传统的大家庭几乎很少看到了。

息是极端不完善的,关于农户生产和投资所需要的各种要素价格的信息,不可能像资本主义企业那样迅速在市场上传播,这就决定了小农经济下农户的决策不同于资本主义企业的决策,也决定了农户之间不会出现资本主义市场上的所谓平均利润率。只有当小农经济发展到一定程度,农户的规模扩大到较大的农场,并且农场之间的竞争达到一定程度时,农户的行为才可以用资本主义市场下的企业行为去描述,此时舒尔茨-波普金命题所假定的类似于资本主义企业的农户行为才可以成立。

"道义小农派"则提出了与"理性小农派"不同的观点(张杰,2003)。早期的文献以察亚诺夫(Chayanov)为代表,他认为小农的行为不同于资产拥有者,他们不雇用劳动力,难以计算成本收益,其生产产品主要不是为了追求利润,而是为了满足自身消费;因此,小农的最优化选择取决于自身的消费满足与劳动辛苦之间的均衡,而不是成本收益的比较(Chayanov,1986)。经济人类学家卡尔·波拉尼(Karl Polanyi)认为,学者不能动辄拿起资本主义经济学的"精致工具"来刻画小农经济中农户的行为,不应在分析小农农户的过程中把"功利的理性主义"世界化和普遍化(Polanyi et al. ,1957)。波拉尼的观点启示我们,在分析小农农户的经济行为时,不应简单地套用资本主义经济学的基本范式,而是应该深入分析产生小农农户行为的特殊制度环境和社会关系,把小农农户的行为当成独特的制度过程和制度安排来看待。我们在前面的内容中曾经提到美国经济学家斯科特的"道义经济"命题,实际上,我们可以把斯科特所揭示的小农"生存伦理"作为这种"道义小农假说"的完成形式(斯科特,2001)。

"理性小农假说"与"道义小农假说"实际上并不是互相排斥的,而是具有内在的互补性。"道义小农"的生存逻辑背后,仍然可以看作一系列根据自己的成本收益(此时的成本收益与资本主义企业成本收益的内容当然不同,是农户收获与付出的差额)做出的决策,因此"道义小农"的基本行为逻辑仍旧是理性的,农户将首要的目标函数定位为自我的生存正是基于这样的理性逻辑。尽管在具体形式上,农户的雇佣行为和利润计算等都与资本主义企业不同,但是在行为逻辑方面,农户仍然遵循理性的逻辑。"道义小农假说"的贡献在于,它强调在研究小农农户的行为时,应该着力发现那些特殊的制度因素和社会关系,而不是简单套用传统经济学教条。黄宗智在这些经典文献的基础上提出了小农经济"半无产化"以及著名的"拐杖逻辑"。所谓"半无产化",是指农村存在多余的劳动力但无法进行转移,那些暂时离开小农家庭的多余劳动力对小农经济心存眷恋,因而无法成为真正意义上的"雇佣劳动者"。由"半无产化"出发,黄宗智认为土地成为传统农户的生存基础不仅是出于经济收入的考虑,更是小农农户的传统、情感、文化、尊严以及信仰的寄托之地,因此,农户的非农收入只是作为一种必要的补充,而不可能替代农业收入(即使非农收入已经超过农业收入),这就是所谓"拐杖逻辑",这种逻辑可以很好地解释1350—1850年间小农经济在市场经济扩张的背景下得到强化的历史事实(黄宗智,2000)。实际上,我国20世纪70年代末期实行改革开放以来,进城务工农民的数量大为增加,但是这种现象非但没有削弱小农经济,反而在某种程度上将其强化了,小农经济这种现象也可以通过"拐杖逻辑"来解释。

在仔细梳理了"理性小农假说""道义小农假说"以及黄宗智的"拐杖逻辑"后,我们基本可以对农户的经济行为做出比较准确的理解。那么,农户的这些行为特征对农户的借贷行为和农村金融市场造成哪些影响，从而使农户的借贷行为具有哪些特点？具体地，针对我国小农经济下的农户，其借贷行为具有以下基本特征：

第一，借贷用途区分不明确，非生产性特征明显。农户的借贷，部分是由于生产性的投资，部分是由于各种非生产性的消费，尤其是那些炫耀性的消费。基于小农经济文化传统和宗教信仰体系的特殊性，这种炫耀性的消费除了用于改善农户生活，主要用于婚丧嫁娶等，还有些消费用于修建祠堂等带有民间信仰和宗族文化色彩的建筑。在费孝通先生所著的《江村经济：中国农民的生活》一书中，描述了20世纪30年代一个典型的江南农村借贷活动的特点。费孝通先生说："贷款可以作任何用途，或可能限于协议中规定的某种用途。……在这个村里，信贷在多数情况下是用于消费或者付租付税，租和税与生产过程仅有间接的关系。同样地，也很难把借来办婚事的钱看作对借钱人的生产能力有所帮助（除非是隐喻的意义）。"

这个特征充分反映了小农经济条件下农户借贷行为的不成熟性。在一个典型的小农看来，把借来的钱用于做什么是由自己决定的，他完全有权利把钱用于非生产性的用途，而在不同用途之间并不做任何区分。当然，一个农户将本来应该用于生产性用途的借款用于修建祠堂或者在婚礼或葬礼上进行铺张的炫耀性消费，乍看起来，似乎是一种非理性的行为，因为一个资本主义企业在市场条件下的行为总是成本最小化的，它的理性行为一定是节约成本的。但是，如果把农户的目标函数扩大的话，我们就可以看出，传统农户的目标函数不是利润的最大化，而是在本乡（或农户所生存的社区）的声誉的最大化，这种声誉会有利于这个农户在所生活的社区中获得更大的信任，从而扩大交易的半径，减少交易的成本，获得最大的经济收益和社会收益。这与农户的理性假说是不矛盾的，所不同的是它的目标函数的扩大化。

第二，由于交易成本的原因，农户借贷更加倾向于依赖民间的非正式的金融体系。由于农户的分散性和借贷行为的随意性，导致信用评估的困难和收回贷款的困难，因此交易成本很高，这就使得正规金融机构进入农村金融市场的意愿降低。我国国有商业银行大规模从农村地区撤出，不仅是一种自上而下的制度安排，更是基于交易成本计算的一种理性行为。在农村地区，农户更依赖那些民间的金融形式，比如各种形式的"会"。"会"在其他国家也存在，但是在我国，这种民间的金融组织形式更为常见，这说明"会"这种形式与我国农村地区的小农经济形态、农户的借贷行为特征以及农村的文化传统有着深刻的内在契合。"会"也称为"互助会"，是一种带有集体储蓄和借贷性质的机构，由若干会员组成，有确定的聚会时间，每次聚会时存一份款，各会员存的总数，由一个会员收集借用。"会"有各种形式，有"摇会""轮会""抬会"等，主要根据"会主"产生的不同机制而有所区分。在中国传统的小农经济中，这种带有互助性质的"会"很适合短期需要借债的农户，而农户依靠"会"这种形式借款，主要的动机并不是生产性的投资，而是各种应急性的消费，比如为办理婚丧嫁娶而筹集资金，而要从事生产、办一个企业或购买一块土地，一般不被视为召集"会"的理由。

第三，农户的借贷倾向与农户的非农收入呈明显替代关系。也就是说，当农民来自非农业渠道的收入增加时，农业流动资金增加，这种变化会导致农户减少在农村金融市场中的借贷。非农收入越高，借贷倾向就越低。这个逻辑与我们论述过的农户行为的基本特征是吻合的。小农经济下的农户，当其资金出现缺口时，有两个选择：一是增加非农收入，比如到城里或其他地方打零工，或者通过家庭的各种副业来提高非农收入；二是通过非正式的借贷。这两种选择之间具有明显的替代性。小农经济的内在特征和农户的行为习惯决定了农户只能在这两种方式之间选择，目标是维持一种稳定的小规模的小农经济。这个结论与我们前面提到的黄宗智的"拐杖逻辑"的结论是非常吻合的，当非农收入作为"拐杖"提高了农民的收入、增加了农民的流动资金时，农民的借贷倾向就会降低；当非农收入减少、农民流动资金紧缺时，农民的借贷倾向就会增强，而借贷的主要动机仍旧是消费性的，不是生产性的。

第四，传统农户解决资金困境时遵循特殊的差序格局和圈层结构，导致传统农户保持着对于现代商业性金融体系的疏远。由于传统小农经济下的农户对家庭的依赖性，只要这种以农户为核心的借贷决策体系不发生根本性的变化，传统的借贷方式就仍然在很长时间内存在并延续。根据以上论述，当一个农户出现流动资金短缺时，也就是来自农业的收入不足以满足其生活消费的需要时，它首先会寻求一种内源融资的方法，即寻求各种增加非农收入的方法。当各种非农收入作为"拐杖"仍然不能满足家庭开支需要时，它就会向亲友借贷，即利用自己的亲缘关系，运用各种非正式的借贷方式借款，而且借款一般还是用于消费性活动。如果来自亲缘关系的非正式借款也不能满足，它会寻求一些来自本社区的其他资金来源形式，比如参加本村的互助会，或者转向高利贷。尽管高利贷使农民背上很重的偿还负担，但是农户还是在很大程度上依赖这种借贷形式。当来自本社区的其他资金来源还不能满足资金需求时，农户会寻求国家信贷的帮助，比如各种正式的属于官方的金融组织（如在历史上存在的国家赈贷）。只有在不得已的情况下，传统农户才会选择商业信贷。因此，在传统农户的信贷差序格局中，遵循着如图 3.2 所示的顺序。

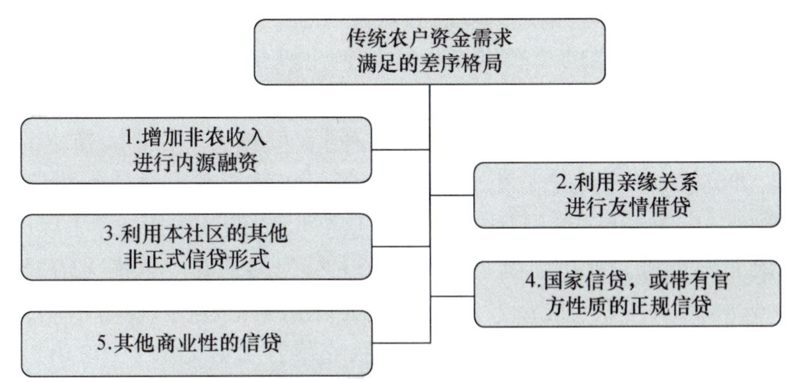

图 3.2　传统农户满足资金需求的差序格局

以上对农户借贷行为基本特征的分析是一种静态的分析，即局限于对小农经济状态下农户的借贷行为的分析。如果从发展的视角来看，农户借贷行为随着农户生产规模的增大、生产方式的变化以及农村经济结构的变化，也会发生相应的改变。比如，一些实证研究表明，在一些经济比较发达的地区，农户借贷的生产性投资的比重正在增加，而传统的消费性借贷的比重却在减少。一些非正式的民间金融组织形式比如互助会等，其生产性和投资性的色彩也在增加。同时，随着因生产性投资而进行的借贷规模的扩大，原有的带有储蓄性质的民间金融组织形式开始向一些投资性的民间金融组织形式转化，比如“会”的减少和类似于银行的钱庄或基金会的民间金融形式的增加。同时，随着一些地区农户收入的增加，亲友间不计利息的借贷逐渐减少，计息的借贷开始增加，同时更多的借贷开始转向那些“匿名”的借贷方式(张杰，2001)。因此，农户的借贷行为很有可能向一种商业性更强的金融体系变迁，尽管这种变迁是缓慢的，同时在地区间具有相当大的差异性。

三、农户与农民的信用：传统与变迁

在中国的文化传统中，道德一直是一个核心的命题。在中国古代的经济思想中，伦理思想占据着核心的、主导性的地位，而德性主义的伦理思想又占据着核心和主导性的地位，因此，强调道德对经济发展的积极作用一直是中国古代经济思想和伦理思想的核心内容(唐凯麟和陈科华，2004)。对伦理道德的经济功能的极端重视，是传统农业社会经济结构和社会结构的产物。在传统农业社会中，社员成员的伦理实践具有时间上的延续性和累积性，以及空间上的可观测性。时间上的延续性和累积性使得农业社会中成员的家族名誉在社会人际交往中扮演重要角色，农业社会更重视世代道德资源的不断积淀(所谓“忠厚传家久”)。空间上的可观测性缘于传统农业社会人际交往结构的单一，这个特点使得农业社会成员的行为必须接受社区内部的随时监督。因此，在传统经济观念中强调经济伦理，也就不足为奇了。正是这种具有深邃历史感的伦理传统，维系着中国传统社会的和谐秩序，在一定程度上取代了法制，成为传统农业社会中社会秩序的主导性的维护力量。

在中国传统农业社会的伦理原则中，“诚信”作为道德的一个重要范畴，历来得到思想家们的强调和重视，这说明，信用的观念在农业社会中深入人心且占据着重要的地位。在古代，“诚”和“信”是相通的道德范畴，许慎在《说文解字》中，把“诚”和“信”互训：“诚，信也，从言成声；信，诚也，从人从言。”在我国古代类似于原始社会的经济形态中，将“信”作为一种重要的道德实践加以强调，在那种“大同社会”中，“大道之行也，天下为公，选贤与能，讲信修睦”(《礼记·礼运》)，描绘了一幅社会成员之间互相信任从而构造和谐社会的画面。儒家经典《论语》中，孔子把“信”列为“四教”之一，“子以四教：文，行，忠，信”(《论语·述而》)。孔子强调“信”是一个人行为的基础：“人而无信，不知其可也。大车无輗，小车无軏，其何以行之哉?”(《论语·为政》)意思是，人没有信用，真不知道怎么可以呢！就好比大车上没有輗，小车上没有軏，它靠什么行走呢?《论语》既把“信”作为人际交往的基本准则(“与朋友交，言而有信”，见《论语·学而》)，也把“信”当成国家治理的一个基本方略(“君子信而后劳其民”，见《论语·子张》)。早期儒家学派的这些思想在后期的继承者那里得到更深刻的阐发，孟子把“朋友有信”与“父子有亲，君臣有义，夫妇有别，长幼有序”并列为“五伦”(《孟子·滕文公上》)，明确了“信”在传统道德谱系中的地位。先秦其他学派的思想家也都强调“信”作为道德规范的巨大作用。墨子说：“志不强者智不达，言不信者行不果。”(《墨子·修身》)老子说：“信言不美，美言不信。”(《道德经》第八十一章)韩非子说：“小信成则大信立，故明主积于信。”(《韩非子·外储说左上》)庄子所讲的“尾生抱柱”和韩非子所讲的“曾子宰猪”的故事,皆传为美谈,成为传统文化里教人守信常用的著名典故。中国悠久的道德文化传统和深厚的伦理积淀是一笔宝贵的历史遗产,但是,由于传统社会结构在近代的巨大变迁,支撑传统信用的社会基础逐步被削弱,导致传统信用观念和信德文化的衰微,这种现象在社会剧烈转型的今天尤其明显。

传统农业社会中对信用伦理的极端重视和近代以来由剧烈制度变迁带来的信德文化衰微,这两种力量导致当代农村社会出现了两种不同的信用景观:一方面,由于农村人口流动的加快和农村社区的不稳定加剧,传统的信用观念受到冲击,农民不讲信用的现象开始出现,尤其是农民离开原来的农村社区而进入城市时,这种传统信德体系断裂的现象特别明显。另一方面,由于悠久的信用传统和乡土文化的熏陶,再加上农村市场化和商业化的加强,农民的市场观念和与此相关的市场信用意识开始增强,这有可能成长为一种新的农村信用伦理文化。对此,持过度悲观的态度是没有必要的,在社会经济结构剧烈变化的时代,道德伦理的转型需要一个过程,这个过程不是依赖道德说教,而是依赖市场经济的实践。农民在市场经济中的伦理实践,一旦与传统伦理积淀结合起来,就会产生一种新的极具市场适应力的伦理行为,使得农民和农户从小农经济下朴素的信用观念转变为市场经济下严格的契约意识和守信意识。

在我国当前的农村金融体系中,正规金融处于困境,而非正规金融发展迅猛。为什么会有这么大的反差?以农村信用社为代表的正规金融利率要远低于非正规金融,与那些高利贷比起来更是低得多。但是,农村信用社为什么会有那么多的呆账,为什么远远不能满足农民的贷款需求呢?为什么农民在信用社贷款就容易发生赖账行为,而在一些运作良好的民间金融组织贷款就能基本保证还款信用呢?这些问题既与我国历史悠久的国家农村赈贷制度有关,也与我国20世纪50年代以来的金融国有化或集体化有关。不管是历史上的国家赈贷,还是几十年来的农村金融体系,都带有“国家信贷”性质。而农民在长期的国有化环境中生存,逐渐形成了一种“公家的钱可以不还”的观念,因此导致农村信用社的不良贷款逐年增加。而私人性质的民间金融组织的贷款是不能不还的,这是一种外部的带有硬约束的贷款。带有国家赈贷性质的“软约束”下的信用社贷款,与商业性质的“硬约束”下民间金融组织的贷款,其还款效率存在差异,自然不难理解。

专栏3.1

山西临县湍水头镇“龙水头村扶贫基金会”的伦理实践

“龙水头村扶贫基金会”的资金来源是社会各界人士(包括学者、政府官员、企业家等)的捐助和借款,资金用途是帮助当地农民进行生产性的投资或者解决治病这样的生活问题(但一般不鼓励用于婚丧嫁娶等奢侈性消费)。在龙水头村扶贫基金会,贷款最高金额是5 000元,周期半年。据报道,基金会很少发生借款不还的现象,而且在湍水头镇建了基金会的三个村子,11年来也只出现过一次坏账,其还款率高达99%以上,这个数字实在是一个奇迹。与此相比,当地农村信用社的日子却越来越难过,吸储难,放贷也难，虽然信用社贷款利息低于基金会（基金会的利率是年利率12%，月息一分）。湍水头镇农村信用社主任对媒体坦言，他们的信用社已经进入高风险状态，连年亏损290多万元，靠拆借256万元资金才能支付到期存款和利息。亏损主要来自呆坏账，很多账从大集体时代欠到现在。信用社主要放贷给经营小生意的农户，“支农贷款不敢放”。而农户也几乎不来贷款，“因为他们知道贷不到”。由于农村信用社已经丧失了原有的信用互助合作的性质，合作社社员也难以享受相应的社员权利。在龙水头村，当记者问一名村民，为什么信用社的贷款不还，基金会的贷款却能准时还的时候，这名村民说：“（信用社）那是公家的钱，基金会那是个人的钱，不还怎么行。”这个“精彩”的回答反映了农民对于信用最朴素的观念：带有国家性质的贷款是可以不还的，而带有私人商业性质的钱是不能不还的。这里，硬约束替代了软约束，农民懂得了在真正的市场环境中需要守信用。

龙水头村扶贫基金会的运作实践表明，农民是守信用的，他们仍然按照古老的“好借好还、再借不难”的信用准则办事，对自身的信用无比珍视。基金会在运作过程中培育了农户的信用观念，强化了他们遵守诺言的意识，这种意识与中国传统农业社会中“重诺守信”的理念是一致的。基金会还利用各种办法宣传诚信意识，激励农民遵守借贷契约。每到月底，基金会的会计要把本月所有借款户的名字、借款数目和借款用途写在一张红榜上，贴在村里最显眼的位置。如果被评为“非信用户”，则对农民的“面子”影响很大。每年9月15日，基金会还在村里举办诚信节活动，通过贴标语、出黑板报，向大家宣传“人人都讲信用，人人都得好处”的道理，并公布一年来的信用户和非信用户。据报道，湍水头镇各基金会到现在还没有出现过非信用户。信用意识通过这些民间金融组织逐步地培养起来，这对于处于转型期的农村社会来说，其意义极为深远。这也说明，传统农业社会的伦理资源完全可以与现代市场社会的商业道德要求相嫁接，从而培育出农民的新型的、符合经济发展需要的道德体系。

资料来源：《龙水头村村民互助基金与一个农民的信用美德》，中华粮网（http://www.cngrain.com）；中央电视台国际频道“社会记录”栏目，《好借好还》，2004年11月17日。

第三节　农村信贷的供给与需求分析

一、农村信贷的供给分析

本节主要说明农村信贷的供给方面和需求方面的基本特征以及这些特征对农村金融体系造成的影响。这里分析的农村信贷供求，不是特指我国具体的信贷供求情况，而是就一般意义上的农村信贷而言，尽管我们会经常引用中国的数据来佐证农村信贷和投资的一些特点。

在探讨农村信贷的供求之前，我们首先需要对农业投资做一番分析。农业投资可以分为短期投资和长期投资，也可以分为生产性投资和非生产性投资。从农户支出的形式看，可以分为实物支出和现金支出。就农村投资的一般特征而言，农村生产性现金支出中，短期投资（即当年家庭经营费用支出）的比重较大，而长期投资（主要用于购买生产性固定资产的支出）的比重较小。农业的长期投资不足，是导致发展中国家农业长期发展滞后的重要原因。而且，我国的数据表明，农户的短期投资即家庭经营费用支出中，非农支出部分在逐步增加，农业支出部分在逐步减少。从农村集体经济组织的角度来看，其投资尽管多为生产性固定资产等长期投资，但是其投资领域主要是非农产业，投向农业的比重有逐步降低的趋势。这些现象说明，在经济发展和经济转轨过程以及更加广义的工业化进程中，农户的长期投资意愿和生产性投资意愿不强，而农业集体组织出于农业生产比较收益的考虑，其投向农业部门的长期生产性投资意愿也不强。这些因素都导致了农业投资面临困境，即使在农村金融剩余不断增加的情况下，农村投资仍有可能出现下降的趋势。

从农村信贷的供给方来分析，信贷供给主要由几类金融主体来完成：

第一类是国家带有产业扶持和赈济性质的政策性金融机构。由于农业具有弱势产业的性质，世界各国政府一般都设立农业领域的政策性金融机构，以进行农业生产性投资和流通性融资。生产性投资包括扶植农业技术开发、农业基础设施的建设（包括大型水利工程、灌溉工程、农田改造以及退耕还林等）、农作物生产的直接投资（如国家在一些大型农场进行直接投资）等，这些投资主要是生产性的长期投资，弥补了农业领域长期投资和生产性投资不足的问题。流通性融资主要用于国家的农产品收购和流通领域，这种融资主要是发展中国家为保障本国的农产品供应和粮食安全而进行的。比如我国的政策性农村金融，大部分用于粮食和棉花等农产品的收购，以确保国家的粮食安全和其他农产品供应安全。在中国历史上，农村这种带有赈济和产业扶持性质的政策性金融曾长期存在，各个朝代都有赈贷之举。国家赈贷的长期存在，其根本动机在于国家依赖这种赈贷体制维持国家与农户的长期微妙均衡，维持小农经济稳定的“不贫不富”的生存状态，这也就决定了国家信贷长期存在的合理性。农村政策性金融的存在从某种程度上缓解了农村生产性长期投资的不足，但是从农户资金需求的角度出发来考察，政策性金融对满足农户投资需求效果甚微，其主要原因是政策性金融的主要目标对象并不是农户，单个农户很难或根本不可能通过政策性金融体系获得生产性资金。政策性金融针对农户融资的有限性，决定了农村政策性金融不可能是解决农村资金问题的主要途径。

第二类是国家商业性银行。国家商业性银行一般规模庞大，属于超大银行之列，因此，从银行自身的角度来说，其基本服务对象就天然地倾向于大的企业，而不是进行小规模投资的农户。金融机构的融资行为受到信息获取成本、信用评估成本、风险控制成本、网点设置成本等的制约。对于大金融机构而言，当面对大量的分散农户时，其获取信息的成本很高，难以对如此众多而分散的客户群体进行信用评估和甄别工作，因此贷款的风险和不确定性增大。而且，就网点设置成本而言，与有限的预期收益、较小的客户容量相比，国家商业性银行在农村地区遍布网点的代价太高，不符合成本收益核算的基本原则。这些特征决定了国家商业性银行难以成为解决农户投资需求主导性的金融机构。近年来，我国国有商业银行大批从农村地区撤出，或者减少分支机构，除了政府的特殊政策意图这个原因，其基本做法是符合金融机构的一般行为原则的，即符合成本收益计算的一般原则。从这个角度来说，国有商业银行从农村撤出是无可指摘的。但是，国有商业银行的撤出确实造成了农村金融需求难被满足和农村资金流出的消极后果。根据金融学的一般原理,解决的途径只有一个,那就是扶植农村中小金融机构(无论正式的还是非正式的金融机构)的成长。

第三类是带有准政府性质的合作金融机构。合作金融机构一般在国外属于民间性的,其原因在于,合作金融机构是由各个社员投资组建的,带有互助合作的性质,其资金主要用于满足社员内部的资金需求,其内部的管理机制采用一人一票的民主管理制度,合作金融的经营者由选举产生,其经营目标主要不是利润的最大化,而是社员资金需求的满足。我国由于农业集体化和人民公社化的需要,逐步将农村合作金融的性质转变为准国家性(或准政府性)的金融机构,国家行政性干预力量逐渐增强。从日常运营、管理制度、业务结构来看,我国的农村合作金融更像是一个官办金融和商业金融的混合体。在农村信用社中,社员的权利普遍受到忽视,民主管理制度形同虚设,各级政府的介入过多,农村信用社承担的行政性和政策性义务过多。同时,由于农村经济结构的变化,农村合作金融的商业化倾向开始出现并得到加强。基本的出路是根据各地不同的经济发展水平、经济结构和产业结构、金融剩余规模以及金融机构分布特征等特点,有针对性地、因地制宜地制定改革和创新的战略,使农村合作金融真正成为为农户和农业发展服务的金融形式。

第四类是各种形式的民间金融机构。民间金融组织形式有悠久的发展历史。各种互助会(或简称“会”)、私人钱庄、储贷协会、基金会、典当行等,都是这些民间金融组织的变体。互助会带有储蓄以及互助保险的性质,在我国农村很多地区普遍存在。互助会的主要融资功能是用于日常消费资金的融通余缺,而不是用于生产性的投资。私人钱庄在一些经济发达地区很普遍,钱庄的功能比较齐全,一般既有储蓄也有贷款,甚至可以办理很多汇兑业务,其规模一般较大,有些钱庄成为当地社区融通资金的主要途径。储贷协会和基金会在我国农村中非常普遍,其中农业基金会在20世纪90年代曾有过辉煌时期,但在1999年被政府取缔。典当行是古老的民间金融形式,主要功能是进行短期资金的融通,具有短期抵押贷款的性质。民间金融机构一直处于艰难的生存状态,外部的制度环境对民间金融机构一直是不利的。对于一些农民来说,非(准)正规金融市场的重要性要超过正规金融市场。近年来,国家在民间金融规范化方面做了大量的试验性工作,这对于加强民间金融监管和防范风险都是有积极意义的。

二、农村信贷的需求分析

农村金融供给方面的不足是导致农村金融发展长期滞后和农村投资不足的主要原因。因此,各种政策措施均针对农村金融中的供给不足而对症下药,试图增加供给,消除农业转型发展的“瓶颈制约”。但是,在一个市场中,决定市场均衡的力量一方面是供给,另一方面是需求。我们在分析农村金融时往往更多地关注农村金融的供给不足,而忽视了农村金融的“需求抑制”(王永龙,2004)。实际上,金融抑制表现为两种形式:一种是供给型金融抑制,即由于金融机构资金供给不足而导致农户在金融市场中处于弱势地位,农户难以从正规金融机构获得贷款,使得农业投资不足;另一种是需求型金融抑制,即由于农户自身金融借贷的需求强度不足,农户贷款意愿低,导致农村投资不足。传统上,研究者倾向于探讨供给型金融抑制,因为这种金融抑制表现比较明显,在政策层面也很容易采取可以观察到的措施，但是供给型需求抑制理论依赖一个前提假定，即农户对金融借贷的需求强度很大，贷款意愿强烈，因此只要正规金融部门加大对农户的借贷供给，那么就会满足农户强烈的资金需求。这个假定与事实是有差距的。

事实上，对于农户而言，受很多因素的制约，导致其投资需求强度不足。所谓投资需求强度，即投资者对投资的意愿水平和投资动机，以及由此产生的对投资利益的预期和追求。给定农村金融供给不变，则需求强度决定投资者的融资行为和投资意向。需求强度高，则形成较高的投资意愿，并促使其融资行为产生；需求强度低则弱化投资意愿，并形成"融资惰性"。我国农村生产性投资在农户投资结构中的比重不断下降，表明农户的生产性投资意愿正在弱化，投资需求强度很低。农户的金融借贷需求强度低这种现象背后，存在很多社会、经济、体制和政策方面的原因。下面我们对这几个因素逐一进行分析。

首先，从社会角度而言，农民在剧烈的社会制度变迁过程中面临着更多的风险和不确定性，其对未来的预期更加不稳定。在我国农村社会保障体系还未完善的情况下，农户面临的生存问题是多方面的，如医疗、教育、赡养老人等，这些问题的大量存在必然导致农户的投资意愿减弱，需求强度必然不足。

其次，农户投资需求强度不足还有经济性的原因。农户的投资同一切投资一样，首要考虑追求较高的经济收益，但是农业与非农产业相比，长期处于弱质微利的状态，很难激发起农民投资于农业的积极性（田鸣，2001）。同时从市场方面来看，随着市场经济的发展，农户面临着更多的选择，农业已经不是唯一的投资选择，在这种情况下，农户的投资将基本根据收益最大化的原则进行，计算多种因素对其预期收益的影响。当某些因素的作用可能会影响到其投资的预期收益时，农户就会做出改变投资的行为（陈池波和谢升峰，2001）。因此，农户在市场经济下收益最大化的选择动机以及农村市场多元化的现实条件下，其在农业方面的投资资本需求强度不足，也就不难理解了。

再次，农户投资需求强度不足还有体制层面的原因。体制内的正规金融部门在提供金融服务时，对于农户而言，交易成本过高，交易规则约束太强，因此减弱了农户向正规金融机构借贷的意愿。而一些非正规的金融机构以及各种友情借款具有方便灵活的特点，容易被农民所接受。体制方面的原因还包括社会保障制度的不健全、国家财政体系和国家产业投资体系变革条件下农村投资的事权界定不明等。

最后，农户投资需求强度低还有政策方面的因素。政策给投资主体一种预期，稳定的政策给投资主体一种稳定的长期预期，诱使投资主体进行长期投资；相反，如果政策变动性大，会给投资主体一种不稳定的预期，从而使其减少长期投资行为。在政策方面，最大的制约来自国家的土地政策。国家农地制度尽管在一定程度上释放了农业生产力，重构了我国的农业微观经济基础，但是其缺陷也是不容忽视的。现行农地制度很容易导致规模不经济、农业粗放式经营以及掠夺式投资，更为严重的是，由于国家农地政策的多变性和农地缺乏流动性，农户对未来的投资收益预期感到不确定，这极大地制约了农户的长期投资行为，导致其投资需求强度不高。

总之，在分析农村金融状况时，供给方面的探讨固然重要，但是需求层面的分析也非常必要。对需求视角的分析，使我们可以有针对性地反省在农村经济发展和金融发展中的政策与体制，发现其中影响农户投资需求和投资意愿的制约因素，从而进行有效的改进。

三、农村金融中的利率决定

发展中国家大多采用各种手段对农村金融乃至整个金融体系进行抑制。对于农村而言，存在两种不同的金融抑制手段：价格性的金融抑制和结构性的金融抑制。价格性的金融抑制主要是指农村金融市场中利率的管制，而结构性的金融抑制主要是政府运用各种强制性的行政手段，限制农村金融机构之间的竞争，扶持带有国家性质的农村金融机构，而给予非国家的农村金融机构以歧视性待遇，甚至不允许民间非正式的金融机构以合法的方式存在，同时对农村金融机构的金融产品和业务进行限制。

不管是价格性管制还是结构性管制，都会带来消极的后果。从一般意义上来说，存款和贷款利率的限制扭曲了金融市场中的价格信号，经济中的资金稀缺状况得不到准确的反映，这使得金融体系中的资源配置效率下降，金融中介的作用被削弱，经济中的资本化程度降低。结构性金融抑制手段则阻碍了各类金融机构内资产组合的多样化，破坏了各金融机构的风险分散机制，也不利于金融市场内部的竞争机制发挥作用，影响了金融体系的总体效率。尽管从表面来看，价格性的金融抑制和结构性的金融抑制是不同的，但是就结果而言是相同的，即它们都最终使得金融体系中的资本形成和资源配置效率受到削弱。结构性的金融抑制导致各金融机构之间的竞争减弱，结果就不可能出现平均利润率，也就难以产生均衡的利率水平，其结果与利率管制是一样的。

农村金融体系中的利率水平决定受几个因素的共同影响：第一是供给状况，即各种金融机构（包括正规金融机构和非正规金融机构）在农村金融市场上的供给状况；第二是需求状况，即农村经济主体（农户、农民、农村基层经济组织和农村各类企业）的投资需求；第三是农村金融市场的竞争状况，这决定了是否存在一个市场化的均衡利率水平；第四是政府管制，即政府对存款利率和贷款利率的管制水平，管制越多，利率扭曲越大；第五是市场分割状况，市场分割越严重，市场中的利率水平越偏离均衡利率；第六是风险结构，即各金融机构面临的风险状况。从这几个基本因素来分析农村金融市场，我们会发现，其利率水平在很大程度上是偏离均衡水平的，而且农村正规金融和非正规金融之间存在的利率差异，会对农户的借贷行为和资金的流动带来多方面的影响。

我们可以根据图 3.3 来分析金融抑制下的农村金融市场利率水平及资金供求状况。图中的横轴表示可贷资金数量，纵轴是利率水平，DD'是可贷资金需求曲线，也就是代表农户的投资需求函数，该曲线由左上方向右下方倾斜，表示利率与投资需求呈减函数关系；SS'是可贷资金供给曲线，由左下方向右上方倾斜，表示农户自愿储蓄流向农村正规金融机构时，与利率水平呈增函数关系。可贷资金需求曲线和可贷资金供给曲线相交于 E 点，决定了均衡的利率水平 r_e 和均衡的可贷资金数量为 OE'。如果此时政府采用压低利率的方法进行金融抑制，比如将利率水平设在低于均衡利率水平 r_e 的 r_1 水平上，那么农村金融市场上的资金供求会发生怎样的变化？很显然，当设置利率限制时，农村金融市场中农户流入农村正规金融机构的资源储蓄数量会减少到 OA，而投资的资金需求却由 OE'增加到 OF。因此，增加了的投资需求难以得到满足，本来低利率有利于提高经济主

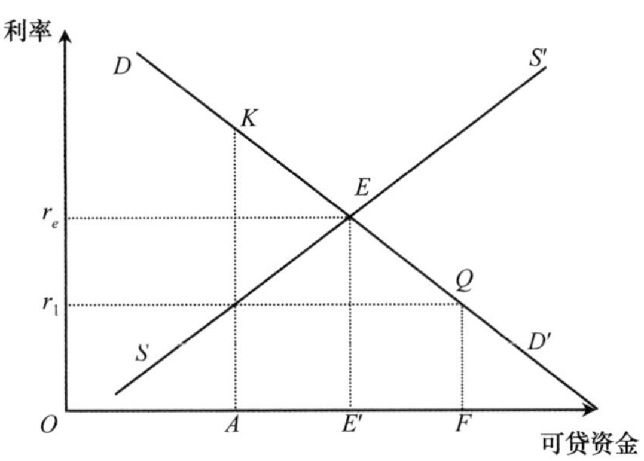

图 3.3 农村金融市场供求状况与利率决定

体的投资意愿,但由于可贷资金的供给减少,形成了投资需求与资金供给之间的巨大缺口。这就可以解释为什么在农村正规金融机构存在金融抑制和利率管制时,农村非正式金融的存在是有其合理性的,它可以较好地弥补农村金融市场中存在的资金缺口。

关于农村金融市场的供求状况,我们在第二节中已经详尽地阐述过。除了供求状况,农村金融市场的竞争状况也会影响利率水平。如果金融市场是垄断的或者垄断竞争的,则这种竞争的不完全性会导致金融市场中难以形成均衡的市场利率水平。而且在不完全竞争的情况下,也阻碍了市场中平均利润率的形成,导致某些占据垄断地位的金融机构获得超额利润率。在中国现有的农村金融体系中,由于正规金融机构中的国有商业银行逐步从农村撤出,同时又压制各种非正规金融机构,因此造成带有准国家金融性质的农村信用社在农村金融体系中占绝对的垄断地位。在这种不完全竞争的状态下,农村信用社是唯一可供选择的合法的资金供给来源,也是唯一可供选择的合法的储蓄流向目的地。农村信用社的垄断以及国家对利率的管制结合在一起,导致农村正式金融体系的利率水平严重偏离市场利率水平。

农村金融中的市场不仅是不完全竞争市场,也是一个市场分割严重的市场。农村的信贷市场是十分分散的,在一个区域内,往往只存在一个正规金融机构,同时,由于空间上的特征,农户在借贷时不可能花费大量的交易成本在不同的金融机构之间进行选择,因此各个市场的分割是非常严重的。根据利率决定的市场分割理论和首选栖息地理论,农民会选择一个空间上最近的金融机构作为自己资金供应和需求的首选栖息地。这种市场分割状况导致农村的市场均衡利率水平很难形成,在各个地区之间往往存在明显的利率差异。

在农村金融市场上,各种非正规金融机构的借贷利率水平是比较高的。尽管农村正规金融机构的利率水平很低,但是低利率的利益并不能被普通的农户所享受,而是被那些更有经济能力的大客户所享受;而且利率越是偏离均衡水平,普通农户从农村正规金融机构那里获得贷款的概率就越低。而各种非正规金融机构的利率偏高,甚至农村中长时期存在高利贷的现象。我们不能将高利贷简单地归咎于高利贷供给者的"为富不仁",道德伦理层面的谴责是没有意义的,我们应该寻求高利贷存在背后的经济原因。非正规金融机构的高利率主要是市场原因造成的,即在各种制度条件和供求条件约束之下,非正规金融机构面临着更大的风险,因而要求更高的风险补偿(风险溢价)。与农村正规金融机构的低风险相比(正式金融存在国家隐含的担保),非正规金融机构一般不存在信用卓著的大型中介机构协助放款者分散化解金融风险,同时,由于非正规金融机构的“地下金融”或“灰色金融”特征,其借贷合约得不到国家法律的许可和保护,因此合约的执行成本高,违约风险大大高于正式金融市场。身份的不合法性和产权保护不利,导致非正规金融机构只能通过高利率来弥补自己的风险,同时弥补自己在保证还款率的过程中所花费的其他必要成本。①

农村金融中的利率决定是一个非常复杂的课题。要使农村中的利率水平接近均衡的市场利率水平,必须做到以下几点:第一,国家对利率的管制应逐步取消,利率的市场化和自由化应该提上日程,有步骤地实施;第二,鼓励在农村金融市场中金融主体的竞争,放宽市场准入条件,鼓励新的市场主体的加入,以逐步消除农村金融市场的垄断性;第三,放弃对农村非正规金融机构的歧视和取缔的传统政策,取缔措施不但使农村非正式金融的利率水平上升,而且导致农村金融市场的资金融通数量下降,对农村资本形成是不利的;第四,对一些经营状况良好的非正规金融机构,应逐步将其合法化和规范化,以形成农村金融体系的良性竞争局面,同时可以有效地减少高利贷的产生。

关键术语

农民	农户	农村	农业
农民边缘化	超弱势群体	本末论	农户理性假说
亲缘关系共同体	个体分散决策	小农经济	风险规避
文明演进	城市—农村分化	农村产业结构	社会评价体系软性化
治理结构非制度化	差序格局	农业市场化	农业产业化
农业集约化	农业开放化	传统农业	现代农业
农业可持续发展	乡土社会	市场社会	契约社会
道德失序	理性小农派	道义小农派	拐杖逻辑
农村正式金融	农村非正式金融	信用伦理	农村信贷需求
农村信贷供给	供给型金融抑制	需求型金融抑制	价格性金融抑制
结构性金融抑制	农村金融风险	市场分割	不完全竞争利率市场化

思考与讨论

1. 讨论理解农民的重要意义以及我国农民在社会中的地位和作用。

① 一些农村非正规金融机构,为了保证贷款的回收率,往往雇用若干带有暴力性质的人员,这种制度安排可以视为在国家这种产权保护主体缺位的情况下一种不得已的弥补措施。

2. 传统农民有哪些行为特征?
3. 传统小农经济下的农村社会有哪些特点?
4. 传统农业向现代农业转型的基本趋势有哪些?
5. 为什么乡土社会向现代市场社会转型的过程中会出现道德失序的现象?
6. 在对农户行为的解释中,“理性小农派”和“道义小农派”有哪些区别与联系?
7. 传统小农经济条件下的农户借贷行为有哪些基本特征?
8. 怎样理解农民的信用?在市场转型过程中,农民信用发生了哪些积极和消极的变化?
9. 农村信贷的供给者包括哪些主体,各有哪些基本特征?
10. 试讨论农村信贷需求方面的主要特征。
11. 如何理解农村非正式金融的存在以及高利率的现象?

本章参考文献

A V Chayanov. The Theory of Peasant Economy[M]. Madison: University of Wisconsin Press, 1986.

H M Levis. Ancient Society, or Researches in the Lines of Human Progress from Savagery through Barbarism to Civilization[M]. London: Macmillan and Co, 1877.

IFAD. Rural Financial Services in China, Thematic Study, Volume I-Main Report[R]. Report No. 1147-CN Rev. ,December, 2001.

K Polanyi, et al. Trade and Market in the Early Empires: Economies in History and Theory[M]. Glencoe: Free Press, 1957.

S Popkin. The Rational Peasant: The Political Economy of Rural Society in Vietnam [M]. Berkeley: University of California Press, 1979.

布洛赫.法国农村史[M].余中先,等,译.北京:商务印书馆,1991.

陈池波,谢升峰.解析农业投资不足的成因[J].农业经济问题,2001(1).

程漱兰.中国农村发展:理论和实践[M].北京:中国人民大学出版社,1999.

杜润生.中国农村制度变迁[M].成都:四川人民出版社,2003.

恩格斯.家庭、私有制和国家的起源[M]//马克思,恩格斯.马克思恩格斯选集:第四卷.中共中央马克思恩格斯列宁斯大林著作编译局,编译.北京:人民出版社,1972.

费孝通.江村经济:中国农民的生活[M].北京:商务印书馆,2001.

费孝通.乡土中国 生育制度[M].北京:北京大学出版社,1998.

费正清.中国:传统与变迁[M].张沛,译.北京:世界知识出版社,2002.

韩俊,等.产业化:中国农业新趋势[M].北京:中国农业出版社,1997.

韩明谟.农村社会学[M].北京:北京大学出版社,2001.

黄宗智.长江三角洲小农经济与乡村发展[M].北京:中华书局,2000.

黄宗智.华北的小农经济与社会变迁[M].北京:中华书局,2000.

翦伯赞.中国史纲要(修订本)[M].北京:人民出版社,1995.

林毅夫,等.中国的农业信贷和农场绩效[M].北京:北京大学出版社,2000.

林毅夫,等.中国的奇迹:发展战略与经济改革[M].上海:上海三联书店,上海人民出版社,1995.

森.以自由看待发展[M].任赜,等,译.北京:中国人民大学出版社,2002.

舒尔茨.改造传统农业[M].梁小民,译.北京:商务印书馆,1987.

斯科特.农民的道义经济学:东南亚的反叛与生存[M].程立显,等,译.南京:译林出版社,2001.

斯塔夫里阿诺斯.世界通史:1500年以前的世界[M].吴象婴,等,译.上海:上海社会科学院出版社,1988.

唐凯麟,陈科华.中国古代经济伦理思想史[M].北京:人民出版社,2004.

田鸣.资金与资源配置研究[M].北京:经济科学出版社,2001.

王淑芹,等.信用伦理研究[M].北京:中央编译出版社,2005.

王曙光.农村民间金融规范化试点:勿将"草根金融"变成"盆景金融"[J].中国农村信用合作,2006(2).

王曙光.制度变迁时期的伦理困境和市场经济的道德基础[M]//王曙光.理性与信仰:经济学反思札记.北京:新世界出版社,2002.

王永龙.中国农业转型发展的金融支持研究[M].北京:中国农业出版社,2004.

温铁军.农村合作基金会的兴衰:1984—1999[M]//温铁军.三农问题与世纪反思.北京:三联书店,2005.

温铁军.三农问题:世纪末的反思[J].读书,1999(12).

伍山林.农村经济制度变迁与农业绩效[J].财经研究,2002(1).

伍山林.制度变迁效率评价:以中国农村经济制度变迁为例[J].经济研究,1996(8).

谢平.中国农村信用合作社体制改革的争论[J].金融研究,2001(1).

姚耀军,陈德付.中国农村非正规金融的兴起:理论及其实证研究[J].中国农村经济,2005(8).

约翰逊.经济发展中的农业、农村、农民问题[M].林毅天,赵耀辉,编译.北京:商务印书馆,2004.

张杰.二重结构与制度演进:对中国经济史的一种新的尝试性解释[J].社会科学战线,1998(6).

张杰.中国农村金融制度:结构、变迁与政策[M].北京:中国人民大学出版社,2003.

张杰.转轨经济中的金融中介及其演进:一个新的解释框架[J].管理世界,2001(5).

章奇,黄季焜.中国农村金融与政策分析(之二)[D].北京大学中国经济研究中心工作论文,2004.

第二篇

农村合作金融

第四章　合作理论与合作金融制度

【学习目的】

◆ 系统了解合作理论和合作制度的发展历程，理解这些发展演变历程背后的经济和社会动因。

◆ 着重了解合作金融组织的发展与演变过程，并深入了解合作金融的运行机制、内部治理结构、约束机制和激励机制。

◆ 对合作金融企业制度安排的优势和劣势有一定的了解，对其适应性进行反思。

【内容概要】

本章首先系统介绍合作理论和合作制度几百年来的发展及演变历程，并试图揭示这些制度变迁和理论进展背后的经济与社会原因。其次着重介绍合作金融组织的发展与演变过程，尤其是合作金融在最近十几年所发生的一些新变化。最后对合作金融组织的运行机制、内部治理结构、激励机制、约束机制等进行深入的探讨，既阐明合作金融制度的比较优势，又试图揭示合作金融制度的局限性。

农村合作金融是农村金融体系的重要组成部分。合作金融是建立在合作组织成员互助合作基础上的一种金融组织形式，一般是小规模资金所有者互通有无、资金互助的一种灵活而有效的形式。因此，合作金融对于那些资金不充裕且规模不大的居民户和社区性中小企业的融资而言非常必要。但是，随着农村经济结构和经济发展阶段的演变，合作金融的形式和性质正在发生值得注意的变化，这些变化对农村经济发展和农村经济结构的优化有何利弊，也需要慎重地加以讨论。本章首先梳理合作制的内涵和发展演变的历史，并对合作制度的绩效和适用性进行讨论。通过这个讨论，我们可以发现，合作制度和合作金融在内涵、性质和运作模式上的历史变迁，是各国农村合作金融一致面临的问题，正确看待和引导这种演变趋势，对于农村合作金融的健康发展极为重要。

第一节　合作制度及其理论的历史演变

一、合作制度理论的早期发展

“合作”这个词，在西方起源于拉丁文，原意是共同行动或联合行动。在德语中，合作为“genossen-schaft”，又名“合作学”（genossen-schaft wessen），英文为“cooperation”，日文称之为“組合”，韦伯斯特大词典的定义为“合作是一群人为了他们的共同利益所做的集体行动”（马忠富，2001）。

在理解农村合作金融之前,我们必须首先了解什么是合作制度或合作经济。合作制度的基本思想从18世纪开始萌芽,至今已经有三百多年的历史。在这三百多年的长期演进过程中,合作制度的内涵不断丰富和深化,同时随着经济和社会条件的变化以及各国经济发展水平的差异,其自身性质也在发生引人注目的变化。因此,追溯合作制度及其理论的发展历史,对于我们了解合作制度的起源与演进非常必要,也会让我们加深对当前合作金融制度改革趋势和方向的认识。

（一）空想社会主义者的合作思想

最早的合作经济思想可以追溯到早期空想社会主义者提出的合作思想,其代表人物是法国的查尔斯·傅立叶(Charles Fourier, 1772—1837)和英国的罗伯特·欧文(Robert Owen, 1771—1858)。傅立叶认为人心本善,人类是为了各种协作目的而被创造出来的,协作应该成为唯一的社会制度。在傅立叶设想的理想社会中,人们通过协作共同劳动,共同生活,人们的才能和爱好得到自由而全面的发展,全体人民都将获得自己的幸福。在这种和谐的社会中,其基本构成单位是一种被傅立叶称为“法郎吉”的生产消费协作组织,实际上就是一种合作社组织。这种组织具有三个特征:共同生产、愉快劳动、公平分配。也就是说,在这个合作组织中,个人的最低生活需求都可以得到满足,建立在此基础上的私有财产得到保护,这样全体人民的利益与个人利益的矛盾就可以得到很好的协调;人民的劳动不是通过强制进行的,而是通过友爱进行,劳动者有权选择自己的工作,有权改换自己的工作,自由而愉快地投入自己的工作中;全体劳动成员的最低生活需求得到保障之后,剩余产品按照劳动、资本以及才能以一定的比例进行分配。应该说,傅立叶的这些天才的设想,虽然带有某些理想主义的空想的成分,却为以后合作制度的确立奠定了思想基础,对合作制度的未来发展起到了非常重要的作用。

在傅立叶的思想基础上,另一个空想社会主义者欧文提出了建立合作公社的思想。欧文所设想的合作公社建立在财产公有制的基础上,这一点与傅立叶的法郎吉是不同的,傅立叶的法郎吉承认财产私有制度。欧文的合作公社根据联合劳动、联合消费、联合拥有财产和特权平均原则建立起来,在这样一个公社制度下,财产私有所带来的竞争和敌视、妒忌和纷争、奢侈和贪婪、专横和奴役将被消除,从而大大提高社会的生产力,使得社会经济快速发展。在管理制度方面,合作公社的最高权力机构是社员大会,管理人员由社员大会民主选举产生。社员通过社员大会参与公社的管理活动并有权做出退社的决定。在合作公社里,社员享有平等的权利和义务,任何人都没有在财产上或待遇上高于其他社员的特权。分配制度方面,合作公社在创办初期实行按劳分配,在条件成熟的时候实行按需分配。在劳动组织上,合作公社根据每个成员的年龄和特长分配适当的工作,使全体成员都能各尽所能,充分发挥自己的天资禀赋。公社实行教育和生产劳动相结合的原则,促进体力劳动和脑力劳动的融合。在各个公社之间,应根据各自的劳动生产特点,通过产品交换建立一种内在的联系。欧文提出的合作公社原则,很多都被后来的合作制度所采用。虽然欧文的合作公社思想以及对未来社会的构想是建立在纯理性空想的基础上的,但是其中包含了许多合理、积极的因素,他对私有制度弊端的批判、消除三大差别的思想、提倡合作公社中教育与生产劳动相结合并实行平等的按需分配等,都是其空想体系中天才的积极因素,比圣西门和傅立叶都前进了一步。但就像恩格斯在阐述唯物史观时所指出的[①]：

> 一切社会变迁和政治变迁的终极原因，不应当在人们的头脑中，在人们对永恒的真理和正义的日益增进的认识中去寻找，而应当在生产方式和交换方式的变更中去寻找；不应该在有关的时代的哲学中去寻找，而应在有关的时代的经济学中去寻找。

恩格斯的这段话对于我们理解和评价空想社会主义合作思想，甚至对于我们理解整个合作制度理论都有极为重要的意义。合作经济理论的发展与演变，是与社会经济发展状况密切联系的，随着社会经济条件的变化，合作经济理论也会发生相应的变化；同时，评价一个思想者的合作经济思想，也要结合他所处的社会经济环境去理解，才能正确地发掘这些思想家理论中的合理内核并去除其错误与空想的成分。

（二）基督教社会主义、国家社会主义和马克思主义的合作思想

在欧洲，除空想社会主义合作经济思想外，还产生了基督教社会主义合作经济思想，其代表人物是威廉·金（William King）和毕舍（Bucgcz）。金认为合作社是推翻资本主义及破除工资制度的有力武器，其目的不仅在于限制或避免中间商人的榨取，增加劳动生产力，提高劳动阶级的权力，而且在于改造整个社会的经济组织。劳动、资本、知识是合作社的三大要素，其中劳动是合作的基础，劳动阶级通过举办合作社，集劳动成果为资本，而缺乏知识是劳动者合作运动的障碍，劳动者必须接受教育，以取得合作的知识并促进合作事业的发展。毕舍则强调伦理的进步，主张人类通过政治和道德发展实现这种进步，而合作是推动伦理进步的革命性手段。

国家社会主义合作思想的主要代表人物是路易·勃朗（Louis Blanc）和费迪南德·拉萨尔（Ferdinand Lassall），他们都是19世纪中期国家社会主义合作理论的倡导者。勃朗认为，劳动者之间组织合作社，可以很好地克服资本集中的趋势，从而从资本家的压迫下解救劳动者；而劳动者仅仅拥有组织生产合作的能力，没有与资本家对抗的能力，因此国家应该在这个过程中承担起这一责任。拉萨尔基本赞同勃朗的观点，同时认为组织生产合作社可以使劳动者自身成长为办社的企业家，这样更有助于解救劳动者，劳动者应通过普选掌握国家政权，进而取得国家援助。国家社会主义主张，职业相同的人应该在国家援助之下相互结合起来，成立从事大规模共同生产的社会工场；社会主义并不是要消灭私有制，而是要实现以劳动为基础的个人所有制。在国家社会主义合作社中，国家对合作经济只能做力所能及的扶持和引导，不能用行政命令的办法进行强制，合作的形式、范围、程度、运行方式都应该由其成员共同决定（汪海粟，1996）。

马克思主义的合作经济思想在很多经典马克思主义著作中有所体现，马克思就曾称赞合作运动中创造出来的合作工厂是“伟大的社会实践”“其意义不论给予多么高的估价都是不算过分的”。在马克思看来，雇佣劳动也像奴隶劳动和农奴劳动一样，只是一种暂时的和低级的形式，它注定应该让位于“带着兴奋愉快心情自愿进行的联合劳动”，而合作运动有利于劳动者的自愿联合劳动，从而改变依附的地位。马克思和恩格斯把合作社

---

① 《马克思恩格斯选集》（第三卷），北京：人民出版社1995年版，第307页。

看成向完全的共产主义经济过渡的中间环节，因为按照马克思的社会所有制理论，工人作为联合体来实现“他们自己的劳动增值”的合作工厂，是社会所有制企业，而不是私人所有制企业。马克思主义合作经济思想对当代社会主义运动产生了深远影响，成为重要的合作经济思想流派之一。

二、合作制度理论的最新发展①

进入20世纪，合作制度理论有了新的发展。20世纪初期，美国早期合作社学派以卡尔·夏皮罗(Carl Sapiro)和吉姆·诺斯(Jim Nourse)这两个人物为代表，他们认为，农民通过合作社进入市场，不但改善了其在市场中的地位，提高了收入，更重要的是使市场竞争更加激烈，这迫使其他投资者所有的企业也提高效率，从而使整个社会市场的效率得到提高。因此，合作社扮演了市场竞争标尺(competitive yardstick)的社会公共品角色，政府应该给予公共政策的扶持。此外，二人在合作社如何获得成员的信任和提高合作社的凝聚力方面也做出了很大贡献，他们的思想在一定程度上影响了美国1922年《卡普-沃尔斯特德法案》、1926年《营销合作社法案》和1937年《农业营销协议法案》的制定。正是由于他们的思想，研究者对合作社的研究才开始由注重外部影响向以解决合作社组织内部问题为重点转移，当然合作社所扮演的社会公共角色也一直受到研究者的关注。

合作社理论的正式经济学模型的建立是在20世纪40年代，在此后的近半个世纪中，经济学家的研究一般倾向于把合作社分成三种模式：第一种是作为垂直一体化的形式，第二种是作为一个独立的企业，第三种是作为以集体或联合行动存在的联盟。把合作社作为垂直一体化的一种形式，实际上就是把合作社置于整个社会分工的角度去考察，探讨其在产业的垂直分工、产出和价格决定以及社会生产中的委托—代理问题，这个领域的开创者是Emelianoff(1942)、Robotka(1957)、Phillips(1953)等。这些人都强调委托—代理关系在合作社中的重要性，合作者中的重要问题是研究“谁受益”的问题。

把合作社当作一个企业的观点，实际上是建立在合作社也和企业一样追求目标函数最大化的假定基础上的。这个流派的观点最早是Enke(1987)在研究消费合作社时提出的，他的理论假定，合作社中的生产者剩余和消费者剩余的总额最大化时，成员和社区的福利也达到最大化，这个模型需要一个决策者，相当于投资者所有企业中经理的角色。20世纪60年代，Helmberger and Hoos(1965)运用企业理论建立了一个合作社模型，在这个模型中，合作社通过对成员按惠顾量或惠顾额返还收入，使其单位产品价值或平均价格最大化。通过短期和长期决策分析，他们的模型揭示了合作社可以通过限制社成员数量来增强现有成员的潜在激励；而其模型证明，在收益递减的情况下，如果管理者试图通过吸收新成员来扩大业务，将会减少已有成员的收入。进入20世纪90年代，把合作社作为企业的观点得到进一步发展，Tennbakk(1995)用标准产业组织理论对三种不同的卖方寡头市场(双寡头私人企业、双寡头合作社和双寡头公共企业)的运行绩效进行了比较分析，并把它与完全竞争市场相对照。他认为合作社可以起到改善市场失灵的作用。

把合作社看作一种联盟的观点实际上就是把合作社看作效用最大化群体的联结，这

---

① 关于合作社理论在20世纪特别是90年代以来的新发展，参见郭红东和钱崔红(2005)。

个流派的研究很多都用到了博弈论的分析框架,在20世纪90年代之后产生了很多成果。Zusman(1992)根据契约理论建立了一个关于合作社企业中的集体选择模型,这个模型解释了成员之间存在差异的合作社如何在信息不完全、不确定性和有限理性的情况下制定规则以及如何选择集体规则。这些研究揭示出合作社作为一个最大化群体联盟,其成员的群体行为对组织的效率有很大影响。

在合作社的研究中,20世纪60年代之后产权理论也开始被应用于合作社问题的研究。其中Condon(1987)首先建立了一个理论框架,用以证明财产权和合作社组织的关系。Cook(1995)应用产权理论对合作社的产权进行了研究,认为在合作社发展过程中存在社员搭便车、资产组合及对长期项目缺乏投资激励的问题。而造成这种问题的主要原因在于在绝大部分传统合作社中,所有权本质上不能带来收益;社员只有在惠顾合作社时才能取得收益,合作社产权不能确保当前社员完全承担他们行为的成本或得到他们创造的完全收益,这在社员资格开放的合作社尤为明显;合作社缺乏剩余索取权的转让、流通和增值机制,社员不能根据自己的风险偏好调整自己的合作社资产组合。这些确实是阻碍合作社发展的关键问题。除此之外,拉坦(1991)从制度创新的角度,认为合作社作为一种创新的组织制度形式,其产生的主要原因与分割技术进步所带来的新收入有关。Robokta(1957)具体指出合作社的作用主要是降低经济活动的风险和不确定性,降低交易成本,取得规模经济和打破市场垄断。埃申堡指出合作社对市场的代替不是取消了市场,而是将外部市场内部化,也就是建立了所谓的"合作社内部市场"(国鲁来,2001)。

总的来说,进入20世纪90年代之后,合作社理论的研究取得了较大进展,并呈现出以下几个基本趋势:第一,把合作社作为一种联盟和作为契约这两个潮流的理论有较大的发展,把合作社当作一种联盟的观点出现较早,人们经常运用这个理论来解释传统的集体行为。合作社面临谈判和交易等各种问题时,研究者可以通过设定群体目标函数的方式加以模型化,当然博弈论的分析方法也经常用到。第二,新制度经济学的理论在近来被越来越多地用于合作社组织问题的研究,研究者关注成员利益的异质性、投资动机和决策规则设计等一些复杂的组织制度问题。第三,如何解决合作社社员搭便车问题、如何提高合作社的经营绩效和组织效率、如何协调异质性股东之间的利益关系、如何构建合作社合理的内部治理结构等,成为未来合作社研究的焦点和热点问题。应该说,对合作社理论的研究具有很大的发展潜力,研究者正在从不同的视角深入探讨合作社的性质、治理和绩效。

第二节 合作制度的基本原则及其演变

一、合作制的基本性质

基于以上对合作制度理论的梳理,我们可以发现,合作制度及其理论的发展是一个随着社会经济状况的演进而不断变迁的过程。基于此,我们可以认为,合作制是一种特殊的社会经济制度,有其特别的功能结构和组织结构,反映特定的社会经济关系,是一种利用合作行为来达到特定经济社会目标的群众经济组织，是人类社会发展到近代商品经济阶段的产物。对合作制的基本性质，很多人有不同的看法。芬兰学者基哈特（Gebhard）认为，合作社是一种按照平等原则的人的结合，社员人数无限制，以共同经营行动来增进社员金融上的方便或改良职业现状。这些行动或者纯粹由社员自助，或者是自助外加政府的协助。唯此种共同行动所获得的盈利，应该按每个社员参加业务的多寡为比例分配，而非按社员出资额为比例分配。意大利学者马列安尼认为，合作社社员的经济行为取决于参加合作社后能即刻获得的经济利益大于取得社员资格的经济损失。合作社不是企业，仅代表一群独立经济单位经营某种业务，经营者有盈余，即按“惠顾红利”比例退还社员，经营所需费用亦由社员共担。合作社不过是许多经济单位的集合体，社员便是许多经济单位的代表人。他们利用合作社来分担一部分业务，而非全部，故他们并不因参加合作社而丧失各自独立的企业资格。我国学者马忠富对合作制的基本特点做了综合性的描述（马忠富，2001），我们对这个总结做了一些必要的更正，罗列于下：

第一，合作社以人的结合为主，资本的结合为辅。人们出于各种目的结合到一起（如克服贫困状况、取得群体联盟的收益、降低市场中个体交易成本、扩大谈判力量等），希望通过互助合作来改进生产和生活状况。

第二，合作社社员的地位平等。每个人在合作社中无论出资多少，地位都相同，享有同样的权利。合作社是“我为人人，人人为我”的组织，因此合作社社员在取得自己的利益的前提下为其他人增进利益。合作社中一般实行一人一票的制度，成员享有平等投票权，决定合作社的各项事务。

第三，合作社是自觉、自助和自动的结合。合作社应根据全体社员的需要而组织，只有因需要而产生的合作社，才能发挥自觉、自助和自动的精神。

第四，合作社的规模具有开放性，不设定社员规模上限。合作社服务区域内，只要是承认合作社宗旨及其章程的自然人，都可以自由加入，合作社一般不加拒绝，合作社的社员规模和股金规模都没有最高限制。

第五，合作社不以追求利润为目的。合作社与一般企业不同的地方在于合作社中资本的报酬仅限于一定的利率，并且不作为追求利润的工具。企业的目的是追求最大利润，而合作社的目的是保护社员本身的利益，满足社员在经济上共同的需要，不以利润为最终目的。但是，需要说明的是，合作社为保证自身的可持续性，必须保证一定的利润规模。

第六，合作社盈余按照社员惠顾的交易量进行分配。合作社取得盈余，必须按照社员与合作社交易量的多少比例分配给社员，这是合作组织的核心原则之一。

第七，合作社是社会经济体中的弱势群体自救自强的组织，目的是社员自身经济社会地位的改善，与慈善组织不同，其经营方式与企业类似。同时，也应该承认，合作社本身是一种社员自愿和自觉组成的协作组织，合作社的运作有利于培养成员的协作精神，合作运动本身可以看作一种伦理运动，从而提高人类互助协作和道德上的相互联系。表4.1将合作社与独资或合伙行为、公司组织的区别进行了归纳：

表 4.1　合作社与其他经济组织的区别

	独资或合伙行为	公司组织	合作社
经营动机	利润动机	利润动机	不以利润为最终目的,主要是服务社员
利润分配方式	分配给所有者或按出资额分配给合伙人	按照股份分配给所有股东	按照交易额返还惠顾社员
经理选定方式	个人或合伙人控制	股东代表大会选举的董事会决定	社员代表大会选举的理事会决定
投票方式	不用投票	每股一票	一人一票
所有人的经济责任	所有人的全部财产	视公司责任制度而异	视合作社责任制度而异
业务经营对象	一般大众	一般大众	以内部成员为主

资料来源:根据马忠富(2001)第 23 页修订而成。

二、现代合作原则及其演进

一般来说,在西方合作社理论的发展过程中,最为广泛流行的是罗虚代尔公平先锋社合作理论。罗虚代尔公平先锋社(The Rochdale Equitable Pioneer)成立于 1844 年,是由 28 个纺织工人以每周节省下来的两个便士为股金,所成立的日用品消费合作社。其直接目的是供应社员的生活日用品,减轻商业中间盘剥,改善社员的家庭生活境况。罗虚代尔公平先锋社的办社原则包括:入社自愿,退社自由;民主管理,一人一票,管理人员由社员大会选举产生,社员大会是最高权力机构;现金交易,不赊购和赊销货物;为保证盈利,按照市价销售货物;如实介绍商品,不短斤少两;按业务交易量分配盈利;重视对社员的教育,提取教育基金,对社员进行合作思想和道德教育;政治和宗教中立。罗虚代尔公平先锋社取得了巨大的成功,其合作原则也受到广泛的推崇。

一些学者认为,罗虚代尔公平先锋社办社原则的意义在于突破了原有的空想社会主义者对合作社的目标定位,在罗虚代尔公平先锋社,合作的目的不是改造资本主义社会,而是把合作定位于社员在社会生产的某个环节上的联合,定位在谋取社员的个人利益。罗虚代尔公平先锋社的这个定位有利于消除社会上层对合作社的敌视态度,使合作原则得到普遍的承认。承认个人利益的存在,并把合作社的发展与个人利益结合起来,建立了内部的激励机制。罗虚代尔公平先锋社按照业务交易量进行盈利分配的方法,鼓励社员利用合作社开展交易,这既是对原有的按资本分配盈利的原则的挑战,也激发了社员努力与合作社发生交易的内在动力。另外,罗虚代尔原则尊重社员的民主权利,在合作社中,每个社员都有平等的权利,社员股金可以得到利息,但不参加分红,而且股金利息不超过普通市场利率水平。这样,合作社就由传统企业的资本雇用劳动改为劳动雇用资本,资本是劳动的仆人,这极大地调动了社员的主人翁意识和主动性(傅晨,2006;米鸿才,1988)。

罗虚代尔原则对欧文等空想社会主义者的合作思想有所继承,又有所发展,使合作社原则真正被社会所接受。在罗虚代尔原则的基础上,1895 年,在英国伦敦成立了一个非官方的国际合作社组织,即国际合作社联盟(International Cooperative Alliance,ICA)。

国际合作社联盟的基本原则承袭罗虚代尔原则，目前已经成为一个囊括所有合作社的国际联盟，一个合作社，只要承认罗虚代尔原则，就可以成为国际合作社联盟的成员。[①] 随着时代的发展，原有的罗虚代尔原则在很多方面已经不能适应合作社发展的实际需要，1966 年，国际合作社联盟对罗虚代尔原则进行了一定程度的修订和归纳，使之更适应时代发展的需要，主要强调了六个原则（何广文，2001）：

（1）开放和自愿的成员关系原则。在这方面，ICA 特别强调社会大众在入社方面的非歧视性，凡能利用合作社服务、承认合作社章程并愿意承担合作社社员义务和责任者，不论其社会和政治地位、种族和宗教信仰如何，均可自愿成为合作社社员，在其认为有必要时，也可以自由退出合作社。

（2）合作社是民主组织，合作社在选举和参与决策时享有平等权利。

（3）股金实行限制性付息，严格限制对股金的红利分配，体现非营利性。

（4）合作社盈余按社员与合作社的业务往来所占比重返还，体现公平分配原则。

（5）合作社对社员、管理人员、职工以及一般的社会大众，进行合作社经营管理、民主原则的教育。

（6）与其他基层合作社、国家和国际合作社组织合作，这是促进社员和社区利益、加强国际合作社组织协调配合的必要之举。

1995 年 9 月，在国际合作社联盟 100 周年纪念大会上，通过了新的合作制原则，这些原则包括七项内容：自愿和开放的社员原则，社员民主管理原则，社员经济参与与贡献原则，自主自立原则，教育、培训和信息原则，合作社间的合作原则，关心社区原则。其中社员经济参与与贡献原则、自主自立原则以及关心社区原则这三个原则与以前所强调的原则有所不同。ICA 认为，作为由社员管理的民主组织，信用合作社在资金筹集和资金运用等方面保持自主和独立性，不受政府和其他组织的干预。合作社在满足社员需求的同时，通过与地区性、全国性、跨区域性或国际性的合作社之间的合作，为社员提供最有效的服务，并推动和促进合作社及其所在社区的持续发展。在这次大会上，ICA 在阐明社员经济参与与贡献原则时还强调了建立不可分割的公共积累以发展合作社之必要。可以看出，1995 年的这次修订，虽然增加了一些新的内容，但是罗虚代尔原则的一些基本主张没有变化，其中自愿入社、民主管理、限制股金分红、盈利按交易额分配等精髓被继承下来。

第三节　合作金融制度的发展与演变

合作金融制度又称为信用合作制度，是指合作社社员在信贷服务领域的合作和互助组织。在信用合作社诞生的近一个世纪里，其基本原则仍然遵循罗虚代尔公平先锋社所提出的基本主张。在传统的信用合作社里，其业务发展一般仅仅限于本社区，其贷款对

---

① 国际合作社联盟章程第六条“资格”规定了 12 种组织有资格加入。1895 年成立时有 14 个国家的合作社加入，而到 1997 年，经过 100 年的发展，加入国际合作社联盟的国家已经有 92 个，有国际组织 8 个，国家性组织 212 个，社员 7.5 亿。中华全国供销合作总社于 1985 年正式加入国际合作社联盟。参见管爱国和符纯华（2000）。

象也基本限于社员内部,同时对社员进行严格的限制。但是,由于最近几十年来世界经济所发生的深刻变革,尤其是农业产业化和农村城市化的急剧发展、农村领域就业数量的减少和农业生产工业化进程的推进,合作金融组织的业务领域、业务活动范围、收益分配关系、内部管理体制等,都发生了一定程度的变化。合作金融组织所发生的变化主要体现在以下几个方面(何广文,2001):

第一,信用合作社逐步拓展其业务经营范围,其互助合作精神逐步淡化。随着合作金融的不断发展,原有的业务范围仅限于社员的规定逐步被放宽,允许向非社员提供信用服务。① 很显然,与非社员进行交易,势必会影响合作社互助原则的体现。同时,对加入合作金融组织者的要求放宽。传统的合作金融组织主要吸收同业者即与合作金融组织有直接业务关系者入社,但最近几十年以来,由于资金需求量剧增,社员股金数量不足,因此,行业性的合作金融组织纷纷发展非本行业领域社员,社区性合作金融组织纷纷发展非社区社员,或者采取设置正式社员与准社员的方式扩大入股者的来源范围。在社员范围和合作社规模逐步扩大的同时,其业务活动范围也逐步超越社区范围,甚至出现活动范围国际化的现象。德国合作金融组织到海外拓展国际市场,开展全球性的金融服务;法国农业信贷银行也在全世界金融中心设立了分支机构。

第二,合作金融组织的商业化倾向逐渐明显。作为合作社组织,其原本的宗旨是互助合作的惠顾者经济组织,维护社员经济利益,而不是将利润最大化作为经营目标。现代合作金融组织在巨大的市场压力下,其商业化倾向逐渐加重,营利性的趋势越来越明显。这种商业化倾向和营利性趋势很难判断利弊。随着商业化的加重,信用社服务社员的宗旨将被削弱,有可能损害社员的经济利益;但同时,合作社利润的增加也增强了其在市场中与商业银行抗衡的能力,增强了自身抵御市场风险的能力,这些对社员本身也非常有利。

第三,原有的一人一票制的民主管理原则慢慢改变,自治原则受到削弱。合作金融组织规模不断扩大之后,社员之间的持股差异增大,一人一票制对于大股金社员显然有失公平,因而一人一票制逐步改为对大股金社员进行票数加权。美国和德国的很多合作金融组织都规定可以在一定限度内增加大股金社员的投票权。在日常管理和决策上,随着合作社规模的加大,其集中化和专业化的倾向也开始增强,原有的那种管理人员由社员兼任的荣誉职务制度逐步被取消,而是采取聘任专业化的经理的制度,从而形成合作社中的经理阶层。这样,虽然在合作社中管理权和经营权的分离有利于适应合作社规模扩张之后经营管理复杂化的需要,但是原有的民主管理制度受到挑战,甚至基本消失。管理权落到经理阶层手中,决策与社员需求开始脱离。同时,社员代表大会的产生,使得全部社员的民主权利得不到保证,那些不是代表的社员的诉求难以实现,从而难以影响合

---

① 20世纪70年代初,德国修订《合作社法》,从法律上取消了合作金融组织贷款服务对象仅限于社员的限制,所有符合贷款条件的客户都可以成为合作金融组织的服务对象。1982年之后,法国也突破了原有的服务对象限制,所有非社员家庭都可成为贷款对象,仅有那些异地公司才被排除在地区性农业信贷银行的贷款对象之外,但对于跨区域性和全国性的农业信贷银行,这种限制也已经取消。60年代之后,日本农协合作信用的服务对象也有所放宽,准许在不超过其信用总量的1/6的范围内对非社员进行融资;而在日本信用金库,这种社员制度已经名义化,也就是说,只要资金需求者在名义上是社员就可以获得贷款,社员意识逐渐淡化。参见何广文(2001)。

作社的重大事务。在一些国家和地区，合作金融组织的经营运作还日益受到政府及其他政治力量的干预和影响，使得合作金融组织的独立性和政治中立原则受到严重削弱。

第四，出现了合作金融组织在分配和股权处置上的股份化倾向。传统上股金不分红的做法已经慢慢被修正，年终盈余除按比例留作储备金或公积金外，其余部分按惠顾额比例返还给社员和作为股金分红，股金分红对筹资的作用得到重视，有些合作组织还采取"保息加分红"的做法。很多国家在社员的资格股之外还设置了其他股金，比如我国就在资格股之外设置投资股，投资股可以分红。有些国家的股金证可以在交易所进行交易，美国允许储蓄贷款协会发行股票，并允许其由互助形式转化为股份制形式，扩大了储贷协会的资本规模。

合作金融制度的以上演变，究其原因，乃是全球经济结构和经济交易方式发生了根本的变化，金融机构之间的竞争日益加剧，合作金融组织面临的社会外部环境日益多变和具有挑战性。在这种情况下，为了吸收更多的资金、扩张自己的规模、增强抵御风险和盈利能力，合作金融组织的内部治理结构、盈利模式、利益分配模式等都必然发生变化，这是"与时俱进"的需要。我们需要讨论的是这些变化对合作金融制度及其绩效所造成的影响，而不是去指责这些变化。从历史来看，合作金融制度以及更宽泛的合作制度，都在经历着一个逐渐转变的过程，这种转变是合作制度适应社会经济和政治形势而出现的一种必然现象。

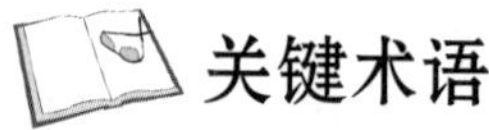

关键术语

合作思想　合作制度　罗虚代尔原则　合作金融组织

思考与讨论

1. 早期的合作思想是怎样发展演变的？这些演变反映了怎样的社会和经济背景？
2. 现代合作思想在哪些方面发展了原有的合作理论？
3. 以罗虚代尔原则为代表的合作制的一些基本原则是什么？
4. 现代合作金融组织发生了哪些引人注目的制度变化？这些变化背后有哪些经济和社会动因？

本章参考文献

A M Condon. The Methodology and Requirements of a Theory of Cooperative Enterprise [M]//Cooperative Theory: New Approaches (Agricultural Cooperative Service Report 18). Jeffery S. Royer edited. Washington, D. C.: USDA, 1987.

B Tennbakk. Marketing Cooperatives in Mixed Duopolies[J]. Journal of Agricultural Economics, 1995, 46(1).

F Robokta. A Theory of Cooperation [M]// Agricultural Cooperation: Selected Readings. M. A. Abrahamsen, C. L. Scroggs edited. Minneapolis: University of Minnesota Press, 1957.

I V Emelianoff. Economic Theory of Cooperation[M]. Ann Arbor: Edward Brothers, 1942.

M L Cook. The Future of US Agricultural Cooperatives: A Neo-institutional Approach [J]. American Journal of Agricultural Economics, 1995, 77.

P G Helmberger, S Hoos. Cooperative Bargaining in Agriculture[D]. University of California, Division of Agricultural Services, 1965.

P Zusman. Constitutional Selection of Collective-choice Rules in A Cooperative Enterprise [J]. Journal of Economic Behavior and Organization, 1992, 17.

R E Torgerson, B Reynolds, T W Gray. Evolution of Cooperative Thought: Theory and Purpose[J]. Journal of Cooperatives, 1998, 13.

R Phillips. Economic Nature of the Cooperative Association[J]. Journal of Farm Economics, 1953, 35.

S Enke. Consumer Cooperatives and Economic Efficiency[J]. American Economic Review, 1987, 35(1).

白东明.空想社会主义者代表著作评介[M].吉林:吉林人民出版社,1984.

陈德军.美国农业合作社面面观[J].中国农村金融,1997(9).

陈希敏,等.农村合作金融组织:其他国家和地区的经验和我们的借鉴[M]//成思危.改革与发展:推进中国的农村金融.北京:经济科学出版社,2005.

傅晨.中国农村合作经济:组织形式与制度变迁[M].北京:中国经济出版社,2006.

管爱国,符纯华.现代世界合作社经济[M].北京:中国农业出版社,2000.

郭红东,钱崔红.关于合作社理论的文献综述[J].中国农村观察,2005(1).

国鲁来.合作社制度及专业协会实践的制度经济分析[J].中国农村观察,2001(4).

何广文.合作金融发展模式及运行机制研究[M].北京:中国金融出版社,2001.

拉坦.诱致性制度变迁理论[M]//科斯,阿尔钦,诺斯,等.财产权利与制度变迁——产权学派与制度学派译文集.上海:上海三联书店,1991.

马克思,恩格斯.马克思恩格斯全集:第一卷,第三卷[M].中共中央马克思恩格斯列宁斯大林著作编译局,编译.北京:人民出版社,1972.

马忠富.中国农村合作金融发展研究[M].北京:中国金融出版社,2001.

米鸿才.合作社发展简史[M].北京:中共中央党校出版社,1988.

汪海粟.社区合作经济论[M].北京:经济科学出版社,1996.

吴恪元.合作经济原理[M].台北:茂昌图书有限公司,1984.

张贵乐,于左.合作金融论[M].大连:东北财经大学出版社,2001.

第五章　全球合作金融：比较制度分析

【学习目的】

◆ 了解全球合作金融的发展状况与发展模式，考察发达国家合作金融的运作方式和组织架构，并从这些发达国家中汲取有利于中国农村合作金融发展的经验。

【内容概要】

本章主要选取德国、日本、美国、法国这四个典型的国家，介绍这些国家合作金融体系的组织结构、业务结构、历史发展特点以及监管体系等。通过这些介绍，学生大体可以了解合作金融的全球发展趋势，以及发达国家的运行模式，为中国合作金融的发展与改革提供一个参照体系。

合作金融制度已经有一个多世纪的历史。在如此漫长的发展历程中，合作金融组织在欧洲、美洲和亚洲都有较为广泛的分布，很多合作金融组织在经营规模和经营质量上都获得了长足的发展。但是，由于世界各国的经济发展水平、经济结构、社会政治体制以及文化传统的差异，各国合作金融组织在组织架构、运作方式和发展模式上有很大的不同。本章拟介绍一些具有典型性的合作金融组织，并进行比较制度分析。通过这些分析我们可以看到，尽管全球不同地区的合作金融组织都遵循一个大的基本原则，但是表现形式灵活多样；同时，从历史演变过程来看，合作金融制度也在不断的变迁当中，各国应该按照自己的国情和文化历史传统来设计自己的合作金融制度。

第一节　德国合作银行制度

德国是信用合作制度的发源地，德国的合作金融组织无论在发展规模上还是质量上都是世界领先的。1847 年，德国人弗里德里希 · 莱夫艾森（Friedrich Raiffeisen，旧译雷发巽）和赫尔曼 · 舒尔茨-德利奇（Hermann Schulze-Delitzsch）分别在农村和城市建立了最早的信用合作组织。莱夫艾森建立的储金社是扶助处于困境的农村居民的协会组织，1864 年发展成为信贷协会。信贷协会也是第一个明确体现自助思想的合作社。而舒尔茨-德利奇建立的信贷所是为木匠和鞋匠等城市小工商业者服务的，他于 1850 年创立了信用互助会。1932 年，莱夫艾森农村信用合作系统和舒尔茨城市信用合作系统联合，成立了德意志合作银行，从而形成现在的德国信用合作体系。

中国合作经济史学界一般把 1847 年作为合作金融制度的诞生年。在莱夫艾森和舒尔茨-德利奇之后，信用合作社在欧洲有很大的发展。这就产生了一个很典型的现象：欧洲是早期空想社会主义、基督教社会主义的合作思想最早的发源地，这个区域历来有很浓厚的合作精神，合作思想根深蒂固。因此，在欧洲，信用合作制度也开展得最为有效和活跃。表5.1是1990—1996年(除1993年和1994年)欧洲部分国家合作金融的发展状况。

表5.1　1990—1996年欧洲部分国家合作金融发展状况

(单位：家)

国家	年份				
	1990	1991	1992	1995	1996
比利时	397	395	393	218	218
丹麦	44	43	43	41	41
德国	3410	3154	2918	2591	2510
芬兰	338	329	310	301	298
法国	3182	3003	3037	2883	2823
意大利	718	705	701	623	621
卢森堡	46	43	42	35	35
荷兰	851	789	744	547	510
奥地利	937	892	853	798	778
葡萄牙	221	210	214	181	171
瑞典	373	373	324	—	—
西班牙	106	105	100	95	95

资料来源：德意志合作银行历年《德国合作社统计》。转引自何广文(2001)。

一、德国合作银行体系的管理体制

德国的合作银行体系是一个非常复杂的综合体。这个体系分为三个层次，从最底层的组织说起，第一层次是基层信用合作社和合作银行①；第二层次是两家区域性中心合作银行②，即德南中心合作银行和德西中心合作银行；第三个层次是德意志合作银行③。这三个层次的功能有所区别，共同形成一个组织体系完整、层次分明的管理体系。

德国的合作银行管理体制是一个自下而上逐级入股、自上而下服务的体系。从法人地位来说，德国合作银行的这三个层次都是独立法人的经济实体。其中基层合作银行由农民、城市居民、个体私营企业、合作社企业和其他中小企业入股组成，由入股股东拥有。区域性中心合作银行由基层合作银行入股组成，为经营管理机构，其主要职能是为基层

---

① 德国基层合作银行从原来的城市信用合作社和农村信用合作社演变而来，分为大众银行和莱夫艾森银行(或译为雷发巽银行)。德国的合作银行体系中，还有一些行业性的合作银行机构，如医药人员合作银行、文官合作银行、邮政合作银行、铁路工人合作银行等，还有专业性的合作银行，如分期付款合作银行等。

② 德国原有三家区域性中心合作银行，即德南中心合作银行、斯图加特中心合作银行、德西中心合作银行。2000年4月，前两者合并改造为股份制性质的德南中心合作银行。

③ 德意志合作银行的前身是1895年由普鲁士中央政府创办的普鲁士中央合作银行，以此作为合作银行体系的全国联合组织。1949年德意志中央银行更名为德意志合作银行。目前，德意志合作银行已经成为全球50家最大规模的银行之一。

合作银行提供存放闲置资金的场所和充当基层合作银行融通资金的中介；运用现代化的手段，处理来自基层合作银行区域内的结算业务；支持基层合作银行开展证券业务和国际业务，包括投资咨询、证券保管和对外业务咨询等；对超过基层合作银行范围的地方客户和地区级大客户提供服务。因此，基层合作银行既是区域性中心合作银行的股东，又是区域性中心合作银行的客户。德意志合作银行是最高的中央协调机关，它由区域性中心合作银行入股组成，但区域性中心合作银行只持有德意志合作银行股份的83%，其他部分由企业及其他实业部门、住宅合作社系统以及政府持有。德意志合作银行参与国外业务，并在国外设立分支机构。

值得注意的是，德意志合作银行作为德国最高的合作银行协调机关，对区域性中心合作银行并没有直接的行业管理职能，三级合作银行之间也不存在隶属关系。德意志合作银行作为中央合作银行，对区域性中心合作银行提供各种金融服务，这些服务主要包括资金融通，合作银行系统资金支付结算，开发提供各类金融产品，提供证券、保险、租赁、国际业务等金融服务，保证和维护合作银行的共同利益，为基层合作银行和区域性中心合作银行没有能力解决的业务项目提供支持。基层合作银行和区域性中心合作银行的最高决策机构是社员代表大会，其常设管理委员会的人选包括各界代表，由地区合作银行和消费合作社系统、住宅合作社系统选派的代表组成，其主要负责人的任命须经过政府批准。管理委员会内设专司日常管理的执行委员会。所以，德国的合作银行体系不是一个自上而下具有隶属关系的体系，而是一个自上而下提供管理服务的体系。上一级机构为下一级机构提供各种服务，包括资金清算、员工培训、业务咨询和代理业务等。

从资金关系上来说，下一层合作银行向上一层合作银行存放资金，而上一层合作银行向下一层合作银行融通资金。基层合作银行吸收的存款的70%要上存到区域性中心合作银行，区域性中心合作银行再将其中的4%上存到德意志合作银行。同时，德意志合作银行对区域性中心合作银行提供再融资服务，而当基层合作银行出现资金困难时，区域性中心合作银行也会及时地给予资金支持。在贷款方面，如果基层合作银行和区域性中心合作银行难以承担规模较大的贷款，德意志合作银行作为中央合作银行能够给予积极的支持。因此，在德国的合作银行体系中，通过资金的上存和下融，能够很好地保证合作银行体系自身的稳定性、安全性以及资金运用的有效性，既使各个层次的合作银行各司其职，也能够发挥互相合作的优势，使资金的效益发挥到最大限度。

二、德国合作银行体系的业务结构

在德国合作银行体系中，基层合作银行的主要业务是传统的存贷款业务。大众银行主要是向商业和小工业提供贷款，而莱夫艾森银行主要向农业领域提供贷款。第二次世界大战之后，德国合作银行体系的贷款期限有长期化的趋势，为了激励社员，合作银行往往尽可能提供较长期限的贷款。德国合作银行体系（包括大众银行和莱夫艾森银行、区域性中心合作银行和德意志合作银行）的长期贷款比例甚至达到信贷总量的2/3以上，据对德国诺斯多夫莱夫艾森银行的调查，其长期贷款的比重甚至高于3/4。信贷的长期化趋势显示出合作银行体系自身的优势和对成员的激励的增强。

在贷款期限逐渐增长以满足客户长期资金需求之外，德国合作银行体系的贷款规模却趋向于小型化,小额借贷所占比重的增大意味着德国合作银行更多地考虑到合作社成员的小额资金需要,而不是仅仅将眼光集中于大客户。德国中小企业在第二次世界大战后获得了长足的发展,成为支撑德国经济最为重要的动力之一,应该说,在德国中小企业的发展中,德国合作银行体系功不可没。

除了传统的存贷款业务,德国合作银行体系的结算业务也占有重要地位。德国合作银行体系有着广泛的结算网络,使德国堪称欧洲进行直接转账最为广泛的国家,并加入环球银行间金融电信协会。除此之外,莱夫艾森银行和大众银行还普遍开展信用卡业务。在证券业方面,基层合作银行和区域性中心合作银行都经营股票、债券和投资基金业务以及为顾客提供保管业务、代理业务和代办保险业务。在服务对象方面也有所拓展,原来基层合作银行的服务对象是合作银行的股东,现在也逐渐向股东以外的客户提供服务。

区域性中心合作银行向作为其股东的基层合作银行提供的最主要业务是转账。区域性中心合作银行是德国合作银行体系直接转账体系的枢纽。同时,区域性中心合作银行也向基层合作银行以及其他客户提供贷款服务。在证券业方面,区域性中心合作银行为基层合作银行参与证券业提供支持,一般的基层合作银行参与经营证券业务都是通过区域性中心合作银行进行的。区域性中心合作银行还对基层合作银行进行员工培训等多方面的服务。另外,区域性中心合作银行还办理旅游支付、国际支付、代办信用证以及进出口信贷业务。

德意志合作银行作为中央合作银行,主要为区域性中心合作银行和基层合作银行提供各种服务,承担着重要的协调、管理和咨询职能。德意志合作银行的主要业务是办理全国合作银行系统的转账结算、区域性中心合作银行和基层合作银行之间的资金调剂,向区域性中心合作银行发放贷款,并向各类合作银行提供担保服务和咨询服务。德意志合作银行在德国证券市场上和其他证券辛迪加中代表合作银行体系而作为常设机构,承担证券市场的各项业务,并发行固定利率债券。德意志合作银行还是德国合作银行体系对外交往的主体。它在国外设立了十几个分支机构,并通过这些分支机构向区域性中心合作银行和基层合作银行提供外汇报价及市场信息,并帮助它们进行外汇交易。德意志合作银行在卢森堡设有子公司,专门从事外汇业务。作为德国合作银行体系的代表,德意志合作银行积极参与国际交易:它持有设在马来西亚的第一商业银行40%的股份,它还是欧洲合作银行的股东;它与奥地利、法国、丹麦、芬兰和荷兰等国的中央合作银行一起组建了联合合作银行集团(UNICO),该集团在维也纳设有贸易公司、在卢森堡设有投资管理公司,进行广泛的商业和资金交易。德意志合作银行还与区域性中心合作银行以及基层合作银行一起,设立了专业性金融公司①,从事广泛的金融业务。

就业务范围而言,德国合作银行体系的业务有从多元化、多目标型转向单一化、专业化的趋势。在传统上,德国合作银行体系一般属于多目标型合作金融机构。比如莱夫艾

① 这些专业性金融公司包括德国合作抵押银行、慕尼黑抵押银行、建筑储蓄银行、联合投资有限公司、不动产基金会、德国合作银行设备有限公司、德国合作银行租赁集团、德国合作银行贴现银行以及R+V保险集团。参见陈韩曦等(1997)。

森银行，除了经营金融业务，还为成员提供全方位的服务，附设商贸业务，帮助成员购买肥料、饲料、种子，销售成员所生产的农产品，从事农机维修服务等，可以说是全能型的信用合作社。这是莱夫艾森所持有的一种坚定的理念，即信用社应该为成员提供尽可能周到的服务。在传统的德国信用社中，不管是农村信用社还是城市信用社，都可以为农民或城市中小工商业者提供一体化的全程服务。但是，随着经济的发展和市场竞争的加剧，原有的综合性服务的市场竞争能力逐渐受到挑战；而且在现代社会，金融领域的专业分工逐渐细密，商贸型企业的专业化管理也逐步增强，因此，由金融企业来代办商贸业务的成本越来越高，效率却越来越低。在这种情况下，德国合作银行体系不得不与时俱进，逐渐把商贸业务从金融业务中分离出来，使商贸部门成为单独的部门，合作银行成为专营金融业务的机构。据统计，1970 年年底，德国共有大众银行和莱夫艾森银行 7 047 个，其中有 4 920 个除从事金融业外还从事商品贸易业务，比例高达 69.82%；到了 1996 年年底，短短 20 多年时间中，附设商贸业务的信用合作社所占比重仅为 28.75%（见表 5.2）。

表 5.2　德国合作银行体系中附设商贸业务的合作社数量和比例(1970—1996 年)

	1970 年	1980 年	1984 年	1990 年	1991 年	1992 年	1995 年	1996 年
大众银行和莱夫艾森银行(个)	7 047	4 205	3 670	2 996	2 814	2 867	2 551	2 466
其中：附设商贸业务(个)	4 920	2 572	2 124	1 474	1 286	1 136	777	709
附设商贸业务者占比(%)	69.82	61.17	57.87	49.20	45.70	39.62	30.46	28.75

资料来源：德国联邦银行历年《金融统计月报》和德意志合作银行《德国合作社统计》历年数据。转引自何广文(2001)。

三、德国合作银行体系的监管、自律组织与风险控制

在德国，银行业、证券业和保险业统一由联邦金融监察局以及联邦中央银行负责监管，监察局隶属联邦财政部，其中设有专门监管合作银行的部门。对合作银行的监管主要依据《银行法》《商业银行法》和《合作银行法》。联邦金融监察局在地方不设分支机构，对合作银行的监管只是一种非现场监管。而对合作银行的现场监管和流动性监管以及各种监管信息的获得，则依靠合作社审计联合会以及联邦中央银行及其分行。德国共有 11 个区域性合作社审计协会，由各类合作社缴纳会费共同组织成立，专门负责对各类合作社机构进行审计，其审计对象主要是基层合作银行。合作社审计协会受联邦金融监察局的委托，每年对各个合作银行审计一次，审计资料和审计结果除了要报送全国信用合作联盟和全国合作社审计联合会，还要专门报送联邦金融监察局。因此，对合作银行的监管，实际上是三位一体的监管：联邦金融监察局负责非现场监管；联邦中央银行及其分支机构进行一部分现场监管；合作社审计联合会和区域性审计协会则负责对合作社进行经常性的审计和监管，获得相关的监管信息。

那么，合作银行与中央银行是一种什么关系呢？合作银行在业务上要接受中央银行的指导，同时在资金方面也与中央银行有着诸多联系。这些联系包括：跨系统的异地结

算要通过中央银行的结算系统才能完成，中央银行保存合作银行的法定存款准备金和超额准备金，合作银行还可以从中央银行那里获得流动性支持。合作银行的准备金制度和中央银行提供的流动性支持减少了合作银行的风险，增加了合作银行经营的稳健性。

除了联邦金融监察局和中央银行以及审计协会的监管，德国合作银行体系还有比较完善的行业自律体系。德国全国信用合作联盟（BVR）是合作银行的行业自律组织，它的会员包括基层合作银行、区域性中心合作银行、德意志合作银行，还有一些专业性的合作金融公司。这些会员按照规定向联盟缴纳会费。BVR 并不是一个行业性的管理组织，它没有行业管理职能，其主要职责是向会员提供信息服务，协调合作银行和政府各职能部门的关系，帮助合作银行宣传和处理公共关系，管理合作银行按照信贷资产的一定比例缴纳信贷保证基金。信用合作联盟、消费合作社联盟以及生产合作社联盟共同组成德国全国合作社联合会（DGRV）。德国各州没有专门设立各类合作社的行业自律组织。由各类合作社共同组成的 11 家区域性合作社审计协会，既是全国合作社联合会在地区一级的机构，又是全国信用合作联盟在地区一级的机构，因此，审计协会是各类合作社在地区一级的共同的行业监督组织。应该说，严密而完善的行业自律组织是德国合作银行体系稳健发展的重要制度保障。自律组织在一定程度上起到了政府监管机构无法替代的作用。

风险控制是合作金融组织最为重要的工作之一。德国合作银行体系有着比较完善的风险控制制度。首先，德国合作银行体系建立了信用保证制度。德国大众银行和莱夫艾森银行在发放大额长期贷款时，一般要求以各种有价证券和不动产进行抵押。但在发放短期小额流动资金贷款时，一般都不要求申请贷款者提供抵押品，而是通过向赫尔梅斯（Hermes）保险体系投保的形式来解决风险分摊问题。具有国家性质的赫尔梅斯保险体系实际上对中小企业提供短期的小额贷款担保，如果中小企业无法偿还贷款，则投保额的 80% 由赫尔梅斯保险体系承担，而其余的由合作银行自己承担。目前的情况是，为了尽可能地降低自己的风险，大众银行和莱夫艾森银行一般会要求申请贷款者提供抵押品。

其次，德国信用合作体系建立了存款保险制度即保证基金进行风险控制。德国商业银行法要求德国所有银行都要从属于某一保护系统，以防范金融风险。20 世纪 30 年代发生了全球性的经济危机，德国信用合作体系建立起了自己的存款保险系统和风险防范系统。现在，德国信用合作体系的保险机制由大众银行和莱夫艾森银行联邦协会的保证基金和基金执行委员会组成，于 1976 年建立。保证基金组织的目的是帮助成员银行克服经济上的困难，以保证银行债权人的资产安全。保证基金资产是属于大众银行和莱夫艾森银行联邦协会的资产，并且与该协会的其他资产分别管理和经营。保证基金涉及的成员银行包括加入合作审计协会的信用合作社、中心合作银行及其他法律形式的合作银行、德意志合作银行、施韦比希哈尔住宅信贷银行以及符合大众银行和莱夫艾森银行联邦协会存款保险条款的其他金融机构。

信用合作社和中心合作银行所缴纳的保费的 20% 存入大众银行和莱夫艾森银行联邦协会的特别账户进行管理，其余 80% 由大众银行和莱夫艾森银行联邦协会委托当地合作审计协会代管。跨区域性合作金融机构所缴纳的保费全部由大众银行和莱夫艾森银行联邦协会管理。一旦投保的合作银行有经济上的危机，可以根据情况从保险基金资产中获得现金资助、有息或无息贷款以及信用担保等。

最后，在风险控制方面，德国合作金融体系建立了贷款保险制度，规定每年每个信用社按照风险资产的一定比例（一般是5%）存入特别专项基金，即贷款担保基金，以帮助出现危机的信用合作社。当某家信用合作社出现大的风险，自己又难以承担时，由该基金会全部补偿。如果这项基金长期没有动用，积累到一定数额，各信用社可以不必再上缴专项基金；数额如果因为动用而减少，可以再按比例上缴以保证专项基金的规模。

综上所述，德国合作金融业风险控制机制有以下几个特点：第一，德国合作金融体系实行自愿保险的原则，德国没有法律条文规定所有的合作金融机构都必须参加保险；第二，德国政府不直接对合作金融业的存款保险活动进行干预，因而德国合作金融业的存款保险体系由其行业公会直接管理和经营，充分发挥行业公会的作用；第三，德国合作金融业存款保险组织通过对会员机构的扶持而间接地对合作金融机构的债权人提供了保护；第四，对保险基金实行税收优惠待遇，即税务部门对保险基金所实现的收益（如投资收益），只要是用于基金章程所规定的扶持合作金融组织的发展和保护合作金融机构的债权人，就免征公司税、营业税和财产税。总之，德国合作金融体系的风险防范机制是一种充分发挥行业公会作用、重视对会员机构进行扶助同时重视政府税收扶持的有效体系。从金融风险控制的角度来说，德国合作金融体系的效率是很高的，其安全性也是较高的。

第二节　日本农村合作金融体系

欧洲是合作经济和合作金融发展最早、最发达的区域，在亚洲，信用合作体系比较完善的是日本。日本作为一个亚洲国家，其文化传统与欧洲有着巨大的差异。日本的合作经济与合作金融虽然起步比较晚，但是由于其有效的运作机制和发展模式，使得日本的合作运动在世界上居于领先地位。日本的信用合作体系是日本农业协同组合（以下简称“农协”）的一部分，而农协是日本最具特色的合作组织，它几乎可以涵盖农业的一切部门和一切人群。所以，日本的农村合作金融既是农协的一个子系统，又是一个独立的具有融资功能的信用合作体系。日本的农协以及信用合作体系为日本的经济发展、农业经济转型做出了巨大贡献。

一、日本农村合作金融的组织架构

日本农村合作金融组织属于农业协同组合系统，它是一个三级体系：基层农协的信用组织是第一级系统，都、道、府、县①的信用农业协同组合联合会（以下简称“信农联”）是中间系统，农林中央金库是最高系统。信农联又分为农业、林业和渔业三种不同行业的信用联合会。在这个系统中，基层农户入股参加农协，农协入股参加信农联，信农联又入股农林中央金库。在这个系统中，上一级组织与下一级组织并不是领导与被领导的关

① 日本的普通地方公共团体分为两级，都、道、府县一级管辖较大的地区，市、町、村是基层的公共自治体。目前有一都（东京都）、一道（北海道）、二府（大阪府、京都府）和43个县共47个单位。

系,各级组织都独立核算、自主经营,但上一级组织对下一级组织提供管理和服务,为下一级组织提供信息以及在资金发生困难时予以支持。下面我们在介绍农协的基础上分层次剖析日本的合作金融体系。

(一) 农业协同组合

日本在第二次世界大战后建立起规模庞大且机制完整的农业合作组织,其中农协是非常重要的一个组成部分。农协的事业范围以农村流通领域为主,兼营生产领域和生活领域,在社会化、专业化基础上开展综合经营。通过农协的经营活动,日本农村形成了严密的农工商一体化体系。农协的法律依据是日本政府 1947 年颁布的《农业协同组合法》,这个法律以罗虚代尔原则为基础,规定农协是合作社组织,其宗旨是为社员服务,不以营利为目的。日本农协的基本组社原则包括:农协的首要目的是提高社员的经济和社会地位,入社自愿,退社自由;农协是人的组合,而不是资本的组合,实行一人一票制;农协实行按股分红和按社员同农协往来额分红相结合的分配原则,股息和红利均有最高额度限制,同时限制分红对股金的比例;农民参加农协,享受自益权(即利用农协的事业权、分红权、退股权)和公益权(即选举权、被选举权、表决权、请求改选领导成员权);而非农民参加农协后,成为非正式会员,只享有自益权,不享有公益权,但对表决、选举、撤销当事人、查阅文件、召开社员大会等有提出请求的权利,正式会员和非正式会员都要承担积极协助农协办好各项事业的义务,按章缴纳股金,负担经费和承担损失(马忠富,2001)。

农协一般设立三大经营部门(色文,1990):第一类是共同销售部门,主要经营农户生产的各种农产品的收购和运销业务,也就是替农民向城市出售农产品。日本农户生产的全部大米,以及 80% 以上的蔬菜水果类、麦类、豆类和肉蛋类均由农协收购和运销。可以说,农协建立了规模庞大的农产品分选、加工、包装、储存中心以及数以千计的批发市场、销售市场,形成了遍布全国的农产品销售网。农协在经营过程中只收取一定的手续费,基本消除了商业资本的中间剥削,减少了商品流通层次。第二类是共同采购部门,主要为农户代购农机具、肥料、农药等生产资料以及其他生活资料。农户所需要的 80% 左右的生产资料、70% 左右的生活资料是由农协采购供应的,购买价格一般要比市场价格低。第三类是信贷保险部门,也就是我们下面要介绍的信用合作组织。其资金来源除一部分国家补贴外,主要是农户存款。农协还承担各种保险事业,农户的全部生活和财产几乎都纳入农协的保险体系。

(二) 信农联

农协在都、道、府、县设立了四个平行的联合组织,其中专门从事信用业务的是信农联,共有 47 个机构。信农联是农村合作金融体系的中层机构,以基层农协为服务对象,通过存贷来调节各基层农协之间的资金余缺,并指导基层农协的工作。信农联的资金来源主要是基层农协的上存资金。按照一般的规定,农协的剩余资金中,定期存款的 30% 和活期存款的 15% 要上存信农联。这其实是建立了一个资金融通和调剂的机制,也是一种保险机制。当基层农协的资金出现危机时,信农联可以利用这些上存资金从中调剂。信农联的贷款用于满足辖区内农协的资金需要,用于支持农、林、渔业有关企业的资金需要,也可以支持某些额度较大、周期较长而当地农协无力支持的农户。信农联既是本地区农协的上一层机构,对基层农协提供资金和其他服务,同时又把自己的剩余资金存入农林中央金库,在中间起到上通下达的纽带作用。

（三）农林中央金库

农林中央金库是日本农村合作金融的最高机构,主要职责是协调全国信农联的资金活动,按照国家法令运营资金,同时负责向信农联提供信息咨询,指导信农联的工作。农林中央金库的资金来源是信农联的上存资金和经过政府批准发行的农村债券。其资金主要用来支持信农联的需要,也向一些农业企业发放贷款。可以说,农林中央金库起到了系统总行的作用。

总的来说,日本的农村合作金融体系具有"二三三"的结构特点。该模式是一个二重结构(既有农民投入,又有政府投入);包含三个系统,即每个基层农协和信农联都有农业系统、林业系统和渔业系统三个系统;同时又有三个层次,即基层农协、信农联和农林中央金库。这个模式在世界各国中是比较特别的,它既吸收了欧洲信用合作社的优点,又考虑到了本国的经济文化传统。

二、日本农村合作金融体系的特色

日本农村合作金融体系在世界各国中独树一帜,这跟日本的独特文化和国民性格有关。日本这个民族非常善于借鉴其他国家的文化和经济模式,在借鉴的同时又能够结合自己的固有文化特征进行融合和改造,使之适应本国经济和社会的需要。日本农村合作金融体系的特色可以归结为以下几点:

第一,日本农村合作金融体系有着比较浓厚的政府色彩,政府的制约和扶持力度都非常大。这自然是与日本金融体系乃至经济体系的特征分不开的。日本的金融体系分为中央银行(日本银行)、非政府金融机构、政府金融机构三类,其中非政府金融机构是日本金融体系的核心(见图5.1)。日本政府一方面对金融机构的业务领域和具体业务进行严格的管制和行政指导,另一方面对各类金融机构进行过度保护,使日本的各类金融机构都有着所谓"不倒神话",存款保险制度形同虚设。①

第二,日本对农林渔业提供金融服务的合作金融体系组成非常复杂,功能划分非常详细。日本信用社系统的机构可以分为农业系统、林业系统和渔业系统,每个系统都有三个层次,即我们在上面详细阐述的"基层农协的信用机构 + 信农联 + 最高层的农林中央金库",形成复杂的综合体。各种金融机构既分工明确,又密切合作,构成发达的农村金融体系,有力地促进了日本农业的发展。

第三,在日本的农村金融体系内,三级经济组织之间只有经济往来,没有行政上的隶属关系,上级组织运用经济手段和窗口指导来指导下级组织,形成独立的资金运营系统。

第四,日本的农村合作金融体系根据立足基层、方便农户、便于管理的原则设立机

---

① 1971 年日本大藏省制定了《存款保险法案》,并于 1971 年 4 月公布实施,同年 7 月 1 日,存款保险机构成立,标志着日本存款保险制度正式确立。1973 年日本又制定了《农、水产业合作社储蓄保险法》,以农协和渔协为保险对象,对存款保险制度进行了补充,同年 9 月设立了农、水产业合作社储蓄保险机构。日本的存款保险制度强制各类非政府金融机构加入,但是直到 20 世纪 80 年代末,存款保险机构还没有支付过一次保险金,存款保险制度并没有发挥作用。存款保险制度成为闲置的奢侈品,因为在此期间没有任何一家银行倒闭。参见陶涛(2000)。

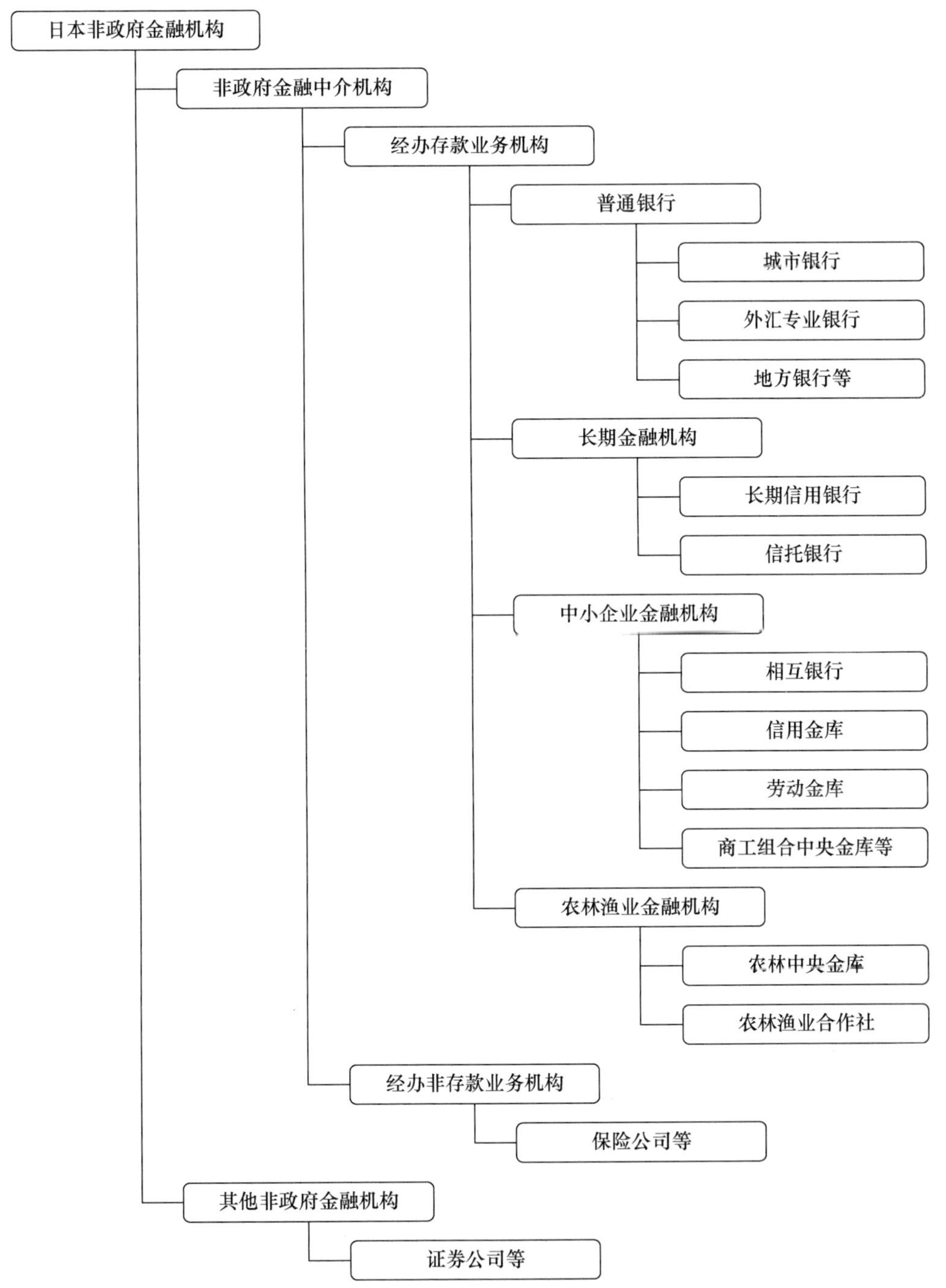

图 5.1 日本非政府金融机构

构,坚持以农村社区和社员为服务中心;同时,其利率和分红既照顾会员利益,又照顾集体利益,保证了合作机构的长期持续发展。

第五,从资金构成的角度来说,日本农林中央金库的资本金全部来自中间层的各类信用联合会，是纯粹的民间性金融机构，这一点与我们后文要谈到的法国农业互助信贷银行有很大差别。农林中央金库成立伊始，由于资金短缺，政府曾出资 20 亿日元协助，因此，在初期，政府也参与了农林中央金库的管理经营，有一些官办色彩。但是随着农林中央金库业务的逐步发展，其资金力量逐步增强，1959 年全部偿还了政府资金，成为完全民办的机构。

第六，从机构功能和金融业务领域来看，日本的农村合作金融系统既具有合作金融组织的特点，也具有商业银行的特点。例如，在贷款业务方面，日本农村合作金融体系的各级机构不仅向会员提供贷款，也向非会员提供贷款。在资金的使用上，不仅向会员和非会员提供贷款，而且大量从事证券投资业务。20 世纪 80 年代以来，由于农业生产不景气，农户贷款需求下降，贷款出现呆滞，基层信用社将大量资金转存上一级联合会，导致联合会剩余资金急剧增加。联合会将这些剩余资金转存农林中央金库，用于证券投资，使证券投资的比例上升，甚至超过了贷款规模。从这个角度来说，其业务领域与传统的合作金融已经有所区别。

第七，比较健全的信用保险制度，以保证合作金融体系的稳健性。这是同我们前面谈到的日本金融管制的特点分不开的。对农村合作金融体系的存款保险制度规定，由日本政府（财政）、中央银行、农林中央金库和农协县级联合组织各按 25% 的比例出资组建“农林水产协同组合贮金保险机构”，对农民在农协的存款给予保险保障。当农渔协经营破产时，保险机构对存款者 1 000 万日元以上的存款损失直接进行补偿，存款损失超过 1 000 万日元的存款者，其余额将在农协债务清理时再给予补偿（何广文，2001）。当然，这种破产的概率是非常小的，日本政府总是以各种扶助的方法防止农村合作金融机构的破产。除了存款保险制度，日本合作金融的保险制度还包括临时性的资金调剂和相互援助制度、农业灾害补偿制度和农业信用保证保险制度（贷款担保制度）。这些信用保险制度把政府的扶持力量和合作金融机构自身的力量以及存款保险机构的力量整合起来，保证了合作金融体系的稳健性。

第三节　美国农村信用合作体系

一、美国的农业合作社

在具体介绍美国的农村合作金融组织之前，我们先简要介绍美国的合作社。美国是西方合作社最发达的国家之一，存在各种各样的合作社组织。美国合作社大都是专业性质的，如信用合作社、农村电力合作社、奶牛合作社、家庭保姆（女工）合作社、住房合作社、农业机械设备合作社等；但也有以地区命名的综合性合作社，如南部合作联社、全国诸郡联合社、全国合作联社等。无论什么类型的合作社，都会开展不止一种业务，换言之，哪怕是专业的合作社，也对社员有多种服务。如西北电力合作联社为农场主们提供资金帮助、保险、用电、培训、雇员福利、游说政府等服务。犹他州一个肉牛合作社为成员们提供防疫技术、商业信息、品种选择介绍等服务（相当于行业协会）。它们所开展的业务有的属于营利性质，是在可以赚钱的领域让社员们（或者会员们）进行合作；有的属于服务性质，即用政府的扶助项目或公司的捐助款项，或者合作社的公积金、公益金为社（会）员们提供保险、资金帮助、培训等服务。

美国农业合作社一般具有以下基本特征（胡俊生等，2003）：

（一）合作社的组成

合作社是农业劳动者的集体组织，它的成员必须与农事活动紧密相关。按照有关法律，只有“以农场主、种植者、畜牧和乳品生产者、干鲜果品生产者的身份从事农产品生产的人”才有资格成为农业合作社的社员。三个农场主即可成立一个合作社。社员有退社自由。合作社由社员、董事、经理三部分人组成，除了由董事会挑选和雇用的经理（作为合作社的正式雇员时）可以脱产、负责处理合作社日常事务，其余成员包括董事长都必须从事某种农业生产劳动。合作社不养活闲散人员。

（二）活动宗旨

合作社是为社员的共同利益而组织起来的，所以，它的活动宗旨和目的就是为社员提供尽量多的满意的服务。它是一种不以赚钱为目的的企业。但为了有效开展社内的各种经营活动，它需要周转资本，因此也从事一定的经营活动，追求有限的资本利润率。例如，在能源短缺时，它以原价售给社员所急需的石油，而不是借机抬价牟利；对穷乡僻壤无人问津之地，它承担资助义务。至于合作社的活动范围与服务项目，则几乎包括了从生产到流通的各个领域和环节，不同的环节由不同的合作社提供服务。

（三）组织管理

董事会负责决策，受雇经理负责日常管理，社员执行一人一票制。这是大多数合作社奉行的民主化管理原则。只有为数很少的合作社规定，在一人一票基础之上安排一些额外票。额外票取决于社员持有的股票数量，或者是其与合作社的交易数量或贡献大小。但美国法律对此有限制性规定。以类似股份制的形式组织起来的合作社可以发行一种以上、通常不超过两种的股票。其中，普通股用以证明社员身份，以及社员对合作社的所有权和享有的投票权，因此，每个社员一般只有一个普通股。而优先股则主要代表普通股之外的投资，一般不享有投票权。

（四）利益分配

利益分配的基本原则是盈利共沾、风险共担。合作社的盈余分配通常采用“惠顾返还式”方式。返还额也叫“惠顾息”或“惠顾金”。按规定，合作社社员有惠顾他们所在合作社的义务，其实，这也是他们能够获得惠顾金的前提条件。社员只要是通过合作社买进他们所需要的货物，如化肥、油料等农资，或通过合作社卖出他们的农产品，如谷物、豆类、乳制品等，或者分享了合作社提供的其他服务，都被视为合作社的“惠顾者”。合作社年终分配利润盈余时（在支付了股息税金，并提取了公积金、公益金之后），即可根据惠顾者与合作社的交易额（即惠顾金）按比例进行分配。合作社经营中如出现风险与亏损，社员也应按比例合理分担。

（五）涉外服务

合作社原则上只为社内成员提供服务。条例规定，合作社同非社员的营业交易额不得超过总营业额的一半。利润盈余的分配，即"惠顾金"的支付，则在不同的合作社里有不同的做法。有的对非社员按比率支付，有的仅向社员支付，有的则内外无别，一视同仁。

专栏 5.1

美国农业合作社一瞥

在美国农村采访，初次听到"合作社"这个词感到非常新鲜。后来走的地方多了，感到合作社在美国农村几乎无处不在，有以地域划分成立的合作社，也有以农产品种类为基础的合作社。美国的农业合作社是市场经济条件下，个体农民出于自身产销利益的考虑，自发组织起来的松散联合体，在产品生产上"社员"各自都充分享有自主权，合作社最主要的目的在于帮助农民降低生产成本，解决农产品积压和销售问题，避免内部互相压价，扩大出口。

科罗拉多州丹佛北部地区的一个农业合作社就是典型的例子，合作社办事机构的最明显标志是仓库，不仅有几层楼高的粮库，还有油库、种子库、肥料库、农机及零配件库等，实际上合作社是合作社成员的物资集散地、服务中心和对外商业交流的总代理。农民们在收获之后，把粮食统一卖给合作社，合作社再根据国内外市场行情，统一销售、出口，或送去深加工后再销售、出口。个体农民家里不存粮食，也不存在粮食积压问题。由合作社统一销售，统一对外谈判，在市场上会使大家的粮食都有个好价钱。在粮食销售之后，合作社扣除成本，把剩余的钱退还给每个农户。对内，合作社从批发商或厂家直接统一批量进购农用所需要的种子、肥料、农机及零配件，然后提供给合作社成员，这样便减少了农民的生产成本。而合作社本身并不以营利为目的，它只是个服务机构，比如，社里农民的机械出了故障，打个电话，社里的修配厂就会马上派人去修。

在经济日益全球化的今天，合作社作为某个地区和某个行业的农产品总代理的职能变得更为突出。最明显的例子是美国西部地区的"新奇士"合作社。这个由加利福尼亚州南部种植橙子、柠檬和葡萄柚等的果农自发组织起来的合作社，虽然已经有 108 年的历史，但从来没有像现在这样庞大和让果农感到可以依赖。合作社从加利福尼亚州扩展到亚利桑那州，目前成员已经发展到 6 500 多户，并且得克萨斯州的部分果农也有兴趣加盟。

当初，果农之所以要成立合作社，是因为西部地区所产水果品种基本相似，成熟季节也都差不多。每到收获季节，尤其是遇到好年成，水果成"灾"，大家互相压价，果贱伤农，结果谁也没有得到好处。受到多次打击之后，果农们意识到必须在行业内立个规矩，不能擅自杀价，要一致对外，让大家都有利可图。于是"水果合作社"成立了。合作社有科研、包装和销售（包括在海外设销售网点）三大部门，指导果农改善种植技术，所有成员种植的水果成熟后，由包装厂统一派人去摘收，按不同大小和质量自动分类包装，统一商标、统一价格、统一做广告、统一调配出口，形成一个"拳头"。

出售之后，每个成员按销量扣除摘收、包装、销售、广告等成本费给合作社，剩余所得全部退还给成员。这样，不仅使合作社成员都能在销售中获利，而且打响了品牌。目前

“新奇士”品牌威震全球,在太平洋彼岸的亚洲国家尤其受到青睐。据估算,仅这个品牌的无形资产就高达10亿美元。

而“新奇士”这样的成功例子在美国并不少见,诸如华盛顿州的苹果合作社及许多以蔬菜、粮食等农产品种类划分组合的合作社。如今,在世界农产品竞争越来越激烈的情况下,这些农业合作社的职能越来越向公司企业化方向转变。它们形成的“联合舰队”在向海外远航过程中,越来越显示出非同寻常的威力。

资料来源:刘爱成.美国农业合作社一瞥[N].人民日报,2002-07-30(07)。

美国的农业合作社在推动美国农业一体化过程中,发挥了极其重要的作用。概括起来,主要表现在以下几个方面:

第一,组织协调。其一,农业合作社将分散经营的农场主聚集起来,在农户与市场之间架起了相互沟通的桥梁。通过农业合作社这个中介体,农场主获得了同外界广泛联系的渠道或许可证,与许多业务相关组织发生联系。农业合作社通过合同及社员与合作社的供销关系,把许多家庭农场垂直地组织到自己的系统中。这种组织方法的最大优点是,既可以保留家庭农场的一切优点,又可以克服家庭农场的先天性缺点。美国的农业合作社主要在流通领域进行合作。由于合作,单个农场摆脱了农资需求与产品销售方面的压力。而各种类型的合作社的出现与成功运作,又使得农业一体化机制的建立与运行成为可能。事实上,农业合作社与一体化农业是在相互促进的前提下同时发展起来的。其二,一体化农业是以农业的商品化、专业化为前提的。也就是说,专业化的结果必然导致协作化、一体化需求的普遍增强。在这种一体化与协作之间,需要有个中介对各专业生产过程进行有序协调,农业合作社起到了这样的作用。农业生产者与相关联的工商企业通过各种形式建立起稳定的分工协作关系,进而形成了围绕农业生产、由跨行业各部门组成的食品纤维体系。这种由农工商各行业或产供销各部门联成一体的经营运作模式,也就是美国现代大农业的模型。客观地说,在现代大农业形成过程中,虽然与农业相关的工商企业发挥了更重要的作用,但农业合作社的地位和功绩也绝不能低估。

第二,以竞争抵制垄断,确立以市场为导向的农业再生产机制,维护农民的利益。一方面,农业合作社作为一种竞争力量,由于自身力量的不断加强,具备了讨价还价能力,从而形成了对工商业资本对于农民垄断性侵害的制衡。第二次世界大战后至今,工商业资本通过农资供应和农产品加工销售,夺走了农业2/3以上的利润。农业合作社的兴起和壮大,使其不仅在经济上“有资格”同农产品加工商对话,进而以农民自己组织起来的相关服务系统与之展开竞争,争夺地盘;而且可以对政府决策施加影响,迫使国会通过限制垄断公司、保护农场主权益的法案。在这类问题上,合作社不仅显示出其日渐增强的经济实力,而且显示了作为一个利益集团的社会政治影响力。另一方面,农民既然进入市场,就要遵循市场规则,按市场规律办事,农业生产经营活动也必须围绕市场需求进行。合作社及其相关的农业社会化服务体系的贡献在于,它构造了一个比较好的以市场为导向的农业再生产机制,在农业生产与市场之间建起了配套的信息传递机制、生产组织机制以及物流方面的刺激—制动机制,为农业真正的商品化、产业化奠定了基础。与此同时,也为个体农民创设了防御与消减市场风险的保护机制,以保证农民尽量在市场中多受益、少受害。

第三,促进农业科学技术的推广和农业机械化水平的提高。农业合作社不仅给建立在分工协作基础上的一体化农业带来了低成本、高效益,大大提高了劳动生产率,而且为先进的农业机械的应用和农业技术的推广普及创造了便利条件。美国有着完备而发达的农业教育—科研—推广的三位一体体系。虽然主要由政府机构和涉农科研教学机构组织实施,被视为公共的农业服务系统,但这一切都离不开农场主与农业合作社的良好配合。为了共同利益,政府和农场主之间建立了伙伴协作关系并结成“神圣同盟”。可以说,这是促使美国农业的科技水平和农机装备水平始终走在世界前列的一个决定性因素。如果没有农业合作社这座桥梁,个体农户要愉快地接受新的农业技术、添置大型现代化农业机械设备都将是十分困难的。

第四,在加强农业基础地位的同时,促进了工农融合。美国虽然是一个工业化程度很高的国家,但现代化农业仍然是国民经济的基础。以农业合作社为基础,以农业的社会化服务体系为主体形成的产业群,已占到美国 GDP 的 1/6 和全国就业人口的近 1/5。一体化农业的形成使生产效率大幅提高,一个农业劳动者可以为将近 80 个人提供营养食品,而且这条生产链在创造着就业机会。农业合作社根据实际需要,在农村地区建立自己的农资加工制造厂和农产品加工厂,一方面可以吸纳农村地区的一部分劳动力从业,另一方面也使农业生产的机械化程度提高,使工业生产与农业生产相互靠近,工人和农民相互融合、界限变得模糊。从一定意义上说,农业合作社的发展前景,是由农业产业一体化导引工农城乡关系一体化(胡俊生等,2003)。

二、美国的农业合作金融体系

美国的农业合作金融组织由联邦土地银行系统(专门向农场主提供长期不动产抵押贷款的银行,其贷款主要用于购置农场房屋建筑和土地等不动产)、联邦中期信用银行系统(专门向生产信贷协会提供资金的银行,不直接面对农场主)和合作银行系统(专门向各类农场主合作社提供贷款的机构,其 12 个地区银行负责向该地区的农场主合作社提供贷款)三个独立的系统组成。这三大系统由联邦政府委托农业信用管理局(NCUA)统一领导,独立自主经营,各自的职责范围明确。美国农村信用合作体系当初由政府出资组建,后来则通过发放公开债券、向商业银行借款、要求接受贷款者购买一定比例的股票等办法筹集资金,发放贷款。几十年过去了,它们已将政府贷款还清,随着政府资金的逐步退出,它们成为真正为农场主所有的合作金融组织。还应指出的是,美国向农业提供支持的金融机构除上述三大合作金融系统外,还包括农业信用管理局领导的私营农村商业信贷银行和国家农业信贷银行,这五大金融机构构成了整个美国农业合作金融体系(马忠富,2001;成思危,2005),如图 5.2 所示。

(一) 联邦土地银行系统

美国联邦土地银行系统由 12 个农业信用区的联邦土地银行及其下属的联邦土地银行合作社组成。1916 年,美国国会通过《联邦农业贷款法》,根据该法,美国将全美划分成 12 个农业信用区,每个信用区设一个联邦土地银行,并选定一个城市作为该区联邦土

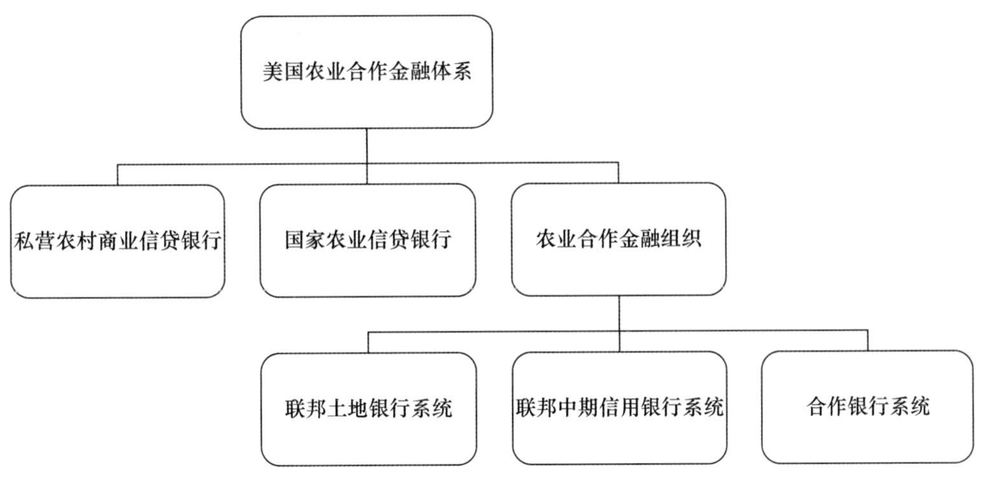

图 5.2　美国农业合作金融体系

地银行总办事处的所在地。联邦土地银行是专门办理农业长期贷款的机构。联邦土地银行合作社目前已成为美国农场主长期贷款的主要提供者。

1. 联邦土地银行

联邦土地银行实行股权所有制,为全体合作社所有,也间接归全体借款人所有,但由所在区的农业信用管理局管理。每个合作社必须向联邦土地银行缴纳相当于本社社员借款总额 5% 的资金作为股金,以取得作为联邦土地银行下属合作社和从联邦土地银行取得借款的资格。

联邦土地银行在创建和发展过程中,曾经两次得到政府的资助。初建时,12 家联邦土地银行资本总额共计 900 万美元,其中联邦政府出资 889.2 万美元,1920 年联邦土地银行基本还清了政府的出资。1932 年,为救助受经济危机冲击的联邦土地银行,美国政府出资 1.25 亿美元认购联邦土地银行的股票,1947 年联邦土地银行回购了政府持有的全部股份,实现了联邦土地银行完全归联邦土地合作社及借款人所有,成为真正的合作金融组织。

联邦土地银行自有资本由社员借款时提存的股金、法定准备金、公积金组成。信贷资金主要有两个来源:发行的联邦农业债券和借款。发行联邦农业债券需要经由政府批准,债券期限为 1—20 年,由 12 家联邦土地银行联合发行,政府对其本息偿还不承担保证责任,但由于政府曾两次出资支持联邦土地银行,因此,债券购买人习惯上认为债券是有保障的。债券的发行数量根据各家联邦土地银行估计偿还到期债券所需资金量和下次发行前办理贷款所需资金量而定。借款主要通过向商业银行、联邦中期信用银行和合作银行借入资金形成。

联邦土地银行只办理长期不动产贷款,贷款对象主要是个体农场主。贷款期限法定为 5—40 年,实际上大多数贷款为 5—35 年分期偿还贷款。贷款业务主要通过联邦土地合作社直接面向借款人,贷款额度不超过评估报告中评定的借款人经营农场价值的 65% ,加上借款人须缴纳的股金,最高不超过 68.25% 。

2. 联邦土地银行合作社

联邦土地银行合作社由愿意向联邦土地银行借贷的借款人——农场主所拥有。凡是向联邦土地银行借款的农场主，都必须向联邦土地银行合作社认购相当于借款额5%的股金，并成为合作社的社员，同时取得一人一票投票权。偿还全部借款后，社员自行决定是否退回股金。如果该社员两年内没有向联邦土地银行借款，所持股金自动转为无选举权、只享受经济利益的股份。

最初，只要有十个以上的联邦土地银行的借款人就可以申请组织合作社。合作社由理事会领导和控制，理事会的理事由社员选举产生，任期三年。合作社的具体业务由理事会聘请的专职经理负责经营。合作社接到借款人的借款申请后，审查贷款项目，认为合格的借款申请即报请联邦土地银行发放贷款，也就是说，合作社不办理贷款的具体发放事宜。

（二）联邦中期信用银行系统

美国联邦中期信用银行系统由12家联邦中期信用银行及其下属的生产信用合作社组成。1923年，美国政府为了顺应农业生产对资金的需求，解决农民中、短期贷款困难问题，在12个信用区建立了12家联邦中期信用银行，专门对农民及其下属的组织——农业生产信用合作社发放中、短期贷款。该银行最初由政府出资组建，股权为政府所有和控制，后逐步将股权发售给农业生产信用合作社。该银行属农业生产信用合作社所有，从而形成了另一个信用合作系统。

联邦中期信用银行不直接向农场主发放贷款，也不经营一般银行业务，只是充当信用“批发商”，对生产信用合作社发放贷款和贴现。根据1956年美国《农业信用法》，联邦中期信用银行发行两种股票：甲种股票由政府委托信用管理局持有，如果银行破产，则优先清偿，该类股票已分期出售给了信用合作社；乙种股票由生产合作社持有。与联邦土地银行一样，联邦中期信用银行也归农业信用管理局领导，由农业信用管理局聘任管理人员。

生产信用合作社实行股权所有制，借款人必须拥有相当于借款额5%—10%的合作社股金或参与权证。根据1956年《农业信用法》，生产信用合作社发行三种股票：甲种股票由农业信用管理局局长代表政府持有或由农场主持有；乙种股票由农场主借款时按借款额的5%出资购买；丙种股票由农业信用管理局局长直接持有。其中乙种股票具有投票权和分红权，甲、丙两种股票只有投票权，没有分红权。甲、丙两种股票已逐步卖给了农场主，生产信用合作社已全部归农场主所有。

生产信用合作社的资金来源除了资本和公积金，主要是将借款人的票据向联邦中期信用银行申请贴现或借款。生产信用合作社从联邦中期信用银行借得资金后，负责向农场主发放中、短期生产费用贷款，并承担风险。贷款期限以取得收益为准，一般为1年，最长不超过7年。如果单笔贷款额超过资本与公积金总额的15%，则必须事先征得联邦中期信用银行的同意；如果单笔贷款额超过资本与公积金总额的35%，则必须由农业信用管理局批准。

生产信用合作社与联邦土地银行合作社的贷款对象基本相同，与之不同的是，生产信用合作社具有独立的经营权，直接向农场主发放贷款，并承担贷款的全部风险；而联邦土地银行合作社不直接向农场主发放贷款，只是协助联邦土地银行办理贷款事宜，与联邦土地银行共同分担贷款风险。此外，前者主要提供中、短期生产费用贷款，后者主要协助办理长期不动产贷款。

生产信用合作社由社员相互推举若干兼职理事组成理事会，理事会掌握和制定相关政策，并聘请财务干事办理社务，干事不得兼任理事。

（三）合作银行系统

美国合作银行系统是根据美国国会1933年通过的法案建立的、专门为农村生产合作社提供信贷服务的合作金融机构。全美共有13家合作银行，除每个信用区设立一家以外，1988年又在华盛顿成立了中央合作银行。

区合作银行是独立核算的经济实体，由理事会界定经营方针政策，独立核算，自担风险，并接受区农业信用管理局的监督管理。中央合作银行的理事会由13名理事组成，12个农业信用区各推荐一名理事，联邦政府指派一名理事长。中央合作银行是联邦土地银行系统和联邦中期信用银行系统所没有的机构，其主要任务是对业务范围在一个信用区以上的大生产合作社提供设备贷款、营运资金贷款和商品贷款。根据1956年《农业信用法》，中央合作银行除了对生产合作银行直接发放贷款，主要是为区合作银行提供资金。

合作银行成立之初归政府所有，1956年《农业信用法》规定合作银行发行甲、乙、丙三种股票：甲种股票为政府持有，但没有投票权和分红权；乙种股票属于投资形式，任何农业合作社均可以购买，每年能获得2%—4%的红利，但没有投票权；丙种股票有投票权但没有分红权。合作社通过三种方式获得丙种股票：第一，合作社申请借款时，至少需要购买1股丙种股票；第二，合作社支付合作银行借款利息时，必须按利息额的10%—25%认购丙种股票，具体比例由区农业信用管理局确定；第三，合作银行在盈余之内按合作社与银行的交易额比例返还盈利时，可以用丙种股票抵付。各区合作银行每年回购政府持有的甲种股票，回购金额应等于该年度借款人所持有的丙种股票额，通过这种方式，政府持有的甲种股票逐渐被合作银行购买，最终合作银行归合作社所有。中央合作银行归区合作银行共同所有。

三、美国的农业信用合作管理体制

为了保证农业信用合作金融组织的健康发展，美国采取了有别于商业银行的管理模式，专设了比较健全的农业信用合作管理体系。该体系包括监管机构、行业自律协会、资金融通清算中心和互助保险集团。四个机构及其附属机构各自独立，职能各异，但目标一致，共同形成以农业信用合作机构为服务对象的管理体系。

美国信用社管理体制是与美国联邦制的政体相适应的。59%（6 563家）的美国信用社按联邦法案注册成立，申领联邦执照；41%（4 453家）按州法案设立，申领州执照。联邦执照与州执照之间可以转换，信用社可视政策的有利性做出选择。美国联邦政府于1970年立法设立美国信用社管理局监管联邦注册信用社和联社，州政府也有相应机构监管按州法案设立的信用社。

美国信用社管理体制具有以下特点：

（一）独立的政府监管体系

20 世纪 70 年代美国国会立法专门设立美国信用社管理局对信用社行使监管职能。管理局总部设在华盛顿，主席由总统提名、参议院通过，任期为 6 年。该管理局是独立于中央银行之外的专门对联邦注册的信用社实施监管的机构，其主要职能包括：管理执行在联邦注册信用社的法案，向在联邦注册的信用社发放执照，监督和考察在联邦注册的信用社、中央和州资金调剂清算中心，管理和运用信用社存款保险基金。全国信用社监管局在 6 个大区设有监管分局，作为其派出机构，分别负责辖区内信用社的现场和非现场检查。全国信用社监管局共有工作人员 1 100 人，其中总部 200 人，6 个分区约 200 人，其他 700 人为现场和非现场稽核人员，每个稽核员分管 10—15 家信用社，多数稽核员在自家办公。美国有 48 个州设有信用社监管机构，主要负责对在州政府注册的信用社、资金调剂清算中心的监管。全国及各州信用社监管当局的最高决策机构是董事会，董事会成员由联邦总统和各州行政长官任命。监管当局的经费来源主要是向信用社收取的监管费和存款保险基金的投资收入。全国信用社监管局还负责管理和运用信用社存款保险基金。根据美国《联邦信用社法》规定，所有在联邦注册的信用社都必须参加该基金，在州注册的信用社也可自愿参加，全国已有 98% 的信用社参加了存款保险。存款保险基金的来源是，参加保险的信用社按其存款的 1% 缴纳，保险基金不足时，经美国信用社监管局董事会决定可以按存款总额的 0.08% 加收保险基金。存款保险基金的用途主要是为信用社的会员提供存款保险，最高每人保险 10 万美元；对困难信用社提供资助。保费营运收入的 25% 用作监管局的经费，占监管局经费来源的 50%。存款保险基金由独立的会计师事务所审计，并由联邦政府信用保证，不缴纳任何税。①

（二）开放的联合组织与稳健的清算体系

基层信用社只要缴纳会费、遵守章程，就可以不受地域和行政区划限制加入全美任何一个信用社联合组织——联社（Corporate Credit Unions）。全美共有 38 家信用联社，其中 37 家是地区性联社，1 家中央联社即美国中央信用联社。中央信用联社是由 35 家地区性信用联社自愿入股组成的，是为全美所有地区性信用联社提供资金清算、资金调剂、票据交换、自动提款机等服务的批发式金融中心，也被称为信用社的“中央银行”。中央信用联社以安全稳健经营著称于美国金融界，被标准普尔公司评为 AAA 级。由于具有开放的联合组织体系，联社之间充满竞争活力。联社通过计算机技术、资金清算、投资代理等形式为社员信用社提供服务。实力强、服务好、风险低、回报高的联社对信用社具有很大的吸引力。此外，美国信用社资金融通清算中心（US Central）在调剂信用社资金、办理信用社异地结算等方面也发挥着重要作用。

（三）互惠的行业协会服务体系

美国信用社协会（Credit Union National Association，CUNA）是为信用社服务的联合社团，有地区分会、州协会（Credit Union Leagues）和全美信用社协会三个层次。最高层次是

---

① 参见张乐柱(2004)。

全美信用社协会。该协会是1934年成立的,有信用社、州协会、信合保险集团、资金调剂清算中心等会员10201家。其主要职能是:维护信用社的合法权益;协调信用社与监管当局及政府有关部门的关系;游说国会,促进有利于信用社法案的通过;对有关信用社的政策进行研究和推行,并为信用社提供业务、法律、信息、咨询、培训、宣传等方面的服务;参加政府会议;等等。全美信用社协会为了及时了解各州协会和不同规模信用社的要求和意见,将全国50个州划成6个大区,每个大区选出4人,大、中、小规模的信用社各选1人,州协会选1人,以代表不同方面的利益,反映不同方面的呼声。全美信用社协会的经费来源主要是会员会费,按照会员的资金规模大小收取,基层信用社应缴的会费由州信用社协会代收。全美信用社协会和各州信用社协会均办有服务公司,主要为信用社提供账、表、卡、印刷出版物服务,有偿为信用社收回呆账贷款等,其中一部分收入用于补充协会的费用。此外,美国还有由监管部门组建的两个全国性的信用社协会,一个是由联邦政府注册的、信用社自愿参加的全国性信用社行业协会,另一个是由州政府注册的信用社、自愿参加的全国性信用社行业协会。这两个协会在各州没有机构,入会的信用社比较少,其职能主要是向国会游说,维护本信用社会员的利益(张乐柱,2004)。

全美信用社协会与联社之间有比较明确的分工:联社主要为社员信用社提供资金融通、投资代理、资金清算、证券托管等经营性服务;协会代表会员信用社协调公共关系,提供进行职业教育、出版行业刊物、政策分析与研究和进行宣传采访等非经营性服务,协会附属经营机构(如信合保险集团、战略服务公司等)也为社员信用社提供技术、投资等经营性服务。

(四) 完善有效的保险机制

美国信用社系统的保险体系由两部分组成:

第一部分是美国信用社存款保险基金。该基金的宗旨是为参加存款保险的信用社提供存款保险,以保护存款人的利益。根据《联邦信用社法》规定,所有的联邦信用社都必须参加该基金,大部分州注册的信用社也自愿参加了该基金。基金的资金主要用于对破产倒闭信用社的个人(社员)存款保证支付,对困难信用社提供资助。全美信用社管理局经费开支的50%源于保险基金运营后的盈余,节余的收益划入基金股权,以使基金持有额占信用社存款总额的比率维持在1.3%左右。存款保险基金无任何联邦税负,随着信用社倒闭事件的减少,全美信用社存款保险基金的资本不断增加。存款保险基金除了为信用社提供服务,还承担了一定的监管职能,是管理局监管工作的组成部分。

第二部分是美商储蓄互助相互保险集团。它是美国主要为信用社提供保险服务的商业性保险公司,是由全美信用社按合作理念自愿组建的。该集团的主要业务是为信用社及信用社社员提供各种保险产品,以保护信用社及社员资金、财产等的安全。尽管该集团已发展成为一个拥有76亿美元资产、机构遍布世界各地的商业性保险集团,但始终未改变其合作理念,继续向信用社提供优质的保险服务、金融服务以及投资、资料查询等支持性服务。该集团的存在对美国信用社的发展起到了重要的风险保障和损失补偿作用。美国信用社人士认为,如果没有与信用社并肩结伴走到今天的保险机构,美国至少有一半的信用社已破产或关闭了。

（五）民主的内部管理体制

美国信用社一般由一些具有共同点的人士自愿组成。所谓的共同点包括：同在一个企业、同在一个教区、同在一个社区、同在一个行会等，如同一社区的社区型信用社、同一企业的企业型信用社、同一团体的团体型信用社等。美国没有按行政区划设立的信用社。美国信用社的组成形式和历史渊源，以及其鲜明的非营利性质和只为社员服务的宗旨，吸引了大批志愿者（约占员工总数的一半）为信用社无偿工作，社员和员工背景的多元化有力地促成了美国信用社的民主管理体制。以信用社的董事会构成为例，部分来自社员公开征选的志愿者，部分为社员按一人一票制选举产生。董事会设立了监督委员会、信贷委员会、教育委员会等集体决策机构，负责日常事务的决策和管理。美国的农村合作金融体系由多个系统组成，同时有着复杂的组织结构和管理体系，因此人们习惯上称这种模式为“多元复合”模式。

四、美国农村合作金融组织的特点

美国农村合作金融组织具有以下六个特点（马忠富，2001；成思危，2005）：

第一，自上而下，“官办民营化”。美国三大农村合作金融组织虽自成体系，但均由政府出资扶助创办，在政府的引导下自上而下地发展起来，而后政府又将股权逐步出售给合作社或农场主，走出了一条符合美国实际的、独有的“官办民营化”的农村合作金融之路。

第二，坚持合作性质，又不拘泥于合作制。在美国这种市场经济比较成熟的国家，信用社不仅没有被挤垮，而且得到持续稳定的发展，一个重要原因就是坚持了合作制的性质。信用社根据经济发展的需要，办一些大的商业银行不愿办的业务，本着为社员提供金融服务的宗旨，由群众自发组成，社员为得到金融服务自愿参加，信用社为解决其资金融通需要自愿组成联社，信用社可以自愿并重复加入行业协会以享受其提供的服务。信用社的理事会成员完全通过民主选举产生，理事会对重大事项的决定完全通过一人一票制的表决确定。同时，贷款到期，股金可退可不退，比较松散、自由，合作社对资本权利的限制并不严格，普遍按股分红，少部分信用社还有追求利润的倾向，又具有股份所有制的特征。

第三，统一监管，官办色彩较浓。在美国，所有的信用合作机构均由所在区的农业信用管理局领导。农业信用管理局负责制定政策，并委派管理人员和非正式理事参加理事会进行监督，保证信用合作社业务经营的规范化，但官办色彩较浓。

第四，国家对信用社给予优惠政策，促进了信用社的发展。美国对信用社不征收营业税和所得税，不收取存款准备金，允许信用社资金到国债市场购买国债，对信用社的经营管理，包括社员的入社、资金的使用、收益的分配等从不干预，使信用社有一个较宽松的发展空间。

第五，行业协会在信用社自我管理、自我发展中发挥重要作用。在美国信用社的管理制度中，行业协会也发挥了积极作用。行业协会维护信用社利益的首要任务是联络协调国会及政府有关部门，从法律法规的制定上积极从事游说工作，敦促制定对信用社发展有利的条文和规定。行业协会在法律咨询、职员培训及联络宣传媒介等方面也发挥着重要作用。

第六，保障体系的建立是信用社稳定发展的重要条件。美国信用社系统的保障体系，一方面有由监管当局统一组织、具有强制性和约束性的保险基金；另一方面有自愿参加的社会保险公司，二者相互配合，互为补充，发挥着重要作用。

第四节　法国农业互助信贷银行系统

一、法国农业互助信贷银行体系的基本架构

法国为农业提供金融服务的合作金融机构是法国农业互助信贷银行。法国农业互助信贷体系实行三级法人制，由地方合作银行、地区合作银行和中央合作银行共同组成。地方合作银行和地区合作银行按照《乡村法》以公司形式组建。地方合作银行的社员除农民外还有一些其他部门的人员，主要是从事农产品加工部门的小场主和雇员。地方合作银行在其营业地区内设有分支机构。在地方合作银行之上是地区合作银行（或省农业互助信贷银行），地区合作银行按行政区划设立，是法国农业互助信贷银行体系在各省的基本单位，也是各省地方合作银行的支柱，共94家。中央合作银行即法国农业互助信贷银行，是按公法建立的国家级兼具监管和经营双重职能的商业性国家行政机关，拥有约30家分支机构和附属机构。

法国农村合作金融组织的基本框架如图5.3所示。

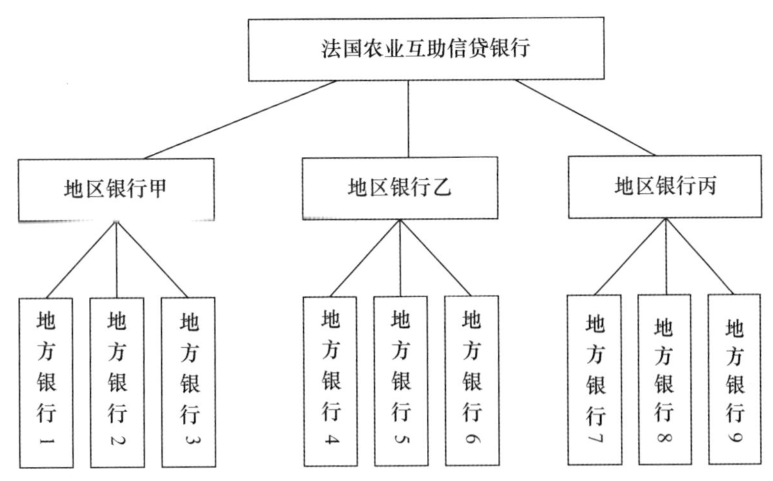

图5.3　法国农村合作金融组织基本框架

（一）管理结构

法国农业互助信贷银行体系实行总部、各省行和地方合作银行三级管理、三级经营和两级核算的制度，其中总部和省级农业互助信贷银行各为一级独立核算单位。在法国农业互助信贷银行体系中，总部是国家农业互助信贷银行的中央机关，受农业部和财政

部的双重领导。其组织机构主要分四大块：① 董事会。董事会是总部的最高权力机构，由30名成员组成，其中董事长由农业部部长担任，其他董事包括：从国民议会和参议会成员中各选出3名，由政府指定法律官员4名和政府官员8名，余下的从各省行的主席或经理中选出。董事会的任务是，审批银行的基本政策，规定国家没有明确规定的贷款条件，组织总部与各省行之间的资金融通，制定贷款的分配标准等。② 正、副总经理。总部总经理由总统任命，8名副总经理由董事会任命。总经理在董事会的领导下开展工作，并在法律行为与民事行为上代表总部。③ 行政委员会。行政委员会又称理事会，由11人组成，主席由总部总经理担任。行政委员会的主要任务是参与经营大纲和方针的制定，执行董事会的决议。④ 总部另设领导委员会和8个职能部门。

法国有94个省农业互助信贷银行，由各省行政区划内的地方合作银行（或称地方农业互助信贷合作社）联合组建。多数地方农业互助信贷合作社是国家农业互助信贷银行的成员，而省农业互助信贷银行是它们的领导机构。省农业互助信贷银行的组织管理机构主要有董事会、领导委员会和信贷委员会等。

地方合作银行是法国农业互助信贷银行体系中的基层单位，由于它充分发挥集体的力量为社员服务，并注重保护社员的经济利益，因而深受缺乏资金的法国农民的普遍欢迎。地方合作银行一般均为省农业互助信贷银行的成员。其权力机构为董事会，董事会主席和副主席均由股东大会或股东代表大会选举产生，董事会成员均不拿工资，只按照参与有关活动的实际需要获得一定数额的交通费。

（二）社员类别及权利和义务

农业互助信贷合作社最初对社员有严格的职业范围限定，目前范围有所扩大，但是能够优先享受国家贴息和优惠贷款的社员仅限以下四类：第一，农业经营者和农业工资劳动者；第二，为农业和林业生产提供物资、服务或为农产品商品化服务的集团；第三，公、私农业整体利益机构；第四，在实施农业建设与乡村建设范围内的地方机构。

社员的权利和义务主要有四项：① 参加和退出的自由。社员可以自由退出，前提是必须还清贷款。② 必须认购股金。这是成为社员的前提条件，同时认购股金与贷款总额之间有一个比例规定。③ 股金可以分红，但年息最高不超过6%。④ 参与管理权。在农业互助信贷合作社全体社员大会上，社员有权选举董事；省行代表大会的大部分代表由合作社全体社员大会选举产生，然后逐级选举高一层的代表和董事；实行一人一票制。

（三）贷款审批制度

在贷款方面，法国农业互助信贷银行一直把资助农业发展作为自己的中心任务，其贷款业务已突破了农村和农业生产领域，发展到城乡各个部门及公众生活等方面，形成了比较完备和稳定的农村贷款制度。在贷款审批方面，法国农业互助信贷银行拥有独具特色的独立贷款审批制度，其有三个特点：第一，设立专门的贷款审批机构。在总部、省行和基层社都设有信贷委员会，专门负责贷款审批，除小额贷款授权职能部门批准外，其他都要经过信贷委员会讨论决定。第二，明确划分贷款审批期限。第三，明确的审批贷款责任和逐级负责制。信贷员接到贷款申请后，要从政策、事实、安全等方面进行审查，并对基本审查事实负责；信贷部门在信贷员初审的基础上进行复审；最后由信贷职能部门的负责人或信贷委员会做出决策。

(四) 融资制度

为了筹集稳定的长期信贷资金,法国农业互助信贷银行在中央银行和政府的大力支持下,通过发行债券筹集农业发展资金,所筹资金约占总筹资额的15%。债券分为两类:一类由中央银行担保,在农村居民中发行,按期限分为3年和5年两种;另一类由政府担保,在金融市场上发行,按期限分为10年、15年和20年三种。在计息方式上又可分为固定利率债券和可变利率债券两类。债券发行属于总部的筹资业务,由各省行代理发行,总部规定省行代发债券可获得一定的利差收益,以调动各省行的积极性。此外,总部拥有多家经营股票证券的公司,在证券交易市场经营各种证券业务,所获收益也用于支持农业发展。

二、法国农村合作金融组织的治理特征与经营特征

(一) 法国农业互助信贷银行的混合治理结构

法国农业互助信贷银行最具特色的是其"混合治理结构"。法国农业互助信贷银行自成立至今,形成了独具特色的混合治理结构格局。在功能上,集政策性、商业性和合作性于一身;在业务上,既从事零售银行业务,又从事资产管理和私人银行业务,还涉足批发业务(包括资本市场工具交易和股权投资),甚至经营房地产、咨询和信息产业;在管理机制上,既有合作金融的社员参与决策权,也实行严格的商业银行纵向管理,甚至经历了总行从国有部门转化为上市公司的转制过程,因而体现了所有权和经营权多样化分配的格局;在资金控制权上,既存在对政府政策性资金(国家贴息贷款)分配的参与,也实行"地区行—营业行"的商业银行信贷审批权限分割,还充分保证社员的审贷权力(张乐柱,2004)。

(二) 法国农业互助信贷银行的经营特征

第一,充分发挥合作制与商业化比较优势。一是继续保持民主参与的合作制管理特色。在下层,基层社董事可以参与信贷评审,并且由基层社董事选举地区行董事会。在上层,全国农业信贷联合会(Fédération nationale du Crédit Agricole, FNCA)由各地区行董事选举产生,执行行业管理职能,一方面代表法国农业互助信贷银行集团内的全部地区行与国会、其他合作金融机构、贸易组织和政府机构谈判;另一方面协调各地区经营关系,并负责管理人事,委托FNCA任命各地区行行长。这样,社员的终极委托人资格在内部规章及其执行上得到了保障,充分体现了民主管理特色。二是大力推进经营专业化。随着法国农业互助信贷银行的发展与经营规模、范围、业务的变化,客观上要求法国农业互助信贷银行专业化经营。法国农业互助信贷银行的经营领域扩大,资金来源与运用遍布法国内外,涉足货币市场和资本市场各领域,需要大量专业人士按照全能银行的模式经营。

第二,坚持多元化经营战略。在当前法国农业互助信贷银行的信贷结构中,小额农贷仅占不到1/3,非农贷款是信贷主体,它体现了一种趋势,即仅仅依靠农业是无法养活农业信贷的。法国农业互助信贷银行当年主要由国家投入,后来在逐步削减国家直接投

入的情况下，只能实行多元化经营战略。多元化经营战略包括：首先，完善地方分支机构建设，继续加强农户贷款；其次，发展投资银行和资产管理业务，增大高回报率金融业务比例；最后，发展境外零售银行业务，也即以非农业务为盈利重点，促进农业信贷的可持续发展。

第三，合作性、政策性和商业性的统一。法国农业互助信贷银行的发展历程显示，从其第一家基层社诞生三年后开始，直到一百多年后的今天，始终保持一定的政策性金融业务份额，也始终坚持为社员服务。实际上，对于一个农业国而言，农户的稳定和农业的发展是国家政策的需要，也是农户自身生存的需要。两者的一致性导致了农村合作金融天然具有政策性金融机构的特征。同时，合作金融的土壤是客观存在的，即便在法国这样的发达国家，一般商业银行同样不愿意进入农村地区和农业信贷市场。但是，仅强调合作制是不够的，必要的政府资金支持是合作金融机构进入良性发展的初始推动力，否则，在缺乏专业技术人员的情形下，合作金融将难以为继。

这就决定了合作金融机构是政策性金融与合作金融的统一。这是问题的一方面。另一方面，CA 的多元化经营和股份制商业化也体现了农村合作金融组织演化的一种方向。其一，在缺乏资本市场融资的情况下，仅仅依靠象征性的每个社员一欧元的股权是无法在其扩大资产业务的同时保证资本充足率的。其二，在缺乏必要政府财力支持的前提下，仅仅依靠单一的小额农贷无法确保机构的可持续经营。因此，实行商业化多种经营，是合作金融机构的求生本能反应。当然，基层组织必须仍然保持合作制本色，坚持为社员服务。否则农村地区依然不存在面向农民的金融机构，农民依然会寻求新的合作金融机构来填补空白。

从长期来看，形成农村合作金融机构在农村地区的垄断地位和在全国范围内的联合。法国农业互助信贷银行的垄断有两个原因：第一是商业性金融机构不愿意进入农村市场；第二是它垄断了国家贴息贷款分配权，因而在政策性金融市场上形成了垄断。在全国范围内实行联合，似乎是信用合作机构天然具有的内在冲动。原因在于农业的脆弱性导致农村信用社的脆弱性。这种联合在逻辑上与农民当初组建基层社的动因是一致的，那就是“合作共济”，只是范围从一乡一镇扩大到了全国。

总之，法国合作金融治理结构的变迁表明：第一，合作制的基础是社员参与基层信用社决策、地区行参与总行决策的自下而上的集体理性；第二，在基层信贷决策上，合作制下的民主性与商业化可以相容并蓄，但是前提是在权力边界清晰的条件下社员与专业银行家的各自比较优势发挥；第三，多样化经营是合作金融发展到高级阶段的必然选择，因为农业在世界范围内普遍具有低效率特征，只有资金运用的非农化，才能实现“以非农养农”和农业信贷的可持续发展；第四，合作性、商业性和政策性在农村金融组织运行中的统一具有必然性，原因在于农业在国民经济中的基础性，资金在融通上的跨地域性和追逐高收益率的本能。

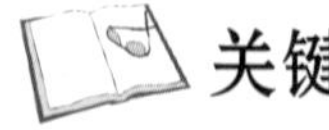

关键术语

德国三级合作银行体系　　　　区域性中心合作银行

大众银行　莱夫艾森银行
德国全国信用合作联盟　日本农林中央金库
日本全国信用农业协同组合联合会　日本农业协同组合
美国联邦土地银行系统　法国农业互助信贷银行体系

思考与讨论

1. 德国合作银行体系的管理体制有什么特点？三级合作银行体系的不同层次之间的关系是怎样的？

2. 从贷款期限、贷款规模、业务范围、行业自律四个方面谈谈德国合作银行体系的运作特点。

3. 从行业自律制度、信用保证制度、存款保险制度、贷款保险制度等方面描述德国合作银行体系的风险控制机制的特点。

4. 简要描述日本农村合作金融体系的特色。

5. 美国的农业合作社有哪些特点？它在美国农业现代化中扮演了一个什么样的角色？

6. 美国农业信用合作管理体系有哪些特点？

7. 美国农村合作金融组织有哪些显著特点？

8. 法国农业互助信贷银行的治理结构有哪些特点？有何经营特色？

本章参考文献

陈韩曦,等. 中国合作银行[M]. 广州:广东高等教育出版社,1997.

成思危. 改革与发展:推进中国的农村金融[M]. 北京:经济科学出版社,2005.

何广文. 合作金融发展模式及运行机制研究[M]. 北京:中国金融出版社,2001.

胡俊生,胡继民,梅海予. 试论美国的农业合作社[J]. 徐州教育学院学报,2003(3).

马忠富. 中国农村合作金融发展研究[M]. 北京:中国金融出版社,2001.

色文. 现代日本经济的发展与对策[M]. 北京:北京大学出版社,1990.

陶涛. 论日本的金融行政——日本型金融管制的成败[M]. 北京:北京大学出版社,2000.

王曙光. 乡土重建——农村金融与农民合作[M]. 北京:中国发展出版社,2009.

王曙光. 农本:第一卷,国际合作社年专辑[M]. 北京:中国发展出版社,2012.

徐唐龄. 中国农村金融史略[M]. 北京:中国金融出版社,1996.

张乐柱. 农村合作金融制度研究[D]. 山东农业大学博士学位论文,2004.

第六章　中国的农村信用合作

【学习目的】

◆ 深入了解我国农村信用合作的历史，尤其是中华人民共和国成立以来的发展过程，并从这个历史发展进程中理解当前农村信用合作改革的历史条件和历史情境。

◆ 对农村信用社制度的演变和未来发展趋势有所了解，对学术界的争议进行评析。

【内容概要】

本章首先详尽梳理了我国农村信用合作的发展历程；其次对学术界关于农村信用社改革的基本争议进行了梳理，探讨了农村信用社体制存在的弊端；最后探讨了我国农村信用社的未来发展趋势，并提出了相关的政策建议。

第一节　我国农村信用合作的历史

一、我国农村信用合作的早期历史(1920—1937年)

信用合作社始于西欧，在我国，农村信用合作事业的真正开展是在20世纪20年代。早在清朝末年，北京大学的前身京师大学堂就开设了“产业组合”即合作课程。五四运动前后，知识界开始引进合作思潮。1919年8月，朱进之在《东方杂志》撰文《促国民自设平民银行》，从乡土民情和中国社会政治状况出发，提出发展平民银行(合作银行)，合作银行在农村就是农民信用合作社。1919年10月27日，薛仙舟创办了上海国民合作储蓄银行。该银行的宗旨是提倡合作主义、资助合作事业，但主要面向城市。1922年8月，在《东方杂志》“农业及农民运动”专号中，吴觉农发表了《中国的农民问题》一文，认为“农村第一个问题，莫过于资本”“最好自己组织银行，有少数会员即可组织”，这样，“既可作借贷的互助，而且可以使银行发达”(徐唐龄，1996)。因此，在20世纪20年代，知识界对于农村建立带有农民互助性质的信用合作组织已经有了足够的认识和倡导。

在中国早期的合作组织中，最值得一提的是华洋义赈会成立的信用合作社。华洋义赈会是1920年旱灾中由中外合办的慈善组织，1921年旱灾结束后，余有几百万元的赈灾款。1922年11月，各地的华洋义赈会组织成立了“中国华洋义赈救灾总会”，将“唤起人民互助合作之精神，以共同解决急切之经济问题”与储粮、治河、灌溉作为该会的四项任务。1923年，救灾总会拟定了《农村信用合作社章程》，并在河北省香河县建立了第一家信用合作社,通常认为这是我国最早成立的信用合作社。1923 年 8 月,合作委办会成立,规定了只有组织合作的农民才能得到贷款,而组织合作的信用社又必须经过合作委办会批准承认。此后,中国的信用合作事业迅速发展,其中前期主要集中在河北地区。这一时期的信用合作社主要有以下几个特点:第一,信用合作社是莱夫艾森(德国最早的信用合作组织的创始人)式的,目的在于供给农民低利资金,扶助社员养成自助的能力;第二,义赈总会为了避免慈善救济的性质,贷款手续非常严格;第三,社员入社需要认购社股,并且在此之前,信用合作社要对社员进行严格考察,合格后方可入社;第四,信用合作社只对社员进行放款(巫宝三,1995)。

中国农村信用合作组织在蓬勃发展的早期,即遭遇了重大挫折,原因在于北洋军阀政府对于农村信用社的发展感到十分恐惧,认为合作社是共产主义性质的社会经济组织,要求河北各县政府加以限制和禁止。直到北洋政府统治结束后,信用合作事业才重新发展起来。

国民政府时期,农村信用合作组织在江浙地区逐渐兴起,当时的国民政府当局也较为重视合作事业的发展。1931 年 4 月,政府制定了《农村合作社暂行规程》,把信用合作定为九大合作(信用、供给、生产、运销、利用、储藏、保险、消费、其他如建筑或改良品种的合作)之首。1934 年 2 月政府通过了《合作社法》,明确合作社可以是承担有限责任、保证责任或者无限责任的法人,并且可以享受免征所得税和营业税的优惠条件。1935 年,实业部设置了合作司,专门筹划合作事业的发展,协助资金调节、人才培养、调查统计和监督等。以"调剂合作事业资金"为宗旨和出发点,筹备建设合作金库。合作金库为合作社联合组织的金融机构,类似于今天的联社。但是,其在实际运作中难以发挥作用,与设立初衷背道而驰。

在政府宏观政策的支持下,农村信用社的发展逐步加快,数量不断增加。具体如表 6.1 所示:

表 6.1　1932—1937 年中国农村信用社数量

年份	数量
1932	3 227
1933	3 423
1934	9 841
1935	15 429
1936	20 620
1937	20 952

资料来源:徐唐龄,《中国农村金融史略》,北京:中国金融出版社,1996 年版。

20 世纪 30 年代是我国农村信用合作事业发展迅猛的年代,但各地的发展水平有很大差异。根据方显廷(1934)和陈振汉(1935)提供的数据,我们编制了表 6.2:

表 6.2　中国农村合作社发展规模的地区比较(截至 1933 年 12 月)

省份	社数(个)	社员总人数(人)	资本额(元)	社均人数(人)	社均资本额(元)
江苏	1 897	56 192	473 164	29.6	249.4
安徽	1 742	50 408	98 697	28.9	56.7
河北	1 605	40 263	93 532	25.1	58.3
湖南	31	30 367	70 154	979.5	2 263.0
浙江	1 072	29 078	137 002	27.1	127.8
全国	6 834	229 075	1 265 724	33.5	185.2

资料来源:方显廷,《中国之合作运动》,《政治经济学报》,1934 年 10 月;陈振汉,《浙江省之合作事业》,《政治经济学报》,1935 年,收于《社会经济史学论文集》,北京:经济科学出版社,1999 年版。

在表 6.2 所列的几个省份中,发展最早的是河北,其合作社也最稳固且成绩斐然。河北的合作社仅限于信用合作社,而江浙两省的合作社于创办之后,更有非信用合作社之设。从总体来看,河北、江苏和浙江是 20 世纪 30 年代我国信用合作事业最为发达的三个省份。

陈振汉先生在 20 世纪 30 年代全面考察了浙江的合作事业发展状况,对农村合作事业的发展提出了很多真知灼见。提倡合作事业是国民党政纲之一,也是复兴农村经济的重要方案之一。这也是中外合作事业发展的一项重要区别,国外资本主义国家的合作事业虽然也由政府扶持,但更多还是依靠自发力量完成的;而中国的合作事业一开始就带有浓厚的政府色彩,是靠外力推动进行的。

在各类合作社中,信用合作社数量和规模最为稳固。从表 6.3 可以看出,1928—1933 年,浙江信用合作社发展迅猛,社员人数和社数都有很大增长。陈振汉先生归结出五条原因:第一,信用合作社业务简单,农民很容易了解,因而推进起来很容易,故每年都有一定程度的发展;第二,乡村资金枯竭,金融周转困难,农民对于信用合作有一致需要;第三,信用合作社所需资本较少,与无限责任非常类似,用农民的信用作为担保,非常适合农民习性;第四,浙江政局稳定;第五,信用合作历史早,加上政府的积极推进,所以可以自行逐渐发展(陈振汉,1999)。

表 6.3　1928—1933 年浙江信用合作社的发展

年份	社数(个)	社员人数(人)	每社人数(人)	股本总额(元)	每人股本(元)
1928	22	367	16.68	1 308	3.56
1929	143	4 524	32.30	12 217	3.81
1930	386	10 534	27.30	38 328	3.60
1931	510	12 845	25.18	45 538	3.56
1932	688	17 235	24.76	65 561	3.80
1933	858	21 626	25.21	85 584	3.95

资料来源:陈振汉,《浙江省之合作事业》,《政治经济学报》,1935 年,收于《社会经济史学论文集》,第 20 页,北京:经济科学出版社,1999 年版。

根据陈振汉先生对浙江信用合作事业的研究,在浙江信用合作社的相关问题中,资金来源是最重要的问题之一。一般而言,主要有合作社股金、社员储蓄资金和公积金、银行借款。其中银行借款主要来自中国农工银行杭州分行，以及各县的农民银行和农民借贷所。通过考察各类资金来源，可知农村信用社的放款资金以借款为主要来源。其中，中国农工银行杭州分行对浙江省农村信用社的放款占到农村信用社放款总额的70%，足见银行对于农村信用社发展的重要意义。这一方面与当时农村特定的经济环境有关，另一方面也说明了当时的农村信用社与各类银行之间存在较为密切的业务联系，兼营农贷的银行实际上利用了农村信用社的组织和信息等优势，而农村信用社也通过这种合作机制，获得了更广泛的资金来源，增强了经营实力。

在总结浙江合作事业（包括信用合作社）发展经验教训的时候，陈振汉先生提出了很多真知灼见。在分析浙江合作事业初期推行进展迅猛的原因时，他指出：

> 今浙省合作事业，初期发展如此迅速，其非出于自动而为被动，非出于自然，而带强制性质，为极明显之事实。故在合作社发展之过程中，其占主要地位者非为人民而为政府，一切所以促进社务之扩张与发展者，悉由政府任之。兹一论其得失。中国农民既贫且愚，人皆知之，且习性保守，散漫自私。欲农民自行起而组织从事改造环境，纵非不可能，亦极为困难。是以政府之翊助不特应当而且必要。然从长久计，合作之主体为人民而非为政府，必逐渐使人民知合作之真谛而逐渐自动参加而后可。欲人民之有自动参加之能力，其首要为教育程度之提高。而欲普及国民教育，自非借政府之力量不可。故以政府力量提倡合作，可使民众教育与合作教育打成一片，民智提高，合作知识亦随之发达。（陈振汉，1999）

陈振汉先生对政府在提倡合作事业中的作用的分析，是非常精当的，政府对合作社的过度干预和强制实施，在合作社建立初期固然能够使其迅猛扩张，却因为没有调动农民的积极性而后续乏力，甚至出现很多不良后果。陈振汉在谈到政府势力推行合作事业的缺点时，认为有五大弊端："营私舞弊其一，苟且玩忽其二，夸耀掩饰其三，存亡莫卜其四，难收实效其五。"这些观点对于我们反思当前我国信用社发展中的政府行为问题，也具有非常重要的借鉴意义。

20世纪30年代可以说是我国农村信用合作事业发展比较快的时期，但是抗日战争和解放战争时期，由于战乱的原因，我国的农村信用合作事业受到严重影响，基本处于崩溃或瘫痪的状态。

二、中华人民共和国成立后农村信用合作事业的发展（1949—1979年）

中华人民共和国成立后，农村信用合作事业经历了比较曲折的发展历程。1949—1979年，可以大致分为两个阶段：第一个阶段是1949—1958年，这个阶段是农村信用社的试办、推广和调整阶段；第二个阶段是1958—1979年，这个阶段是农村信用社的曲折发展阶段（张乐柱，2004）。

中华人民共和国成立初期，全国的土地革命基本完成，农民的生产积极性被充分调动，农业领域酝酿着前所未有的发展与变革。在这一历史阶段，尽管土地制度和其他社会制度在总体上有利于农村生产的发展，但是农村资金短缺问题严重，高利贷现象在很多农村地区依然存在。同时农村又开始向两极分化，出现了专营高利贷的农户和部分农民土地的得而复失。到 1949 年年底，全国有 800 多家农村信用合作组织（成思危，2005）。针对这种情况，1951 年 5 月，中国人民银行召开了第一次全国农村金融工作会议，并相继颁布了《农村信用合作社章程准则（草案）》和《农村信用互助小组公约（草案）》，一方面确定建立区级银行机构——农村营业所，另一方面在广大农民群众中重点试办农村信用社合作组织。至 1952 年年底，全国各地试办的信用合作组织已达 20 067 个。1953 年总路线加快了农村信用合作的推广步伐。彼时，农村信用社已经建立了较为完善的民主管理制度。其主体形式是以乡或行政村为范围的农村信用社，农民入社时要缴纳一定的股金，年终按照股金分红。还有一些是附设在供销合作社内的信用部或信用组。从 1955 年开始，随着生产、供销、信用三大合作运动在农村的迅速展开，农村信用社得到迅速发展（成思危，2005）。截至 1955 年上半年，全国信用合作社发展到 15 万多个，社员 9 500 多万人，6 800 多万家户，全国 80% 以上的乡建立了信用合作社。农村信用合作事业的发展发挥了积极作用：限制和打击了高利贷剥削；支持了农业生产的发展，促进了农业生产力的提高；配合国家银行，稳定了农村金融市场。

这个时期的农村信用社管理机构经过了一系列的变化。中华人民共和国成立初期，农村金融业务由中国人民银行各级分支机构管理。为了适应土地改革以后农村经济发展的形势、加强对农村信用合作组织的领导，经中央人民政府政务院批准，于 1951 年 8 月 10 日正式成立了农业合作银行，负责办理农业、林业、水利等方面的投资拨款业务，并领导和管理农村信用合作组织。1952 年农业合作银行被撤销，由中国人民银行农村金融管理局负责领导和管理农村金融工作。1955 年 3 月，中国农业银行成立，其主要任务是指导信用社、广泛动员农村节余资金、合理使用国家农业贷款、辅助农业生产发展、促进对小农经济的社会主义改造。但由于县以下的基层农业银行与中国人民银行之间职责划分不清以及人员经费不足，1957 年 4 月国务院又决定撤销中国农业银行，将其业务并入中国人民银行管理。可以说，农村合作金融的管理在这个时期经历了多次波折和反复，充分说明这个时期的政府对于信用社的管理还缺乏一个统一的思路，一切还在探索状态中。

1958 年人民公社化以后，国家对农村财贸管理体制作了较大变更，实行“两放、三统、一包”。据此，银行营业所和信用社合并成为信用部，下放给人民公社领导和管理。1959 年 4 月又规定所、社分开，同时，信用社下放给生产大队，由此使信用社的数量在 1960 年年底达到历史最高峰的 20.7 万个。虽然表面上数量有所增加，但是在极“左”意识形态的影响下，农村信用合作组织的合作性质被严重扭曲，农村信用社的财务管理和业务经营主要受生产大队领导，盈亏由生产大队结算，丧失了独立自主经营的地位。由于正常的信用关系被破坏，资金被大量挪用，存款也迅速减少，从 1958 年的 20 亿元降至 1962 年年底的 9.7 亿元（成思危，2005）。

在 20 世纪 60 年代初的国民经济调整阶段，信用合作社的隶属关系几经调整。1962 年恢复了农村信用社的独立地位，业务上受中国人民银行指导，并在 1963 年重新建立了中国农业银行，统一管理支农资金和农业贷款，并统一领导农村信用社的工作。但是这种局面并没有维持多久，1965 年 12 月中国农业银行再次被撤销，1966 年农村信用社再次下放给人民公社、生产大队管理。“文化大革命”期间，农村信用合作事业受到很大影响，直接导致了信用社民主管理组织形式的取消，而按国家银行基层机构模式进行管理。国务院在1977年11月《关于整顿和加强银行工作的几项规定》（国发〔1977〕154号）、1979年《关于恢复中国农业银行的通知》（国发〔1979〕56号）中均指出，农村信用社是集体金融组织，又是国家银行（即农业银行）在农村的基层机构。这样，农村信用社就成了具有双重性质的金融机构。双重性质的后果是混淆了国家银行与合作金融的本质区别，使农村信用社变成了国家银行的基层机构，丧失了独立性，也使其所特有的组织上的群众性、管理上的民主性和业务上的灵活性逐渐消失，并由"民办"转变为"官办"。1979年《关于恢复中国农业银行的通知》中规定，中国农业银行的主要任务是统一管理支农资金，集中办理农村信贷，领导农村信用社，发展农村金融事业。农村信用社成为一个附属于农业银行的机构，而由于中国农业银行集财政性拨款管理、商业性信贷业务经营和合作金融组织的管理功能于一身，因此进一步强化了农业银行在农村金融领域的垄断地位和官办性质。表6.4显示了1966—1985年间农村信用社存款的增长情况。

表6.4　1966—1985年农村信用社存款增长情况

（单位：亿元）

年份	存款余额	年份	存款余额	年份	存款余额	年份	存款余额
1966	59.75	1971	87.66	1976	126.54	1981	319.62
1967	65.84	1972	85.76	1977	134.66	1982	389.88
1968	79.18	1973	100.75	1978	165.97	1983	487.39
1969	73.81	1974	115.61	1979	215.87	1984	624.90
1970	78.30	1975	127.73	1980	266.12	1985	724.90

资料来源：张乐柱，《农村合作金融制度研究》，山东农业大学博士学位论文，2004年。

三、改革开放以来我国农村信用合作的制度变迁（1980年至今）

改革开放以来，农村信用社的经营和管理发生了积极的变化。这个时期可以大致分成三个阶段（张乐柱，2004）：第一阶段是在改革调整中发展阶段（1980年至1996年8月），第二阶段是农村信用社独立发展阶段（1996年8月至2003年6月），第三阶段是深化改革阶段（2003年6月至今）。

（一）第一阶段

1979年10月，中国农业银行总行行长会议对信用合作社"官办"体制的弊端作了认真的剖析。1982年年底，有关高层会议和中央文件否定了信用合作社双重管理体制，重申信用合作社应坚持合作金融组织的性质，先后进行了以搞活业务为中心、恢复和加强信用社的"三性"（组织上的群众性、管理上的民主性、经营上的灵活性）、理顺农业银行与农村信用社关系的改革。

1984年6月，中国农业银行总行向国务院提交了《关于改革信用合作社管理体制的报告》，8月国务院"105号"文件（《国务院批转中国农业银行关于改革信用合作社管理体制的报告》，国发〔1984〕105号）批转了此报告。报告指出必须抓紧改革信用合作社管理体制，其方向是把信用合作社真正办成集体所有制的合作金融组织。1989年，我国国民经济中出现了较严重的经济过热和通货膨胀,国家审时度势,决定实行紧缩财政和紧缩信贷的“双紧”方针。受此影响,信用合作社进入了治理整顿阶段,主要开展了强化内部管理、整顿金融秩序的活动,并重点加强了信贷资金管理以及稽核和监察工作。在这一阶段,农村信用社主要取得了如下成就:其一,初步改变了农村信用社“既是集体金融组织,又是国家银行基层机构”的组织管理体制。通过清股、扩股,落实股权,密切了农村信用社与社员的经济联系;加强了民主管理,强化了理事会、监事会和社员代表大会的作用。其二,经营管理体制有了明显的改善,内部经营机制逐步向自主经营、自负盈亏的方向转变。劳动管理、资金管理、财务管理等各项制度逐步健全。其三,初步理顺了农业银行、农村信用社之间的关系。农业银行对农村信用社按照政策上领导、业务上指导、具体工作上放权的原则,改变了传统行政命令式的方法,转而实行依法管理和应用经济手段管理的方法,并通过县联社进行间接管理。

（二）第二阶段

1996 年 8 月《国务院关于农村金融体制改革的决定》(国发〔1996〕91 号)出台,农村信用社与中国农业银行脱钩,农村信用社按照合作制原则重新规范,标志着中国农村信用社又重新走上了独立发展之路。《国务院关于农村金融体制改革的决定》中指出,改革的核心是把农村信用社办成由社员入股、社员民主管理、主要为社员服务的真正的农村合作金融组织。改革的步骤是农村信用社和中国农业银行脱离行政隶属关系,其业务管理和金融监管分别由农村信用社县联社和中国人民银行承担,然后按照合作制的原则进行规范。

围绕农村信用社深化改革采取的主要措施有:一是按合作制原则重新规范农村信用社,其股份由农民、农村集体经济组织和农村信用社职工入股组成,最高权力机构是社员代表大会,组织内实行一人一票制、理事会领导的主任负责制;二是加强农村信用联社的建设,由基层信用社缴纳会费组成,或者由信用社投资入股组成;三是强化中国人民银行对农村信用社的监管,监管重点放在机构设立、服务方向、利率制定、风险管理等方面;四是中国农业银行和农村信用社脱钩,农村信用社不再由中国农业银行领导管理,其业务管理由县联社负责,金融监管由中国人民银行承担;五是建立农村信用社行业自律性组织,该组织是我国农村合作金融体系的一个重要组成部分,是农村信用社实行自我管理、自我约束、反映和维护信用社合法权益的重要方面。上述深化改革的重要措施对农村合作金融的发展产生了重要影响,其明显的制度绩效是:启动了以产权明晰为主旨的产权制度改革;初步形成了农村信用社自求发展、自我约束、自主决策的经营机制;基本理顺了农村信用社和中国人民银行、地方政府的关系,并初步建立了以中国人民银行监管和行业自律相结合为主导的金融监管新体制。

2003 年 6 月 27 日,在江苏省农村信用社改革试点的基础上,国务院出台了《深化农村信用社改革试点方案》(国发〔2003〕15 号),决定扩大试点范围,将山东等八省市列为试点地区。2003 年 8 月 18 日,国务院召开了深化农信社改革试点八省市负责同志座谈会,按照《深化农村信用社改革试点方案》精神,部署改革试点工作,自此拉开了农村信用社改革的序幕。该方案明确指出:“按照‘明晰产权关系、强化约束机制、增强服务功能、国家适度支持、地方政府负责’的总体要求,加快信用社管理体制和产权制度改革,把信用社逐步办成由农民、农村工商户和各类经济组织入股,为农民、农业和农村经济服务的社区性地方金融机构。"这次农村信用社改革重点解决两个问题:一是以法人为单位,改革农村信用社产权制度,明晰产权关系,完善法人治理结构,区别各类情况,确定不同的产权形式,根据经济发展程度的差异,采取不同的发展模式;二是改革农村信用社管理体制,将农村信用社的管理交由地方政府负责,成立农村信用社省(市)级联社。比农村信用社改革稍早,国家成立银行业监督管理委员会(以下简称"银监会"),各省成立银监局,对农村信用社的监管职能由中国人民银行转入银监会和各省银监局,实现了对农村信用社主要监管职能的转移。

2003 年以来的试点改革取得了较大的成效,主要有以下七个方面:第一,资本充足率大幅提高,抗风险能力有了质的变化。第二,不良贷款率下降,资产质量明显改善。第三,结束亏损局面,经营效益显著好转。第四,资产规模不断壮大,支农服务功能增强。第五,组建银行类机构和县统一法人社,产权制度改革稳步推进。第六,组建省级管理机构,新的监督管理体制初步形成。"国家宏观调控、加强监管,省级政府依法管理、落实责任,信用社自我约束、自担风险"的农村信用社监督、管理、经营体制框架初步形成。第七,实施市场退出,完善市场竞争机制。对长期经营不善、资不抵债、扭亏无望的高风险信用社进行市场退出的尝试。

可以说,农村信用社经过 2003 年以来的改革发展,已经初步改变了以往资产质量差、金融风险高、经营效益低下的局面,进入了一个良性发展的轨道,农村合作金融的命运出现了转机。表 6.5 总结了 1948—2015 年农村信用社领导管理机构的变化情况。

表 6.5　1948—2015 年中国农村信用社领导体制变化

领导管理机构	时间
中国人民银行	1948.12—1951.7
中国农业合作银行	1951.8—1952.7
中国人民银行	1952.8—1955.3
中国农业银行	1955.4—1957.4
中国人民银行	1957.5—1963.10
中国农业银行	1963.11—1965.11
中国人民银行	1965.12—1979.2
中国农业银行	1979.3—1996.10
中国人民银行、银监会和行业自律	1996.11—2022
中国人民银行、国家金融监督管理总局和行业自律	2023 年至今

第二节　农村信用合作制度的演变:基本争议和存在的问题

前文大致梳理了农村信用社体制变迁的历史进程。近代以来,我国农村信用合作制度经历了曲折的发展过程,尤其是中华人民共和国成立以来,农村信用合作体制作为我国计划经济体制的一个有机组成部分,一方面在农村资金配置和农业生产方面扮演了不可替代的角色,另一方面也面临着难以摆脱的发展困境,其自身定位、业务功能、经营模式、管理体制等都在频繁变动之中。学术界和决策部门对农村信用合作组织的地位、性质、改革目标的设定存在巨大的争议,归纳起来主要集中在以下几个方面。

第一个争议是我国的农村信用社是否为合作制。根据本书第四章关于合作制基本性质的讨论,合作制一般需要符合一些最基本的条件,而其中最核心的有四点:一是自愿性,二是互助共济性,三是民主管理性,四是非营利性。以上几个基本条件的规定表明,合作金融机构(信用合作组织)在理论上似乎更接近准政府型的公共机构:由成员自行决定参与与否;无论股份多少,都实行一人一票的民主管理制度,而非竞争性机构的一股一票制度;没有自己独立的效用函数,而是各成员效用函数的累加。

经济学界的主流观点是,尽管我国决策部门一直强调我国农村信用社要坚持合作制,但是有充分的历史事实表明,我国的农村信用社体制从来没有成为真正意义上的合作制。首先,农民加入合作社并没有遵循自愿性原则,退社的例子也几乎没有,因此农民在加入和退出合作社上都没有体现"自愿"和"自由"的原则。其次,合作制本来应该坚持互助合作的原则,但是农村信用社与社员之间的贷款程序与商业银行基本相同,贷给谁、贷多少、抵押担保程序是怎样的,均由农村信用社负责人决定,非社员贷款占到50%左右。因此,农民从来不认为农村信用社是一种农民的互助性的合作金融组织,而是把其当作政府或官方银行的某个附属机构。再次,农村信用社不符合民主管理的原则,从来没有实行过真正的民主管理,由于这种虚假的合作制本来就是依靠行政力量自上而下推动的,其内部人员配置和经营决策也自然带有行政管理色彩。最后,信用社本来应该"主要为社员服务",不以营利为主要目的,但是真实的情况是,信用社已经明显地商业化,以利润为第一导向,演变为一个追求营利目标的股份制金融机构。以上观点从某种程度上来说,已经成为学术界的主流观点(谢平,2001)。

第二个争议是未来的农村信用社改革是否需要坚持合作制、重新回到合作制。这个争议涉及农村信用社未来改革的目标模式问题。在2003年之前,有关监管当局一直把农村信用社的改革定位于恢复真正的合作制,其内部治理结构和管理模式也是按照合作制的架构来设计的。2003年之后,尽管在管理上已经不再强调合作制,但是在内部治理结构上仍旧没有任何实质性的改变,还是沿用已经被证明无效的"社员代表大会、理事会、监事会"的旧治理模式。在学术界,主流的观点认为,历史上农村信用社从来没有实行过真正的合作制,因此回到合作制的目标模式成本很高,而且基本没有可操作性。

第三个争议是农村信用社组织模式的选择问题。对于组织模式,学术界提出了几种不同的模式:一是按照"一县一社,统一标准"的原则,把原来农村信用社为独立法人的体制改制为县为统一法人的体制;二是合并模式,根据农村信用社主营目标的最后界定来确定与中国农业发展银行或中国农业银行合并;三是联合重组模式,实行农业银行和农村信用社的捆绑式重组,把县域及以下农业银行和农村信用社统一重组为农业银行集团控股的股份制农业信贷银行;四是单一重组模式,仅对农村信用社进行重组,以地市或县市为单位建立独立的农村合作(股份制)银行;五是权力下放,多元模式并存,把组织模式的选择权下放给地方和信用社自身,不搞"一刀切"(谢平,2001)。以上几种模式,有些已经被2003年以来的改革框架所采纳,有些则被放弃。事实上,现在的格局是多元模式并存,地方的自主选择权在一定程度上被尊重。

第四个争议是管理体制的选择。第一种意见是应该建立全国性的管理机构,模仿供销合作社组织,全国联合统一管理全国农村信用社的经营方针;第二种意见是全国协会模式,属于相对松散型的行业管理;第三种意见是主张模仿美国模式,存在独立的监管机构和独立的存款保险基金;第四种意见是省联社模式,属于紧密型行业管理和纵向管理。2003 年之后的改革实际上采取了第四种意见。但是有学者指出,紧密型管理的弊端显而易见——紧密型管理意味着权力的集中,而缺乏监督的集中意味着官僚主义、低行政效率和寻租行为。省联社的制度在实行后受到很多学者的批评,省联社的定位和职能问题值得进一步探讨。

目前农村信用社体系存在的问题可以归结为以下五点:第一,某些地区的农村信用社的历史债务包袱依旧沉重,需要政府进一步加大化解历史遗留不良贷款的力度。第二,农村信用社产权需要进一步清晰化和多元化,尤其是加大对民间资本的引入力度,加大法人股的比重,适当引入战略投资者。第三,农村信用社经营两极分化现象严重。目前我国农村合作金融从总体上看有较大的发展,但发展很不平衡,存在明显的两极分化。一部分农村信用社经营状况比较好,信贷资产质量优良,经济效益好,形成了良性发展机制,但相当大比例的农村信用社经营状况不佳,信贷资产质量差,亏损严重,甚至已陷入资不抵债的境地,特别是经济欠发达地区,很多农村信用社濒临倒闭。第四,农村信用社内部人控制严重。这是与其内部治理结构和所有权关系密切相关的。农村信用社的产权结构分散,加之地方政府干预农村信用社,使农村信用社的董事会、监事会和社员大会流于形式,缺乏对管理人员的监督和制约,且内部人控制现象十分严重。第五,省联社的管理体制不合理,内部治理存在缺陷。省级信用联社本来只是一个比较超脱的行业性的管理和服务机构,但其往往直接从事业务经营活动,既是行业管理者又是经营者,充当了裁判员和运动员的双重角色。

第三节　我国农村信用合作的发展趋势

2003 年农村信用社改革开启以来,农村信用社系统从整体上已经初步改变了以往资产质量低、金融风险大、经营效益低下的局面,驶入了良性发展的轨道,农村合作金融的命运出现了转机。未来农村信用社改革的基本趋势是按照市场经济的基本原则,按照各地区经济发展的不同阶段和经济结构,鼓励各地区农村信用社寻找符合本地区发展特点的产权模式和组织形式,符合条件的,可以组建农村合作银行和农村商业银行。因地制宜、分类指导,坚持产权制度改革模式的多元化和组织形式的多样性,是未来农村信用社改革的基本原则,同时中央和地方各级政府对农村信用社的支持力度也会明显加大,这对我国农村经济发展和稳定大局非常重要。农村信用社的未来改革和发展趋势,主要体现在以下几方面:

第一,明确农村信用社的功能定位,承认我国农村信用社的商业化和股份化趋势。这就要求决策当局不再执着于“合作制”的观念,而是与时俱进、适应时代的发展,寻找适合的改革目标模式。

第二，应该将农村信用社未来的改革目标定位于建立中国的商业性的社区银行。西方发达国家银行很多，其中大部分是小的社区银行，在美国，这些社区银行的经营范围一般不跨州。我国银行中，大银行很多，但是社区性的中小银行比较缺乏，导致我国的银行体系结构不合理，难以满足中小客户的需要。如果将农村信用社建成未来中国的社区银行，则可以很好地改善我国银行体系的竞争结构，较好地满足中小企业和一般客户的融资需求。同时，将农村信用社改造为社区银行，成本也比较低。

第三，省联社制度必须有新的定位，应该强调其服务功能，而不是强调其干预功能。这方面，日本和德国的合作金融体系的经验值得借鉴。它们的合作金融体系也基本实现了商业化和股份化，高层的联社只承担服务功能，行使教育、培训、结算、数据处理、信息沟通等功能，基层信用社有独立的法人资格，有独立的经营权和人事权。我国省联社的制度尽管有一些积极的效果，但是弊端很大。其中最大的弊端是省联社对基层信用社的干预太多，甚至对具体的经营和人事安排都有干涉，这不利于信用社经营管理的有效性。省联社功能的转变，不仅可以调整省联社和基层信用社之间的关系，而且可以加强基层信用社的人员培训、结算网络的构建以及基于充分信息的监管。

第四，农村信用社应进一步使产权结构多元化，增加投资股的比重。现在，农村信用社投资股的比重越来越大，而资格股的比重有所降低，这表明农村信用社的股份化倾向越来越清晰。产权结构的多元化既有利于增强农村信用社的资金实力，也有利于未来农村信用社改造为股份化的商业性社区银行。同时，在农村信用社逐步股份化的同时，其内部的治理结构也在逐步变化。

第五，治理结构逐步由合作制模式转变为商业性的股份化社区银行模式。原有的社员代表大会、理事会和监事会的治理结构是不现实的。可以说，在几乎所有地方，社员代表大会都是形同虚设，监事会也没有承担相应的职能，最高的权力机构是理事会。随着股份化的倾向越来越清晰，大的股份持有者必然要求更大的话语权。建立股份制的社区银行之后，就可以建立比较完善的公司治理结构，出资人对农村信用社的治理必然有更大的动力去监督。董事会、监事会和股东代表大会的相应职责就会清晰起来，聘用总经理执行经营管理之责，总经理不是任命制，而是采取董事会聘任的制度。

第六，加大农村金融领域的竞争力度，结束农村信用社的垄断局面。在很多地区，农村信用社在县域以及县域以下市场实际上是垄断者，这是导致农村信用社效率低下的原因之一。银监会于 2006 年年底提出调整和放宽农村金融市场准入的指导意见，主张开放农村金融市场，建立村镇银行、农村资金互助组织，这对于打破垄断、改善竞争结构和提高农村信用社的效率有很大好处。

第七，未来应建立跨区的竞争体系。一些好的农村信用社可以跨县跨区经营，目的是加强竞争、提高效率。经营业绩良好的农村信用社进行跨区经营，可以给农村信用社一种正激励，鼓励其改善经营、提高竞争力，而对于那些竞争力不强的信用社，跨区经营也构成一种竞争压力和挑战，促使其改善经营行为。

第四节　新型农村合作金融的发展

一、我国新型农民合作金融的主要形态与发展状况

近年来,农业和农村发展为我国农村金融改革与发展提供了良好的历史机遇,也催生了各类新型农村金融机构。我国农民资金互助组织应中国农村发展而生,也因政府的大力鼓励与提倡而盛,全国各地均出现了各种类型、规模不一的农民资金互助组织(或称农民合作金融组织、农民信用合作组织)。这些基于农民内部信用合作而诞生的农民资金互助组织,在一定程度上满足了当地农民强烈的资金需求,缓解了农民和小微企业的资金困境,对当地农村经济的发展起到了重要作用,已经成长为我国普惠金融体系中不可忽视的重要力量。

我国现阶段新型的农民合作金融形态逐步多元化,其主要形态包括四种:第一种是农民合作社内部的信用合作,这些农民信用合作组织由于有合作社的生产合作等作为基础,其发展势头良好,也得到各地政府的扶持;第二种是由供销社发起的合作金融组织,这类农民信用合作数量也很可观,供销社体系对这些新型农民合作金融组织持积极支持态度;第三种是2007年以后在银监会框架下形成的农民资金互助组织,这类资金互助组织有些拿到了银监会的牌照(截至2013年年底有49家),但大量农民资金互助组织并没有得到银监会的合法性认可;第四种是社区性的合作金融组织,比如在全国各地广泛存在的农村社区合作基金和社区发展基金,一般由政府扶贫资金启动,但也吸引了大量农民的资金加入,这几年得到迅猛发展。

2014年中央"一号文件"《关于全面深化农村改革加快推进农业现代化的若干意见》指出:"发展新型农村合作金融组织。在管理民主、运行规范、带动力强的农民合作社和供销合作社基础上,培育发展农村合作金融,不断丰富农村地区金融机构类型。坚持社员制、封闭性原则,在不对外吸储放贷、不支付固定回报的前提下,推动社区性农村资金互助组织发展。完善地方农村金融管理体制,明确地方政府对新型农村合作金融监管职责,鼓励地方建立风险补偿基金,有效防范金融风险。适时制定农村合作金融发展管理办法。"从以上文件所释放的信息来看,第一种和第二种形态是中央鼓励发展的主要形态。银监会框架下的农民资金互助形式多元化,地方农民资金互助组织的发展在某些区域出现失序状况,风险逐步显现。有些地区的民间金融机构打着农民资金互助的旗号,吸引巨额社会资本,吸收了大量农民资金,运行极为不规范,造成若干区域出现局部的金融危机,值得重视。地方农民资金互助组织之所以迅猛增长,其最深层原因是在中国银行业准入门槛较高、存在严格金融抑制的前提下,资金互助是民间资本成本较低的出口之一,但其极强烈的逐利动机往往使得农民资金互助扭曲变形。

二、农民合作社内部的信用合作:机制、风险、挑战

从我国农民资金互助组织(农民信用合作)发展的整体态势来看,目前各地农民资金互助发展迅猛,大部分农民资金互助组织在合作社内部开展信用合作,因此在满足合作

社内部成员资金需求的同时，也较好地缓解了信息不对称等问题，信贷风险得到了较好的控制。其运作的规范性也在不断提升，从而奠定了可持续发展的牢固基础。但是不可否认，也有若干农民资金互助组织存在盲目追求发展速度从而忽视发展质量的问题，其风险控制机制尚不完善，内部治理机制尚不规范，更有甚者，个别农民资金互助组织从事当前国家金融经济法规所不允许的业务，对我国金融秩序和金融安全造成了不容忽视的负面影响，也在一定程度上影响了我国农民资金互助组织的总体声誉。

当前，我国农民信用合作面临诸多挑战：第一，社会资本的逐利动机强烈，扭曲了合作金融的初衷和宗旨，使得资金互助不是为农民服务，而是为投机资本服务；第二，有些合作社治理结构不规范，影响到信用合作的效率和决策的稳健性；第三，有些合作社基本以信用合作为唯一业务，其信用合作的产业基础不牢固；第四，风险防范机制和内部流程不完善、不规范，隐含着大量操作风险；第五，农民对金融业务不熟悉，导致操作风险；第六，农民信用合作经营者的道德风险随着合作金融规模扩大而增大；第七，某些地区地方政府存在过度介入行为，极大地影响了农民信用合作的信贷质量。

三、构建真正的农村合作金融：中国实践

合作社的信用合作和农民资金互助等新型农村合作金融组织有广阔的前景，必须结合国际经验，汲取历史经验教训，创造具有中国特色的农村合作金融体系。政府要在引导、示范和规范方面加大力度，使合作金融能够健康发展。

政府在新型农村合作金融发展中起到重要作用，其经验可以归结为：第一是鼓励两社合一，即生产合作社与资金互助社合一；第二是政府帮助其登记注册，免费为农民资金互助社登记注册，发放牌照，帮助其合法化和透明化；第三是在税收政策给予税收豁免，以鼓励其发展；第四是加大人才培养力度，政府组织培训，包括金融业务方面培训、内部治理培训等，提高相关人员的素质；第五是政府在机制建设方面帮助资金互助社，为其提供示范章程，规范其内部治理结构；第六是在发展理念上强调循序渐进，政府不揠苗助长，不过度介入。

新型农村合作金融（农民资金互助组织）防范风险的机制措施主要包括以下几项：① 确保资本充足率保持在8%以上。② 确保拨备充足率保持在100%以上。③ 为农村资金互助社配备主监管员，对农村资金互助社资本充足率、贷款损失准备充足率、大额贷款、不良贷款、投融资业务等进行持续监测，督促、指导农村资金互助社填报非现场监管报表并进行风险分析，撰写年度综合监管报告。④ 根据风险情况，有计划地实施专项或全面现场检查。⑤ 要求资金互助社只能在一家银行业金融机构开立账户，开户银行要按账户管理规定对其账户资金往来进行监督，及时向属地监管部门报告其大额账户资金往来及异常情况。⑥ 督促农村资金互助社建立信息披露制度，及时向社员公开财务会计报告、经营管理制度等信息，接受公众监督。⑦ 协助省级人民政府进行风险处置，处理好突发事件。

农民资金互助或者合作社内部的信用合作，由于其地域分散、规模小等原因，其外部监管的成本很高，很难像银行业监管那样去实施农民资金互助监管，因此需要创新监管模式，尽量节约监管成本。县级金融监管办事处进行现场监管的成本高、效率低，要降低

监管成本,不妨学习德国等国的经验,充分利用社会审计人员实施审计和监督。地方金融监管部门可以按照监管机构的监管要求,委托社会审计力量开展定时定点审计和专项审计,这样不但节省了监管成本,使县级监管部门腾出更多的精力来监管别的金融机构(如农村信用社和邮政储蓄银行),而且避免了由于县级金融监管部门不够专业带来的监管效率低下的弊端。

专栏 6.1

吸取农村合作基金会的历史教训

农村合作基金会于1984年在少数地方试办。1999年1月清理整顿农村合作基金会工作全面开始。到2000年年底,农村合作基金会或者并入当地农村信用社,或者由地方政府负责清盘关闭。据1998年全国清理整顿农村合作基金会工作小组办公室统计,截至1998年年底,全国共有农村合作基金会29 187个,其中乡(镇)农村合作基金会21 840个,占74.8%。清理整顿的总体状况如何呢?截至2001年1月底,全国除港澳台地区和海南、西藏(这两个地区没有农村合作基金会)外的29个省、区、市共清理整顿农村合作基金会28 588个,总资产1 841亿元,总负债1 807亿元。其中并入当地农村信用社6 337个,资产487亿元,负债481亿元;由地方政府负责清盘关闭的22 251个,涉及资产1 306亿元,负债1 289亿元。①

农村合作基金会的兴衰是中央政府、地方政府和有关部门三方博弈的结果。农村合作基金会出现的初始动机是解决人民公社解体后集体积累资金流失问题,其发展初始阶段的主要推动力来自国家和部门,特别是部门利益的驱动。随着国家财政体制的调整,地方政府支配自身财力的权限扩大,地方政府不仅仅是中央政策的执行者,更成为有自身利益的经济主体,其增强自身财政实力的内在冲动强烈。同时,在国有商业银行企业化改革不断推进的过程中,地方政府对农村正规金融组织的影响力不断减弱,对区域内资金的流向缺乏调控能力,因此对建立与自身关系更为密切的区域性金融组织、增强对金融资源的控制力具有极大的热情。地方政府的支持加速了农村合作基金会的扩张,也使农村合作基金会的行政依附性更加严重,其性质和业务也发生了相应变化,最终演化成地方政府附属的金融组织。地方政府的行为具有很大的外部性,其控制使农村合作基金会产生了大量的呆坏账。随着亚洲金融危机的爆发和国家对金融控制的强化,农村合作基金会成为清理整顿的对象,最终被关闭。

农村合作基金会主要的教训是:

第一,地方政府干预导致大面积不良贷款。这是一个主要的教训。地方政府对合作基金会的不当介入,使得合作基金会丧失独立性和自主性,其贷款往往发给政府工作人员的亲戚朋友,或用于支持那些地方政府认为需要发展的地方产业或项目,结果这些贷款往往收不回来,成为呆坏账。

① 数据来自原农业部农村合作经济指导司经营管理总站。

第二,内部治理结构严重不完善。农村合作基金会的内部治理结构受到农村基层组织的极大影响,村委会和地方政府往往确定其治理结构中具有控制力的主要人选,民主决策和民主管理成为一纸空谈。

第三,集体资金和农民资金产权混乱。农村合作基金会的产权最初既有人民公社时期遗留的集体资产,也有农民入股的股权,公私夹杂,公私不分,产权结构极为混乱,这为以后的规范运作埋下了隐患。

第四,服务范围太大,风险难以控制。很多地方的农村合作基金会扩张很快,有些到了乡镇这个层次,有些甚至超越乡镇,进入县的范围,其吸收存款和发放贷款的范围在一个县的区域内进行,导致其信息不对称异常严重,合作基金会失去了原来熟人社会中的信任成本低的优势,农民的管理能力又跟不上,最后导致贷款质量没法控制。

第五,与农民合作没有有机结合。合作基金会基本上都是以信用合作为唯一业务,很少有合作基金会是依托于农民合作社发展的,因为那个时候合作社还不能合法化。没有生产合作的基础,合作基金会很容易与生产领域脱离,变成纯粹的资金交易,最后有可能演变为高利贷。我们现在强调合作社内部的资金互助,就是鼓励农民的信用合作与生产合作相互支持,相互融合,有机搭配,可以起到相互促进的作用,这样的信用合作基础比较扎实,在方向上也不容易走偏。

资料来源:王曙光等,《农村金融与新农村建设》,北京:华夏出版社,2006 年版。

关键术语

华洋义赈会　合作事业　农村信用社的商业化和股份化趋势　省联社体制　产权结构多元化　社区银行　跨区域竞争

思考与讨论

1. 从我国民国时期农村合作事业发展历程中可以总结出哪些经验教训?

2. 1949—2003 年,我国农村信用社的管理体制经历了哪些变化与调整?这些变化与调整对农村信用社运行和体制造成了哪些影响?

3. 我国学术界在农村信用社改革方向方面都存在哪些基本的争议?你对这些争议怎么看?

4. 我国农村信用社未来改革与发展的基本方向是什么?

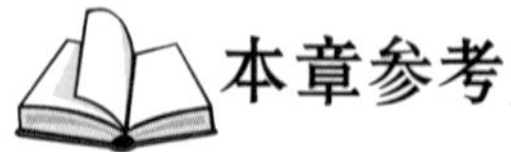

本章参考文献

陈振汉. 浙江省之合作事业[J]. 政治经济学报,1935//陈振汉. 社会经济史学论文集. 北京:经济科学出版社,1999.

成思危. 改革与发展:推进中国的农村金融[M]. 北京:经济科学出版社,2005.

方显廷. 中国之合作运动[J]. 政治经济学报,1934,3(1).

黄范章,贺力平,徐忠,等. 关于农村信用合作社改革的思考[J]. 经济学家,2001(6).

金言. 农村金融改革和发展[M]. 上海:复旦大学出版社,1993.

刘恒保. 推进我国农村合作金融改革的思考和建议[J]. 经济研究参考,2000(56).

马忠富. 中国农村合作金融发展研究[M]. 北京:中国金融出版社,2001.

王曙光. 合作社:自由人的自由联合[J]. 农村经营管理,2009(7).

王曙光. 论新型农民合作组织与农村经济转型[J]. 北京大学学报(哲学社会科学版),2010(3).

王曙光. 农村信用互助担保组织的风险保障机制与地方政府创新[J]. 农村经济,2009(5).

王曙光. 农民合作社的全要素合作、政府支持与可持续发展[J]. 农村经济,2008(11).

王曙光. 农民资金互助组织为何举步维艰? [J]. 银行家,2010(4).

王曙光. 农信社改革应遵循的八大原则与未来改革方向探讨[J]. 中国农村信用合作,2008(9).

王曙光,王东宾. 农民资金互助:运行机制、产业基础与政府作用[J]. 农村经营管理,2010(8).

王曙光. 新型农村金融机构运行绩效与机制创新[J]. 中共中央党校学报,2008(2).

王曙光. 中国农民合作组织历史演进:一个基于契约—产权视角的分析[J]. 农业经济问题,2010(11).

王先明,张翠莉. 二、三十年代农村合作社借贷资金的构成及其来源[J]. 天津师范大学学报,2002(4).

巫宝三. 华洋义赈总会办理河北省农村信用社放款之考察[M]//巫宝三. 经济问题与经济思想史论文集. 太原:山西经济出版社,1995.

吴强. 农村金融改革和发展[M]. 北京:中国财政经济出版社,1990.

谢平. 中国农村信用合作社体制改革的争论[J]. 金融研究,2001(1).

徐畅. 抗战前江苏省农民银行述论[J]. 中国农史,2003(3).

徐唐龄. 中国农村金融史略[M]. 北京:中国金融出版社,1996.

张杰. 农户、国家与中国农贷制度:一个长期视角[J]. 金融研究,2005(2).

张杰. 中国农村金融制度:结构、变迁与政策[M]. 北京:中国人民大学出版社,2003.

张乐柱. 农村合作金融制度研究[D]. 山东农业大学博士学位论文,2004.

第三篇

农村民间金融

第七章　农村民间金融的运作模式与内生机制

【学习目的】

◆ 了解民间金融的运作机制和我国民间金融的特征。

◆ 理解民间金融产生的内在根源以及利率决定。

【内容概要】

中国的农村民间金融存在已久,是农村金融体系改革不可忽视的重要组成部分。作为一个处于转型期的发展中大国,中国的非正式金融问题十分突出,它对整个国家的经济金融生活具有重要的影响和作用。本章对民间金融进行了理论上的界定,梳理了民间金融存在的主要形式;在此基础上,探讨民间金融的内生机制,从经济学和社会人类学等不同视角,分析了民间金融存在的根源以及民间金融的比较优势;最后对民间金融的利率决定进行了理论分析。

第一节　农村民间金融的定义和存在形式

一、民间金融的定义

本书所说的农村民间金融是相对于正式金融而言的,泛指采用非标准化的金融工具,通过正规金融机构以外的非官方监管的民间渠道,为农村的生产、经营和消费提供各种资金借贷或资金融通服务的形式及其活动。这种农村民间金融活动,包括农户之间的民间借贷和其他各类民间金融组织的融资活动,前者是指农户之间发生的各种借贷行为,具有非组织化特征;后者包括银背、私人钱庄、合会、民间集资、民间商业信用和农村合作基金会的活动等,具有组织化特征。以上定义包含了四个关键内容:① 交易主体——正规金融机构以外的非官方监管的民间渠道;② 交易客体——从正式金融部门得不到融资安排的农户或农村中小企业;③ 交易工具——不被官方监管机构认可的非标准化金融工具;④ 交易性质——不受官方监管的非规范化的资金借贷和融通活动。

正式金融和民间金融的划分在不同的国家有不同的标准,我们划分的标准是经营的非正式性和灵活性,具体包括以下几条标准:① 进入市场和退出市场的难易程度;② 是否受政府管制;③ 借、贷之间多重的利率关系;④ 运作是否具有小规模、地域性特征;⑤ 交易的非正式性;⑥ 交易工具的非正式性;等等。根据以上标准,可以概括出正式金融部门和民间金融部门在经营方式、经营成本、放贷对象、抵押要求等方面的差异(见表7.1)。

表 7.1 正式金融部门和民间金融部门的经营差异

正式金融部门	民间金融部门
经营集中在满足其信贷条件的大客户	针对农户、低收入家庭、小企业
完备的行政管理程序	程序简单、直接，体现当地文化与习俗
不能充分动员农村储蓄	动员农村和城镇低收入家庭的小额储蓄
金融技术上倾向大储户，避免小储户	储蓄数额灵活
贷款审批时间长	贷款审批程序直接、迅速，但利率水平较高
抵押品要求严格	抵押品要求灵活
交易成本较高	交易成本较低
贷款偿还率较低	贷款偿还率较高
缺乏有效渠道获得借贷人的相关信息，信息不对称程度较高	拥有各种渠道获得借贷人的相关信息，信息不对称程度较低
存款利率较低，通常有利率高限	存款利率较正式金融部门高，有利于鼓励储蓄
贷款利率较低，存、贷利率之间的关系紧密	贷款利率较高，存、贷利率之间的关系弱
资金的潜在投资机会多	资金的潜在投资机会不多
交易有完整、系统的书面记录	交易书面记录简单，一般缺乏系统性、完整性
可贷资金比较充裕	可贷资金具有季节性波动
有政府资助和其他资金来源	没有政府的资助
资金借贷不受时间影响，但受制于违约率	储、贷机制根据季节性的贷款需求进行调整

资料来源：Germidis et al.（1991）。

二、民间金融的存在形式及其运行机制

我国民间金融的主要表现形式为资金供求者之间直接完成或通过民间金融中介机构间接完成的债权融资。随着地域和历史发展的不同，我国很多地区产生了多种民间金融的运行形式。在进行定量的实证分析之前，我们先对这些民间金融形式做简单的说明并概要探讨其优势和劣势，以对民间金融的绩效有一个框架性的理解。

（一）农村合作基金会

农村合作基金会从开始成立运行到被清理关闭，大约经历了十年的时间。温铁军（2005）根据农村合作基金会与国家政策之间的高度相关性，将其发展历程分为萌发、改革、高速扩张、整顿发展和清理关闭五个阶段。① 早在 1983 年，黑龙江、辽宁一些乡村为有效地管理、用活和清理整顿集体积累资金，将集体资金由村或乡管理并有偿使用，最初的宗旨是管好、用好原有的资金。自 1984 年河北省康保县芦家营乡正式建立农村合作基金会以后，经过 1987—1991 年的改革试验阶段，其作用和效益逐渐发挥出来，在一定程度上缓解了正式金融体制安排下资金供给不足的矛盾，逐步得到政府和有关部门的鼓励、支持和推广，自 1992 年开始进入迅速扩张阶段。至 1996 年，全国已有 2.1 万个乡级、

① 温铁军（2005）。

2.4 万个村级农村合作基金会,融资规模达到 1 500 亿元。[①] 但此后,许多农村合作基金会在地方政府的干预下开始大量办理非会员及所在区域外的存贷款业务,违背了其最初的互助宗旨,变成了第二个农村信用社,在组织储蓄方面成为正规农村金融机构强有力的对手,引发了恶性竞争。同时,由于普遍的高息吸存和内部管理的混乱,农村合作基金会出现了局部的兑付风险。尽管 1996 年 8 月的《国务院关于农村金融体制改革的决定》针对这种状况提出了三项整顿措施,但由于已经存在的大量不良资产、乡镇级的政府和中央调控的矛盾等原因,清理整顿的难度加大,直至 1998 年在四川、河北等地出现了较大规模的挤兑风波。1999 年 1 月,为规范金融市场、整顿金融秩序,国务院正式宣布全国统一取缔农村合作基金会。

农村合作基金会在其存在的历史阶段,很好地填补了基层农村金融体制断层,能够以灵活的金融活动来弥补正规农村金融机构的不足;而且从近些年的实践经验看,在那些农村合作基金会发展较好的地方,高利贷得到了一定程度的抑制。然而出于种种原因,农村合作基金会的功能被严重扭曲。尤其是其中的行政干预色彩浓厚,一个突出的教训就是,如果金融监管未能按照市场经济的规则进行,政府可以对民间金融机构指手画脚,民间金融的合法化就是民间金融的灾难。

(二) 合会(民间钱会)

合会是一个综合性的概念,是各种金融会的通称,在我国有着较为悠久的历史,是一种基于血缘、地缘和人缘关系的带有互助、合作性质的自发性群众融资组织。一般的规则是由某人出于某种目的(比如孩子结婚/上学、造房子、买生产原料等)召集若干人建会,召集人为会首(或会主),参加者为会脚(或会员),每人每期拿出约定数额的会金,首期归会首使用,以后各期按照一定的规则分别由会脚得到使用(得会),各期金额相同,只是依据得会先后次序不同,缴纳金额不等的会金,先得会者缴纳的会金较后得会者缴纳的会金更多,多出者意为还本付息,实质为整借零还;后得会者为零存整取,所得为本利和。按照得会的规则不同,事先固定使用次序的称为"轮会",按照抽签方式确定使用次序的称为"摇会",以投标方式决定使用次序的属于"标会";按照每期期限不同,又有"月会""季会""半年会"和"年会"之分。虽然叫法多种多样,具体做法也五花八门,但本质上都是上述规则,即入会成员之间的有息借贷。

这是民间盛行的一种互助性融资形式,集储蓄和信贷于一体。在我国,就规模而言,融资数额较大的合会多分布在经济较为发达的东南沿海地区,尤以浙江、福建为多。合会是农村金融运作中一种比较普遍的形式。合会适合于一个流动性较弱、范围有限的熟人社会。它依靠非正式的社会关系和信任关系建立,依赖非正式的制裁机制,即在农村这样的特定区域内人们所共同认同的道德观念,来维系其运营体系。归根结底,民间合会是以对人信用为主的合作金融组织。[②] 但也有很多合会在人们投机思想的冲击下,从

---

① 李静(2004)。

② 姜旭朝(1996)。

合作性变成了趋利性。会首抬高利率水平吸引会员存钱,盲目扩大会员人数,会员拿着建“千元会”筹集来的资金参加“万元会”,卷入非常复杂和脆弱的“信任链条”中,一旦某个环节出现问题,“拆东墙补西墙”的做法并不罕见。另外,当人面对巨额的会金时,有时名誉的损失就变成了一个相对较小的成本,违约的可能性大大增加。可以说,合会作为一种互助型金融组织,在很多经济欠发达地区的发展过程中起到了不可忽视的推动作用,但其所包含的风险也是相当大的,必须对其规模、结构和运营机制进行规范和控制,否则一旦发生大规模的倒会事件,不仅仅是经济上的损失,所带来的社会动荡和人心不稳将是更难解决的问题。

（三）私人钱庄

钱庄,大都指采取合伙制和股份制成立的,为借贷双方提供担保,以中小企业为放款对象的组织。从事融资和高利借贷的私人钱庄在 20 世纪 80 年代开始活跃,像温州曾经出现过三家经过当地工商行政部门批准登记注册的、公开挂牌营业的钱庄。直到 1986 年《中华人民共和国银行管理暂行条例》的颁布,明令禁止私人涉足金融业,私人钱庄逐渐转入地下,但其活动一天也没有停止过。私人钱庄的存在在很大程度上满足了一些农村地区私人经济和家庭工业发展对于资金的巨大需求,其屡禁不止是有客观必然性的。私人钱庄的服务态度较好,实行 24 小时服务制,其利率水平介于民间借贷和银行、信用合作社之间,能比正规机构提供更高的存款利息,相较其他分散的地下金融组织而言,机构完善,因此吸引了大量的客户,对正规金融机构产生了巨大的冲击,占据了一定的金融市场份额。这也使得以前政府在对待钱庄的态度上忽明忽暗,如予以强制手段取缔,肯定会给客户造成损失进而产生社会混乱。于是中国人民银行温州市中心支行曾允许温州苍南县钱库镇的银行和信用社实行利率浮动,改变了以往的服务方式,将其作为由中国人民银行总行批准的在全国率先进行利率改革的试点,欲以此与私人钱庄竞争。温州第一家正式挂牌的方兴钱庄就在这种竞争环境中于 1989 年正式关门。后来,1998 年 7 月 13 日发布的《非法金融机构和非法金融业务活动取缔办法》,均以非法金融机构名义将其他类似的私人钱庄取缔。

（四）民间自由借贷

民间自由借贷是一种无组织的金融活动,一般指发生在亲戚、朋友和乡里乡亲之间的借贷关系。按利率高低可划分为三种形式:白色借贷(友情借贷)、灰色借贷(中等利率水平借贷)和黑色借贷(高利贷)。自由借贷通常难以统计,利率高低不一,且借款形式不规范。其形式主要有口头约定型、简单履约型和高利贷型。口头约定型大都在亲戚朋友、同乡等熟人之间进行,完全依靠个人间的感情及信用行事,无任何手续且一般数额较小;简单履约型较为常见,凭一张借条或一个中间人即可成交,数额大小居中,借款期限长短和利率高低全凭双方关系的深浅而定;高利贷型的营利目的最为明显,且潜在风险较大,个别富裕的农户将资金以高于银行的利率借给急需资金的农户或企业,从而获取高额回报。

自由借贷相对而言是最复杂、最不易管理的一种民间金融形式,非常容易引起经济纠纷和人们之间的矛盾,造成的悲剧也不在少数。而且其存在形式十分分散、隐蔽,可以说根本无法完全取缔。每个人都可能有手头紧的时候,每个人也都可能有闲散的资金。因此,只要存在对资金的需要,市场就一定能创造出满足这种需要的对象。

（五）地下典当业

典当业在我国民间金融业中曾扮演了重要的角色,以前是指出当人将其拥有所有权的物品作为抵押物,从当铺取得一定当金,并在一定期限内连本带息赎还原物的一种融资行为。在我国历史上,典当业主要从事抵押放款的业务,中国古代的典当业根据资料考证大约在南北朝时期就出现了,自古典当行的主顾都是穷人,典当行大都是一副高利盘剥的凶恶嘴脸,而在现代社会,典当行的原则已经变成了公平交易、自愿互利。从1987年四川成都出现中华人民共和国成立以来第一家当铺开始,典当行在缓解出当人资金短缺、帮助人们解决资金暂时困难、推动社会经济发展方面起到了积极的作用。相较众多的其他民间金融组织,典当行安全系数大,社会震荡小,且较少干扰国家产业政策,这是由典当业的经营特点决定的。典当这种抵押放款的方式,由于有抵押品的存在且其价值一般高于贷款本息额,即使将来借款人出现经营风险,对于典当业主而言,风险也是很小的;而对于借款者来说,一旦出现经营风险,至多损失的是典当品。典当业凭借灵活周到的服务和自愿交易的原则,受到欢迎是不言而喻的。

（六）民间集资

民间集资盛行于20世纪80年代,其在相当程度上满足了当时非公有制经济,特别是民营经济起步阶段对资金的需求。大规模的集资特别是规模较大的公募资金,没有经过批准是不受法律保护的。集资具体包括以劳带资、入股投资、专项集资、联营集资和临时集资等,由于风险大,而且被认为扰乱了农村金融秩序,一般都受到抑制,如著名的河北省孙大午集资案。民间集资形式的创新夹杂着对风险的漠视以及欺诈的骗局,不时在一些地区引发社会震荡。1997年亚洲金融危机后监管意识得到强化,刺激政府加大了治理非法集资的力度。1998年7月,国务院颁布了《非法金融机构和非法金融业务活动取缔办法》(中华人民共和国国务院令第247号),提出了“变相吸收公众存款”的概念,同时设置了“未经依法批准,以任何名义向社会不特定对象进行的非法集资”的兜底条款,极大地扩展了监管机关的权限空间,为其监管执法行为增加了更多的灵活性,使一些游走于不同监管机关的权力边界之间的集资形式回到监管的框架内。

第二节　我国农村民间金融运作特点

我国农村民间金融运作特点主要包括以下六点:

一是农村民间金融具有广泛性和规模扩张性。农村实行经济体制改革的最初十年,民间金融在我国农村经济发展中的作用不明显。近年来,特别是1999年农村合作基金会关闭以后,在农村地区,民间金融的规模开始超过正式金融的规模。

二是经营行为的复杂性和监管的困难性。与正式金融相比,民间金融机构分布散乱，行为隐蔽，借贷形式不规范，利率高低不等，借款用途多种多样，其行为存在明显的复杂性特征。一方面，部分民间金融行为有利于弥补正式金融服务的不足；另一方面，也有部分民间金融行为会产生负面作用，影响社会资源的有效配置，扰乱社会经济的运行秩序。从某种意义上来说，民间金融已不单纯是经济问题，其外部性越来越明显，政府至今仍没有出台可行的管理方法，使监管者无法对其进行有效管理。

三是民间金融的趋利性和高利率性。由于民间金融的借贷价格——利率——不受官方利率的限制，大多由市场供求决定，再加上政府对民间金融活动的压制，故其活动有较大的风险。为防范风险，放贷人一般要求借贷人支付较高的利率，以便获得正常的利息收入和补偿其所冒风险的风险溢价，所以民间金融市场的利率明显高于正式金融市场的利率水平。另外借贷人之所以愿意支付较高的利息，是因为其急需或用款所获利润较高。一般民间金融的利率水平主要取决于资金供求状况、借贷人之间的亲疏关系、期限长短、淡旺季等因素。据调查，不考虑亲朋之间的无息借款，农村民间贷款的年利率大都在10%—15%，有的达到18%以上。温铁军(2001)对中国15个省24个地区的个案调查表明，民间借贷的发生率高达70%，其中高利贷的发生率达到了85%。有关学者的调查也表明，农村高利贷的发生率达63.3%，其中四成以上是超高利贷。

四是横向地区间的差异性和纵向的动态性。从横向来看，在经济较发达的地区，民间金融主要对象是乡镇企业和农村个体私营企业，贷款主要是用于生产，较多用于第二、三产业。但在经济发展比较落后的地区，民间金融主要用于农业生产和农户生活，其次是缴纳各种税费，最后才用于商业，且较少发生，数额不大。农户生活方面的借款主要用于子女上学、婚丧嫁娶、盖房等。可见，对于经济发展比较落后的地区来讲，农户要依赖民间金融来保证生活和生产延续，以民间借贷为主；对于经济发达的地区来讲，民间金融是农户进一步扩大生产、增加收入的手段，这些地区已出现了较为规范的民间金融组织。从纵向来看，近年来我国民间金融活动的放贷方向已经开始由原来的农户之间的临时性资金需求向经商、搞副业以及中小企业投资等经营性资金需求发展。

五是农村民间金融地域性及较低的违约率。民间金融活动发生于农村社区，基于一定的地缘、血缘、业缘关系而产生，交易活动通常建立在对对方信息充分掌握的基础之上，信息传导快，信息不对称的问题得到了有效的避免。同时，民间金融组织很少有规范的合同，以抵押担保或者合同方式建立的借贷关系较少，更多的是信用借贷，是一种建立在道德上的隐形合同。借贷双方直接见面，不受时间及地点的限制，随借随还，不需要各种审查手续，经营成本较低，方便灵活。在这种基本上处于自发状态、缺乏正式法律约束的情况下，民间金融交易仍然保持了80%以上的履约率。

六是农村民间金融缺乏法律约束的边缘性。由于我国农村信用制度的缺乏，经济、金融、法律体系不完善，因此广泛发生在农村的民间金融借贷行为，通常采取口头或者简单的书面记录的方式进行，一般缺乏规范的合同。因此，民间金融借贷是没有法律保障的，反映到借贷行为上就是风险溢价高，从而导致整体利率水平高。

从以上分析可以看出，中国农村民间金融市场还不是完全竞争和有效运行的市场，但是民间金融市场在农村金融结构演进的过程中,充当着不可或缺的角色并起着不可替代的作用。

第三节　民间金融的内生机制分析：经济学和社会学视角

一、经济学视角：民间金融的制度供求与制度优势

在存在金融抑制的国家,微观经济主体尤其是微型企业和农户有着旺盛的资金需求,但正规金融体系由于信息成本和所有制关系等因素的制约,对微型企业和农户的贷款意愿较低,而非正规金融体系有效填补了这一融资结构中的空白地带,满足了微型企业和农户的资金需求。从制度供给角度而言,我国存在巨额民间资本,这些民间资本具有一种转化为金融资本的强大内在冲动,但是当前的金融制度安排阻碍了民间资本向金融资本的转化,使其不得不以各种非正规金融的形式存在于制度夹缝之间。而民间金融在为民间经济主体提供融资服务时,具备正规金融所没有的制度优势,这些制度优势是内生于民间金融自身的。

一是信息优势。这是民间金融最为重要的优势。在民间金融的融资安排中,借贷双方往往在地域或血缘上较为接近,并在日常生活中保持相对频繁的接触,从而降低了信息不对称问题的严重性。此外,由于所有制关系的对称,民间金融机构能够与民营中小企业达成较为长期的合作关系,从而得以加深对企业经营状况的了解,也有助于解决信息不对称问题、降低风险成本。

二是有效的偿付促进机制。在民间金融中,存在一种非正式的偿付促进机制,即合约各方关系的约束。例如,借款人若不能按时还款,则将付出高昂的成本。从某种意义上讲,这种非正规约束要比正规金融中的法律约束更具震慑力,这一方面能够有效地限制没有还款能力的人进入信贷市场,另一方面,民间借贷契约一经成立,就会对借款人形成动态的预算硬约束,从而有效避免恶意欠款的产生。

三是较为灵活的利率。由于我国的正规金融机构承担着宏观调控的任务,因而其贷款行为在很大程度上会受到行政干预,其贷款利率或许并不能完全代表资金的稀缺程度,而在某种意义上是政府宏观调控意愿的表现。与此不同,民间金融的利率能够真正实现市场化,充分反映资金的稀缺程度,从而有助于提高资金配置效率。

四是较为灵活的贷款期限。正规金融机构的贷款都设有固定的期限,而很多民间金融组织并不规定特别的贷款期限。例如,有些民间金融机构会提供一天到两天的短期贷款,有助于满足个人和企业临时、突然的贷款需求。

五是较快的融资速度。同正规金融烦琐的交易手续相对照,民间金融的交易过程更为快捷、融资效率较高,从而使得民间金融能更好地满足民营企业、乡镇企业和农户的季节性融资需求。

六是较低的运营成本。由于民间金融未被纳入金融监管体系中,在经营机构、组织形式、网点、固定资产等方面都不会面临硬性规定,因而在运营过程中只存在很少的固定

成本，而由于交易过程的简化，其可变成本在一定范围内也较正规金融机构低。此外，民间金融还在一定程度上避免了正规金融难以避免的寻租成本等隐性成本。

七是较高的服务水平。因为自身生存和发展在很大程度上依赖客户的支持，民间金融机构的营业时间通常长于正规金融机构，服务态度也较好。这对于解决个人和企业临时、小额的贷款需求很有帮助。

二、社会网络、社会资本与民间金融的生成

生活在同一个地区的人由于具有共同的文化传承，其经济生活深深“嵌入”长期形成的共同社会网络之中，人们在社会网络的基础上建立包括信用关系在内的各种联系，并通过社会网络实现实际或潜在资源的集合，获取社会资本（Putnam，1993）、物质资本和人力资本。其中，社会资本是无形的，能够惩罚破坏信任关系的人或行为，促使人们为共同的利益而采取合作态度，因而是维持社会网络稳定的重要因子。同西方社会相比，中国社会的网络化特点十分明显，而“乡土社会”正是我国民间金融赖以生存与发展的社会网络。费孝通（1985）指出：“乡土社会在地方性的限制下成了生于斯、死于斯的社会。……乡土社会的信用并不是对契约的重视，而是发生于对一种行为的规矩熟悉到不加思索时的可靠性。”可见，乡土社会的社会秩序主要靠民间的非正规制度保证，笔者称这种为民间金融发展提供土壤的社会网络为“乡土社会网络”（indigenous social network）。乡土社会网络的作用主要体现在以下两个方面。

（一）乡土社会网络有助于民间金融克服信息不对称

在民间金融市场，贷款申请者的信用状况缺乏法律担保，民间金融组织只能通过贷款申请者的朋友、亲戚、邻居、商业伙伴等获取有关其信用状况的信息。由于民间金融市场的信用状况通常表现为道德品质的形式，民间金融组织只能通过由熟人构成的乡土社会网络获得这一信息。在乡土社会网络中，人与人之间的关系具有稳定性和持续性，因而人与人之间的博弈是一种重复博弈。在这种重复博弈中，若一方的不合作并不宣告彼此间的关系的结束，那么他的不合作行为将引起另一方的报复，结果有可能是两败俱伤，这就要求双方为了各自的利益寻求合作解。事实上，在这样的社会网络中，被调查者通常不仅与贷款申请者，也与民间金融组织者有着较为密切的关系，其自身可能也会需要通过民间金融贷款，声誉对于他们而言具有重要的意义。因而，出于维持声誉的考虑，他们多会体现出诚实的态度。由此可见，乡土社会网络使民间金融组织在克服逆向选择问题方面具备比较优势。

（二）乡土社会网络有助于民间金融建立有效的偿付促进机制

乡土社会的规范是乡土社会网络运作的基础之一，而信誉又是乡土社会规范的重要组成部分。如果一个人不讲信用，那么这一信息很快就会通过乡土社会网络传播开来，使得他甚至其家人都无法再得到社区内人们的信任，在人员组成相对固定的乡土社会网络中，这种信任的丧失将会是致命的。因而，乡土社会网络有助于防范民间金融中的失信行为。

民间金融组织在发放贷款前通常已经对贷款申请人做出了很好的甄别,贷款人通常不存在没有还款能力的可能。因此,即使某些贷款者将贷款行为视为一次性博弈,不看重自己的声誉,民间金融组织也能够通过正式或非正式手段挽回损失。而非正式手段的存在基础正是建立在地缘与血缘关系上的乡土社会网络,因为在这样的社会网络中,不守信用的人将成为众矢之的,即使其所受惩罚的严重度超出了其所应得的程度,人们也会认为他罪有应得,在道义上支持制裁者。

在实际情况中,民间金融组织很少依靠法律手段来解决问题,原因在于:一方面,在社会资本存量丰富的乡土社会网络中,协议的制定常常基于口头承诺而非书面合同,在出现纠纷时,当事人可能会选择私下了结而非对簿公堂;另一方面,民间金融的贷款数额往往较小,采取法律手段解决纠纷客观上需要较多的时间和人力投入,机会成本很高。由此可见,如果没有基于乡土社会网络存在的非正式手段,民间金融组织可能不会贷款给申请者,其自身也就失去了存在的意义。正是基于乡土社会网络的偿付机制的建立,促进了民间金融的产生和发展。

以上从经济学以及社会学和文化人类学的视角分析了民间金融的内生性成长机制。对民间金融的制度供求和制度优势的经济学分析表明,民间金融的成长是我国现存金融体系下一种必然的融资矫正与补偿机制,民间金融自身的制度性优势有助于其在一定程度上解决正规金融难以处理的信息不对称和贷款偿付机制不完善等问题。而社会—文化人类学视角的分析表明,传统的乡土社会网络以及传统文化是民间金融赖以生存的社会基础。这也意味着,随着社会网络、经济结构和社会文化等因素的变化,民间金融在组织形式和交易模式上必然发生演化。

而民间金融赖以生成的社会网络的构建基础是共同的文化传承。学术界对中国和其他国家民间金融的分析表明,文化传统以及在此基础上形成的共同的价值观和宗教信仰,会在一定程度上强化民间金融组织的生成机制,并使民间金融具有强大的超越地域的可复制性。如温州现代民间金融的兴起就很好地证实了这一点。温州民间在历史上有一种"认盟兄弟盟姐妹"的民俗,这种民俗活动与通过血缘和婚姻建立起来的家庭姻亲关系一起构成了一种稳固的微观社会结构,当这个结构中的成员在企业经营过程中需要增加投入时,首先选择这种以血亲、姻亲和盟兄弟姐妹关系为基础的"会"或民间直接借贷方式来筹集资金。西方学者的研究也证实了文化传统与宗教信仰在民间金融内生机制形成中的重要影响(Putnam,1993; Tenenbaum,1989)。

正是基于民间金融的内生性特征及其与社会网络、社会信任的依存关系,对民间金融的政府规制模式必须与民间金融的这些特征相适应。从世界经验来看,逐步走向规范化是民间金融发展的最终趋势,我国的部分民间金融也已经在政府的主导力量下向着这一方向发展(如发展规范的商业性小额贷款组织)。民间金融的规范化和合法化一方面有利于民间金融组织提升信誉度和规范经营,降低交易成本和违约风险;另一方面有利于政府进行风险预警和风险甄别,适当控制民间金融可能引发的金融动荡。政府对待民间金融的态度,既不应是进行过于严格的金融抑制,也不应是揠苗助长式的急于使其规范化,而应是顺应民间金融的内生性特征,鼓励民间金融主体在自身发展和演进过程中更多地发挥自身能动性。对于一些绩效良好、运作规范且具备一定经营规模的民间金融组织,应视情况给予政策上和法律上的扶持,使其成长为比较正规的社区性的中小民营银行,从而优化我国金融体系的市场结构、产权结构和竞争结构。

第四节　农村民间金融的利率决定

此处使用剑桥学派经济学家丹尼斯·霍尔姆·罗伯逊(Dennis Holme Robertson)的可贷资金学说(The Theory of Loanable Funds)作为基本模型,采用货币流量分析方法来考察利率的决定(张杰,2003)。可贷资金市场上的供求关系可用图 7.1 来表示。在图 7.1 中,横轴是可贷资金的数量,纵轴是利率,DD'是可贷资金需求曲线,代表投资需求函数,表示利率和投资需求呈减函数关系;SS'为可贷资金供给曲线,表示居民自愿储蓄流入农村正规金融机构时,与利率呈增函数关系。可贷资金需求曲线和可贷资金供给曲线交点为 E,既能决定均衡利率 r_e 又能决定均衡可贷资金数量 Q_e。

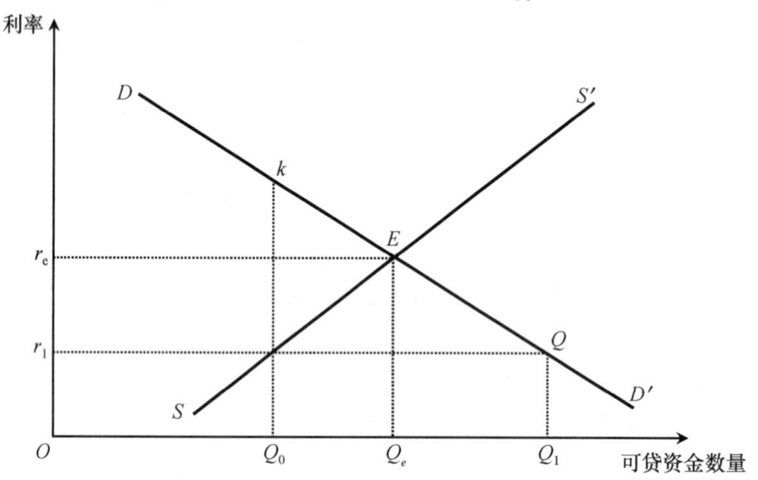

图 7.1　可贷资金市场上的供求关系

假设政府为了增加资本形成,刺激经济成长,而采用低利率政策,即将正式金融市场上的利率水平设定在比均衡利率 r_e 低很多的利率 r_1 水平上,可能造成的影响是,居民流入农村正规金融机构的自愿储蓄数量会由 Q_e 减少到 Q_0,投资的资金需求却随着利率的降低,由 Q_e 增加为 Q_1。投资资金需求虽受低利率政策影响而有所上升,但受到可贷资金供给量缩减的限制,农村正规金融机构所能融通的资金数量只有 Q_0,与最初均衡状态下所能融通的可贷资金 Q_e 相比,下降了 Q_e-Q_0。在这种情况下,以刺激投资为意愿的低利率政策反而成为限制资金供给的不利因素。现实的可贷资金供给数量因利率管制措施而减少,从而形成金融抑制。在货币当局实行利率管制的情形下,人们流入农村正规金融机构的储蓄数量虽然与其所计划的数量基本相同,但是投资者计划借入的货币资金数量远远大于农村正规金融机构所能提供的数量。在这种情况下,不管农村正规金融机构采取哪种方式分配资金,都无法满足所有的可贷资金需求量。在投资的边际收益高于借入资金的边际成本的情况下,那些被农村正规金融机构拒绝贷款的资金需求者将不得不到农村民间金融市场寻求资金。

此处以 Q_0 点作为农村民间金融市场借贷数量的原点,在 Q_0 点的农村民间金融数量等于0,以 Q_0J 为轴向上延伸的射线代表农村民间金融市场利率。这样我们就将农村正规金融机构与农村民间金融市场的资金供求状况画在同一图形上,可用图7.2来表示。

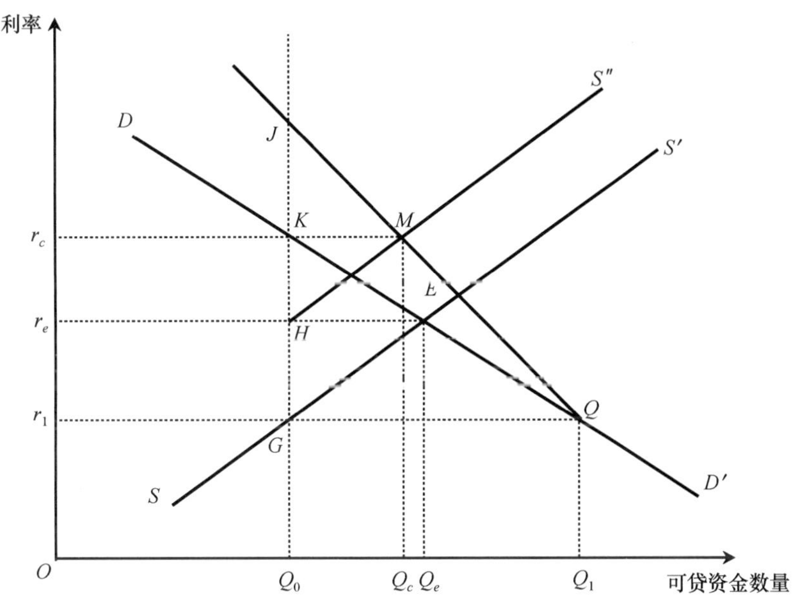

图7.2　农村金融市场的资金供求:正式金融和民间金融

农村民间金融市场投资资金需求曲线 JQ 的斜率会比原先的需求曲线 DD' 的斜率大一些。当农村民间金融市场的利率等于 r_1 时,JQ 与最初的资金需求曲线 DD' 在 Q 点重合。由居民部门流入农村正规金融机构的储蓄所形成的资金供给曲线为 SS',由于农村民间金融的借贷合约通常得不到法律许可和保护,违约风险远大于正规金融机构。因此,居民部门会要求一定的风险补偿(risk premium),即农村民间金融市场上的资金供给曲线 HS'' 应位于正式金融市场的资金供给曲线 SS' 上方,二者之间的差距即为资金供给者所要求的风险补偿。这里我们假定风险补偿为一个常数,图7.2中为 GH。在农村民间金融市场上,资金供给曲线 HS'' 与资金需求曲线 JQ 的交点 M 将能同时确定农村民间金融市场的均衡利率 r_c 和均衡借贷数量 Q_c-Q_0。显然,农村民间金融市场的均衡利率 r_c 要比正规金融机构的官定利率 r_1 高出很多,但是,农村民间金融市场的存在能使社会总体所能融通的资金数量由 Q_0 增加到 Q_c。

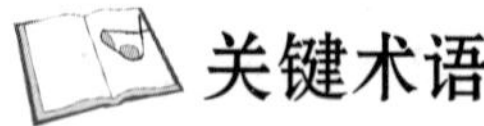

关键术语

民间金融　农村合作基金会　私人钱庄　民间典当业　民间集资
钱会(合会)　偿付促进机制　社会网络　社会资本

思考与讨论

1. 如何定义民间金融?
2. 民间金融有哪些形式,其各自的运作方式是什么?
3. 正式金融和民间金融的界定标准及各自的比较优势是什么?
4. 试从社会学视角分析民间金融存在和发展的根源及合理性。
5. 民间金融的利率水平是如何决定的?

本章参考文献

A Irfam. Imperfect Information, Screening, and the Costs of Informal Lending: A Study of a Rural Credit Market in Pakistan[J]. The World Bank Economic Review, 1990, 4(3).

A W Dale., F A Delbert. Informal Finance in Low-Income Countries[M]. Boulder, San Francisco and Oxford: Westview Press, 1992.

A W Dale. Filling the Deposit Gap in Microfinance[C]. Paper for the Best Practices in Savings Mobilization Conference, Washington, D. C., November, 2002.

Brian Branch of WCOCU. Savings Mobilization: Conceptual Framework[C]. Paper for the Best Practice in Savings Mobilization Conference. Washington D. C., November, 2002.

H Karla, J E Stiglitz. Imperfect Information and Rural Credit Market[J]. The World Bank Economic Review, 1990, 4.

J E Stiglitz, A Weiss. Credit Rationing in Markets with Imperfect Information[J]. American Economic Review, 1981, 71(3).

J E Stiglitz. Markets, Market Failures, and Development[J]. American Economic Review, 1989, 79.

M. Jonathan. The Microfinance Promise[J]. Journal of Ecnomic Literature, 1990, 12.

P T Hugh. Financial Development and Economic Growth in Underdeveloped Countries[J]. Economic Development and Cultural Change, 1966, 2.

R D Putnam. Making Democracy Work: Civic Tradition in Modern Italy[M]. Princeton: Princeton University Press, 1993.

S Tenenbaum. Culture and Context: The Emergence of Hebrew Free Loan Societies in the United States[J]. Social Science History, 1989, 13(3).

北京大学中国经济研究中心经济发展战略研究组.中国金融体制改革的回顾和展望

[Z]. 工作论文,2000.

曹芳. 关于农村信用管理体制改革的思考[J]. 农业经济问题,2004(7).

曹力群. 农村金融体制改革与农户借贷行为研究[R]. 课题报告,2000.

柴福洪. 三农问题研究[J]. 理论月刊,2003(6).

陈桂棣,春桃. 中国农民调查[M]. 北京:人民文学出版社,2004.

程雷. 中国民间金融趋势分析[J]. 经济理论与经济管理,2004(3).

德布拉吉・瑞. 发展经济学[M]. 陶然,等,译. 北京:北京大学出版社,2002.

费孝通. 乡土中国[M]. 北京:生活・读书・新知三联书店,1985.

费孝通. 乡土中国　生育制度[M]. 北京:北京大学出版社,1998.

冯春. 农村真正钱商如何得以生长[J]. 经济学消息报,2002(12).

冯匹斯克,等. 发展中经济的农村金融[M]. 汤世生,等,译. 北京:中国金融出版社,1990.

何广文,冯兴元,李莉莉. 论农村信用社制度创新模式和路径选择[J]. 中国农村信用合作,2003(8).

何广文. 中国农业信贷支持政策:措施、效果及其调整[M]//范小建. 加入 WTO 以后的中国农业政策调整. 北京:中国农业出版社,2002.

江其务. 论中国金融发展的组织结构优化问题[J]. 财贸经济,2002(3).

江曙霞,马理,张纯威. 中国民间信用——社会、文化背景探析[M]. 北京:中国财政经济出版社,2003.

江曙霞. 中国"地下金融"[M]. 福州:福建人民出版社,2001.

姜旭朝. 中国民间金融研究[M]. 济南:山东人民出版社,1996.

黎霆,姜业庆. 农村金融,到了最饥渴的时候[J]. 中国经济时报,2002(8).

李扬,杨思群. 中小企业融资与银行[M]. 北京:中国金融出版社,2001.

李振杰. 草根调查——中国基层发展的社会学分析[M]. 北京:经济管理出版社,2004.

马忠富. 中国农村合作金融发展研究[M]. 北京:中国金融出版社,2001.

麦金农. 经济发展中的货币与资本[M]. 卢骢,译. 上海:上海三联书店,上海人民出版社,1997.

麦金农. 经济市场化的次序——向市场经济过渡时期的金融控制:第二版[M]. 周庭煜,等,译. 上海:上海三联书店,上海人民出版社,1997.

诺思. 制度变迁理论纲要[J]. 改革,1995(3).

任森春. 非正规金融的研究与思考[J]. 金融理论与实践,2004(9).

施兵超. 经济发展中的货币与金融——若干金融发展模型研究[M]. 上海:上海财经大学出版社,1997.

世界银行政策研究小组. 金融与增长:动荡条件下的政策选择[M]. 北京:经济科学出版社,2001.

唐寿宁. 对非正规金融部门的另一种补充解释[J]. 中国社会科学季刊(香港),1997,秋季卷.

王曙光,邓一婷.民间金融扩张内在机理、演进路径与未来趋势研究[J].金融研究,2007(5).

王曙光,邓一婷.农村金融领域“系统性负投资”与民间金融规范化试点[J].改革,2006(6).

王曙光.国家主导与地方租金激励:民间金融扩张的内在动力要素分析[J].财贸经济,2008(1).

王曙光.农村金融与新农村建设[M].北京:华夏出版社,2006.

王曙光.市场经济的伦理奠基与信任拓展——超越主流经济学分析框架[J].北京大学学报,2006(3).

王维强,于振玫.城乡三元金融结构与民间金融制度研究[J].财经研究,2003(4).

王晓毅,蔡欣怡,李人庆.农村工业化与民间金融——温州的经验[M].太原:山西经济出版社,2004.

温铁军.农户信用与民间借贷研究:农户信用与民间借贷课题主报告[R].中经网50人论坛,2001-6-7.

夏小军.温州民间“会”的功过[N].经济学消息报,2002-5-14.

肖.经济发展中的金融深化[M].邵伏军,等,译.上海:上海三联书店,1988.

严瑞珍,刘淑贞.中国农村金融体系现状分析及改革建议[J].农业经济问题,2003(7).

杨红.农村信用社改革模式评析与制度创新路径再探[J].农业经济,2004(5).

易纲.中国的货币、银行和金融市场:1984—1993[M].上海:上海三联书店,上海人民出版社,1996.

翟强.经济发展中的政策金融——若干案例研究[M].北京:中国人民大学出版社,2000.

张杰.制度、渐进转轨与中国金融改革[M].北京:中国金融出版社,2001.

张杰.中国农村金融制度:结构、变迁与政策[M].北京:中国人民大学出版社,2003.

张杰.中国体制外增长中的金融安排[J].经济学家,1999(2).

张军.改革后中国农村的非正规金融部门:温州案例[J].中国社会科学季刊(香港),1997,秋季卷.

张锐,夏学良.五点行动:破解民营企业的融资格局[J].企业文化,2002(8).

张晓山,何安耐.农村金融转型与创新——关于合作基金会的思考[M].太原:山西经济出版社,2002.

中共中央,国务院.关于促进农户增加收入若干政策的意见[Z].2003.

周曙东,李文森.农村信用社改革的几点思考与构想来源[J].金融研究,2004(11).

周天芸.中国农村二元金融结构[M].广州:中山大学出版社,2004.

邹月新.非国有经济信贷融资困境的理性认识[J].上海财经大学学报,2002(4).

第八章　农村民间金融的绩效分析和风险防范

【学习目的】

- 了解民间金融的利弊和绩效。
- 进一步思考民间金融规范发展和立法监管的有效途径。

【内容概要】

对民间金融，既不能采取全盘否定和一概取缔的态度，也不能采取一味肯定和纵容的态度，而是应客观分析其利弊，对其风险进行有效控制，以助其规范发展。本章从理论上分析了民间金融的历史演进过程，指出在不同的历史阶段，民间金融的契约形式、风险程度和监管模式是不同的。在对民间金融存在的利弊进行一般性分析的基础上，从宏观和微观两个层面对民间金融的绩效进行实证分析。最后分析民间金融规范发展的途径，尤其是借鉴我国台湾地区的经验，探讨我国民间金融立法与监管的未来趋势。

第一节　民间金融扩张和演变的历史进程

民间信用（即民间金融）与国家信用在不同历史阶段表现出不同程度和不同形式的相互替代关系，这些关系与一定历史阶段的经济发展战略、经济发展水平和结构、要素市场发育状况、国家整体的市场化水平、国家意识形态和政府偏好等变量有密切的关系。民间信用在计划经济时代不仅是微不足道的，而且从某种意义上来说，民间信用的发展还会对计划经济的有效运作造成消极的影响。在计划经济时代，民间信用与国家信用争夺稀缺的资金和资源，影响国家作为计划经济运作主导者的资源配置主导性功能，因此国家必然通过严格的管制甚至取缔的手段抑制民间信用的发展，并从道义上赋予民间信用一种非常恶劣的名声。出于这种理由，我们就可以理解，在计划经济时期，民间信用体系的发育必然缺乏有利的经济基础、社会舆论基础和政治道义基础，甚至连民间互助性的资金合作都成为不可能。但是在过渡阶段，民间信用以其适宜的市场化的利率水平、对客户资金需求的全面了解、金融产品创新的灵活性、经营管理手段的多元化等优势，有效地克服了国家信用的诸多弊端，在一定程度上降低了困扰国家信用体系的信息不完全以及由此带来的客户甄别失效的概率，从而极大地提高了民间信用的效率和民间金融机构自身的可持续性。

民间信用组织有多种形式，而且随着民间资本规模的扩大，民间信用的形式也发生了有趣的变化。民间信用最初级的形式是一些无组织的私人借贷，而后发展成为一些有组织的钱会(如抬会、合会、摇会、标会),然后发展为规模较大的钱庄,再发展为较为规范的信用社和互助基金会等。其规模一般逐渐扩大,规范化逐渐增强,其金融产品逐渐丰富,组织形式和契约形式也越来越复杂。这个过程可以用图8.1来表示。

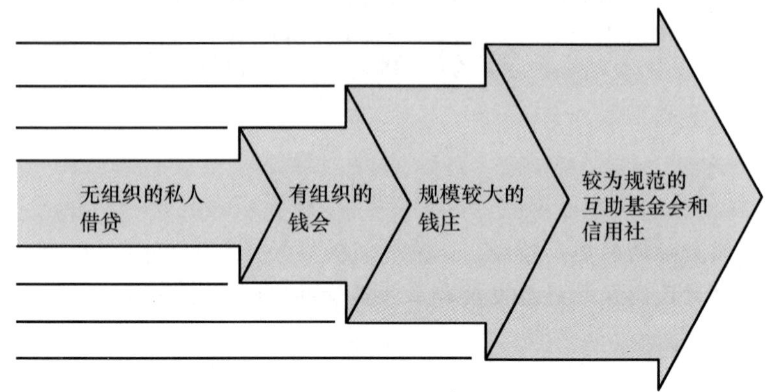

图8.1　民间信用组织的演变

从一般性的逻辑顺序来分析,民间金融扩张和嬗变的历史进程包括以下五个阶段,即局部隐性信用阶段、灰色契约型信用阶段、市场化显性信用阶段、规范化合法信用阶段、社会主导性信用阶段。

(一) 阶段一:局部隐性信用阶段

所谓局部隐性信用,是指民间信用在这个时期往往在很小的局部性的区域和范围内发挥作用,民间信用的形式也往往是隐蔽的、不公开的,民间信用的借贷双方往往不存在成文的、规范的契约,而是以各种约定俗成的形式确定交易关系。在局部隐性信用阶段,民间信用的形式和规模都是有限的。在形式上,民间信用往往以零散的民间私人借贷以及带有互助性质的钱会为主要形式,这些民间信用形式一般在很小的范围内进行,交易者往往具有比较亲密的血缘、地缘和亲缘关系。在规模上,一般而言,局部隐性信用阶段的民间信用的规模都很小,其用途一般是满足借款者的日常生活消费以及一些简单的家庭投资。在契约形式上,局部隐性信用阶段的民间信用的交易双方一般都没有成文的规范契约,而是口头的或者是非常简单的纸面契约。但是,局部隐性信用阶段的民间信用所蕴含的金融风险是非常有限的,这一方面是因为这个阶段的民间信用规模很小且形式简单,另一方面是因为交易双方处于比较紧密的社会关系网络之中,因而能够较好地避免信息的不对称并克服道德风险和逆向选择问题。由于其交易规模和交易方式的限制,局部隐性信用阶段的民间信用几乎谈不到什么金融产品及其创新,也很难进行有效的金融监管。但是,局部隐性信用阶段的民间信用对于正在发育期的市场经济与民间融资有着重大的意义。在国家信用难以满足普通借贷者融资需求的情况下,民间信用有效地满足了这些小规模的资金需求者的需要,而且在这种借贷过程中,借贷双方都从交易行为中积累了大量对未来信用扩张非常重要的信用理念和市场知识,这种学习效应对市场经济的发育极为重要。

(二) 阶段二:灰色契约型信用阶段

所谓灰色契约型信用阶段,是指在经过了初期的局部隐性信用阶段的发育之后,民间信用在规模上有了一定程度的扩张，在交易形式上进行了有效的拓展，从而在整个社会环境中获得一种介于非法与合法之间的“灰色”地位，其契约形式逐渐规范化和成文化，从而使民间信用逐步为社会成员和社会舆论所接受。灰色契约型信用阶段的民间信用已经获得了一定的社会认知和舆论支持。灰色契约型信用阶段民间信用的形式比局部隐性信用阶段有了很大的拓展，除传统的钱会之外，民间信用在这个阶段还发展出互助储金会、典当行、合作基金会、银背等不同形式的信用形式。互助储金会和合作基金会是在原有的钱会的基础上发展而来的，除原有的互助合作的功能之外，互助储金会和合作基金会还增加了较大规模借贷的功能，从而有可能为较大的客户群体提供信用服务。在这个阶段，交易者之间的关系也开始有了实质性的拓展，不再单纯依赖血缘、地缘与亲缘关系，而是超越这些传统的关系，在更大的范围内寻求交易者，其交易半径得到很大的拓展。但是，在这个阶段，交易的区域还是有限的，要有效克服传统国家信用的信息不对称以及由此带来的道德风险和逆向选择问题，民间信用必须把贷款的范围控制在一定的半径之内，超过这个半径，信息不对称的程度就会增强，民间信用组织的管理成本和风险迅速上升，民间信用与国家信用相比所具有的比较优势开始下降。因此，灰色契约型信用阶段的民间信用具有明显的地域边界和规模边界。

在金融产品形式方面，灰色契约型信用阶段的民间信用所提供的金融产品具备了更多的标准银行的性质，在典当行、互助储金会和合作基金会中，资产管理、负债管理以及金融创新与一般的商业银行没有本质的区别，只是这些民间金融机构的规模和地域都很小，因此在提供小额贷款方面具有比较优势。由于灰色契约型信用阶段的民间信用的规模和范围都有所扩大，因此潜在的风险也在增加，对这个阶段的民间信用的金融监管就非常必要。由于这个阶段的民间信用还不具备明显的法律地位，因此民间信用组织对自身未来发展的预期不明确，这一方面导致民间信用组织在国家产权保护缺失的状态下不得已寻求那些非同寻常的自我产权保护手段，另一方面激励了某些民间信用组织的机会主义行为；前者可能导致民间信用组织与地方非法势力的结盟，而后者可能引发民间信用组织更大的金融风险。在社会经济影响方面，灰色契约型信用阶段与局部隐性信用阶段相比，民间信用对当地经济的影响力逐渐增强，尤其是由于交易规模的扩张和交易形式的拓展，民间信用可以为资金需求更大的客户（包括农村中小企业和个体私营企业）提供更大规模的资金服务，从而有效地推动局部乃至区域经济的增长。因此，在这个阶段，地方政府对民间信用既有可能采取比较严格的控制措施（基于对民间信用所引发的区域性金融风险的考虑），也有可能采取比较开明的默许甚至扶持的政策（基于对民间信用为区域经济增长所做出的贡献考虑）。

（三）阶段三：市场化显性信用阶段

所谓市场化显性信用阶段，是指民间信用在规模扩张速度和对区域经济增长贡献率逐步提高的情况下，市场化程度逐渐增强，民间信用成为可以与国家信用相竞争的强有力的市场主体，民间信用在整个信用体系乃至整个经济体系中的地位逐渐提升，成为金融市场中一种显性的信用主体而不再处于灰色地位的时期。与灰色契约型信用阶段相比，市场化显性信用阶段民间信用的市场化程度更高，其受到社会公众以及政府的认同度更高，从而使民间信用不再处于边缘的“灰色”状态，而是成为整个信用体系中不可缺少的一部分。民间信用和国家信用在这个阶段处于相抗衡的状态，民间信用体系规模与服务对象不断扩展，其社会影响力逐渐增强，甚至在某些领域和某些区域，有可能成为替代国家信用的主要融资渠道。当国家信用从基层区域退出之后，民间信用发挥了更为显性的作用，地方政府为了区域经济增长的稳定性和地方政府租金的稳定性，也会在一定程度上支持民间信用。在局部地区，民间信用融资功能的增强以及民间信用自身信誉的累积，使得地方政府有足够的经济理由和政治理由将该区域的民间信用体系进行"准合法化改制"，也就是说，在国家法律尚未承认民间信用的合法地位的情况下，地方政府可以通过地方法规赋予某些地区性的民间信用组织合法的地位，使其迅速显性化。地方政府的扶持行为产生了两个明显的后果：一方面，民间信用体系的显性化有助于提升民间信用机构自身对未来的稳定预期，从而减少机会主义行为，并由此降低金融风险；另一方面，地方政府也可以在扶持民间信用的过程中将民间信用组织纳入地方经济发展的总体战略中，即纳入地方政府的效用函数中，使得地方经济发展和地方政府租金都实现帕累托改进。在这个阶段，民间信用与国家信用发生了更为明显的替代，民间信用地位明显上升，甚至在某些地区，民间信用有可能成为替代国家信用的主导性信用主体。在这个阶段，由于民间信用组织的显性化及其对于地方经济发展作用的增强，地方政府应该加强对于民间信用组织的监管，以减少金融风险，避免对区域经济产生更大范围的消极影响。

（四）阶段四：规范化合法信用阶段

所谓规范化合法信用阶段，是指在这个阶段，国家出于经济增长和金融发展的考虑，通过明确的法律和政策框架，赋予民间信用组织明确的法律地位，并通过一系列制度安排，促进民间信用的规范化改革，从而把民间信用纳入正规的法律规范，使民间信用与国家信用共同成为整个信用体系中不可分割的组成部分。规范化合法信用阶段是民间信用拓展与嬗变的一个标志性的关键阶段。在这个阶段，国家通过明确的法律制度，界定了民间信用的法律地位和运作形式，从而把民间信用纳入规范的金融监管体系。合法化和规范化使得民间信用体系不再以松散的、不规范的形式存在，也没有必要寻求法律之外的产权保护途径，这给了民间信用体系一个稳定的、明确的预期，有利于其对金融风险的有效控制和自身经营行为的规范，使得民间信用体系成为具有自律和自我约束意识的信用主体。由于具备了合法的地位，民间信用组织就有潜力和能力动员更大规模的民间资本，并为更大范围内的民营经济提供信用服务，而民间资本的有效动员和民营经济融资困境的解决，无疑对经济的可持续增长起到关键的推动作用。但是，并不是所有的民间信用形式都能够或适宜纳入国家正规的法律体系。对于一些地区存在的非正规的、小规模的信用组织，仍然可以让它们以一种较为"民间"的形态存在，以满足不同人群的融资需求。在本章第四节"农村民间金融的规范与发展"中，将详细探讨民间信用规范化和合法化的主要途径以及由此产生的若干问题。

（五）阶段五：社会主导性信用阶段

社会主导性信用阶段是指一国经过经济过渡时期之后，市场经济体制逐步完善，金融体系得到充分发展，此时国家信用的重要性逐步下降，以民间资本为主体的民间信用将逐步成为社会主导性信用的时期。社会主导性信用阶段的民间信用已经在国家经济增长和金融发展中占据重要的地位,国家信用与民间信用有了明确的分工,各自发挥着不可替代的作用。国家信用是国民经济中居于引导地位和产业指示功能的一种信用主体,它引导着资源的流动方向,并按照国家整体经济发展战略和产业结构提升的要求对特定领域进行开发性投资;而民间信用在市场经济的原则下,成为整个经济体系融资的主体,承担着主导性的融资功能。在所有发达的市场经济国家和新兴工业化国家,民间信用的比例都明显超过国家信用,这是经济发展的一个必然趋势。当然,在发展阶段不同和经济体制不同的国家,其国家信用和民间信用的比例可能有所不同,并没有一个统一的固定的标准。

以上民间信用扩张的五个阶段及其基本特征可以用表 8.1 来概括。

表 8.1　民间信用扩张历史进程的不同阶段及其特征

特征	阶段				
	局部隐性信用阶段	灰色契约型信用阶段	市场化显性信用阶段	规范化合法信用阶段	社会主导性信用阶段
存在形式	零散的带有互助合作性质的钱会和亲友之间的民间借贷	较为规范的互助储金会、合作基金会以及典当行等	存在形式更为规范,出现钱庄等规模更大的民间信用组织	出现合法的信用合作社、基金会和私人银行	出现较大的能够与国家信用体系抗衡的商业银行和其他民间金融组织
交易者关系	建立在比较紧密的血缘、地缘和亲缘关系基础上	交易者范围扩大,不再仅仅局限于血缘、地缘和亲缘关系,但地域边界明显	交易者范围更加扩大,地域边界有所扩展,开始为较大的民营部门融资	交易者覆盖所在区域内几乎所有资金需求者	交易者在区域范围上的限制基本突破,与一般商业银行趋同
信贷规模	规模小而零散	信贷规模有所扩大,开始为中小企业进行较大规模融资	信贷规模进一步增大,为区域内各类企业和居民进行融资	信贷规模扩张到与一般正规的中小金融机构相当的水平	信贷规模与一般商业银行趋同,但仍保留若干小规模融资
金融产品形式	简单的带有互助合作性质的金融产品	较为规范的资金借贷,储蓄贷款的产品种类增加	储蓄贷款的种类进一步增加	金融产品与一般正规的中小金融机构趋同	金融产品与一般商业银行趋同,但仍保留若干适合小客户的产品
契约形式	一般为口头或简单的纸面合同	出现较为规范的契约	契约进一步规范化和复杂化	契约形式与一般正规的中小金融机构趋同	契约形式与一般商业银行趋同
金融风险	较低,依靠紧密关系克服信息不对称	风险增加,但是仍控制在一定范围内	风险进一步增加,依靠严密契约消除风险	风险进一步增加,依靠严密契约以及监管降低风险	面临的风险以及消除风险的手段与一般商业银行趋同

（续表）

特征	阶段				
	局部隐性信用阶段	灰色契约型信用阶段	市场化显性信用阶段	规范化合法信用阶段	社会主导性信用阶段
金融监管	由于分散性,难以实施有效监管,适用于非审慎性监管	由于规模小和分散性,适于非审慎性监管,但应密切关注其风险	地方政府和监管部门应该加强审慎性监管	国家通过正式的法律制度和监管框架实施严格监管	监管框架与一般商业银行基本趋同
社会和经济影响	较小,局限在较小的区域范围内	增大,地域范围和影响的人群范围都有所扩张	进一步增大,对区域经济增长和民营企业融资产生重要影响	影响迅速扩张,对区域经济发展有决定性的影响	在社会信用体系中占据主导性地位,对整个经济体系产生影响
社会和法律地位	处于被忽视或者被歧视的状态,无合法地位,处于地下状态	受到政府的一定歧视,无合法地位,但社会地位有所提高	社会地位明显提高,逐步实现显性化,地方政府赋予一定法律地位	国家通过法律手段赋予合法的地位,社会地位显著提高	法律地位和社会地位与一般商业银行趋同

第二节　民间金融存在的利弊：一般性分析

我国现行经济发展中的金融抑制政策和人们对资金产生的巨大需求形成了尖锐的矛盾,而民间金融机构恰恰填补了这种空缺,从中获得了生生不息的发展空间。除了正规金融机构和现有经济制度本身存在缺陷,民间金融能够成为人们的理性必然选择,也是因为其自身具有的天然、独特的优势:一是社区性,民间金融活动主要发生于农村地区,基于一定的地缘、血缘、人缘关系而产生;二是人格性,交易活动建立在对对方信息充分掌握的基础之上,经济行为在一定程度上已经人格化。任何金融活动都必须建立在一种信任机制之上,对于处在一个“熟人社会”的民间金融,大家都比较熟,互相信任,人员流动性也比较低。如果出现问题,依靠非正规的制裁机制,也就是所谓的社会排斥对违约者进行制裁,在这样一个相对封闭和有限的空间里,“谁也不再相信自己”的感觉是很难受的。相较于正规金融机构中的征信体系,在农村,这种更为人性化的信用约束显得更为强有力。

正是由于民间金融这样的特征,其在信息、成本和速度等方面具备了正规金融所欠缺的优势,融资前的信息搜寻成本和融资后的管理成本都很低,一般也不需要对融资方“公关”而支付“寻租”成本。这极大地降低了民间金融机构运营的成本,令正规金融机构望尘莫及。另外,民间借贷者以农民为主体,其大量的金融需求通常金额较小,但期限紧迫,比如生病、婚嫁、盖房子等,也有一些小规模生产急需生产工具等。民间融资组织不需要专门的审批,不需要专门的地点,通常在居民家中就可以进行,没有烦琐的交易手续,交易过程快捷,融资效率高,使借款人能迅速、方便地筹到所需资金,极大地方便了农民生活。此外,在民间金融市场上,不存在行政力量等非市场因素对利率水平的影响,是一种纯粹的市场金融形式和市场金融交易制度，完全根据区域中资金的供给与需求关系确定利率水平，最多存在人们之间因熟稔程度不同而产生的利率水平的差别，但并不存在某种强制力量规定民间利率的水平必须在哪个区间范围。尽管根据最高人民法院《关于人民法院审理借贷案件的若干意见》第六条规定，“民间借贷的利率可以适当高于银行的利率……但最高不得超过银行同期同类贷款利率的四倍。超出此限度的，超出部分的利息不予保护”，但民间利率水平都远远高于这个水平，对人们的投机心理有很大的吸引力，这是民间金融的另一个优势。我们可以看出，组织形式的分散和非正规化，恰恰是民间金融的灵活性和优势所在，是民间金融拥有巨大需求和不竭生命力的原因所在，是其长时间以来能够与正规金融机构并存并屡禁不止的原因。

长期以来人们对于农村金融的评价一直是褒贬不一的，在农村金融改革的现阶段中，国有正规金融体系很难触及资金需求的最底层，而这正是民间金融最活跃的地方。地区经济发展程度越弱，民间金融所占的比重越高，人们对其的依赖程度越大。在民间金融弥补正规金融缺口的过程中，“鲇鱼效应”也日益显现。所谓“鲇鱼效应”，是指在捕捞沙丁鱼的网内放上沙丁鱼的天敌鲇鱼，从而增强沙丁鱼的活力，提高其在长途运送过程中的成活率，其含义就是通过引入外界的竞争者来激发人们的潜力和内部的活力。民间金融的存在为整个金融体系引入了市场和竞争因素。民间金融在一定程度上分流了正规金融的存款，又以便捷的手续抢走了贷款的客户，打破了正规金融的垄断局面。同时，由于民间金融的私人性，其参与者有很强的动力关注其偿还性、流动性和营利性，具有天然的竞争意识。这与国有银行中银行经理人执行政府计划性指令、缺乏内在逐利动机形成了鲜明对比。可以说，正是民间金融的发展壮大，使得正规金融机构不得不改善服务态度、转变经营机制和提高服务质量，对促进我国整个金融体系的健康发展都有积极的作用。

同时，不可否认的是，民间金融也潜伏着巨大的金融风险。首先，由于民间金融处于一种地下状态，游离于国家政策法规之外，虽然这是其具有种种优势的必要条件，但毕竟缺乏相关制度保障，金融监管机构难以对其进行监管，其往往组织结构松散，管理方式落后，无专业人员运作，且资金规模较小，抵御市场风险的能力较差，因此存在很强的制度风险。其次，民间金融这种“哥俩好”的非制度强制下的信任，信用作用域有限。一条谣言可能导致一家经营良好的民间金融机构被挤提倒闭，而一家问题金融机构也可能因一条虚假的利好消息招摇过市。很多巨额“倒会”案件的发生，往往也是出于最初会首“一传十、十传百”的高信用、高盈利鼓吹和人们的盲目信任，因此非常容易产生经济纠纷和民事案件，如果再加上一些不法分子利用高利率手段，与黑社会勾结，专门高息圈钱进行投机或进行欺诈，这种风险便可能引发严重的违法行为，对正常经济秩序和人民安全都是极大的干扰。最后，民间金融对政府的宏观调控活动也会产生影响，正规金融机构的资金价格由国家确定，而民间借贷的利率由双方自发商定，两种定价方法存在天然矛盾，往往造成利率畸高。这样民间金融带来的不仅仅是高利率对存款的分流效应，还会干扰政府的货币政策，不利于信贷结构和产业结构的调整。

综上所述，民间金融的存在有其充分的必然性和合理性，它折射出了正规金融体系存在的不足并进行了很好的弥补，与正规金融机构形成了非常好的互补效应。民间金融是我国金融体系中不可或缺的一部分，在肯定其长处的同时也要看清其风险因素所在，才能充分地扬长避短、“疏堵结合”，使其更好地为我国金融发展和经济增长服务。

第三节 民间金融的经济绩效：实证分析

一、宏观经济绩效

民间金融对宏观经济的影响是一个较为复杂的问题。王曙光等在《普惠金融——中国农村金融重建中的制度创新与法律框架》一书中对我国民间金融的宏观经济绩效做了实证研究，从回归结果看，民间金融的过快增长对宏观经济有可能产生消极的影响。原因在于，民间部门增长过快以及规模过大，表明更多的资金游离于正规的金融体系之外，当居民和民营中小企业寻求金融支持时，会更多地倾向于通过民间金融的途径而不是正规金融的途径。这也就表明，民间金融的过快增长正好反映了我国金融体系无效以及由此带来的民营经济融资成本高、融资效率低的事实。民间金融部门的大量存在，一方面是民间金融部门自身的优势带来的，另一方面反映了我国金融制度和企业融资结构方面存在的弊端。所以，民间金融部门越是膨胀，越是表明正规金融部门难以对民营经济提供良好的、有效率的金融支持，国民经济的增长就会因此受到消极的影响。而相反，如果正规金融部门尤其是国有金融部门经过改革，其竞争结构和产权结构得以改善，如果我国建立起充分竞争的、完善的、多元化的金融体系，如果我国资本市场（包括债券市场和股票市场）能够对民营经济融资起到良好的促进作用，那么民间金融的制度需求就会削弱，而这种削弱反而会带来民营经济融资效率的提升和融资成本的下降，从而促进经济增长效率的提高。

因此，民间金融对宏观经济绩效为负的回归结果，并不是否定民间金融在现有的微观经济主体（包括民营中小企业和农民等居民）融资中的积极作用，民间金融的增长本身恰恰表明我国金融体系与市场经济发达国家相比存在劣势，即金融机构（包括银行类金融机构和非银行金融机构）单一、国有或准国有机构占市场垄断地位、金融市场竞争性不足和竞争主体多元化程度低等。另外，资本市场和银行融资方面都对民营经济有制度性歧视。这些劣势导致民营经济不得不寻求民间金融的金融支持，这种融资结构和制度需求机构本身就是畸形的。这种结构导致我国民营经济的融资是没有效率的，民营经济的发展受到劣质金融体系的严重阻碍。

民间金融对宏观经济增长的绩效为负，这个结果的政策含义是：第一，应该通过金融体系的改革，建立市场化的、有效率的、充分竞争的金融体系，降低民营经济（尤其是中小民营企业）进入金融市场融资的成本和融资壁垒，使得它们可以以较低的成本，获得在银行市场、债券市场、股票市场等金融市场融资的机会；第二，应该着力发展中小银行体系，为民营经济发展提供金融支持，应该吸引大量的民间资本进入银行业，参与组建地区性的中小银行，主要为地域内的中小民营企业服务，从而有效降低中小民营企业被迫向民间金融部门借贷的概率，增强其资金实力；第三，应该给现有处于地下状态的民间金融机构赋予合法的地位，使那些有资质、经营良好的民间金融机构可以整合改造为规范的正规金融机构,向它们颁发经营许可证,使它们成为正规金融的一部分,可以公开地与现有银行机构进行竞争,这样,民间金融的一些消极作用就会得到有效减少甚至消除。民间金融的阳光化可以很好地降低其经营成本,当民间金融的经营成本下降后,民营经济的融资成本也就自然下降,民营经济成长就会加快,从而对国民经济增长起到正面的作用。总之,民间金融在我国规模大、发展迅猛这个事实本身,提醒我们必须对现有金融体系进行深度改革与完善,才能从根本上改变中小企业融资和农村居民融资难的现状。等到我国金融体系能够对中小民营企业提供有效率的金融支持之后,民间金融在民营经济融资中的地位自然会下降,表明我国的金融体系结构和经济市场化水平已经进入了一个新的阶段。

二、微观经济绩效

本部分以浙江和温州为例说明民间金融的微观经济绩效。我国非公有制经济起步最早、最发达的地区是浙江省,而在整个浙江省的民营经济中,温州市可以算是排头兵。20 世纪 80 年代初期,随着农村家庭承包制的不断推广和农村生产的持续发展,农村劳动力开始不断向第二、三产业转移。富有商业头脑的温州人民,较早地开展了以“小商品、大市场”为特征的小商品加工和贸易活动,走上以农村家庭工业为特点的农村工业化道路,形成了以家庭经营为基础、以市场为导向、以小城镇为依托、以农村能人为骨干的从自然经济转化为商品经济的发展模式,即著名的“温州模式”。发展至今,其生机勃勃的商业景象和硕果累累的产品盈利,令中国乃至全世界都对其刮目相看。纵观温州经济发展的历程,我们不能忽视民间金融的存在,它伴随着温州经济和社会的成长起起落落,随着温州民营经济的不同发展阶段呈现出不同的形态,为温州市乃至浙江省的经济发展做出了不可磨灭的贡献。温州民间金融的格局大致可分为三个阶段:

第一阶段是 1978—1986 年,这时的温州民营经济从家庭工业起步,设施简陋,固定资产少,基本无任何抵押品;而且家庭作为一个相对独立的生产经营单位,生产和生活的双重需要造成货币资金和生产资金混为一体,这时人们的创业资本主要源于个人积累,民间金融也以小额的私人借贷如亲朋好友间的借贷为主。这一点可追溯到温州民间历史一种“认盟兄弟盟姐妹”的民俗。这种民俗很好地培育了基层社会个体和群体间的信任,构成了一种相对稳固的微观社会结构。当这个结构中的成员在进行企业经营需要增加资金投入时,一定会首先选择以血亲、姻亲和“盟兄弟盟姐妹”关系基础上的直接借贷或后来在这种关系上组成的“会”(夏小军,2002)。这样,一些原始的资本积累就完成了,后期可见的资本收益也确立了出借者和贷款人之间对履行借贷契约的信心。1984 年,温州创造了两个“中国第一”:中国第一家城市信用社“府前城市信用社”和中国第一家私人钱庄“方兴钱庄”。

第二阶段是 1986 年至 20 世纪 90 年代中期,这时的家庭工商业生产规模迅速扩大。发展到中期的中小型企业(年销售额在 100 万—1 000 万元)都有扩充资本、扩大生产的急切需要,此时的借款目的转变为扩大企业规模、增加固定资产投资,个人资金虽有一定积累但还非常有限,而仅限于人与人之间的借贷又不能再满足如此大规模的资金需求。这时,民间金融机构相较于正规金融机构在融资速度、成本和信息等方面的优势凸显,再加上正规金融的供“血”不足，强烈的制度需求刺激了各种民间金融机构的大规模产生。

同时，产业资本循环中开始出现剩余资本，表现为居民手持现金的大量增加，除了银行存款没有什么更好的生财之道，因而形成了颇具规模的民间资本，具有中介性质的提供间接融资的民间金融机构开始大量产生。最初只有以融资中介为职业的个人中介，如“会”和“银背”等；之后开始出现私人钱庄、城市信用合作社等中介，并且发生了“抬会”“平会”等金融风波。民间信用经过震荡也逐渐向多层次和多形式发展，“会”作为一种非法形式转入地下，但仍得以稳定发展，同时社会集资、农村基金会和典当行以及义乌、永康等以地下钱庄为主体的地下货币市场获得较大发展。

第三阶段为20世纪90年代中期至今，这时的众多民营企业已经拥有了雄厚的资金基础和较强的自生能力，企业所有者的冒险和盈利动机增强。此时借款的主要目的是向新项目、新市场转移，以及纯粹的资本市场投资。这时的资金需求呈现借贷资金规模较大和流动性较高两个特点。不论是在商品市场还是资本市场，盈利的机遇都稍纵即逝，这便要求商家在具有很好的商业眼光的同时，还能够在极短时间内筹措到所需的大量资金。然而“会”本身的运作原理和机制产生的规模边界限制导致会金总数不能满足巨额资金的要求，且“会”的定期分配资金的程序也不能满足高流动性的需求。同时，之前建立在地缘、亲缘关系上的信用通过这些年的商业交易而再度增强，使得亲戚朋友之间的借贷渠道显得更广。因此，大额直接信贷一跃成为最普遍的民间借贷形式，“会”几乎消失了。这一点我们从表8.2的数据中可以看出。20世纪90年代，温州全市中小企业的资金来源中，国有商业金融机构的贷款仅占24%，其余全部为民间金融。在苍南县工业流动资金构成中，民间借贷占到了45%，个别企业占到50%以上，自有资金占35%，银行贷款仅占20%（宋东林和徐怀礼，2005）。

表8.2　不同时期温州市民间借贷关系的比例变化

年代	有组织的民间借贷（会）	社会自有资本（个人直接借贷）	银行
20世纪80年代	约占1/3	约占1/3	约占1/3
20世纪90年代	16%	60%	24%
2001年	6%	58%	36%

资料来源：王曙光，《农村金融与新农村建设》，北京：华夏出版社2006年版，第201页。

同时，这个时期随着有民营资本参股的“准正规金融”机构——城市信用社和农村信用社开始积极介入当地金融市场，居民开始具有一定的风险意识，行为趋于理性。民间金融市场逐渐进入平衡运行阶段，竞争性的市场格局初见规模。如私人资本控股的泰隆信用社、路桥信用社，义乌、永康等地以地下钱庄为主体的地下货币市场初具规模。这使得温州的金融市场由三个彼此分割的独立融资市场组成，即国有银行为主的正规金融市场，城市信用社、农村信用社为主的准民间融资市场以及民间借贷、钱庄等民间金融市场。于是，在温州借贷市场中存在三种利率，且民间利率大大高于其他两种利率（见表8.3）。

表 8.3　温州三种金融形式的利率情况

（单位:%）

年份	1978	1980	1983	1985	1988	1990	1995	1998	2003
民间贷款利率	42	35	26	36	45	35	30	26	8—15
一年期特别提供利率	—	12	12	12	17	17	17	15	5
官方浮动利率	—	12	12	18	18	17	与全国统一	与全国统一	7

资料来源:郭斌、刘曼路,《民间金融与中小企业发展:对温州的实证分析》,《经济研究》,2002 年第 10 期。

相较于国家金融抑制下的低利率水平,民间利率通常跟随市场形势自由变动,有时钱庄存款利率视季节变化、物价涨落和银根松紧而时有变动。一般在农历二月存款利率低些,四月就开始调高(李元华,2002)。可以说,民间金融市场是完全按照市场的供求机制运作的,而民间市场的存在也是人们理性选择的产物。

不论温州的民间金融以何种形式存在,其规模之大都不能为人们所忽视。保守估计,温州中小企业 2001 年从民间金融借贷的资金为 235 亿元。考虑到近年来中小企业的增长速度,真实的民间信用规模可能比该数据高出 10%—30%(郭斌和刘曼路,2002)。据中国人民银行温州中心支行在 2001 年 1 月对温州民间借贷的一次全面调查所得的数据,2001 年温州中小企业的总资金来源中,自有资金、银行贷款和民间借款的比例约为 6:2.4:1.6。按 2001 年年底温州中小企业贷款余额 400 亿元计算,中小企业借入的民间借款约为 170 亿元。同时,在企业创业资本中,以业主个人名义借入的民间借款约占总资产的 7.5%,即 125 亿元。此外还有个人之间的消费性、互助性借贷等,合计民间信用规模为 300 亿—350 亿元。2003 年,浙江省民营中小企业民间借贷的规模大约为 1 400 亿元。2005 年我国的民间信贷规模为 9 974.6 亿元,温州一个市就占据全省的 1/3 以上、全国的近 15%,可见温州民间金融的规模之大(李建军,2005)。

短短 20 年间,温州民间金融在融资工具、融资渠道、金融中介组织和经营方式等方面从无到有,迅速发展完善,由原始的民间互助信贷发展为民间性商业信贷、银背、私人钱庄、地下钱庄、票据贴现市场等融资组织形式,在温州民营经济 20 年发展的进程中,像护航舰一样伴随着民营经济一起成长。它打破了由当地国有金融机构垄断的融资市场,形成了一个适应民营经济发展的真正市场化的金融市场,通过反映资金稀缺程度的市场利率优化了社会资金的配置;同时,它对于市场的快速反应能力、极强的生存能力及适应性、及时的创新性都是其能够独立存在并经久不衰的优势所在。可以说,作为自发形成的金融体系,民间金融在个别金融制度安排能够满足当地生产力需要的区域,其存在对经济的发展功不可没。但是温州民间金融的过度发展,尤其是投机性民间金融的扩张,也在微观层面给温州企业和温州经济带来了很大的负面影响,增加了温州地区整体的区域金融风险。

第四节　农村民间金融的规范与发展

一、我国民间金融规范化方面的主要缺陷

我国民间金融在规范和发展方面，主要存在以下缺陷：

第一，民间金融的法律地位尚未得到认可。长期以来，我国金融体系中作为企业融资重要来源的民间金融却没有相应的法律地位。我国民间金融机构复杂多样，既有各种带有互助性质的"会"，也有规模比较大的农村基金会、互助储金会，还有一些较为规范的典当行和钱庄。中华人民共和国成立以来，民间金融活动经历了从被禁止、被打击，到被默认，一直到现在被承认的过程，却一直以一种"地下经济"的状态存在。民间金融机构对我国经济的发展起到了一定的促进作用，但是由于缺乏法律保障，这些金融机构的法律地位不明确、不稳定，机构很容易被取缔；同时，由于在法律上没有保障，这些金融机构往往会因为短视出现一些不规范的经营行为，甚至有时不得不寻求其他的非法律手段来保护自己，这就使得这些民间金融机构累积了大量风险，甚至有可能影响到社区的稳定。

第二，缺乏政府信用支持和制度保障，抵御风险能力较差。众多的民间金融机构由于资产规模小，基础薄弱，抵御外部冲击的能力较差，特别是缺少国家信用保障，很容易遭受金融危机、挤兑等突发事件的打击。一旦发生风险就会引发经营风险甚至破产倒闭，引发局部金融风险，影响社会稳定。如2004 年福建福安一个涉及金额达 25 亿元的民间"标会"崩盘事件直接影响到近 65 万人的正常生活。不论民间借贷、各种标会、私人钱庄还是民营银行，都需要一定的保障机制来保障存款人的利益。

第三，民间金融机构容易产生高利贷现象。由于资本的趋利性，无论企业还是居民个人的民间融资行为，作为资金的借出方，都想通过这样的借贷活动取得最大的经济利益，因而也就导致民间借贷的利率高于银行利率，形成"高利贷"乃至"利滚利"现象。部分中小企业由于高息负债，易形成资金使用恶性循环，影响企业的长远发展，为经济持续、健康发展埋下隐患。

按照中国人民银行发布的《2004 年中国区域金融运行报告》，利率水平较高的形式主要是信用借贷。融资主体主要是个体及中小民营企业，以关系、信誉为基础，多用于生产性周转需要，融资利率水平主要依据借款人实力、信用情况商定或随行就市。据抽样调查，2004 年浙江省温州市、山西省朔州市、江西省上饶市的高利率信用借贷额分别约占当地民间融资总量的 90%、80%、66%；2004 年浙江省、福建省、河北省、山西省民间融资利率水平大多集中在 12%—30%，极个别地区达到 40%。

二、我国台湾地区在民间金融规范化方面的经验

我国台湾地区的经验表明，民间金融的组织形式和风险防范机制都存在较大的局限性，因此对民间金融机构进行规范化的改造是民间金融发展的一个基本趋势。中国民间金融规范化的发展，从机构自身角度来说，应该允许符合条件的民间金融机构按照法律

框架的要求转型和升级为银行类的正规金融机构。也就是说，民间金融机构在贷款规模、资产质量、风险控制体系、吸收公众存款规模、内部治理结构等方面达到一定的条件之后，应允许其按照法律框架的要求转型和升级为银行类的正规金融机构。未来的监管框架应该鼓励这种转型，并提出转型和升级的具体条件。这样，民间金融就会逐渐从“地下”走到“地上”，就可以朝着监管者希望的方向去发展，不仅扩大其规模，而且在风险控制和治理结构方面也更加规范，从而有效地控制金融风险。

所谓转型，就是民间金融机构转型为正规金融机构，主要指转型为民营银行。数目适度的民间金融机构转型为民营银行，不但有助于金融体系的规范和繁荣，还有助于银行业的发展和社会公众利益的保护。因此我国应尽快采取有效措施允许合格民间金融机构转型为民营银行。我国台湾地区在 20 世纪 90 年代之后放开民营资本进入银行业，使银行业的竞争结构和产权结构得到一定的改善，当然在这个过程中，银行体系的民营化也引发了一系列问题。我国台湾地区的以下经验值得学习。

第一，制定相关法规，明确规定资产质量较高、管理先进和具有竞争力的民间金融机构在条件允许的情况下转型为民营银行。应该允许经营良好、客户来源稳定的民间金融机构率先转型。在此基础上，尽快出台民营银行管理的法规，对民营银行的法律地位、机构类别、组织形式、设立条件、审批登记程序、业务范围、市场退出及相关法律责任等做出明确而具体的规定。在不断完善我国民间金融机构转型的过程中，为保证预期效应的充分发挥，应在相应法律规范的框架内，使各项相关制度安排合理搭配，协调一致地发展，尽可能地减少直至消除民间金融机构转型过程中的摩擦或阻力，使最终的制度安排能够消除某些子制度可能带来的负效应，从而加强转型与其他各项制度的合力。

第二，在审批民间金融机构转型为民营银行的过程中，应充分考虑到根据区域经济发展以及市场竞争的需要来确定民营银行的布局及市场定位。

民营银行应该集中服务于缺乏融资渠道的中小民营企业和农户，其市场定位应该是区域性中小银行，因此应该在充分了解各地民营经济的发展情况及其对融资的潜在需求的基础上，适量批准民间金融机构转型为民营银行。

民间金融机构由于一直处于“无监管”的状态，发展参差不齐，很多民间金融机构发展得非常好，转型后也会具有非常大的竞争力，因此有必要在审批民营银行时，考虑到今后银行间的竞争格局，包括民营银行和国有银行之间以及民营银行相互之间的竞争。同时，应实现民营银行准入过程中的公平竞争。新银行的最终审批权必须高度集中在中央银行手中，但在推进过程中应实现多元化，尽量避免由于金融领域中的寻租活动，让不合格的银行混进金融市场。

第三，应该在允许民间金融机构转型为民营银行后，逐步放宽其业务领域，通过多种途径促进民营银行体系的发展。

三、我国民间金融规范化的立法框架

民间金融制度作为一种自下而上的诱致性变迁，是中国经济体制改革过程中的重要环节，民间金融所具备的信息优势在固定的小区域范围内得以充分发挥，同时其经营形式符合当地的民风民俗与经济情况，为广大农村地区提供了一种较为灵活的融资渠道，使得在正规金融机构缺位的情况下，非公有制经济仍能得到迅速的发展，农民和企业的闲散资金能够有渠道进行运作增值，大大提高我国金融体系的效率。短期来说，由于金融管理部门难以对民间金融进行有效监管，民间金融在很大程度上争夺国家垄断的金融资源，因此民间金融与国有金融机构之间是竞争的市场关系。但长期来看，民间金融目前所具有的制度优势又是中国国有金融制度改革的最终目标，民间金融的存在和发展在一定程度上改变了原有的金融机构体系，有助于构造多元化的金融产权格局，开创竞争性的市场环境，这就给正规金融机构施加了强大的外部竞争压力，使其不得不在经营理念、服务方式、服务品种、内部运行机制等方面进行创新，这样，通过多元化产权形式之间的竞争，最终将提升金融体系的整体效率。中国民间金融绝不只是对正规金融体制漏洞的补充完善，它们都是中国金融制度结构内的融资制度安排，将共同推进中国金融制度的变迁进程。

但目前，由于具有非正式性和隐蔽性，民间金融游离于官方金融监管范围之外，缺乏一套完善的风险控制机制，容易导致风险的失控。从整个国民经济的范围来看，民间金融的作用还是消极大于积极。此外，民间金融还常常被非法的经济活动和经济组织利用，成为走私、贩毒的洗钱工具以及国内灰色资本外逃的“地下通道”，性质从“灰色金融”演变成“黑色金融”，扰乱了正常的社会秩序，对国家的经济安全和金融安全造成了较大的危害，为法律所不容，因此必须加以管理。

第一，要尽快制定和完善相关的法律法规，如民间融资法、民间金融机构管理条例等，将民间金融合法化、规范化，引导民间金融机构走上正规发展的道路；建立有效的监测制度，通过地方监管组织或统计局，定期采集民间金融活动的有关数据，重点监测民间资金的规模、性质、利率、资金流向和风险状况等情况，相应地将民间金融活动纳入宏观调控体系。同时，应加强制度创新，为民间金融提供更好的生存空间，完善支持民间金融发展的制度安排，如建立存款保险制度、民间融资登记制度、破产清算制度、贷款担保制度、市场准入制度和信息披露制度等，为其发展创造良好的制度环境。

我国台湾地区的经验值得借鉴。台湾地区采用“法律领先”的积极变革态度，有很大的借鉴价值。目前，我国大陆地区关于民间金融的法律尚处于缺位状态，以标会为例，大陆应该立法规定会首与会员的法律地位、权利与义务，以及标会的风险防范和退出机制，对会期和最高利息加以约束，对会首资格、邀会方式加以限制，防止恶意倒会与投机行为，这将对降低金融风险起到重要作用。

第二，根据民间金融的组织、规模、业务范围、市场定位、财务状况和资质的不同，确立各自合适的法规和标准，有针对性地实施分类指导和监管，建立与民间金融机构相适应的内部治理结构和风险内控制度，形成有效的风险监督机制，并相应地建立起民间金融风险预警机制和风险处理机制，对危机处理机制在事前规定清晰，从而将民间金融纳入政府的监管体系，降低民间金融风险。

第三，采用转型或者升级的方式对民间金融机构进行改革。中国人民银行对转型或升级后的正规金融机构应该实行非审慎性监管。所谓非审慎性监管，是与审慎监管相对应的监管，非审慎性监管与之相比宽松许多，只需上报有关材料报表，一般不实行现场检查或定期抽查。还要建立对民间金融机构的自身信誉和信用评级制度，监管部门可以利用有权威的中介机构的评级报告对民间金融的状况进行合理的判断。

第四,要做好普法教育,尤其是在民间金融机构盛行的地区,加强农民的风险意识,对正规与非正规机构、筹资活动的辨别意识,强调法治建设,而非唯利是图。

第五,要明确违法活动的范畴和风险责任承担体系,对于扰乱金融秩序、破坏社会稳定、影响经济正常发展的地下金融组织和活动给予严厉打击,如对高利贷、金融诈骗、洗钱等,应严厉取缔和控制,将其从正常的民间金融范畴中剔除。

同时,要建立健全目前的国有金融体系,推进利率市场化进程。扩大金融机构贷款利率浮动区间和自主定价权,提高贷款利率市场化程度和信贷风险的补偿能力,并实行存款浮动利率,扩大农村信用社利率市场化改革试点范围,在条件成熟的情况下,允许存款利率上浮,建立新的市场竞争体系。还要树立规则和信用意识,加快社会征信体系的建设。建立一个由中国人民银行牵头、各金融机构参与,并联合相关部门组成的征信体系,建立信用数据库,随时向客户提供有不良信用记录的黑名单,以保证金融交易中有关当事人的利益。积极发展壮大各种类型的中小企业贷款担保机构和民营企业信用评级机构,尽快建立中小企业信用管理体系,将中小企业的公共信用记录,如纳税、债务、资质等信息完整保存下来,作为金融机构发放贷款的依据。通过此信用体系的建立,进一步规范借款与贷款人对自身行为的约束,从而提高我国整体的信用安全。

总之,由于我国民间金融的地位尚未得到法律的认可,民间借贷缺乏法律保障,民间金融机构发展很不稳定,很容易被取缔,同时由于在法律上没有保障,这些金融机构往往会出现一些不规范的经营行为,这就使得这些民间金融机构累积了大量风险,甚至有可能影响到社区的稳定。由于民间金融机构缺乏政府信用支持和制度保障,抵御风险的能力较差,容易发生挤兑,同时由于民间金融机构缺乏必要的保证,因此为了避免风险的存在,一般都会存在较高的利率,有些甚至发展为高利贷。这些问题都需要通过完善农村金融市场体系和完善农村金融立法来逐步解决。

我国大陆地区和台湾地区的经验都表明,尽管存在很多问题,但民间金融机构的效率较高。首先,与正规金融机构相比,民间金融机构在为中小企业和农户提供服务上具有信息优势。民间金融机构与正规金融机构相比,虽然在收集和处理公开信息上居于劣势,但由于其地域性和社区性特征,它们可以通过长期与中小企业和农户保持密切的近距离接触获得各种非公开的信息,因而在向信息不透明的中小企业和农户提供服务上拥有优势。民间金融机构在交易成本方面可以有所降低,从而减少贷款费用。民间金融机构在充分了解当地企业的前提下,可以省去大量的调研费用,简化审批程序,从而降低金融服务的成本,提供更优惠的服务价格。其次,民间金融机构在担保的安排上具有灵活性。最后,民间金融机构利率明显高于正规金融机构,使得很多储户转向民间互助会等民间金融机构。这些都表明,由于民间金融机构有明显的制度优势,简单取缔民间金融很难达到完善农村金融体系和维护农村金融安全的目的。

因此,结合我国台湾地区民间金融规范化发展的经验教训,我国民间金融未来的发展趋势应该是规范化和阳光化。从自身机构来讲,应该允许民间金融机构按照法律框架的要求升级和转型为银行类的正规金融机构。也就是说,如果民间金融机构在贷款规模、资产质量、风险控制体系、吸收公众存款规模、内部治理结构等方面达到一定的条件,应允许其按照法律框架的要求转型和升级为银行类的正规金融机构。未来的监管框架应该鼓励这种转型，并提出转型和升级的具体条件。这样，民间金融就会逐渐从“地下”走到“地上”，就可以朝着监管者希望的方向去发展，不仅扩大其规模，而且在风险控制和治理结构方面更加规范，从而有效地控制金融风险。从外部来讲，借鉴我国台湾地区互助会合法化的过程，首先应该承认民间金融的合法地位。以标会为例，大陆应该立法规定会首与会员的法律地位、权利与义务，以及标会的风险防范和退出机制，对会期和最高利息加以约束，对会首资格、邀会方式加以限制，防止恶意倒会与投机行为，对降低金融风险将起到重要作用。监管机构应该对转型或升级后的民间金融机构实行非审慎性监管，还要建立对民间金融机构的自身信誉和信用评级制度，监管部门可以利用权威的中介机构的评级报告对民间金融机构的状况进行合理判断，引导其成为健康的金融机构。

关键术语

局部隐性信用阶段　灰色契约型信用阶段　市场化显性信用阶段
规范化合法信用阶段　社会主导性信用阶段

思考与讨论

1. 民间金融的历史演进过程一般经历几个阶段？每个阶段呈现哪些特点？
2. 我国台湾地区民间金融规范化有哪些经验值得借鉴？
3. 我国未来需要在民间金融规范化发展方面做哪些工作？
4. 试从微观和宏观两个层面分析民间金融的经济绩效。

本章参考文献

A Irfam. Imperfect Information, Screening, and the Costs of Informal Lending: A Study of a Rural Credit Market in Pakistan[J]. The World Bank Economic Review, 1990, 4(3).

A W Dale, F A Delbert. Informal Finance in Low-Income Countries[M]. Boulder, San Francisco and Oxford: Westview Press, 1992.

H Karla, J E Stiglitz. Imperfect Information and Rural Credit Market [J]. The World Bank Economic Review, 1990(4).

J M Stonyot. The Microfinance Promise[J]. Journal of Economic Literature, 1999, 12 (43).

L Basley. The Anatomy of Informal Financial Market: Rosca Participation in Taiwan [J]. Journal of Development Economics, 1996(51).

P T Hugh. Financial Development and Economic Growth in Underdeveloped Countries [J]. Economic Development and Cultural Change,1996, 14(2).

安菁蔚,任大鹏.我国农村非正规金融的法律思考[J].中国农村观察,2005(4).

安强身,王晓君.我国民间金融的经济、效率分析与制度安排——给予区域经济事业的探讨[J].理论导刊,2005(2).

程明安,杨光良.清理整顿农村合作基金会后期工作的难点和对策[J].农村经济,2000(7).

崔慧霞.农村民间金融的绩效分析[J].现代经济探讨,2005(4).

郭斌,刘曼路.民间金融与中小企业发展:对温州的实证分析[J].经济研究,2002(10).

何炜玮.合会的法律定位[J].福建广播电视大学学报,2005(3).

胡振玲.典当行业的现状及其立法完善[J].法学评论(双月刊),2006(1).

江曙霞.中国"地下金融"[M].福州:福建人民出版社,2000.

姜旭朝.中国民间金融研究[M].济南:山东人民出版社,1996.

蒋加强.农村合作基金会清理整顿后的反思[J].农村经济,2000(1).

柯荣住.作为保险机制的互助会:标会、摇会及其效率比较——完全和不完全借贷市场[J].中国社会科学评论,2003,2(2).

李建军.中国地下金融调查[M].上海:上海人民出版社,2006.

李建军.中国地下金融规模与宏观经济影响研究[M].北京:中国金融出版社,2005.

李静.中国农村金融组织的行为与制度环境[M].太原:山西人民出版社,2004.

李元华.温州民间融资及开放性资本市场研究[M].北京:中国经济出版社,2002.

林毅夫.中小金融机构发展与中小企业融资[J].经济研究,2001(1).

刘晓东.关于我国地下金融风险管理的思考[J].台声·新视角,2005(6).

潘朝顺,程昆.中国农户民间借贷规模实证研究[J].农村经济,2005(7).

任森春.非正规金融的研究与思考[J].金融理论与实践,2004(9).

邵鸯凤.地方政府与非正规金融的正规化发展[J].甘肃农业,2006(9).

施利民.浙江"地下钱庄"问题探究[J].商业经济与管理,2002(11).

史晋川,叶敏.制度扭曲环境中的金融安排:温州安排[J].经济理论与经济管理,2001(1).

宋冬林,徐怀礼.中国民间金融的兴起与发展前景:温州案例[J].北方论丛,2005(1).

孙媛媛,谭震,孙晓明.揭开地下钱庄的面纱[J].中国金融家,2005(6).

唐寿宁.对非正规金融部门的另一种补充解释[J].中国社会科学季刊(香港),1997,秋季卷.

唐志武,蔡玉胜.试析金融压抑下民间金融的发展取向[J].当代经济研究,2006(9).

王曙光.村庄信任、关系共同体与农村民间金融演进[J].中国农村观察,2007(4).

王曙光,邓一婷.民间金融扩张的内在机理、演进路径与未来趋势研究[J].金融研究,2007(5).

王曙光,邓一婷.民间信用扩张进程及其政府谨慎甄别[J].改革,2008(6).

王曙光,杜浩然.民间金融规范发展与地方政府创新[J].农村金融研究,2012(7).

王曙光.发展小额信贷需要良好的制度环境[J].新财经,2006(12).

王曙光.国家主导与地方租金激励:民间信用扩张的内在动力要素分析[J].财贸经济,2008(1).

王曙光,李冰冰.民间资本投资金融通道的疏导与良治[J].中国金融家,2012(9).

王曙光.农村金融市场开放和民间信用阳光化:央行和银监会模式比较[J].中共中央党校学报,2007,11(2).

王曙光.农村金融与新农村建设[M].北京:华夏出版社,2006.

王维强,于振玫.城乡三元金融结构与民间金融制度研究[J].财经研究,2003(4).

温铁军.农户信用与民间借贷研究:农户信用与民间借贷课题主报告[OL].中经网50人论坛,2001-6-7.

吴汉铭.打击地下钱庄中的法律问题透析[J].上海金融,2006(1).

夏小军.温州的“盟兄弟盟姐妹”[N].经济学消息报,2002-7-5.

萧芍芳.台湾地区合会经验及其对中国大陆的启示[J].中国农村经济,2005(8).

徐铮,张润清,李晓红.1990—2004年我国经济增长因素实证分析[J].经济论坛,2007(4).

严瑞珍,刘淑贞.中国农村金融体系现状分析及改革建议[J].农业经济问题,2003(7).

杨福明,师秀清.温州民间金融与金融改革[J].温州大学学报,2003(2).

杨瑞龙.我国制度变迁方式转换的三阶段论——兼论地方政府的制度创新行为[J].经济研究,1998(1).

姚耀军.中国农村金融发展与经济增长关系的实证分析[J].经济科学,2004(5).

易菲,龙朝阳.我国民间金融的利弊分析及治理对策[J].特区经济,2007(2).

曾业辉.典当背后的财富机会[N].中国经济时报·商业周刊,2007-5-9.

张恩全,李伟.如何跳出非法集资管理的怪圈——兼谈银监部门在非法集资中的监管职能定位[J].浙江金融,2006(2).

张杰.制度、渐进转轨与中国金融改革[M].北京:中国金融出版社,2001.

张杰.中国农村金融制度:结构、变迁与政策[M].北京:中国人民大学出版社,2003.

张杰.中国体制外增长中的金融安排[J].经济学家,1999(2).

张军.改革后中国农村的非正规金融部门:温州案例[J].中国社会科学院季刊(香港),1997(20).

张震宇,孙福国,周松山,等.非公有制经济下区域性金融风险及其管理:温州个案研究[J].金融研究,2002(2).

章敏. 我国农村地下金融的现状及规范措施[J]. 海南金融,2004(12).

郑振龙,林海. 民间金融的利率期限结构和风险分析:来自标会的检验[J]. 金融研究,2005(4).

中国人民银行. 2004 年中国区域金融运行报告[R]. 2005.

周天芸. 中国农村二元金融结构[M]. 广州:中山大学出版社,2004.

朱泽. 我国地下金融发展状况及治理对策[J]. 中国农村经济,2003(10).

邹月新. 非国有经济信贷融资困境的理性认识[J]. 上海财经大学学报,2002(4).

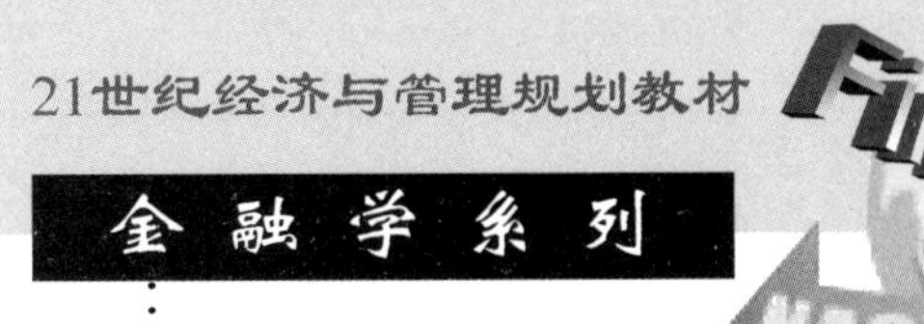

第四篇

农村微型金融

第九章　农村微型金融的内涵和发展

【学习目的】

◆ 对微型金融的内涵以及制度设计有系统的了解。

◆ 了解全球微型金融的一般发展模式。

【内容概要】

小额信贷(微型金融)的发展对于低收入阶层和弱势群体以及微型企业改善自身境况意义重大。微型金融在中国得到迅猛发展,但是也遭遇了严重的挑战。本章首先介绍微型金融的内涵,并通过对库兹涅茨曲线的探讨说明微型金融发展的意义与作用。其次阐述农村微型金融发展的基本哲学理念,其中特别强调微型金融的可持续性、政府的适当角色和微型金融机构的自律。最后对农村微型金融核心制度设计进行了系统性的探讨,有助于学习者在操作层面了解微型金融的运作机理。

第一节　农村微型金融的基本含义

一、微型金融的含义

微型金融(microfinance)是一种专门向低收入者、微型企业提供的小额度的金融服务(包含小额信贷和小额保险等)。微型金融比小额信贷的含义更加宽泛,但在本书中,微型金融和小额信贷的含义是基本一致的,因此不做特别的区分。微型金融第一次成功地将金融服务扩展到了低收入和贫困家庭,是金融史上的革命性举动。正如孟加拉乡村银行(Grameen Bank,GB)创始人穆罕默德·尤努斯(Muhammad Yunus)所坚信的那样:“信贷绝不是天生就决定了它必然与穷人无缘。”穷人并不缺乏摆脱贫困的勇气与决心,贫困者的困难首先在于他们不能像其他人一样从正规金融机构得到借款,在于缺乏用以摆脱贫困的最基本的物质条件或要素禀赋。而微型金融恰恰就是这样一个打破信贷市场失灵的制度创新,它以现金流为基础,为社会尤其是贫困者提供了一种改变初始要素禀赋配置的途径。

20 世纪 60 年代开始,一些发展中国家和国际组织在“资本积累是增长的发动机”以及“农民需要的资本远远超过他们能够进行的储蓄”信念的指引下,开始为贫困者提供扶贫贴息贷款,但低利率的农业贴息贷款政策引起了金融市场的效率低下和严重扭曲。1974 年,孟加拉国吉大港大学教授穆罕默德·尤努斯博士开始了打造乡村银行的实践,带来了真正意义上的微型金融。此后,亚洲和拉丁美洲一些发展中国家的先行者们,借鉴传统民间借贷的一些特点和现代管理经验,结合当地经济、社会条件以及贫困人口的经济和文化特征，在不断摸索和试验的基础上，创造性地构建出了多种适合贫困人口特点的信贷制度和模式。

关于小额信贷的定义，不同的学者和机构存在不同的见解。世界银行扶贫协商小组（Consultative Group to Assist the Poor, CGAP）认为小额信贷是指为低收入家庭提供包括贷款、储蓄和汇款等多方面的金融服务；中国有些学者将小额信贷定义为专向中低收入阶层提供小额度的、持续的信贷服务活动，并指出小额信贷包括两个基本层次的含义：为大量低收入（包括贫困）人口提供金融服务和保证小额信贷机构自身的生存与发展。这两个定义各有长处：世界银行的定义比较宽泛，实际上是一种微型金融的概念，金融服务范围较广；国内学者的定义则强调信贷本身的持续提供以及提供信贷的机构自身的可持续发展。综合以上两个定义，我们对微型金融做以下界定：微型金融是向传统上难以获得基本金融服务的贫困人口、弱势群体以及微型企业提供的持续的信贷服务，一般是基于接受贷款者信誉的无抵押无担保的小额度信用贷款，以实现贫困人口、弱势群体和微型企业的自我脱贫和贷款机构的可持续发展为最终目标。

微型金融具有鲜明的特点：① 将贷款对象定位于传统信贷体系下无法获得金融服务的穷人，这是与一般商业性贷款最为不同的一点。② 是一种信用贷款，无需土地、房产等作为抵押，用社会担保取代了经济担保。③ 贷款额度小，一般小于或等于一国人均 GNP，有时甚至只是一国人均 GNP 的 10% 左右。④ 偿还方式灵活，按照当地实际情况分为一周、半月或一月偿还一次，这样一方面分散了风险，提高了贷款回收率，另一方面减轻了农户一次性还不上款的顾虑。⑤ 期限短，具有可持续性，一般小额贷款借出的期限控制在一年以内，如果农户还款信誉良好，可续借 2—3 年。⑥ 贷款利率高于一般的商业银行贷款，但低于民间的高利贷利率。⑦ 一般实行小组联保（也有其他模式）。

专栏 9.1

孟加拉乡村银行的奇迹和信贷哲学

孟加拉乡村银行（也称格莱珉银行）创建近 30 年以来在孟加拉国推行的贫困农户小额贷款的成功模式，被复制到很多国家和地区（尤其是亚洲、非洲和拉丁美洲的欠发达国家），在全世界反贫困事业中引起了巨大反响，其创始人穆罕默德·尤努斯也因此被视为全世界利用小额贷款向贫困宣战的最具象征性与号召力的人物。孟加拉乡村银行在短短的 30 年中，从 27 美元（借给 42 个赤贫农妇）微不足道的贷款艰难起步，发展成为拥有近 400 万借款者（96% 为妇女）、1 277 家分行（分行遍及 46 620 个村庄）、12 546 名员工、还款率高达 98.89% 的庞大的乡村银行网络。

尤努斯出生于孟加拉国最大的港口吉大港，从吉大港大学毕业之后，尤努斯在母校当了五年的经济学教师。1965 年尤努斯获得富布莱特科学奖学金的资助，在美国范德堡大学学习并最终获得经济学博士学位。1971 年孟加拉国独立，尤努斯放弃了在美国的教职与优裕生活，回到饱受战争创伤的祖国参与建设，在母校吉大港大学担任经济学系主任。1974 年蔓延孟加拉国的大饥荒使成千上万人因饥饿而死。尤努斯在感到震撼的同时,开始以极大的热情投入对贫困与饥饿的研究。他在吉大港大学周边的乔布拉村尝试进行周密的调研,并倡导实施"吉大港大学乡村开发计划",试图在学术与乡村之间建立联系。通过这个乡村开发计划,尤努斯鼓励学生走出教室,走进乡村,设计出创造性方法来改善乡村经济社会生活。学生们可以基于在乡村的经历撰写研究报告,并获得大学承认的学分。

1976 年尤努斯开始走访乔布拉村中一些最贫困的家庭。一个名叫苏菲亚的生有 3 个孩子的 21 岁的年轻农妇,每天从高利贷者手中获得 5 塔卡(相当于 22 美分)的贷款用于购买竹子,编织好竹凳交给高利贷者还贷,只能获得 50 波沙(约 2 美分)的收入。苏菲亚每天微薄的 2 美分收入,使她和她的孩子陷入一种顽固的难以摆脱的贫困循环。

尤努斯教授在深入了解了苏菲亚这样的赤贫者的境况之后得出结论,这些村民的贫穷,并不是因为他们缺乏改变生活、消除贫困的途径与能力,更不是因为他们自身的懒惰与愚昧,而是"因为金融机构不能帮助他们扩展他们的经济基础,没有任何正式的金融机构来满足穷人的贷款需要,这个缺乏正规金融机构的贷款市场就由当地的放贷者接管"。一方面,穷人被高利贷所控制与剥削,他们不能摆脱高利贷,只好甘受高利贷放款者施加给他们的不公平信贷;另一方面,正式的金融体系严重忽视了穷人这一最需要信贷服务的人群,把这些渴望贷款的穷人排除在信贷体系之外。

传统信贷体系教导这些银行家,银行的贷款需要接受贷款者提供必要的、足够的抵押担保,而穷人(尤其是赤贫者)几乎没有什么抵押担保品,这也就意味着只有有钱人才能合法地借到钱。传统的银行家只是盯住那些规模大、实力强的企业,而不屑于与那些小额贷款需求者打交道,因为在他们看来,小额贷款需求者的贷款数额小,耗费的贷款成本与未来预期收益不成比例,只能使银行亏损。传统的信贷哲学还假定,穷人根本没有还款能力,给他们发放贷款只能是一种浪费,穷人的信用与智慧都不足以使他们利用贷款创造合理的增值,因而银行给这些穷人贷款将得不偿失。

尤努斯与格莱珉银行的信贷哲学试图颠覆这些传统的信贷教条。"从第一天我们就清楚,在我们的体系中不会有司法强制的余地,我们从来不会用法律来解决我们的偿付问题,不会让律师或任何外人卷进来。"格莱珉银行的基本假设是,每一个借款者都是诚实的。"我们确信,建立银行的基础应该是对人类的信任,而不是毫无意义的纸上合同。格莱珉的胜败,会取决于我们的人际关系的力量。"当格莱珉银行面临借贷者确定无法偿还到期贷款时,也不会假想这是出于借款者的恶意行为,而是调查迫使借款人无法偿还贷款的真实境况,并努力帮助这些穷人改变自身条件或周围环境,重新获得贷款的偿还。就是依靠这种与传统银行截然不同的信任哲学,格莱珉银行一直保持低于 1% 的坏账率。

格莱珉银行一反传统商业银行漠视穷人的习惯,而将目光转向那些急需贷款但自身经济状况极端窘迫的穷人,尤其是贫困妇女。至今,格莱珉银行的借款者中,96% 是贫困妇女,格莱珉银行甚至向乞丐发放小额信贷。尤努斯深深理解穷人的处境,从穷人的愿望和需求出发来安排与调整格莱珉银行的贷款计划。为了避免大额还款给穷人带来的心理障碍,格莱珉银行制订了每日还款计划,将还款额切割成穷人可以接受的小块,使他们不但有了适当的还款能力,又完全有能力承受数额微小的每日还款(后来为了便于操作,调整为每周还款)。同时,为了帮助那些根本没有知识与经验的借款者,格莱珉银行不断简化其贷款程序，最终将格莱珉的信贷偿付机制提炼为：① 贷款期1年；② 每周分期付款；③ 从贷款一周后开始偿付；④ 利息是10%；⑤ 偿付数额是每周偿还贷款额的2%，还50周；⑥ 每1 000塔卡贷款，每周付2塔卡的利息。这种简化的贷款偿付程序被证明是行之有效的。

基于对孟加拉国传统农村社会的理解，尤努斯要求每个贷款申请人都必须加入一个由经济与社会背景相同、具有相似目的的人组成的支持小组，并建立起相应的激励机制，通过这些机制来保证支持小组的成员之间建立起良好的相互支持关系。贷款支持小组是一种非常巧妙的机制上的创新，它有效地降低了格莱珉银行的监管成本，将来自银行外部的监督转化为来自成员自身的内部监督；同时，支持小组还在小组内部激发起更大的竞争意识和更强烈的相互支撑意识。

在支持小组的基础上，格莱珉银行还鼓励各支持小组形成更大的联盟，即“中心”。“中心”是村子里八个小组组成的联盟，每周按时在约定的地点与银行的工作人员开会。中心的负责人是由所有成员选出的组长，负责中心的事务，帮助解决任何单个小组无法独立解决的问题，并与银行指派到这个中心的工作人员密切合作。当格莱珉银行的某一个成员村民在一次会议期间正式提出一项贷款申请时，银行工作人员通常会向支持小组组长和中心负责人咨询，组长与中心负责人在决定贷款中担负很大的责任，也有相当大的话语权。中心会议上的所有业务都是对外公开的，这有效地降低了来自银行的腐败、管理不当以及误解的风险，并使负责人与银行职员直接对贷款负责。格莱珉银行公开透明的“小组 + 中心 + 银行工作人员”的贷款程序是非常有智慧的一种金融机制创新。

资料来源：王曙光，《穷人的银行家尤努斯和孟加拉乡村银行》，《北大商业评论》，2006年第11期。

二、库兹涅茨曲线效应与微型金融的作用

金融发展的库兹涅茨曲线效应（即倒U形收入差异效应）是指在金融发展过程的初期，金融体系的扩张会显著拉大国民收入差距（以基尼系数为衡量标准），而后期随着金融发展的深入推进，收入不平等状况会逐步改善。用时间序列资料证实倒U形假说有一定困难，然而用国家间的横截面资料观察到它是相对容易的，很多文献都运用横截面资料证实了库兹涅茨效应的存在。我们可以用图9.1来简单地描述库兹涅茨钟形曲线。图9.1的横轴表示人均国民生产总值（Y/N），纵轴代表基尼系数（G）。图中表示出A、B、C三条弯度不同的曲线，其中A表示该国在经济发展过程中收入不平等程度最高，C表示收入不平等程度最低，B的情况居中。库兹涅茨曲线的峰值代表收入最不平等的时点，在这一峰值上人均GNP处于2 000—3 000美元。

在金融发展和经济发展的初期，低收入者和高收入者的收入差异会显著增大且呈不断扩张的趋势。因此，在库兹涅茨曲线的左半边（负效应区），由于收入差距不断增大，金融机构会更倾向于在具有较高预期收益从而具有较高偿还能力的城市投资，而不愿意在收入较低的农村社区投资，从而出现资金由农村向城市的净流动，这就是典型的“系统性负投资现象”。单向的资金流动和系统性负投资导致城乡收入差距持续拉大，收入不

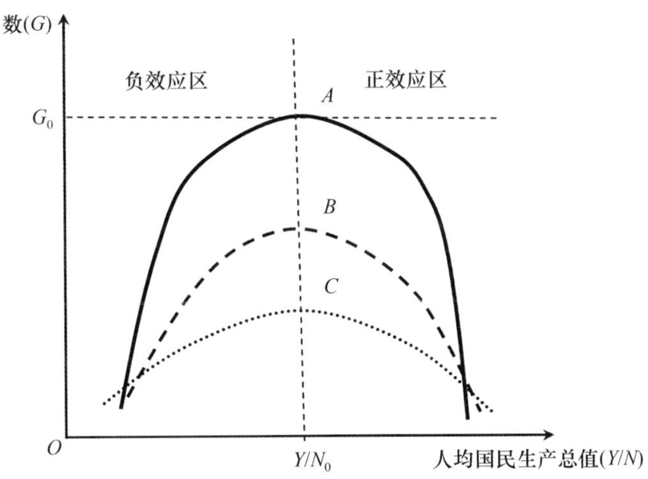

图 9.1　库兹涅茨曲线效应

平等程度加剧,低收入者陷入贫困陷阱。问题的核心在于能否运用一些特有的制度安排和激励框架,来遏制或至少在一定程度上缓解系统性负投资,使得库兹涅茨曲线变得相对平缓一些,减小经济发展和金融发展过程中的收入差距,在图 9.1 中即表现为"$A \to B \to C$"不断移动的过程。也就是说,即使库兹涅茨效应不可避免,也应该运用某种制度设计使得基尼系数上升的幅度小一些。

图 9.1 的左侧部分为库兹涅茨负效应区,在这个区域,随着经济和金融发展,人均收入上升,但是收入不平等也在加剧;右侧部分为库兹涅茨正效应区,即经过经济和金融发展的一定阶段之后,随着人均收入上升,收入不平等现象缓解,基尼系数下降。如何由库兹涅茨负效应区尽快过渡到正效应区,如何在经济和金融发展过程中降低收入分配的不平等,是我国当前面临的严峻挑战。国际实践证明,运用系统性的激励和约束框架,建立相应的农村金融发展机制,鼓励微型金融机构发展,构建多层次、广覆盖、可持续的普惠金融体系,可以在一定程度上缓解穷人的信贷约束,从而平滑其收入水平,降低经济发展和金融自由化过程中的收入不平等程度(即降低库兹涅茨曲线的峰值,并使得库兹涅茨负效应区尽快过渡到正效应区)。可以说,微型金融发展是降低收入不平等的重要途径。

第二节　农村微型金融的发展哲学与运行模式

一、农村微型金融的发展哲学与挑战

首先,微型金融发展哲学的重要因素是其民间性,也就是充分动员民间力量,以多元化的主体满足弱势群体和微型企业的金融需求。相信民间力量能够整合并动员起地区性的私人资本,并将这些私人资本运用到商业上可持续的投资领域,是微型金融获得健康长足发展的基本前提。在微型金融的众多参与者中,希望获得商业回报的投资者、期望实现慈善目的的资金捐助者、进行基金组建与投资的国际组织以及商业性金融机构,都从各自的利益与愿望出发,参与到微型金融的实践中。尊重这些民间的非政府部门的

意愿，相信民间部门的积极角色，正是目前我国公众、政府与金融部门（包括商业性的金融部门以及金融监管部门）所缺乏的一种基本理念。

其次，微型金融发展的哲学应包含政府角色的重新定位。基于小额信贷的民间性，政府应该做微型金融机构的促进者而不是直接的操作者。政府的角色定位于为民间金融部门的微型金融提供清晰的法律框架与风险控制程序，进行公正而透明的监管，而不应直接参与和介入民间微型金融组织的日常运作。我国在农村合作基金会盛行的时期（20 世纪 90 年代），很多地方政府对农村合作基金会的内部事务与日常运作进行干预，控制其投资的方向以达到自己的政策目标，这给农村合作基金会造成了致命的消极影响。1999 年农村合作基金会被取消之后，大量呆坏账使很多地方政府至今还背着巨额的债务包袱而不能脱身。这是一个值得吸取的教训。政府在推行小额信贷中的超脱地位，有利于让政府更好地进行政策性和法律性的控制，并减轻自身的负担。如果政府过深地介入民间金融组织的运作，公众就会把这些民间金融组织误认为政府金融组织，从而增加自己的道德风险（倾向于不归还民间金融机构的贷款）。政府对小额信贷机构的监管与对一个大的商业银行的监管不同，小额信贷机构更适合于一种非审慎性的监管，即政府对其进行注册等级以及定期的信息披露。

再次，小额信贷的哲学强调其商业性而不是慈善性，这是极其重要的一点。很多人将小额信贷机构的金融服务视为慈善行为，这也包括很多资金提供者在内。一些有钱人或国际组织出于关注并改善贫困人群境况的良好愿望，捐资组建小额信贷机构，他们并不在意投资回报率的问题，并不期待从小额信贷机构获得相应的商业利润。但是小额信贷机构的核心是其商业性，它不是对资金需求者进行简单的慈善性捐助，而是期望通过商业性的贷款，提高借款人的生产能力并产生商业性回报，从而实现小额信贷机构的自我维持和商业上的可持续发展，同时内在地提高当地贫困人群的生活水平。对于小额信贷机构发放的贷款，老百姓知道其与政府的扶贫款是不同的，它需要偿还，在这样的压力下，他们就会动脑筋寻找可以获得利润的项目进行投资，这就直接有益于农村经济的增长和产业结构的优化，同时也无形中培育了农民的商业观念和市场意识，增强了他们在金融市场中必须守信用的理念。商业上的可持续性也是吸引大量投资者加入小额信贷事业的重要条件之一，小额贷款（包括小额保险）已经被证明是可以实现商业上的可持续性并获得可观利润的，这一点已经被越来越多的国际投资者（包括像花旗银行这样的著名商业银行）所认识。资本是要获得利润的，不理解这一条原则，小额信贷就不可能获得长久的发展。

最后，小额信贷的发展哲学强调民间金融机构自身的自律性与对金融伦理规范的尊重。民间金融机构的最大资本不是其拥有的资本金规模，而是其市场信誉，实际上这也适用于一切金融部门和私人企业部门。民间金融机构在信贷市场上遵守基本商业游戏规则和国家政策法规，塑造守信与规范经营的形象，是其业务不断拓展的重要基础。小额信贷机构对金融伦理原则的认同与维护，不仅是一种职业道德要求，更是自身长远发展的要求，这就意味着小额信贷机构更要克服其机会主义与短期行为倾向，着眼于长远的发展，注重自律和谨慎经营。

总之，由民间组织主导的小额信贷是一个具有很大发展潜力的领域，它对我国农村经济发展与农民生活境况改善的重要意义是不言而喻的。对于小额信贷发展而言,完善的法律框架、有力的政府扶持、宽松的社会舆论环境、私人资本市场的稳健性和自律以及小额信贷需求者(尤其是农民)自身信用意识和市场观念的培育等,都是不可或缺的制度条件。

基于小额信贷自身的发展特点和全球发展经验,我国发展小额信贷至少面临着以下五大挑战:

第一个挑战是政府针对小额信贷的法律框架与有效监管。我国目前对非政府组织小额信贷还处于摸索和试点的阶段,没有一整套法律框架来界定非政府组织小额信贷的法律地位,也没有系统的监管框架对非政府组织小额信贷实施有效的监管。作为临时性的制度安排,日升隆和晋源泰这两家开风气之先的小额信贷公司是在原国家工商总局进行注册,并由中国人民银行(以及中国人民银行的当地分支机构)主导日常的监管,其试点的整个过程以及试点方案的制定也是由中国人民银行和当地政府进行审批和把关的。这种临时性的制度安排存在一些潜在的矛盾,也对未来的有效监管形成了一些障碍,其中核心的一个问题是,如何清晰地划分中国人民银行与国家金融监督管理总局之间在监管小额信贷组织方面的职能。作为主要进行小额贷款的组织,小额信贷公司的业务领域和运作模式与一般的工商企业有很大不同,因此国家金融监督管理总局不可能承担起监管的职能。中国人民银行作为一个主要以执行独立的稳健的货币政策为己任的部门,在目前我国金融体系的监管模式下,也不宜更深地介入非政府组织小额信贷的监管。因此,这种临时性的以中国人民银行为主体的监管框架,将来势必要有所调整。而且,更为重要的是,我国应该在适当的时候制定比较清晰的法律框架,来规范和引导非政府组织小额信贷的健康发展。没有法律作为准绳,小额信贷机构的长期发展就缺少一种稳定的制度性保障,就难以保证当地政府不对这些非政府组织小额信贷进行不必要的干预。

第二个挑战是小额信贷机构如何实现商业上的可持续性。非政府组织小额信贷与一般政府主导的带有扶贫性质的小额信贷是不同的,与一般慈善机构所进行的捐助行为也是不同的。政府主导的带有扶贫性质的小额信贷以政府的政策性目标为导向,其首先考虑的问题是实现政策性目标(如社会平等与稳定、充分就业),而不是实现营利性目标。慈善机构的捐款带有社会捐赠性质,也不会考虑利润问题。但非政府组织小额信贷不是慈善捐款,也不是政府扶贫贷款,它首先要保证自身的可持续性,保证能够在维持自身存在的前提下获得利润回报。但是小额信贷机构的盈利能力欠佳是全世界普遍存在的一个难题,尽管我们不能否认有些小额信贷公司的运作确实能带来比较可观的利润,不仅可以维持自身的生存,还能给投资者带来一定的回报,但是从总体来说,小额信贷在商业上的可持续性不是一个容易达到的目标。在非政府组织小额信贷试点的过程中,那种认为小额信贷可以很快带来商业上的丰厚回报的乐观期待是不现实的,对于投资者而言,对小额信贷的利润有一个合理、客观、谨慎的预期,是非常重要的。这样可以避免小额信贷机构产生一种焦躁的、跃进的心态,而这种急功近利的心态很容易使小额信贷机构产生机会主义的短期行为。对此,业界必须保持足够清醒的头脑。

第三个挑战是在当前农村金融体系下小额信贷机构如何实现规模经济和资金来源的多元化。我国目前农村金融体系的主体是农村信用社,农村信用社不仅是吸收储蓄的主体，也是进行农户小额贷款和农村中小企业贷款的主体。由于农村信用社分支网点众多，小额贷款服务覆盖面大，因此其在小额信贷的推行中占据着天然的市场先发优势、信息优势和市场网络优势。小额信贷机构在网络资源和资金实力方面很难与农村信用社相比，在农村信用社已经占据很大市场份额的条件下，小额信贷机构若想获得规模经济，并与农村信用社展开有效的竞争，需要付出极大的努力。同时，由于现有的小额信贷试点中规定小额信贷机构不能吸收储蓄，使得小额信贷机构的资金来源受到限制，因此如何实现资金来源的可持续性和多元化，是小额信贷机构最为头痛的问题。政府在小额信贷机构业务（尤其是存款业务）上的限制，导致小额信贷机构在与农村信用社竞争时处于天然的弱势地位。本来中国人民银行在鼓励非政府组织小额信贷时是想利用小额信贷机构来增强农村金融体系的竞争，避免农村信用社的垄断性所带来的市场竞争的不充分性，但是在目前的状况下，小额信贷机构很难与农村信用社进行有效的竞争。因此选择合适的时机放弃“只贷不存”的限制，是关系到未来小额信贷机构发展的关键问题。

第四个挑战是小额信贷机构自身的信誉与信用评级问题。作为小额信贷机构，其自身的信誉极端重要，而信誉不仅是一个小额信贷机构自律的问题，而且是一个社会成员的外部认同问题。一个民间性的小额信贷机构，如何能够赢得公众的信任，如何能够让监管者放心，这不是一个简单的问题。在我国这样一个长期实行计划经济的国家，大家习惯于相信政府的权威，相信带有政府背景的企业和社会组织，但是对于非政府组织的信誉似乎不是那么信任，这是一个文化问题，也是一个社会意识问题。在国际上，小额信贷机构的信用评级问题一直是一个难题，什么机构可以为小额信贷机构评级，评级的标准又是什么，都是大家讨论比较多的问题，并没有形成可以被普遍接受的意见。在我国目前的情况下，设置专门的机构对小额信贷机构进行专业性信用评级的条件还不成熟，但是利用现有的权威性的会计师事务所等中介机构对小额信贷机构进行定期的评级和审查，是有可能实现的。这种做法一方面克服了政府既制定规则又实施规则的弊端，增强了中介机构在监管中的作用；另一方面又符合对小额信贷机构进行“非审慎性监管”的要求，只要中介机构能够提交符合规范的评级报告，监管者就可以对小额信贷机构的状况进行合理的判断。评级问题不解决，有效的非审慎性监管就很难实施。

第五个挑战是小额信贷机构自身的风险控制和贷款担保问题。小额信贷机构要保证商业上的可持续性，首要的问题就是控制贷款风险，尽量降低呆坏账比率。小额信贷机构的风险控制是否到位，首先取决于其对借款人信用的了解程度，对借款人信用了解越彻底，就越能有效地降低贷款前的逆向选择和贷款后的道德风险行为。这就需要小额信贷机构有足够的风险评估技术和人才，而在这方面，目前的小额信贷机构还难以做到。就已经挂牌营业的日升隆和晋源泰两家小额信贷公司而言，它们最为缺乏的也是这方面的人才和技术，那些参与发起小额信贷公司的企业家多从事煤炭行业等实业，对金融机构的运作缺乏专业知识，这是阻碍小额信贷机构健康发展的一个最大难题。同时，小额信贷机构的风险控制还涉及贷款的担保品和抵押品的问题。农村金融体系面临的困境之一是农户缺乏足够的抵押品，一方面，农户自身没有足够的固定资产可供抵押；另一方面，土地作为一种抵押品在法律上存在很多尚未解决的困难。缺乏抵押担保品，使得小额信贷机构的贷款风险加大，直接影响到未来的可持续发展。

二、国际微型金融的运行模式

国际上微型金融的运行模式主要有三种：小组模式、村银行模式和个人贷款模式。

小组模式即孟加拉乡村银行模式，1976 年由尤努斯在乔布拉村创办，1983 年注册为银行。乡村银行模式的基本特征包括如下五个方面：第一，层级组织结构。孟加拉乡村银行设总行、各地分行和基层组织三层组织结构，以联保小组和乡村中心为运行基础。分行之下设 10—15 个支行，每个支行有 6—7 名工作人员、2—3 名培训人员、会计和经理各 1 人。每个支行管理 120—150 个乡村中心，各支行在财务上自负盈亏。第二，小组、中心制度。典型的小组由 5 人自愿组成，其中 1 人为组长，小组成员之间具有连带担保责任；小组贷款采用“2 +2 +1”的贷款次序，即优先贷款给 5 人小组中最贫穷的 2 人，然后贷给另外 2 人，最后贷给小组长。每 6 个小组组成一个中心；中心定期召开会议，进行集中放款、还贷和集体培训。第三，分期还款制度，“整借零还”。孟加拉乡村银行仅提供期限为一年、分期等额还款的小组贷款，限制贷款额度；不允许一次性提前还清贷款。改革后的孟加拉乡村银行模式即“广义乡村银行”系统中，借款人可以采用分期不等额的还款计划，并可以提前还款。第四，小组基金（古典系统）或强制性存款账户制度（广义系统）。广义系统中的强制性存款账户包括个人储蓄账户、特殊储蓄账户和养老金账户。贷款额的 5%（该部分原来即为小组基金）进行强制储蓄，均分为两份，分别存入个人账户和特别账户。另外，每周要求的储蓄也存入个人账户，个人账户的资金可随时提取，特别账户用于购买孟加拉乡村银行股金，不能提取。所有借贷 5 000 塔卡（约 86 美元）以上的客户，每个月都要存 50 塔卡入养老金账户，10 年后能获得大约 2 倍于养老金账户数额的养老金。第五，以妇女为主要贷款对象。2005 年 8 月孟加拉乡村银行的报表显示，其贷款余额达到 3.85 亿美元，还款率为 99.2%，有账户的成员已经达到 500 万个，妇女占 96%。可以说，小组模式正在不断完善和发展。

村银行（Village Banking）模式的经典是乌干达的 FINCA（国际社会援助基金会），由约翰・哈什（John Hatch）于 1984 年创立，致力于为低收入家庭提供小额信贷。村银行一般建立在某一个自然村庄的基础上，其运行的基础和核心是村互助小组。小组由互相了解、愿意互相帮助与合作的 10—50 名邻居组成，通常由这些家庭的主妇构成。小组由成员自治，实行民主集中制，选举产生组长，自主设计规章制度，负责记账和贷款的监督并对违约情况予以处罚。村银行小组的资金可以来自外部，比如最初的资金由 FINCA 提供①，但这些资金由村银行小组管理，小组对诸如资金贷放给谁、贷给多少之类的问题，具有最终决策权。村银行最鲜明的特征是高度参与和经济民主化，信贷决策权交予小组，小组成员以高度的主人翁精神参与村银行自身的发展。小组成员共同学习和进步，互相提供支持和建议，通过互助网络共同发展。在 FINCA 的村银行中，贷款的利息收入可以覆盖大部分运作成本，基本上可以实现可持续发展目标。

个人贷款模式是根据个人向小额信贷机构提供的还贷保障和一定程度的担保能力，

---

① 印度的村银行模式版本，又称自助组织模式，它以农村传统的自助形式的社区发展组织为基础，先利用成员存款实行组织内的信贷自我管理，成熟后与商业银行合作，由商业银行向自助组织批发贷款。

向他们提供贷款，其经典版本为印度尼西亚的 Rakyat 银行和印度的妇女自主就业协会等。个人贷款模式结合了正规金融机构借贷和非正规借贷（如民间放贷者）的方法，向不属于任何团体的个体进行贷款，并由信贷官员向借款者提供培训和技术援助。个人信贷模式的特征如下：第一，贷款担保表现为某种形式的抵押（比正规贷方定义宽松）或连署签名人（某个同意为贷款负法律责任的人，但此人本身不从小额信贷机构获得贷款）；第二，通过信用检查和特征参考筛选潜在顾客；第三，按照客户经营活动的要求设定贷款规模和期限；第四，从长期看，经常调整贷款规模和期限；第五，职员努力发展与顾客的亲近关系，即个人贷款模式要求与个体顾客频繁和亲密地接触。

通过简单的对比可以发现，以上三种模式事实上构成了一种“制度渐变”，我们以 I、G、V 分别代表个人贷款模式、小组模式和村银行模式：在客户管理上，按照 IGV 的顺序，信贷员与单个客户之间的关系逐渐减弱，同时，信贷员面对的单位团体也逐渐变大，客户的自我管理要求逐渐增强；在风险控制方面，按照 GVI 的顺序，小额信贷机构对客户的还贷保障和担保要求逐渐增加；在对象选择方面，按照 VGI 的顺序，机构对单个客户的个人能力和创收能力逐渐增强。“制度渐变”意味着三者之间没有不可逾越的鸿沟，任何模式间的相互借鉴都可能带来制度创新，从而造就更有效的小额信贷模式。

第三节　农村微型金融的核心制度设计

一、小组联保：风险控制和互助

小组联保制度是小组模式的核心之一，其内涵至少包括自愿组建小组，组员互助、互保和互督两方面内容。

自愿组建小组是让区域内经济和社会背景类似的贫困者自主选择组成信贷合作小组，并在贷款期间实行互助、互保和互督。信息经济学认为，信息不对称或信息不完全导致逆向选择、道德风险，使得资源相对于社会最优来说供给不足。就小额信贷的供给而言，银行或小额信贷机构同样对当地情况了解不多，尤其对当地农民的信誉、生产生活状况不甚了解，没有贷款记录可以参考，没有抵押。对于某个农户是否有生产经营能力、是否有良好信誉，外来机构没有多少客观信息可以参考。相比之下，生活在当地的农民更了解这些情况，对于借款人属于何种类型，他们所掌握的信息远远多于信贷机构。由农民相互选择，自愿组建小组，是一种开发、揭示信息的过程，部分替代了小额信贷机构甄别客户的过程，有利于充分发挥农户之间的信息优势、克服逆向选择问题。

互助、互保和互督是使小组成员有效利用贷款并克服道德风险的手段：第一，小组成员通过定期开会和日常接触等方式，对贷款的项目选择和使用进行相互监督与讨论，相互交流经验和信息，减少因项目选择不当和转移贷款用途引起的风险。第二，小组成员之间的互相合作和密切联系，激励着每个成员对其他成员的责任感。如果自己违约，不管出于什么原因，不但损害了其他成员的利益，也使自己失去了下一次借贷的机会。在中国社会，贫困者对家族声望与个人信誉都极端珍视。由于从小生活在一个相对稳定的社区中，社区内部成员世代生活在一个相对较小的地域范围内，对各自的家族历史和行为特点非常熟悉;决定家族之间交往的并不是现代社会中的契约,而是各个家族通过漫长时间累积的家族声誉。农民会相信,一旦自己的信誉或家族的名声沾染了污点,自己在社区中生存的质量就会下降,甚至有被剥夺生存权利的危险。因而,一方面,每个成员都以最大的自觉性致力于还贷,维持自己的信誉;另一方面,如果某个成员不能如期还贷,其他成员将通过各种办法帮助其还款,以维持小组的信誉。这样的机制培养了每个成员严格履约的信用意识,大大降低了道德风险。实际上,从博弈论的角度可以证明,小组成员之间连续的合作博弈使得穷人越来越珍惜信用和具有信用。

事实上,除了甄别客户和替代性担保从而有效降低风险,小组联保制度还具备一些其他功能。小组联保可以通过把筛选和监控的成本转移到团体身上来减少机构的交易成本,同时,机构也得以增加服务客户的数量;在某些条件下,对于借款小组成员来说,通过对拖欠贷款成员进行惩罚,可以有效提高还款率。小组或社区对违约人的惩罚降低了违约人的个人收益,从而能使成员提高还款意愿。

二、利率设定:可持续与客户甄别

小额信贷利息收入是小额信贷的主要收入来源。合理的利率是小额信贷实现可持续发展的重要条件之一,用以补偿管理费用、资金成本、与通货膨胀有关的资金损失以及贷款的损失。合理的利率也是一种甄别客户的风险控制手段,能将一些非贫困者排除在外,并通过一定的激励机制保证较高的还贷率。

就收入来源而言,让参与小额信贷的机构盈利是激励机构扩大并持续提供小额信贷的根本保证。世界上不少小额贷款项目半途而废,归根到底都是因为亏损,特别是由国际组织、国外资金资助的小额贷款项目,往往资金撤出之日,就是小额贷款服务完结之时。小额信贷有额度小、成本高的特点,不能采用一般银行利率水平,而需要较高的存贷差弥补操作成本。只有采用覆盖所有成本的利率并提高发放信贷的效率,才能向客户提供长期持续的服务,这似乎与扶贫目标有所矛盾,但现实的情况是,国际上成功小额贷款的存贷差至少为8%。如果小额信贷机构有制定利率的自主权,其利率制定的高低将受很多因素的影响。

就风险控制手段而言,合理的利率具有甄别客户的功能:一方面,利率太低并不能使小额信贷资金真正到达贫困者手中,因为非贫困者将利用自己的地位和优势"霸占"低利率贷款,同时,小额信贷机构也存在选择有经济基础的非贫困者作为客户的激励。另一方面,非贫困者具有从商业银行取得贷款的途径,而贫困者则缺乏类似途径。因而小额信贷设置一个相对较高的利率就具有过滤和分流的功能,排除非贫困者。同时,贫困者通常也可以接受较高的利率,甚至远远高于正常收益率:第一,他们一般从事严重缺乏资本的劳动密集型生产,很少的初始资金投入就可以带来很大的资本边际报酬;第二,他们在衡量收入时一般不考虑劳动成本,收益是收入减实物支出后的剩余,劳动的机会成本则往往被忽略。实证研究也表明,贫困者相对于非贫困者具有更高的还款意愿并在实践中保持更高的还款率。中国小额信贷实践中,小组和个人贷款两种模式相比,小组模式的名义利率和有效利率都较高,而对比研究中小组模式保持了较高的还贷率也证明了这一点。我国自1980年以来,巨额扶贫贴息贷款不到50%的还贷率也很好地证明了低利率造成高违约率的风险。

三、中心会议与客户培训

中心会议也是小组模式的核心制度之一，一般认为其主要职能一是集中还贷，二是对贫困者进行培训教育。

在集中还贷方面，收集每个借款人本期应还的款项是表面层次的作用，更深层次的作用在于通过一个中心5—6个小组、30个左右借款人的集中活动，为所有的借款人提供了一种“社区氛围”，构建了一种“群众视线或者注意力压力”，为小组联保互助、互保和互督功能的发挥提供制度基础，激励所有借款人按时按量还贷，否则将极大地影响家族声望与个人信誉。

在培训教育方面，各国成功的小额信贷经验表明，对农民借贷者的培训是小额信贷成功的又一关键所在。农民是市场中的弱势群体，他们对迅速变化的市场反应不够灵敏，对适用技术的了解不够。缺少资金和收入只是贫困的表现，而非原因，贫困的根源更多地在于贫困者素质不高和不善投资。因此，国际上开展的小额贷款项目都要对贷款户进行大规模培训，提高他们对市场和新技术的认识，指导贫困者投资，鼓励贫困者储蓄，帮助贫困者理财，提高贫困者素质。杜晓山教授曾指出：小额信贷有别于一般的商业性信贷，它是以信贷作为手段来实现扶贫的目的。这就决定了其制度安排不仅注重放款、收款本身，更强调对贷款资金使用的技术支持。因此，在小额信贷工作中，小额信贷的难点往往不是放款、收款，而是如何辅助社区的能力建设。有了较好的培训，就能大大提高投资项目的成功率，也能减少小额贷款的风险。

四、小组基金或强制储蓄

小额信贷机构的储蓄通常分为强制储蓄与自愿储蓄两种。强制储蓄指借款人必须贡献一定数目的资金作为获得贷款的条件，有时它占贷款数额的一定百分比，有时作为一份微量的资金份额。中国的小额信贷小组模式都要求小组成员得到贷款后（前）存入相当于贷款额5%的资金，并且很多机构都要求借款人定期进行存款。一般认为强制储蓄的作用在于表明储蓄活动对借款人的价值，作为保证还贷的另外一种担保机制，帮助建立客户的资产基础，并且表明客户管理现金流的能力。对于没有储蓄观念的贫困者来说，在提供信贷支持时帮助其寻找投资项目，在项目实施获得收入后，要求他们定期、少量储蓄，不仅是小额信贷机构扩大资金来源的手段，更是帮助贫困者了解储蓄和资本积累方式的一种手段，从而帮助其树立理财观念。目前中国大部分非金融机构小额信贷都不施行自愿储蓄，因为非金融机构的吸储行为在中国被视为非法，如中国人民银行在五个省的小额信贷试点均规定了“只贷不存”。而农村信用社农户联保则施行强制储蓄和自愿储蓄并举的方式。小额信贷机构提供储蓄服务具有以下意义：第一，向客户提供了一个安全的地方保存存款、调节消费、躲避风险、积累财产，并且获得比在自己家中或以实物形式保存资产更高的收益；第二，增强客户对小额信贷机构“所有权”的理解，从而认同对小额信贷机构的还贷义务；第三，鼓励小额信贷机构依照来自存款人的市场压力加强贷款回收；第四，为小额信贷机构提供一个资金来源，有利于扩大贷款服务范围，增强政府和捐助者的自治,减少对补偿金的依赖。

五、信用评级

信用评级是个人贷款模式的核心制度之一,是一种根据农户个人品质、还款记录、生产经营活动主要内容、经营能力、偿债能力等指标对农户小额信贷潜在对象进行信用综合评定的方法,并且在执行过程中,往往依托当地村两委和有影响力的农户代表进行。从信用社的角度来说,好的信用评级,是一个通过信用检查和特征参考筛选潜在顾客的过程:一方面,不同等级的设定,既排除了风险客户,也实现了农户的风险分类,因而能够有效地降低信息不对称带来的风险,其作用机制与小组联保的自愿组建小组类似,都是基于社区内部成员的相互了解实现客户的甄别;另一方面,将原本需要由信用社或信贷员完成的客户识别与审核工作,通过"一次性"的综合评定,转变为由社区共同承担,极大地降低了信用社的成本。同时,信用评级也代替了传统信贷服务的层层审批,比农村信用社原有的信贷模式具有更大的效率优势。

六、与政府或基层组织合作

不管是金融机构还是非金融机构,不管是小组模式还是个人贷款模式,目前国内小额信贷的一个普遍特点就是与政府或其基层组织存在千丝万缕的关系。如非政府组织往往要与项目区的政府签订开展项目的协议,以寻求当地政府的支持,并且利用政府的基层组织开展业务,而且相当一部分非政府组织成立的决策机构中都有政府官员参加甚至担任领导;农村信用社小额信贷一般也会利用村基层组织即村两委开展工作,如信用评级、贷款回收发放等。政府参与的优势在于有强大的资源动员能力,可以充分利用行政管理体系,大规模地迅速推广小额信贷服务。

七、持续性贷款制度

不管是小组模式还是个人贷款模式,目前的实践中普遍都采用了一种持续贷款制度,一般而言,只要农户遵守合约规定,就能继续获得贷款。第一,小额信贷提供的连续循环贷款,降低了农户重复获取贷款的总交易成本,因而,贷款的连续发放对贷款农户来说构成了一种连续博弈:对小组模式而言,小组成员之间连续的合作博弈使得农户越来越珍惜信用和具有信用;对个人贷款模式而言,虽然约束不如小组模式明显,但持续的金融服务和与社区生活质量相关的个人信用评级始终是每个农户都会细细考量的因素。同时,持续的贷款也有利于提高农户的资本和要素积累,通过持续的努力,增强自身能力,增加收入,从而提高还款能力。通过各方面的激励措施,小额信贷降低了信贷风险。

第二,小额信贷操作中施行的小额度、短期限、高还款频率等制度设计,同小组联保、中心会议、合适利率等制度设置一样,实现了一种甄别客户的功能。如频繁的每周中心会议和每周还款,需要耗费借款人很多的时间和精力。社会经济状况不同的人,其时间和精力的相对价值也存在很大差异。孟加拉国的实践证明,穷人能够遵守乡村银行中严格的纪律,按时出席专门为每周还款和监督项目实施而制定的中心会议;而对经济条件较为宽裕和存在其他机会的借款人来说,这种高成本的小额贷款和还款机制能导致他们自动退出。

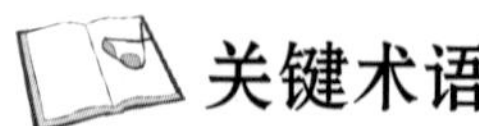

关键术语

微型金融(小额信贷)	库兹涅茨曲线效应	小组模式
个人贷款模式	村银行模式	强制性存款账户制度
中心会议持续性贷款制度	升级模式	降低门槛模式
绿地模式		

思考与讨论

1. 微型金融的小组模式、个人贷款模式、村银行模式各自的优势和劣势是什么?
2. 我国微型金融的核心制度设计应该包含哪些内容?
3. 如何理解微型金融发展的哲学理念?
4. 我国农村微型金融目前面临什么问题? 如何解决?

本章参考文献

曹子娟. 中国小额信贷发展研究[M]. 北京:中国经济出版社,2005.

杜晓山. 孟加拉国的乡村银行及对我国的启示[J]. 中国农村经济,1994(2).

杜晓山. 商业化、可持续小额信贷的新发展[J]. 中国农村经济,2003(10).

杜晓山,孙若梅. 农村小额信贷:国际经验与国内扶贫社试点[J]. 财贸经济,1997(9).

杜晓山,孙若梅. 中国小额信贷的实践和政策思考[J]. 财贸经济,2000(7).

杜晓山. 小额信贷原理及运作[M]. 上海:上海财经大学出版社,2001.

杜晓山. 中国农村小额信贷的实践尝试[J]. 中国农村经济,2004(8).

李新然. 论小额信贷的非金融价值[J]. 农业经济问题,1999(4).

任常青. 小额信贷:双重制度创新的扶贫模式及其在中国的实践[R]. 中国农村发展研究报告,2000.

王曙光,李冰冰. 农村金融负投资与农村经济增长——库兹涅茨效应的经验验证与矫正框架[J]. 财贸经济,2013(2).

王曙光. 穆罕默德·尤纳斯教授和孟加拉乡村银行的信贷哲学[J]. 中国金融家,2006(11).

王曙光. 农村信贷机制设计与风险防范:以王安石青苗法为核心[J]. 长白学刊,2008(12).

王曙光. 穷人的银行家和真实世界的经济学[J]. 北大商业评论,2006(11).

王曙光. 小额信贷:来自孟加拉乡村银行的启示[J]. 中国金融,2007(4).

王曙光.中国农村金融的草根试验[J].中国农村金融,2010(7).
王卓.低收入人口的信贷需求与供给分析[J].财经科学,2000(5).
萧志,吴建丽.扶贫基金.茅于轼的学术试验[J].中国改革·农村版,2002(9).
姚遂,汪小勤,陈卓淳.信贷扶贫制度的设计与创新[J].中国农村观察,2002(5).
赵利梅.中国和孟加拉国小额信贷模式比较[J].农村经济,2004(12).

第十章　我国农村微型金融的创新模式

【学习目的】

◆ 我国农村微型金融在汲取国际上成功的微型金融发展模式经验的基础上,也开创了一些新的模式。学习本章,应了解我国不同类型微型金融的主体、比较优势和劣势,并思考推动我国微型金融创新的决定性因素。同时,应该在普惠金融的框架内思考微型金融发展的机遇和方式。

【内容概要】

本章对我国公益机构主导型、商业机构主导型和政府(准政府)主导型微型金融各自的比较优势以及运作机制进行了系统的分析,同时揭示了我国农村经济转型时期微型金融需求主体的变迁,论述了新型农村经营主体的出现以及新型城镇化给微型金融发展带来的影响。本章着重分析了微型金融与社区发展的结合模式,即社区发展基金的运作模式,并探讨了大型商业银行如何提供微型金融服务的问题,提出了五大对接理论。本章还从普惠金融的视角审视微型金融发展,提出了发展普惠金融的系统性框架。最后,本章特别探讨了微型金融在我国减贫中的作用及其机理,提出了微型金融减贫的“七大效应”。

第一节　公益机构主导型、商业机构主导型和政府主导型微型金融

一、福利主义和机构主义微型金融

微型金融在中国的发展呈现出多元化的局面,微型金融机构的种类繁多,其目标和运作模式也各有不同。根据微型金融发展的目标,可以分成福利主义(welfarism)微型金融和机构主义(institutionalism)微型金融。所谓福利主义微型金融,是强调微型金融对于贫困者和弱势群体的福利提升功能。持福利主义观点的人认为,微型金融是为了帮助贫困者和弱势群体摆脱困境而开展的特殊的金融服务,因此应该以提升贫困者福利为首要目标,而不是以盈利为首要目标。福利主义观点在公益类微型金融机构中有普遍的影响,这些机构关注贫困者的福利的改善,因此在微型金融的产品设计、定价以及金融服务等各方面照顾贫困者的利益。一些对贫困国家的发展援助以及扶贫项目也基本上采取福利主义的观点,更注重改善贫困者的经济和社会地位,使他们能摆脱贫困并更好地融入社会。所谓机构主义微型金融(有些中国学者也翻译为“制度主义”,实际上“institution”在此处更强调“微型金融机构”,因此翻译为“机构主义”更贴近英文原意)则强调微型金融机构的可持续性,认为只有实现微型金融机构自身的可持续发展,才能为贫困者

和弱势群体提供更好的金融服务，如果微型金融机构本身不能实现财务上的可持续，就很难谈到持续提供金融服务并改善贫困者的福利状况。

从表面上看来，福利主义微型金融强调从服务对象着眼，以改善贫困者的福利为首要目标，而机构主义微型金融则从服务提供者着眼，以提升微型金融机构的自身可持续性和盈利能力为出发点，这两个观点似乎是矛盾的。在现实中，确实也存在这样的微型金融发展目标上的分野，并造成了不同微型金融机构"分道扬镳"的局面：一些微型金融机构纯粹考虑扶贫问题，而不管机构自身的财务可持续性，结果导致微型金融机构在实施金融扶贫一段时间之后便出现严重的财务问题，以至于最终停止服务；而另一些微型金融机构则走了另一个极端，单纯考虑机构自身的发展，强调财务可持续，强调盈利，而不强调对贫困者的扶助，结果在微型金融的产品设计、运作机制和定价方面完全不考虑贫困者的情况，最终使得微型金融机构完全成为逐利的商业机构，以利润最大化为第一目标，逐步偏离微型金融的服务对象，有些甚至走向高利贷、垒大户、纯商业的道路，丧失了微型金融本身存在的意义。

而事实上，福利主义微型金融和机构主义微型金融在发展目标上并不矛盾，而且完全可以实现兼容。福利主义微型金融既要强调其提升贫困者福利的功能，也要强调自身机构的可持续性，不能以丧失机构自我发展能力为代价来进行金融扶贫；机构主义微型金融既要强调机构自身的可持续性，也要在定价和运行机制方面考虑到贫困者的福利，不能唯利是图、竭泽而渔，不能以商业化为借口，最终脱离微型金融需求者，这样就偏离了微型金融真正的发展方向。一个好的微型金融机构，要既能够使自身实现财务可持续，又能够帮助穷人和弱势群体脱离贫困，两个目标兼容并相得益彰。

二、公益机构主导型微型金融

我国非政府组织近年来有了长足的发展，很多非政府组织致力于运用金融手段进行有效的扶贫，成为我国微型金融发展的主要力量之一。

自 1993 年中国社会科学院农村发展研究所在河北易县建立第一个以小组模式为依归的扶贫经济合作社开始，我国已经拥有数百家由非政府组织主导的微型金融机构。这些以扶贫为宗旨而不以利润为首要目标的非营利机构，在不够宽松的法律环境与政策环境下努力生存，虽然也有少数微型金融机构获得了成功，但是大部分机构仍未实现财务盈余与可持续发展。民间公益类微型金融机构面临的第一个问题，也是其最大的发展障碍，就是其法律地位的不确定性与含混性。至今，尽管学术界与微型金融业界呼吁多年，但是仍然缺乏一部法律或规章对民间公益类微型金融机构进行清晰的法律地位界定与监管。因此，大部分民间公益类微型金融机构仅仅作为民政部门注册的非营利组织而存在，而不可能以任何形式的金融机构存在。法律地位的不确定性影响了民间公益类微型金融机构的对外信誉度、吸引资金的能力以及与其他经济主体的缔约能力。

民间公益类微型金融机构面临的第二个问题是如何在扶贫目标与盈利目标之间实现一种有效的平衡，使民间公益类微型金融机构既可以实现其反贫困的目标，又能以一定的盈利能力实现机构的财务可持续性。在民间公益类微型金融领域，一直存在坚持扶贫目的的福利主义与坚持机构可持续发展的机构主义之间的争议。实际上，任何一个民间公益类微型金融机构，都必定是福利主义和机构主义的有机结合与微妙平衡，机构的可持续发展是成功实现扶贫目标的制度前提，而反贫困则是机构可持续发展的最终目的。但是，如何实现这两个目标的平衡，如何有一个正确的定位与发展愿景，则一直是困扰很多民间公益类微型金融机构的重要问题之一。

民间公益类微型金融机构面临的第三个问题是如何实现有效的风险控制以及如何设计有效的内部治理机制，从而对机构的管理层和信贷员进行有效的激励与约束。外部的风险控制涉及贷款发放机制与回收机制的设计，以及对民间公益类微型金融客户的信用甄别与信息处理；而内部治理机制主要涉及小额贷款机构如何协调出资人、管理者和相关利益者的相互关系，以及如何设计有效的薪酬机制与监督机制。

专栏 10.1

公益类微型金融案例：内蒙古赤峰市昭乌达妇女可持续发展协会

内蒙古赤峰市昭乌达妇女可持续发展协会是一个以扶贫项目为起点发展起来的非政府组织小额信贷机构，其宗旨是利用国内外资金及其他支持，向贫困妇女提供小额信贷、技术、法律、卫生等相关服务，增加农户经济收入，促进本地区经济、环境与人类的和谐发展；其目标是把该协会建设成自主经营、自负盈亏、自我发展、运作规范、管理科学的能够长期为贫困人口提供服务的小额信贷机构。从 1998 年项目初创到现在，经历了三个发展阶段：

第一阶段：项目阶段（1998—2000 年）。赤峰市妇联实施了联合国开发计划署（The United Nations Development Programme，UNDP）援助、中国国际经济技术交流中心（China International Center for Economic and Technical Exchanges，CICETE）执行的内蒙古扶贫与妇女参与发展项目。项目总额度 100 万美元，其中小额信贷本金 40 万美元（按照当时的汇率约为 330 万元人民币），项目结束时累计有 4 069 名贫困妇女得到小额信贷的支持，超过原定支持 4 000 个贫困妇女的目标。

第二阶段：项目到机构的转变阶段（2001—2004 年）。赤峰市实施了 UNDP 和 CICETE 支持的可持续的小额信贷扶贫项目（SMAP）。此项目的特点是关注小额信贷的可持续发展，不提供本金，只提供技术支持，并帮助成立了专门管理小额信贷的机构，即赤峰市昭乌达妇女可持续发展协会（以下简称“协会”）。在这个阶段，机构的成立使项目的推进更具效率，开发了管理软件，建立和完善了会计制度与贷款管理报告系统，并完善了治理结构，使协会成为业务上独立的机构。

第三阶段：非政府组织向商业化运作转化的准备阶段（2005 年至今），在这个阶段，协会开始进行商业化融资，引进一些商业化经营的理念，并从治理结构及机构设置等方面做一些必要的准备。

从经营状况来看，1998 年以来协会的贷款规模和有效客户规模不断扩大，并一直保持着极高的贷款偿还率。到 2008 年年底，协会已累计放款突破 1 亿元，已有 18 000 户

74 000人受益,并始终保持着99.9%以上的还款率(见图10.1)。

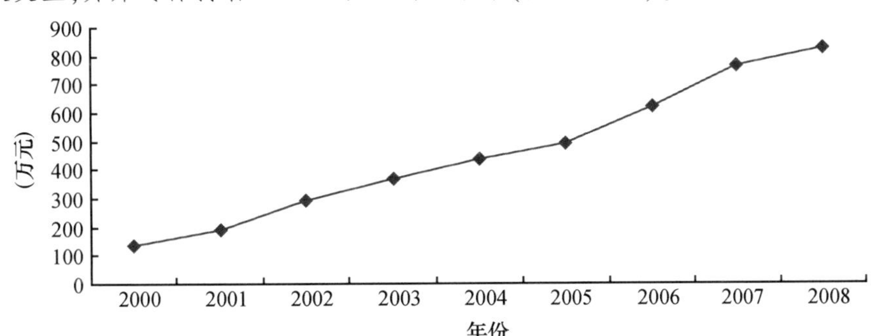

图10.1 2000—2008年昭乌达妇女可持续发展协会贷款余额趋势

从组织结构来看,协会实行理事会领导下的秘书长负责制,会员代表大会是协会的最高权力机构,理事会是协会的决策机构,秘书处是协会的执行机构。协会现有会员6 000多名,理事7名。协会共有3个分支机构,有26名工作人员,其中24名专职人员、2名兼职人员。2001年协会刚刚成立时,有40名理事,理事素质参差不齐,理事会很难进行正确决策。2002年9月重新选举理事会,其成员主要是熟悉小额信贷业务的政府机构人员、国际组织代表和科研院所专家等,由于理事会成员较为集中且素质较高,对协会的高效决策非常有利。

昭乌达妇女可持续发展协会是一个非政府组织小额信贷机构,其资金来源主要是各种国际政府组织和非政府组织的捐赠资金与项目运作资金。2008年协会拥有资金960万元,其中UNDP 330万元,日本政府130万元,格莱珉基金(GF)164万元,格莱珉信托(GT)69万元,各级妇联43万元,协会盈利103万元,其他为小组基金和职工风险金(见图10.2)。

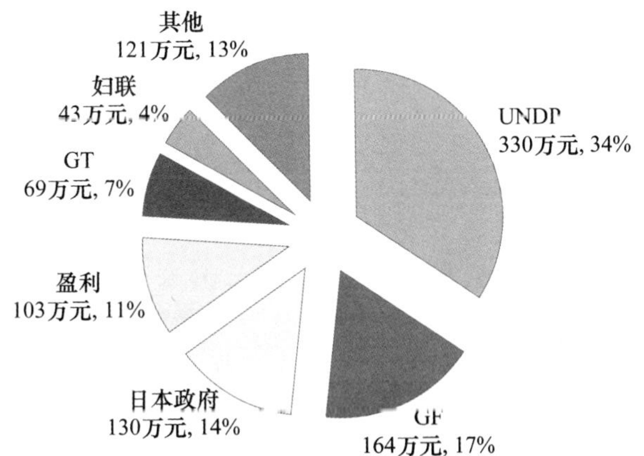

图10.2 2008年昭乌达妇女可持续发展协会资金来源结构

协会之所以在近10年的运营过程中保持了较高的还款率,其主要经验在于合理的贷款产品设计与风险控制机制,这些机制在借鉴孟加拉乡村银行模式的基础上,结合内蒙古赤峰市的区域经济情况进行科学调整,形成了具有地方特色的一整套风险管理模式，我们可称之为昭乌达模式。昭乌达模式的核心制度设计包括贷穷不贷富、贷女不贷男、贷短不贷长、小组联保、无抵押、整借零还、强制储蓄、可持续利率、项目自选、中心会议等。这些基本机制设计有些直接来自孟加拉乡村银行模式，孟加拉乡村银行模式中不符合中国国情和法律规范的一些机制则被修订。比如，孟加拉乡村银行模式中先扣小组基金利息，这一项不符合中国法律，被昭乌达模式取消；孟加拉乡村银行模式中对联保小组的贷款有一定顺序，一般先贷给最穷的2个人，再贷给经济条件稍好的2个人，最后贷给小组长，而在昭乌达模式中则一次性贷给所有成员；此外，昭乌达模式还设计了符合区域情况的新型贷款产品，如担保贷款产品。

在贷款产品设计上，昭乌达模式强调针对不同对象、不同期限、不同用途、不同信用的客户实行差别化贷款，其贷款担保形式、贷款利率水平、贷款额度、还款方式与违约惩罚都有所区别。在所有贷款产品中，比例最高的是常规贷款产品，其期限为1年，采取5户联保模式，贷款后第五周开始还款，以后每两周还款一次，分25次还清，其贷款的年名义利率是8%。整借零还的贷款产品设计虽然加大了还款的成本，使其实际利率提高（一般实际利率为15%左右），但是降低了一次性还款的压力，而采取中心会议方式放贷和收贷，则在很大程度上降低了还款成本，提高了成员的信息收益、信用意识和集体归属感。除了常规贷款，昭乌达模式中还包括两种适用于农村的整还贷款产品，其贷款期限分别为12周和20周，也采取5人小组联保形式，其年名义利率为16%。在城市贷款产品中，一类为担保贷款，一般由公务员作担保，另一类为5户联保贷款，二者都采取整借零还方式，利率水平相当于常规贷款产品。但是从总体来看，协会的贷款产品体系还比较单一，贷款期限一般很短，贷款额度也较小，远远不能满足区域内农牧民和城市工商业者较高额度和较长期限的贷款需求。

昭乌达妇女可持续发展协会形成了自己独特的风险管理理念：一是全面信贷质量管理理念，即每个贷款责任者在贷款过程的每个环节都要做到最好，建立一个全流程的信贷质量保障体系；二是树立牢固的风险意识，即只要资金从账户出去，就时刻处于风险之中，无论是信贷员还是管理者，都必须把风险管理作为第一要务；三是树立正确的制度理念，即永远没有不好的客户，只有不好的机构与不好的制度，一旦出现问题，不是责备客户和工作人员，而是及时发现机构运行制度设计中的漏洞，用严密的制度来杜绝贷款拖欠与其他信贷问题。

昭乌达模式中的风险控制机制可以归结为“三到位”“三分离”和“九不贷”原则。“三到位”原则是指在组成小组和中心后，管理人员必须到位，检查小组和中心是否符合条件，筛除不合格客户；在第一次放贷时，管理人员和信贷员到位，共同解决信贷发放中的问题；在第一次收款时，管理人员第三次到位，查看贷款回收流程中的问题并及时解决。“三分离”原则是指审、贷、收分离，即贷款审核由管理人员审核，放贷由信贷员和管理人员一起放贷，收贷由信贷员来收，防止整个过程由一人独立操作；收支分离，即资金收放严格按照程序管理，回收的贷款各分支机构不得坐支挪用，要及时按规定汇入协会账户；内外审结合，聘用内部审计和外部审计对协会的财务分别进行审计，一年有两次内审和两次外审。“九不贷”原则是指不是本地户口的不贷，民政救济户不贷，家庭不和的不贷，户主不同意的不贷，超过年龄的不贷，没有生产项目的不贷，信誉不好的不贷，家有重病的不贷，长期不参加中心会议的不贷。“九不贷”原则主要强调贷款申请者的生产经营能力、信用状况和家庭状况，对控制不良贷款很有帮助。昭乌达模式中严密的风险控制机制，使协会保持了极高的盈利能力和资产质量。

资料来源：王曙光，《守望田野》，北京：中国发展出版社，2010 年版。

三、政府(准政府)主导型微型金融

中国的贫困大致可以分为制度供给不足型贫困、区域发展障碍型贫困、可行能力不足型贫困(结构型贫困)、先天缺乏型贫困和族群型贫困。中国的反贫困战略大致也划分为制度变革型扶贫、基础性扶贫(大推进型扶贫)、迁移型扶贫(生态恢复型扶贫)、能力增进型扶贫(结构型扶贫、造血型扶贫)、救济型扶贫(输血式扶贫)和族群系统型扶贫。但是在反贫困实践中，各类措施往往齐头并进形成合力。在 2021 年中国消除绝对贫困后，未来解决相对贫困问题，需要综合性的系统思路，需要扶贫主体的多元化和扶贫模式的多元化。其中能力增进型扶贫是当前扶贫工作的重要思路之一，它着眼于提高贫困人群的禀赋和可行能力，信贷扶贫是能力增进型扶贫的重要方式之一，也称为“金融反贫困”，它通过赋予贫困人群一定的信贷资源，使其拥有自我发展的能力。

中国政府从扶贫的角度出发，在全国各地大力推进了“金融反贫困”，试图从金融服务的角度，赋予更多穷人信贷权，改变以往穷人被剥夺信贷权、被排除在信贷体系之外的状况。政府主导型的微型金融，其供给主体主要是国家乡村振兴局、各地区的农业部门、民政部门、青年工作部门和妇女工作部门。国家乡村振兴局正在大力推广社区发展基金，努力通过社区治理的改善来推动微型金融发展，从而实现金融反贫困的目的；各地农业部门和民政部门集中扶贫资金，通过微型金融的方式对贫困人群进行定点式扶贫；各地政府中的青年工作部门和妇女工作部门也通过农村青年创业小额信贷与妇女再就业小额信贷，加大对贫困人群的微型金融支持力度。

政府转变以往直接发放补贴的做法为金融方式扶贫，是政府扶贫模式和思路的重大转变，这个转变最终要达到三个目的：第一个目的是培养农民的主体性意识。农民是反贫困的主体，农民是农村发展的主体，政府实际上是外在的支持者、辅助者，一定要培养农民的独立自主性、主体性，实现农村的内生性发展。不能让农民对政府的补贴产生依赖，而要发挥农民自身的主动创新精神，这样才能实现农村真正的减贫和发展。第二个目的是实现机制性。这是指通过机制创新和机制设计来实现农村的发展和反贫困，而不是通过直接的、明显的、物质的补贴或者是直接扶持的方式来实现农村的发展。机制性的发展，就是更加重视制度创新，政府不是拿能看得见的东西，而是拿看不见的机制来支持农村的发展。第三个目的是实现农村发展的长期性与可持续性。一次性地发放资金补贴和物资，可以解决一时的困难，但不可能解决长期问题。政府扶贫思路的转变，要实现农村发展的可持续性、自我可复制性与长期性，只有这样，农村的发展才是良性的、自我可循环的、自我可复制的发展。

政府主导型的微型金融也存在若干问题。由于政府一般缺乏微型金融服务的经验，缺乏系统的信用评估手段和风险控制机制，因此在微型金融的运作模式上还存在很多弊端，资金的使用效率受到影响，虽然能达到一定的扶贫目的，但是其自身的财务平衡问题很难解决。未来政府主导型的微型金融应该更多地与商业金融机构和专业从事微型金融业务的非政府组织对接，政府只作为资金的批发方和监督者，这样不但达到了扶贫的目的，而且提高了扶贫资金的使用效率，可以滚动使用扶贫资金，创造一种长效扶贫机制。

四、商业机构主导型微型金融

目前，大量商业性的金融机构也参与到微型金融供给者的行列中。近十多年来，农村的小额贷款公司、村镇银行、农村信用社、农村合作银行、农村商业银行、农业银行、邮政储蓄银行、股份制银行以及各地的地方商业银行等，几乎都开发了自己的微型金融产品，为农民以及农村中小企业提供微型金融服务。随着农村微型金融服务的供给主体越来越多元化，以及商业机构大举进军农村金融市场，农村微型金融体系的效率正在逐步提升。

商业性金融机构普遍通过社区银行的模式来推行微型金融，这是一种值得关注和推广的模式。社区银行是资产规模较小、主要为区域内微型客户（主要是微型企业和居民家庭）提供金融服务的区域性的小型商业银行。社区银行虽然体量小，但是由于其经营灵活，对客户提供比较贴身的、周到的金融服务，因此其竞争能力很强，生命力也很旺盛，一旦出现金融危机或大规模的金融风险，这些社区银行往往有很强的生存能力。从根本上来说，社区银行的竞争力和生命力来自它对区域内微小客户的信息的准确全面把握。社区银行对当地的产业发展状况、经济发展状况、市场供求情况、人力资本状况、资金供求状况等十分熟悉，其信息不对称程度相对大银行而言较小，风险识别能力和风险处置能力较强，这种信息优势使得社区银行的安全盈利空间较大。社区银行与微型客户有天然的“盟友”关系，它们不仅在规模上相互匹配，而且社区银行能够凭借其信息优势、区域优势等克服信息不对称，从微型客户那里获得更多的软信息，因此可以更好地降低成本和控制风险。

第二节　微型金融需求主体的变迁

一、我国新型农村经营主体的出现

近年来，随着我国农业经济的转型，新型农村经营主体不断涌现，这就为微型金融发展提供了巨大的机遇，也对微型金融服务创新提出了新的要求。2014 年《政府工作报告》提出：“坚持家庭经营基础性地位，培育专业大户、家庭农场、农民合作社、农业企业等新型农业经营主体，发展多种形式适度规模经营。”这是对我国农业经营体系转型极为精炼的概括，也指出了我国未来农业经营体系创新的方向。农业经营体系的革新与再造，是我国农业产业化、现代化、集约化和规模化的前提，也是关系到我国农村和农业转型的重大核心问题。

十一届三中全会以后逐步推行的农村家庭联产承包责任制被视为我国农村改革最

伟大的制度创新,这个制度也确实极大地释放了农村生产力,为我国改革开放的成功推进奠定了基础。但是凡事有一利必有一弊。联产承包责任制的推行,在另一方面也使得农民的组织化程度倒退到小农经济时代。我国有漫长的小农经济的历史,这个长达几千年的过程造就了我国民众浓厚的小农意识。而农村"大包干"之后,小农经济又成为主导的经济形态。当"大包干"所带来的制度变迁的能量释放殆尽之后,小农经济内在的弊端就逐渐暴露出来。改革开放三十多年后,中国农村又面临着一次新的变革,这次变革的核心是提高农民的自组织能力,重新塑造农民的组织载体,深刻变革农村经营体制,以与农业产业化和农村现代化的内在要求相对接。十八届三中全会决议提出,要加快构建新型农业经营体系,积极推进农业经营方式创新,加快土地制度变革,努力发展多种形式规模经营,鼓励农村发展合作经济,促进农业规模化、专业化、现代化经营。可以说,从十一届三中全会到十八届三中全会,中央一直以与时俱进的姿态,密切关注中国农业发展和世界农业发展的前沿趋势,积极推动农村制度变革,从而为实现中国农业的第二次飞跃奠定了制度基础。

分散的小农与现代化农业产业之间的矛盾,封闭的乡土社会构造与现代社会运行体系之间的矛盾,是我国当前农村发展面临的主要矛盾。现代农业已经产业化,农业生产的各个系统需要高度组织化的体系与之相匹配,分散的小农在信息获取、契约签订、生产质量保证、市场开拓、防范农业风险和经营风险等方面难以适应农业现代化的需要。因此,农业经营体制的变革是大势所趋。党的十八大报告提出"坚持和完善农村基本经营制度,构建集约化、专业化、组织化、社会化相结合的新型农业经营体系",正是对这一历史趋势最凝练的概括。所谓集约化,就是要改变以往粗放经营的方式,以更少的投入获得更高的农业产出;所谓专业化,就是要形成农业的专业化生产和分工体系,以提高农业生产的效率,提高农民收入;所谓组织化,就是要把分散的小农组织起来,构造有规模、有组织、有科学管理的合作形态,以应对日渐激烈的全球农业市场竞争的需要;所谓社会化,就是要形成农村社会化的生产服务体系和技术支持体系,以改造小农经济,形成新型的社会化服务网络。说到底,就是要进一步增强农民的自组织能力,发展农民的各种形式合作,促进中国农村社会化服务网络的发育,使中国分散的"小农"能够转变为有组织的"大农"。

农民专业合作社是新型农业经营主体中最值得关注的部分,近年来我国农民专业合作社的发展呈现突飞猛进的态势,合作社的数量迅猛增加,合作社对农业规模化经营的促进作用也日益凸显。而微型金融依托合作社,则会极大地提高其还款概率,合作社的产业基础、内部治理机制等能够为微型金融的风险控制提供载体。

更为值得关注的是家庭农场的迅猛发展。家庭农场是指以家庭成员为主要劳动力,从事农业规模化、集约化、商品化生产经营,并以农业收入为家庭主要收入来源的新型农业经营主体。农业生产经营方式由传统的小农经济向家庭农场模式转变,对我国农业和农村的发展有重大意义。家庭农场的经营模式,通过土地承包经营权流转,可以提高农户的农业生产规模,提高土地的使用率。在规模化的基础上,家庭农场可以通过种养结合等方式,高效利用在生产中投入的劳动、原料和技术,从而实现农业生产的集约化,减少生产成本,提高产量。与自给自足的传统小农经济不同,家庭农场具有企业的特征,以营利为目的，追求利润最大化，其经营方式有明显的市场导向性。具有一定生产规模的家庭农场可以直接和市场进行对接，打破传统农业经济的封闭性，实现劳动力、资本、信息和技术等要素的充分流动，打通农产品从生产到销售的一系列环节，使市场充分发挥对农业生产的调节作用。随着家庭农场的兴起，对家庭农场的微型金融服务必将得到迅速发展。

家庭农场、专业大户、农民合作组织和现代农业企业一起，构成我国现代农业发展的主要支撑点，必将促使我国"原子化小农"向"规模化大农"的历史性转变，为我国构建新型农业经营主体和现代化农业体系奠定制度基础。

二、新型城镇化对微型金融发展的影响

城镇化给农村经济增长和农村金融发展带来了巨大的机遇。在城镇化过程中，农民需要创业和再就业，农民在城镇化过程中得到的收益也可以转化为巨额的储蓄资源和再投资资源，这就为金融机构的业务扩张提供了基础。随着城镇化进程中新的经济增长点的培育和新的就业机会的出现，农民和微型企业的贷款需求也会有迅猛的增长。城镇化过程中产业结构的转型和大规模的基础设施建设也为金融机构提供了大量发展机会。因此，可以预见，未来随着城镇化的大规模推进，我国农村金融的发展必然会驶入加速轨道，我国农村微型金融的创新和普惠金融体系的建设必然会迅猛推进。

城镇化为微型金融发展提供了历史机遇，但是微型金融能否适应城镇化的要求，取决于金融创新。为了让农民和其他新型农业经营主体获得金融服务机会，就要进行制度创新、机构创新和产品创新。在宏观的金融体系和法律制度层面，要以制度性的框架鼓励微型金融的发展，为微型金融机构创造平等的竞争环境；金融机构层面上，应该建立更多的微型金融机构和创新性的金融机构，来服务于更多的弱势群体与贫困人群，同时，一些商业性的金融机构包括大型商业银行，也可以通过机构创新来进行微型金融服务。产品创新的意义在于只有开发出适合于农村微型企业和贫困人群的金融产品，这些原本难以获得金融服务的人群才能真正享受到有效的金融服务，金融机构也才能有效控制风险并获得一定的经济回报。

第三节　微型金融与社区发展的融合：社区发展基金模式

在探索如何为贫困群体提供适当的金融服务，从而实现其收入水平提高的过程中，社区发展基金（Community Development Funds）作为一种较为新颖的微型金融模式，被越来越多的人所关注。

一、社区发展基金的含义及发展状况

社区发展基金通常作为社区主导型发展（Community Driven Development）的一个子项目出现，通过对社区居民进行赋权，并向他们提供微型金融等金融服务，培养社区居民的权利意识、发展意识与自我组织、自我管理能力，最终结合社区综合发展的科技推广、医疗合作、公共品供给等其他项目，实现社区的独立和可持续发展。何广文（2007）认为

社区发展基金是一种既不同于传统正规金融机构商业信贷，也不同于经典的扶贫微型金融的农村社区居民自我实现的、低成本的金融服务机制。

按照以上对社区发展基金的描述，我国最早出现的社区发展基金是1993年贵州草海自然保护区的“村寨发展信用基金”，后来安徽霍山县在1998年成立的“社区基金”、香港乐施会1999年起在西部地区建立的“社区发展基金”、财政部和国务院扶贫办从2006年开始推广的“贫困村村级发展互助资金”，也都属于社区发展基金的范畴，其中以“贫困村村级发展互助资金”最为普及。

二、社区发展基金蕴含的经济思想及制度优势

社区发展基金的一项主要内容是向贫困群体发放小额信贷，因此它秉承了小额信贷一直以来的一种思想：不需要慈善，也不需要政府养活，贫困者完全可以借助市场的分工合作体系所形成的适当的金融服务摆脱贫穷。传统观念认为，贫困群体的贷款需求数额小、数量多，对他们的甄别过程本身就极为复杂，这极大地增加了贷款发放的操作成本，并且贫困群体普遍从事农业生产活动，面临着由农作物收成不确定带来的系统风险与农业生产周期变化带来的流动性风险，还缺乏可以有效抵押的资产，因此面向贫困群体的信贷是一种低收益、高风险的行为。在这种观念的影响下，贫困群体大多被排除在正式金融的服务范围之外，这就减少了他们通过金融机制改变自身生活状况的机会。但是孟加拉乡村银行的创始人尤努斯认为，所有人都有一种与生俱来的生存技能，最要紧的不是教给穷人们新的技能，而是努力去最大限度地利用他们现有的技能。使穷人得到贷款，就是使他们得以立即实践他们已经掌握的技能，而他们挣到的钱继而转变为一种工具，成为开启一系列其他能力的钥匙。笔者也认为，小额信贷的核心是其商业性，它不是对资金需求者进行简单的慈善性的捐助，而是期望通过商业性的贷款，提高借款人的生产能力并产生商业性回报，从而实现小额信贷机构的自我维持和商业上的可持续发展，也内在地提高当地贫困人群的生活水平。

社区发展基金还是一种构建在社区基础之上，以社区自我组织、自我决策、自我管理为原则的金融服务机制，体现了参与式扶贫所倡导的赋权理念，这也是社区发展基金相对于以往的农村资金互助社、农村合作基金会等金融反贫困模式的制度创新和优势所在。赋权理念最早由阿玛蒂亚·森提出，他以独特的视角分析了贫困的成因，认为贫困者之所以贫困，根本原因不在于资源的匮乏，而在于贫困者应该享有的基本权利的缺失，比如获得基本教育、医疗、金融等服务的权利，交换的权利，自我组织的权利，自由迁徙的权利等。受到森的思想的影响，国际各级组织开始转变以往的扶贫方式，大力推广蕴含赋权理念的参与式扶贫，即通过让被扶助者主动参与到扶贫开发项目中，打破以往权利分配不均的格局，使他们获得发展的机会并形成持续发展。社区发展基金作为参与式扶贫的一种具体组织形式，在实施过程中始终把对社区居民的赋权放在首位，从而取得了其他金融反贫困模式难以达到的效果。

三、社区发展基金的运作模式

社区发展基金的运作模式一般根据资金来源的不同而发生变化。参考何广文

(2007)、饶小龙和唐丽霞(2008)、程玲和向德平(2010)等的分类,这里按照资金来源的不同将社区发展基金的运作模式分为内生模式和外推模式两种。

内生模式的资金来源主要为社区农户自筹,其运作完全由社区农户自己组织实施。这种模式的优点在于能充分调动农户参与社区管理和决策的积极性,并且更有利于社区自我管理和可持续发展能力的培养,但是对社区的决策和管理水平有较高要求,而且往往受到资金缺乏的限制,因此通常作为社区发展基金的高级形式而存在。

外推模式是指社区发展基金的成立和运行是在外部力量的帮助下实现的,资金也主要由外部力量提供,并且根据外部资金来源的不同可以进一步分为非政府组织主导型与政府主导型两种。

非政府组织主导型的社区发展基金在我国出现较早,并且在基金的组织、运作等方面做了大量有益的探索,其中以香港乐施会的社区发展基金最为典型,其运作模式为:乐施会选定准备设立社区发展基金的社区,并派出工作人员对社区进行前期宣传和知识培训;在社区按照自愿原则成立互助小组,每组由5—8户农户构成,并通过民主选举成立社区管理委员会,由3—5人分别担任主任、会计、出纳、监督、记录等,且有1—2名女性;乐施会项目办协助各互助小组和社区管理委员会制定管理办法,主要包括基金与社区管理、信贷发放与使用等制度;项目办按年度向社区管理委员会提供资金,由社区管理委员会具体负责资金的使用及回收,并把发放贷款所得的利息归入社区积累,归社区全体成员所有;项目办对社区进行后续的管理培训和科技培训,帮助社区培养自我管理和自我发展能力;随着社区积累的增多,项目办逐步减少对社区的资金供给,直至社区实现自身的独立和可持续发展。这种模式的社区发展基金的优点是思想和理念易于被民众接受,组织形式灵活多样,可以根据不同的情况做出相应调整;不足之处在于对非政府组织的依赖性很强,当非政府组织撤出后,项目的持续性很难得到保证。

政府主导型的社区发展基金出现得比较晚,是在总结已有社区发展基金经验的基础上,由政府设立专项资金,并结合政府自身的特点和优势发展起来的,以2006年财政部与国务院扶贫办在全国展开的"贫困村村级发展互助资金"为代表。因此,这种模式除继承以往社区发展基金的发放小额信贷、对社区居民赋权、培养个人发展能力等特点外,还加入了一些新的元素,比如把社区的发展目标与政府规划相结合,在社区管理委员会当中加入村委会成员,对与社区发展基金合作的机构在政策上予以照顾等。这种模式的优点是可以整合社会各方面的力量来参与社区发展,并且易于推广,最大的困难在于如何处理好行政手段与赋权之间的关系。

专栏 10.2

云南禄劝彝族苗族自治县的社区发展基金运作

云南禄劝彝族苗族自治县成立于1985年,距离昆明城区90公里,截至2009年年底,全县山区面积占98.4%,少数民族人口占30.5%,农业人口占98.4%,农民年人均纯收入为2 707元,是国家级贫困县。香港乐施会1992年开始在禄劝实施以农村扶贫为目标的乡村建设项目,1998 年以前主要向村民发放小额信贷以支持生产发展,但是出现了资金使用效率低、村民参与积极性不高及信用状况较差等一系列问题。1998 年之后,乐施会开始参照孟加拉乡村银行模式在禄劝推行社区发展基金,运作良好,显著加快了当地反贫困的进程,主要表现在以下几个方面:

1. 社区发展基金较好地覆盖了所在社区的农户和贫困户

从贷款对象来看,社区发展基金较为广泛地惠及了所在社区的农户和贫困户。2007 年 3 月至 2010 年 3 月,禄劝一共在 4 个乡镇、9 个行政村的 29 个社区设有社区发展基金,贷款对象较为稳定,一直维持在 478 户,占农户总数的 46.3%,其中贷款的贫困户 133 户,占贫困户总数的 57.3%。贷款农户数排在前 20 位的社区的农户及贫困户贷款率更加突出,秧草堆、祖宗箐、务茂德、李一、高山、汤三和板场等一些社区的贫困户贷款率甚至达到 100%。

从贷款额度来看,社区发展基金提供的贷款对于农户来说是一笔不小的资金,较强地支持了贷款农户的生产生活。以 2006—2009 年的数据来看,禄劝社区发展基金的户均贷款数额分别为 2 605 元、1 634 元、2 024 元和 813 元,在禄劝同期人均 GDP 中的占比分别为 66.2%、33.1%、36.5% 和 12.9%,在禄劝同期农民人均纯收入中的占比分别为 146.4%、80.1%、86.3% 和 30.0%。考虑到禄劝社区发展基金都是设立在离县城较远的贫困山区,人均 GDP 和纯收入要低于全县平均水平,因此如果把贷款数额与具体所在社区的人均 GDP 和纯收入相比,得到的比例将会更高。

2. 基金总额与社区积累持续增加,对社区的扶持能力不断增强

禄劝社区发展基金自成立以来一直保持着良好的发展势头,基金总额和社区积累持续快速增长(见表 10.1),这对扶持社区发展有着重要意义:第一,基金总额的扩大,意味着社区发展基金能向社区居民提供更多的金融支持,在贷款对象及贷款额度的选择上有了更多的可能。第二,社区积累作为社区居民的共同财产,它的增加直接提高了社区居民的福利,并且可以为社区公共项目的建设提供资金支持。

表 10.1　云南禄劝社区发展基金的基金总额与社区积累增长情况

(单位:万元)

	2006 年 3 月	2007 年 3 月	2008 年 3 月	2009 年 3 月	2010 年 3 月
基金总额	82.94	109.92	122.54	127.43	143.73
社区积累	9.04	9.38	14.98	18.44	21.10

3. 社区发展基金通过对社区居民的赋权,培养了他们的权利意识和发展意识

禄劝社区发展基金通过发放小额信贷这种与每户居民生产生活都息息相关的稀缺资源,并定期召开小组会议与社区大会讨论决定基金和社区的相关事宜,把社区居民紧密地联系在了一起。在社区发展基金的运作过程中,乐施会禄劝项目办一直贯彻着参与式扶贫的赋权理念,始终赋予社区居民知情权、参与权、决策权、监督权,规章制度的制定、社区管理委员会的选举、基金与社区积累的使用等都是由社区居民共同讨论决定的。在具体项目的实施中,项目需求、可能遇到的问题、如何解决、如何管理等都由社区居民自行讨论并提出方案,项目办工作人员要做的只是协助他们分组。这种赋权的过程极大

地调动了社区居民参与社区管理和决策的积极性,并在实施过程中逐渐培养了他们的权利意识和发展意识,使社区的精神面貌发生了极大改变。

4. 社区发展基金为社区农户调整产业结构与获得正规金融机构的贷款提供了可能

禄劝社区发展基金从1998年至今一直不间断地运作,为社区农户提供了可以重复获得小额信贷的机会,这对社区农户来说主要起到两个方面的作用:一方面,当农户重复借款达到一定程度后,对获得新的借款有了预期,就会安排产业结构调整,从而催生经济活动的多样化,收入也随之增加。在一定的资源约束下,经济活动的多样化和收入增加就会稳定地持续下去。另一方面,重复获得小额信贷的机会还促使农户保持良好的信用记录,为他们获得正规金融机构的贷款创造了条件。在以往的情况下,正规金融机构如农村信用社等不愿意向农户发放贷款,主要原因有两个:一是认为农户缺乏稳定的收入来源,未来的还款没有保证;二是农户没有可以用于贷款抵押的有效资产,一旦贷款发生问题,金融机构将很难追究农户的责任。而通过多年来与社区发展基金的重复借贷,绝大多数的农户保持了良好的信用记录,证明了自己是可以获得收入,并保证按时足额还款的。进一步,社区发展基金的社区积累属于全体社区成员,是社区的公共财产,虽然社区发展基金不能作为法人直接向其他金融机构贷款,但是可以用自身的社区积累为社区农户的贷款提供担保,解决了正规金融机构向农户发放贷款的后顾之忧。

资料来源:《云南统计年鉴(2006—2010)》与乐施会禄劝项目办公室的《乐施会社区发展基金统计报表(2006—2010)》。

第四节　大型商业银行如何提供微型金融服务

2005年以来,国家在农村金融领域相继出台了一系列政策,农村金融体制机制改革不断推进,农村金融制度建设不断完善,已经初步形成了大、中、小型农村金融机构共生,政策性、商业性和合作性金融并存的农村金融组织体系,农村信贷难的问题得到了初步缓解。

在农村金融组织体系中,大型商业银行应该发挥骨干和支柱作用,这是由其雄厚的资本实力和广覆盖的网点优势决定的。但是,理论研究和实践经验都证实,大型商业银行直接服务农户和小微企业等小客户不具有比较优势,而通过与扎根乡土的微型金融机构(主要包括村镇银行、贷款公司、资金互助组织、小额贷款公司和非政府组织小额信贷机构等)进行合作,间接地开展农村金融服务,则被证明是有效的,国际上也有成功的案例可寻,如印度工业信贷投资银行(ICICI)的间接贷款模式。

实现大型商业银行与微型金融机构的对接,既有利于发挥不同规模金融机构的比较优势,也有利于防范风险。防范风险是金融机构的永恒主题,农业、农民和农村的特殊性决定了金融机构服务“三农”的风险更大、难度更高。大型商业银行的特殊性决定了其开展农村金融工作更是难上加难。为了规避风险,既实现自身的可持续发展,又服务好“三农”,加强大型商业银行与其他机构或部门的合作十分必要,北京大学田野调查组的调查证明,建立大型商业银行与保险机构和担保机构的有效对接机制,以及加强与农民专业合作组织和地方政府的有效合作,都是确保低风险、高效率地服务好“三农”的重要举措。

一、银微对接——大型商业银行与微型金融机构的合作机制建设

微型金融机构扎根乡土,了解乡土社会,在农村地区具有明显的信息优势,并且其组织架构和管理制度相对简单,服务“三农”的流程更为便捷和高效,这些都是微型金融机构较之大型商业银行在开展农村金融服务方面具有的天然比较优势。

微型金融机构得到较快发展,主要归功于政府政策的适时推出。2006 年 12 月 21 日银监会发布了《关于调整放宽农村地区银行业金融机构准入政策 更好支持社会主义新农村建设的若干意见》(银监发〔2006〕90 号),这被认为是具有开创性的政策。村镇银行、贷款公司和资金互助组织等新型金融机构借力政策支持,得以快速发展。根据《中国农村金融服务报告(2010)》的数据,截至 2010 年年底,全国共组建新型农村金融机构 509 家,其中开业 395 家,筹建 114 家。已开业的 395 家机构中,村镇银行占 349 家。已开业的金融机构发放的贷款中,超过 80% 用于“三农”和小企业,说明总体上较好地贯彻了新型农村金融机构的设立意图。在 509 家机构中,东、中、西部地区分别占 204 家、153 家和 152 家,中西部地区占比达到 60%,说明机构设置充分考虑了地区之间平衡发展的问题。另外,截至 2010 年年底,全国共设立小额贷款公司 2 451 家,贷款余额达到 1 975 亿元,2010 年账面利润为 98.3 亿元,初步实现了自身盈利与服务“三农”之间的有效契合。

可以说,微型金融机构的快速发展具有必然性。从经济发展阶段来看,我国整体上进入了工业化后期时代。发达国家的经验已经证明,这个阶段经济发展的基本规律之一,就是进入了工业反哺农业、城市反哺农村、城乡经济协调发展的时期。国家在这个时期出台鼓励微型金融机构发展的政策,自下而上地培育新型农村金融机构,可以说是切中要害、恰逢其时。而具有特定比较优势的微型金融机构,也较好地贯彻了政策意图,在提高农村金融服务覆盖面、农村金融服务供给水平和农村金融市场竞争程度方面,发挥了积极作用。

但是,微型金融机构在发展中面临诸多掣肘因素的困扰,其中,最为关键的是资金短缺问题。大型商业银行的重要优势恰恰在于资本雄厚、资金充裕,资金短缺的微型金融机构与资金充裕的大型商业银行之间便存在合作的可能性和必要性。不过,应该明确的是,这种大小机构合作的可能性和必要性远不是由资金规模大小互补这唯一的因素决定的,除此之外,至少还有以下几个原因:第一,大型商业银行除了资金优势,在机构管理水平、市场驾驭水平、技术研发水平和人才储备水平等方面,都具有明显优势,而这些恰恰是大多数微型金融机构所欠缺的。第二,大小机构合作有利于满足多层次的金融服务需求。当前的农村金融服务需求可谓千差万别,对象(农户、小微企业、农业产业链、专业合作组织、涉农龙头企业等)、规模(从几百元到几十万元、上百万元不等)、用途(生产性和消费性)、结构(行业结构和地区结构)、种类(存款、贷款、汇款、理财、投融资策划等)均不同,需要多层次的农村金融组织之间开展创新性的优化组合和合作来予以满足。第三,大小金融机构合作具有国际成功经验可寻,如 ICICI。ICICI 开展农村金融服务有直接模式,如通过并购马德拉银行、开设分支机构和借助 ATM 等电子化机具直接服务涉农客

户，但更具特色的是其间接服务模式，也就是通过制度创新，有效开展与当地微型金融机构的合作（还包括与小业主的店铺和农村信息站的合作），间接地服务好涉农客户。

建设好大型商业银行与微型金融机构的合作机制，需要模式创新。在现有的合作实践中，最常见的模式有两种：其一是大型商业银行通过发起设立村镇银行或者贷款公司的形式，直接设立微型金融机构；其二是大型商业银行对微型金融机构进行批发贷款，以支持其可持续地服务"三农"。

但是这两种合作模式仍然存在明显的创新不足。就第一种合作模式来看，大型商业银行的积极性并不高。以村镇银行的组建为例，大部分是由城市商业银行、农村商业银行和农村信用社等地方性中小银行发起设立的，大型商业银行则基于成本和风险等因素的考虑，并不能清晰地分辨出新组建一家村镇银行到底是否优于新开设一家分支机构，故而表现出来的态度并不主动。牵头组建贷款公司的银行就更少了，这主要是因为贷款公司被定位于"专门为县域农民、农业和农村经济发展提供贷款服务的非银行金融机构"，也就是说，贷款公司不像村镇银行那样将来有可能发展成商业银行，它不具有银行的性质，所以更是激发不了银行发起设立的兴趣。就第二种合作模式来看，则基本处于局部试验阶段，尚没有大规模有效推进。就小额贷款公司而言，截至 2010 年年底已达 2 451家，比 2009 年年底增加 1 280 家，数量增长迅猛。但是，《中国农村金融服务报告（2010）》的数据却显示，从资金来源看，小额贷款公司 78.6% 的资金属于自有资金，外源融资很少。

我们认为，未来在大型商业银行与微型金融机构的合作方面，起码应该做好两项工作：一是深入创新既有的合作模式，二是努力论证探索新型合作模式。虽然截至 2010 年年底已组建成或正在组建的村镇银行、贷款公司和资金互助组织有 509 家，但较之我国地域广阔的农村，可谓杯水车薪、作用微弱。故此，建议未来加大新型农村金融机构的建立力度，出台鼓励支持政策，提高大型商业银行参与组建的积极性，同时降低准入门槛，鼓励小额贷款公司的规范发展，为大小金融机构合作拓宽基础。而在批发贷款方面要深入开展下去，一方面需要政府加大农村金融生态环境建设，打消大型商业银行对于风险不可控问题的疑虑；另一方面，微型金融机构要理顺管理机制，尽快找到明晰的盈利模式，为开展大小机构合作提供积极的正向预期。

除此之外，应该结合各地实际，积极探索新的合作模式，改变既有的合作方式单一的局面。例如，可以利用大型商业银行在产品研发方面的优势，寻求既有的微型金融机构进行产品代理，这样一方面解决了大机构的产品营销问题，另一方面通过赚取代理费也部分缓解了小机构的资金来源不足问题。大机构还可以在帮助筹建农民资金互助组织方面提供必要的咨询和技术支持，以拓宽彼此合作的领域。

二、银保对接——大型商业银行与保险机构的合作机制建设

国际经验证明，提供保险服务是农村金融市场的重要功能之一，在分业经营的监管制度背景下，保险服务将主要由保险类金融机构提供，所以，发展"三农"保险既是发展农村金融市场和完善农村金融服务体系的内在要求，也是保障农民生产、生活以及推动工业反哺农业的重要配套举措。

2004—2010 年,中央连续出台的七个"一号文件"中,都对"三农"保险工作予以部署,保监会也积极配合国务院法制办,启动了《农业保险条例》起草工作,中国人保和中国人寿等几家大型保险公司则制定了发展"三农"保险的规划,可以说无论从政府部门的重视程度还是从保险公司的实践来看,"三农"保险服务都取得了一定的进展。但是,我国的农村金融市场中,金融服务的供给主体仍以银行业金融机构为主,我们总体的判断是,保险机构在农村金融市场的参与程度仍然很低。

在农村金融市场中,保险金融服务供给明显不足的主要原因在于,开展"三农"保险很难实现保险公司自身的财务可持续性,这是由农业的弱质性决定的。从国际经验看,即使在美国、欧盟和日本等发达经济体中,实现农业保险机构的可持续发展,都是最具挑战性的工作之一。于是,设法实现保险公司服务"三农"的可持续发展,就成为政策制定的主要着力点。综观既有的研究和实践经验,具体的思路大致有四种:一是加大政府对于保险机构的资金支持力度,这也是国际通行做法,但是这种做法的缺点是,可能无法从根本上消除保险机构对于农村市场的风险担忧;二是加大建设财政支持下的"三农"保险再保险机制和巨灾风险分散机制,这将有利于从根本上保证保险机构的财务可持续性;三是设法开发适销对路、品种多样的农村保险产品,切实重视满足农村地区的有效保险服务需求;四是树立系统论观点,有效整合支农资源,特别是实现农业保险与农业信贷的有机整合,发挥政策的服务合力作用。

实现农业保险与农业信贷的有机整合,简单说就是建立保险类金融机构与银行类金融机构之间的合作机制,这十分必要。主要是因为,农村经济社会的发展特征决定了农村金融服务的开展是一个十分复杂的系统工程,不同的金融服务供给主体都是"你中有我、我中有你"的交叉关系,所有的支农资源只有彼此合作才是最优策略。银行机构特别是大型商业银行,在农村地区具有较高的品牌认可度,与这些机构开展合作无疑能够降低保险公司进入农村市场的成本。研究证实,相当比例的农民特别是欠发达地区的农民,对保险产品知之甚少,甚至很多人从来没听说过,而大型商业银行却恰恰具有品牌认可度这方面的互补优势,开展双方的合作便是情理之中。

当然,大型商业银行要开展服务"三农"的工作,也离不开保险机构给予的支持。例如,北京大学田野调查组的调查证明,很多金融机构开展涉农贷款时,对该产业的保险状况和农民是否参保等情况十分敏感,有的贷款机构则在听说相关险种开办之后,明确提出入保的客户较之未入保的将优先获取贷款。另外,开展银保合作,共同服务好"三农"也是一条成功的国际经验。例如,美国、法国、德国、日本、荷兰等发达国家均建立了适合本国农业发展特点的保险体系,并注重设法实现与银行的有效对接。

大型商业银行与"三农"保险机构的合作机制建设,可以考虑从以下几个方面加强:

一是大型商业银行要借助自己在农村地区的品牌优势,协助保险机构加大"三农"保险的宣传力度,尽量压低"三农"保险走进农村地区的成本。

二是建立银保合作的长效机制,而非由银行网点简单地代理"三农"保险产品。这种长效合作机制的重要特征是银行网点与保险公司建立"一对一"的长期伙伴关系,为农民提供更加高效的金融保险服务。

三是建立银行存贷款保险机制,存款保险机制的重要功效在于激励银行更加高效地开展农村金融服务，贷款保险机制的重要作用则在于降低涉农贷款的风险。

四是保险公司充分利用好银行布设在农村的电子化机具，实现农民理赔的便捷服务。例如，中国农业银行山西分行和陕西分行等开展了金融服务村村通工程，农民可以通过惠农卡，借助农业银行安装在村上的"支付通"即小额支付转账电话，方便地将新农保的钱领到手。另外，部分省市已经实现了通过农村直补"一卡通"、银行卡转账等方式，将保险机构的赔款直接给到农户手中。这些保险机构借助银行的电子渠道服务"三农"的合作创新，既方便了农民，也有效防范了因中间环节过多而可能出现的养老金或者赔款被挪用或侵占等现象。

三、银担对接——大型商业银行与担保机构的合作机制建设

总体来说，农户一般的小额短期贷款需求，通过小额信贷等方式，基本能得到满足。现在农村地区普遍存在的贷款难问题，主要指的是一些大额和长期的贷款需求，这既需要探索扩大农村地区的有效担保抵押物品范围，又需要加快农村担保体系建设。

农村担保体系大致包括担保机构（公司或中心）、担保基金以及保险公司等要件。农业担保机构的出现是市场经济发展内生出的制度安排。理论上讲，农业担保机构的主要作用在于，借助自身的专业化行为降低信息搜集费用，并利用自身为多方主体担保而分散风险，从而对金融服务的推进起到积极作用，成为搭建在客户和金融机构之间的桥梁。可以看出，农业担保机构要可持续地服务"三农"，起码要满足两点条件：一是资本金规模足够大以实现规模经济，二是有效地规避风险。

实际上，我国现有的担保机构提供的服务很难说是可持续的，而是存在诸多问题。例如，担保机构资本金规模偏小并且资本扩充机制运转不通畅，风险损失补偿机制有待进一步完善，担保机构中普遍缺乏足够数量的、能够相对准确地分析企业和产业运转特征的专业担保人才，这些因素既限制了担保业务的大规模开展，也不利于风险防范。

能否探寻出有效的风险防范机制，是担保机构特别是农村担保机构能否可持续开展担保业务的关键。综观现有的做法，大致有以下几种渠道：一是引入保险公司，通过对担保机构进行保险来防范风险。这在国际上有成功的经验，如日本在中小企业融资制度安排中，为考虑信贷资金的安全，政府通过构建信贷担保和信贷保险等双层体制，保证银行等金融机构信贷资金的安全。二是通过担保收费和风险准备来降低风险。但是目前的实践证明，由于缺乏规模经济，收取的保费收入数目很小，不足以覆盖风险，而风险准备工作目前落实得也并不好。三是建立农村信用担保机构与金融机构的风险联动机制，避免贷款担保风险全部集中于担保机构头上。发达国家在风险联动方面的经验是，担保机构承担风险损失的比例一般为70%—80%，其余部分则由合作的金融机构承担。

农村担保机构的产生主要是呼应了一些大规模、长周期的资金需求者的需要，而大型商业银行在资金方面的优势，决定了其更适合进行大规模的信贷业务，所以与担保公司之间的合作便具有必然性，也必将有利于共同促进农村经济发展和农民收入增长。担保机构和银行的合作离不开政府的参与。

未来信用担保机构与金融机构的合作，应本着"风险共担、利益共享"的原则，共同为低风险地提供农村金融服务形成支持合力。从金融机构的角度来讲，随着信用担保机构

资信的提高,应逐渐提高担保的放大倍数,以提高担保效率和实现规模经济。从担保机构的角度来讲,对相关的农户、企业和合作组织的信息要及时地与金融机构共享,以利于金融机构在贷款时规避风险。当然,担保机构的运作与金融机构的日常经营应该保持独立。

四、银合对接——大型商业银行与农民专业合作组织的合作机制建设

我国农业经济的发展面临着一次重要的转折,即从高度分散、高经营风险、低规模收益的小农经济,转型为具有一定组织化、规模化和产业化的新型农业产业,应该说,这种转型是历史的必然,金融机构特别是大型商业银行应该抓住机遇、及时跟进,为新型农业产业提供相应的金融服务支持。

农民专业合作社是农村市场化改革中出现的农业组织形式之一。随着 2007 年 7 月《中华人民共和国农民专业合作社法》的正式实施,农民专业合作社第一次有了合法性,发展随即进入一个崭新阶段。据不完全统计,截至 2008 年年底,全国农民专业合作社数目已超过 15 万个,成员 3 878 万人,合作的层次也在逐步提高,"全过程合作"和"全要素合作"发展迅速。但是,农民专业合作社的发展依旧面临着资金短缺、融资困难和内部机制不规范等问题。其中,相关调研证明资金短缺和融资困难是当前阻碍农民专业合作组织可持续发展的首要因素。因此,能否有效实现金融机构与农民专业合作社的合作,是一个关键问题。

实践已经证实,金融机构服务农民专业合作社,实际上就是服务"三农",合作社贷款难本质上就是农民贷款难。但是根据规模匹配理论,对专业合作社这种资金需求规模相对较大的客户,大型金融机构的服务具有明显的比较优势,所以问题的关键就变为大型商业银行如何有效支持农民专业合作社的发展。

实际上,将专业合作社纳入服务客户视野,是国际大型涉农金融机构服务"三农"的普遍做法。虽然我国农村经济运转的合作化水平远落后于发达国家,且合作社内部的治理机制和激励约束机制还不完善,但是从国家密集出台的支持政策来看,农民专业合作社将迎来一个快速发展的重要时期。农民专业合作社这种组织形式的出现,代表了先进生产力的发展方向,它把农村中一些素质相对较高的农民群体聚集起来,从某种程度上讲,可以认为合作社积聚了县域蓝海中的高端客户,这些农民的金融服务需求相对旺盛,对银行来说是一个巨大的市场。

一方面,从专业合作社来看,其信贷需求旺盛,但又存在制约其融资的诸多障碍;另一方面,从金融机构来看,面对的是代表未来农村经济先进生产力方向的新型组织。这便需要金融机构与合作社的合作同时达到两个目标,既规避风险,实现金融机构盈利,又促进合作社发展。银合对接有以下两种合作模式可供选择:

第一种模式是通过合作社内部担保来构建合作机制。这种模式的核心是合作社内部实施严格的内控制度,当合作社社员提出贷款申请后,由合作社内部先进行信用审核和额度控制,并由合作社内部负责担保,然后向银行提出贷款申请。合作社中资金实力雄厚的主要成员出面担保,合作社提出还贷承诺,这就解决了银社合作中合作社信用不足的关键问题。这种合作模式适用于合作社成员的大额资金需求。

第二种模式是运用商业性的担保中心,政府对合作性的贷款进行贴息支持和担保费支持。但是,政府的这种支持不是直接地补贴和拨款给合作社,而是采取融资支持的方式进行的。一方面,政府向银行贴息,支持其放贷;另一方面,政府替合作社向担保中心缴纳保费,保证担保中心的收入来源。这种融资模式的核心是,政府的支持作用按市场化方式进行,有利于提高各参与方的合作积极性。这种合作模式适用于合作社作为整体的资金需求。

五、银政对接——大型商业银行与地方政府的合作机制建设

在我国渐进式制度变迁中,地方政府的创新行为发挥了重要作用。同样,在农村金融体制机制改革进程中,地方政府也自始至终扮演着重要的创新角色,这主要是因为较之中央政府而言,地方政府的创新行为具备更多的信息、更少的约束和与微观经济主体更近的接触距离等比较优势。纵观地方政府参与农村金融制度变迁的整个历程不难发现,其创新行为的根本目的都在于协助防控农村金融市场领域的风险。但从另一个侧面看,现有的干部考评体制决定了一些地方政府倾向于动用不适当的行政干预手段左右信贷资金的流向,使有限的资金投向容易出政绩而非容易使居民增收的行业或领域,并忽视了过程中的金融风险问题。

银行必须在与地方政府的合作中寻求理想的风险平衡点。为此,需要做好以下几点工作:

第一,积极建立政府主导的信贷风险分担机制。政府的特殊性决定了其在改善农村金融服务的过程中,应该扮演"发起人"的角色。例如,利用财政资金发起设立担保公司和保险公司,为普遍缺乏合格抵押物的"三农"客户提供必要的担保和保险。

第二,加强金融生态环境建设。金融生态环境主要包括法律环境和信用环境,地方政府应该积极推动农村金融领域的法规建设,出台政策鼓励新型农村金融机构的发展和适销对路金融创新产品的研发,同时加大农村地区信用体系建设力度,特别是通过推动政府自身的诚信建设,对企业信用和个人信用建设起到示范标杆的作用。

第三,利用市场化的手段加大政府补贴力度。加大政府对于农村金融的支持政策力度,是国际通行做法。政府的财政补贴应该通过市场化的手段实施,以最大限度地调动各参与主体的积极性,避免过去那种直接将补贴资金发放到相关机构或个人手中的低效率做法。

以上我们基于风险防控这一农村金融服务的主题,探讨了大型商业银行服务好"三农"需要加强的五种机制建设。服务好"三农"本身是个系统工程,必须诉诸利益相关主体的合力:大型商业银行自身的特点决定了加强与微型金融机构的合作是最优服务路径;与保险机构和担保机构的合作则是规避风险的最直接体现;加强与农民专业合作组织的对接则既可以高效率、低成本地服务"三农",又可以顺应农村经济发展转型的大趋势;设法获取地方政府的支持则始终是搞好农村金融服务的关键因素。大型商业银行只有构建了以上五个合作机制,才能有效化解农村金融风险,降低经营成本,真正服务好"三农"。

六、大型商业银行服务微型客户重在模式创新

从国际经验看，大型商业银行参与普惠金融体系建设，要么是为了满足监管政策要求，要么是出于社会责任考虑，要么是具有明确的商业动机。但无论怎样，在普惠金融体系建设中，大型商业银行都应该是重要的金融服务提供商，这在国际上都有成功的先例，如ICICI等。

从我国农村金融供给主体看，大型商业银行特别是农业银行加大了对农户、小微企业等弱势客户的服务力度，并取得了良好的社会效应和经济效应。在我国总体已进入“以工促农、以城带乡”的新阶段，以及县域经济发展显露出巨大潜力等大背景下，大型商业银行积极参与普惠金融体系建设，在体现国家资本意志的同时，也具备了实现商业可持续性的条件。

但是，根据金融客户分层理论，由于在资本、技术、管理和产品研发等方面更有比较优势，因此大银行更适合服务具有规模经济效应的大客户，而对信息不对称且信贷需求“小、频、急”等小微客户的服务供给，宜主要由微型金融机构满足，即所谓的“大服务大、小服务小”观点。因此，大型商业银行要真正实现可持续地服务小客户，就必须诉诸模式创新。

（一）服务内容的创新

服务内容主要指向什么类型的客户提供什么类型的服务。当前对农村金融的认识总是被有意无意地缩小成农村信贷甚至是农户信贷，这不符合农村金融的本意，并且很容易对实际工作部门产生误导。从银行特别是大型商业银行的角度看，提供农村金融服务绝不仅仅在于信贷。实际上，联合国在对“普惠金融”概念进行界定时就明确指出，小微客户除信贷需求外，对存款、取款、汇款、结算、查询和转账等基础金融服务的需求同样强烈。小微客户的这种多样化金融服务需求，在我国体现得尤为明显。以农户为例，由于我国幅员辽阔，农户经营规模、收入水平差距较大，欠发达地区的农户由于受产业层次、地理位置、知识水平等限制，对信贷服务需求相对较弱，但对基础金融服务的需求却很强。对这一类客户，尤应发挥好大银行的网点和技术优势，通过电子化手段延伸服务触角，为农户提供服务并改善其福利水平。在这方面，中国农业银行已经通过“惠农通”工程建设的方式做出了重要探索，是极富意义的。总之，大型商业银行服务小微客户，提供信贷支持十分重要，但不能简单地将金融服务狭隘地理解为信贷服务。

（二）服务产品的创新

银行的农村金融服务产品可分为信贷产品和基础金融服务产品两大类，如中国农业银行推出了“小额农户贷款”产品和“惠农通”工程等。两大类产品都面临创新问题。先看信贷产品。以农户贷款为例，市场上既有的农户贷款多以联保贷款为主，品种较少。实际上，由于我国县域经济发展不均衡，甚至可以用“一县一特色”来概括，各县对于农户金融产品的需求不尽相同，因此，除了全国通用的农户贷款产品，大型商业银行应在控制风险的前提下适度下放银行产品研发权，鼓励基层行研发适合本地特色的金融产品，以提高市场适应性和反应速度。例如，牧区可以创新抵押担保方式推广农牧民贷款，旅游

资源丰富的地区可以鼓励开展"农家乐"贷款和"新农居"贷款等。对这些基于真实需求衍生的金融产品,银行总行应提高其审批速度。再看基础金融服务产品。目前大型商业银行开发的用于满足农户基础金融服务需求的一些产品,如中国农业银行的"惠农通",更多是基于"银政合作"的视角提出的,即产品的研发紧密结合政府惠农政策如"新农保""新农合"等,这种利用信息技术拓展服务触角的做法,完全符合大银行的比较优势和我国农村金融的政治经济学特征。但是,这些服务产品面临两大方面难题:一是政府政策风险大,例如,花大力气铺设的现有电子化机具可能随着 IC 卡的推广而成为沉没成本;二是产品使用率低,例如,由于文化水平的限制,农民"一手交钱、一手交货"的观念仍很重,对电子交易方式保持谨慎。为了应对困难,大型商业银行需要在两方面进行进一步的创新性探索:一是努力加强产品创新力度,例如,集中力量开发 IC 卡与社保卡合二为一的"新农保"社保卡,在系统功能上做好与国务院建立全国统一新农保信息管理系统的对接准备,等等;二是加大金融知识宣传力度,为电子化机具的铺设和使用营造良好外部环境。例如,与地方政府合作,利用各种媒体加大金融知识宣传力度,并利用农户善于模仿的心理,通过抓好"草尖客户"等方式,做好以点带面工作。

（三）服务方式的创新

简单讲,对小微客户的金融服务方式,分为直接方式和间接方式两种。以农户信贷为例,从直接服务方式看,为尽量规避用"陌生人机制"解决"熟人社会"问题所面临的高成本、高风险难题,大型商业银行探索出很多创新型服务方式,如"银行 + 信用村 + 农户""银行 + 特色产业 + 农户""银行 + 龙头企业 + 合作社 + 农户""银行 + 惠农政策 + 农户""银行 + 地方政府 + 农户"等。这些服务方式在实践中都被证明是行之有效的。但是,大型商业银行很难通过这种方式继续有效扩大服务范围,这是因为我国农村信用环境总体还比较差,大部分地区的农村特色产业还不成形或发展滞后,农业产业化龙头企业在一些地方还很缺乏或规模较小、带动力有限,部分市场化水平低的地方政府还存在不适当作为等问题。这说明,仅靠直接服务方式继续大规模、快速发放农户贷款,很可能在未来出现风险的集中爆发。而国际经验证明,通过间接方式开展微型金融服务,是富有成效的做法。从间接服务方式看,大型商业银行可采取直接设立村镇银行以及通过与微型金融机构合作并向其批发贷款等形式。未来,国家应鼓励村镇银行、贷款公司、资金互助组织等新型农村金融机构加快发展并加强公司治理,同时大型商业银行应通过批发贷款、代为研发产品和提供技术支持等方面,加大与微型金融机构的合作,扩大以间接方式参与普惠金融体系建设的力度。

第五节　微型金融与我国普惠金融体系构建

一、普惠金融的含义与理论基础

普惠金融这个概念源于英文"inclusive financial system",即"普惠金融体系"。普惠金融体系于 2005—2006 年由联合国和世界银行扶贫协商小组正式提出并见诸相关出版物。"普惠金融体系"的基本含义是,金融体系应该具有包容性的特征,应该以有效方式使金融服务惠及每一个群体、每一个人，尤其是那些通过传统金融体系难以获得金融服务的弱势群体。联合国希望通过微型金融的发展，通过传统金融体系的创新与转型，促进这样的金融体系的建立，从而进一步推动全球的反贫困事业。

构建普惠金融体系，强调两个方面的意义：一方面，如上所述，普惠金融强调金融体系要为所有人服务，金融体系应该是包容性的、普遍惠及人类各阶层群体的，包括在传统上难以获得金融服务的低收入人群和微型企业；另一方面，普惠金融体系意味着要把微型金融整合到整个金融体系当中，使它成为金融体系不可或缺的组成部分，在法律政策上给予微型金融更广阔的发展空间，使其不再处于边缘化地位。构建普惠金融体系的目标是完善农村金融市场，服务广大农民和弱势群体，在客户定位上始终瞄准低收入人群和微型企业。将小额信贷整合到金融体系中，一方面是创造一个合适的政策和法律环境，另一方面，更重要的是要创造一个微型金融市场的竞争环境。微型金融（包括小额信贷和小额保险）应当被理解为一种市场经济行为，一个向低收入人群和微型企业提供市场化扶助的机制，一个向市场化程度低的贫困地区灌输市场意识的通道。

普惠金融体系的提出，具有重大的理论意义和实践意义，对于全球微型金融的发展和反贫困事业产生了巨大的推动作用，具体体现在以下几个方面：

第一，“普惠金融体系”这个概念确立了一种全新的金融理念。2006 年诺贝尔和平奖得主、孟加拉乡村银行创始人尤努斯教授说“信贷权是一种人权”。也就是说，每个人都应该有获得金融服务机会的权利。每个人只有拥有金融服务的机会，才能有机会参与经济的发展、实现社会的共同富裕与和谐。这个理念与“包容性增长”是一致的，即要在经济增长和金融发展的过程中，使每一个人都能够得益于这种经济增长与金融发展，而不是被经济增长和金融发展所排斥。

第二，构建普惠金融体系的前提是金融创新。为了让每个人都获得金融服务机会，就要对金融体系进行创新，包括制度创新、机构创新和产品创新。在宏观的金融体系和法律制度层面，要进行创新，以制度性的框架鼓励微型金融的发展，为微型金融机构创造平等的竞争环境；在金融机构层面上，应该成立更多的微型金融机构和创新性的金融机构，来服务于更多的低收入人群和微型企业，同时一些商业性的金融机构包括大型商业银行，也可以通过机构的创新来进行微型金融服务；产品创新的意义在于只有开发出适合于农村低收入人群和微型企业的金融产品，这些原本难以获得金融服务的群体才能真正享受到有效的金融服务，同时金融机构才能有效控制风险和获得一定的经济回报。

第三，由于大企业和富人已经拥有了金融服务的机会，建立普惠金融体系的主要任务就是为传统金融机构服务不到的低端客户提供机会，这就是小额信贷或微型金融——低收入人群和微型企业提供的金融服务。为此，一要在法律和监管政策方面提供适当的空间。二要允许新建小额信贷机构的发展，鼓励传统金融机构开展小额信贷业务。普惠金融体系致力于将普遍惠及一切人的金融服务有机融于微观、中观和宏观三个层面的金融体系，过去被排斥于金融服务之外的低收入人群和微型企业才能获益。在客户层面，低收入人群和微型企业是这一金融体系的中心，他们对金融服务的需求决定着金融体系各个层面的行动。在微观层面，金融体系的主体是零售金融服务和微型金融服务的提供者，它直接向低收入人群和微型企业提供服务。这些微观层面的服务提供者应包括从民间借贷到商业银行以及它们中间的各种类型。中观层面则包括基础性的金融设施和一系列能使金融服务提供者实现交易成本降低、服务规模和深度扩大、技能提高、透明度增强的机制。这涵盖了很多金融服务相关者和活动，如审计师、评级机构、专业业务网络、行业协会、征信机构、结算支付系统、信息技术、技术咨询服务、培训，等等。这些服务实体可以是地区性的、跨国界的或全球性的组织。在宏观层面，如要使可持续性的小额信贷蓬勃繁荣发展，就必须有适宜的法规和政策框架。

二、微型金融发展与普惠金融体系构建

构建普惠金融体系的目标与解决目前中国小额信贷存在的问题是契合的：为所有人服务表明小额信贷组织不仅要坚持目标定位和服务对象不动摇，即完善农村金融市场，服务广大农民，始终瞄准低收入人群和微型企业，更要探索为实现可持续发展而提供持续性服务的途径。将微型金融整合到金融体系中，一方面是创造一个合适的政策环境，给微型金融机构“正名”，赋予其合法地位，并予以有效的监管；另一方面更重要的是要创造一个微型金融市场的竞争环境，即以市场化原则运作微型金融。微型金融应当被理解为一种市场经济行为，一个向低收入人群和微型企业提供市场帮助的机制，一个向市场化程度低的相对贫困地区灌输市场意识的通道。当然，由于微型金融在扶贫方面的“公共品”性质，政府财政有必要给予其一定的支持，但是这种支持也必须符合市场化原则。上一部分所述的制度执行中的问题，一部分的解决在于严格地执行制度设计，另一部分的解决在于保持原有制度作用机制的前提下进行中国化和本地化的改革，而这些都是微观层次的问题，可以逐步从实践中解决，不必赘述。目前需要着重考虑的是如何从宏观层次营造一个微型金融发展的良好政策环境，从中观层次构建一个利于微型金融合理发展的产业组织。

在政策环境方面，随着社会主义新农村建设的提出，农村金融总体改革规划也已经提上日程。要营造微型金融发展的良好环境，首先，需要尽快制定一部涵盖各种微型金融类型的法规来规范金融机构、非金融机构小额信贷的创立和运行，并且出台相关的政策如税收优惠政策对微型金融予以支持。其次，要将微型金融纳入金融体系，就需要对其发展进行有效的监管，这个监管一方面要考虑微型金融行业不同于商业银行的业务和风险特征，另一方面要注意微型金融行业的发展阶段，监管的任务除了防范金融风险，还要引导机构发展。原则上，应当允许金融机构和非金融机构小额信贷继续同时存在；对吸收社会储蓄的机构，要进行全方位的风险监控，实行审慎性监管；对“只贷不存”类型的机构，可以施行非审慎性监管，允许资不抵债的机构破产。在监管部门对微型金融行业施行监管的同时，应当允许成立微型金融行业协会，制定行业标准，实行行业自律，并提供行业内部技术支持和信息培训。最后，基于微型金融供给在扶贫方面的“公共品”性质，政府应当从资金和技术上予以支持，但如前文所述，必须对所有微型金融机构——不

管是政府主导还是民间推动的机构——实行一视同仁的市场化原则,如国家以扶贫资金建立一个批发基金机构,可以在现有农村发展银行的基础上成立,也可以新成立一个这样的批发机构,根据微型金融已有业务的开展情况,以统一的再贷款利率向所有微型金融提供批发资金,使其进一步扩大规模。

在微型金融行业组织方面,必须借鉴国际上微型金融机构扩充的模式和商业化潮流,引入农村金融市场的竞争机制。第一是允许现存的非金融机构微型金融通过改造,升级为合法的金融机构,允许其通过吸储、借贷甚至在资本市场融资来扩大规模并参与市场竞争,即所谓“升级模式”(upscaling),在坚持机构目标定位和服务对象的同时,提升机构可持续能力;第二是国有商业银行通过改造或设立微型金融部等形式,降低服务的门槛,回归农村金融市场,为低收入人群和微型企业提供微型金融服务,即所谓“降低门槛模式”(downscaling),以直接或间接的方式进入微型金融市场;第三是参考中国人民银行五省试点,通过吸引国内外投资(股本金或贷款),建立崭新的商业性的微型金融机构,即所谓的“绿地模式”(green field),在政府政策环境支持下,聘请专业机构和人员进行设计与管理,专营微型金融业务。在升级模式上,一些经营较好的民间和国际资助微型金融可以先行进行商业化改造,并逐步联合扩大提高竞争力;在降低门槛模式上,目前看来,应提倡国有商业银行等以间接的方式进入微型金融领域,与现有的微型金融机构尤其是未来经改造的非金融机构合作,通过外包零售业务、向微型金融机构提供商业贷款,向其提供基础设施和系统如 ATM 网络等形式积累经验,待时机成熟后再以直接的方式开展微型金融业务;在绿地模式上,最佳的实践者应当是邮政储蓄银行,以其规模优势,借鉴印度尼西亚人民银行的成功经验,一个全国性微型金融服务提供者呼之欲出。在加强竞争的同时,也应当提倡各种微型金融机构之间的有效合作,以技术、培训、融资、客户终端等为媒介促进微型金融机构之间的“联结”。微型金融的商业化是建立普惠金融体系的必然途径,但其首要前提是微型金融操作必须具有可持续性,必须遵循市场化原则。要让所有的潜在参与者都能看见其中可持续增长的利润和机遇。当然,微型金融的商业化过程对人才的需求是庞大的,一个相关的金融教育体系的建立必不可少。

基于以上讨论,我们提出一个宏观和中观层面的微型金融体系框架,作为普惠金融体系的一部分,如图 10.3 所示。在这里,应当以普惠金融的概念代替微型金融,因为普惠金融体系之下,低收入人群和微型企业除了需要信贷服务,还需要包括储蓄、汇款、小额保险以及担保、租赁等在内的各种各样的金融服务,而且这些服务应当由各种各样的金融机构或非金融机构提供。微型金融需要在可持续的前提之下不断扩大服务的广度和深度,不断提高服务的质量:把各类可以为低收入人群和微型企业提供金融服务的机构吸收到微型金融的统一战线中,将他们都列为微型金融的服务对象;开发差别化的管理方式,集合小组模式、村银行模式和个人贷款模式的优势,开发符合中国国情和当地实际的微观操作模式,扩大机构的规模,实现机构的可持续发展;以需求为导向,开发多样化的产品和服务,细分微型金融市场,通过利率等制度设计、抵押质押以及信用评级等的组合,以差异化产品甄别客户,既满足不同客户的需求,又降低微型金融服务提供者的风险。

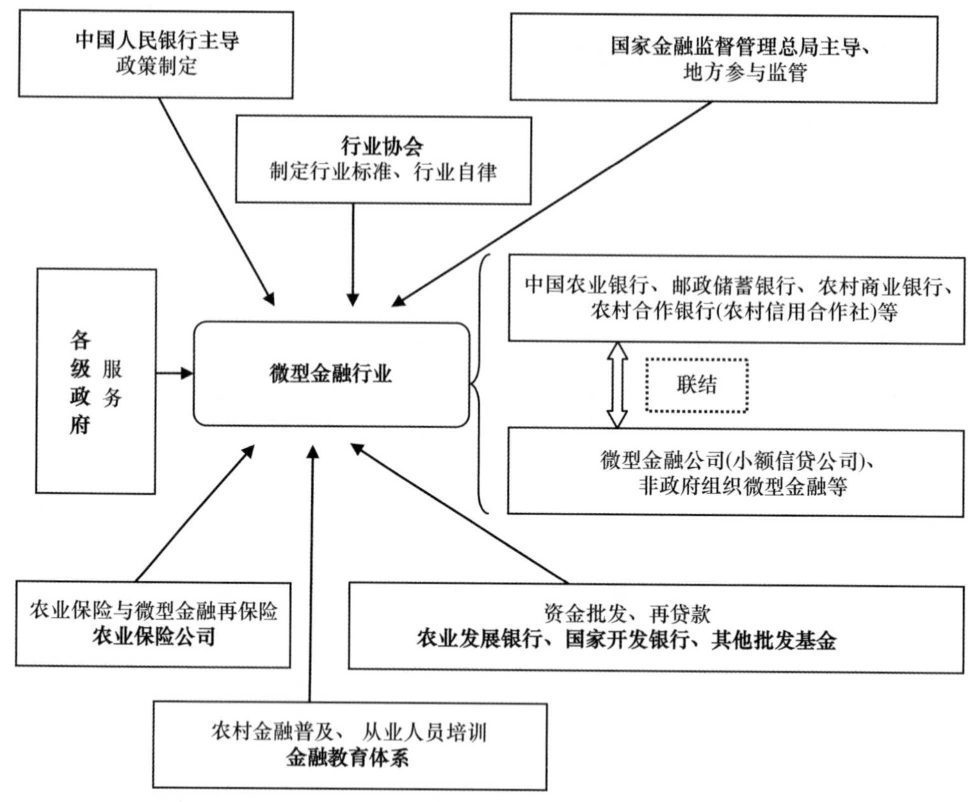

图 10.3　中国微型金融体系框架设想

第六节　微型金融发展与相对贫困地区减贫机制创新

一、微型金融的减贫机理:七大效应的分析

微型金融是向传统上难以获得基本金融服务的低收入人群和微型企业提供的持续的信贷服务,一般是基于接受贷款者信誉的无抵押无担保的小额信用贷款,以实现贷款者的可持续发展为最终目标。微型金融具有鲜明的特点:① 将贷款对象定位于传统信贷体系下无法获得金融服务的穷人,这是与一般商业性贷款最为不同的一点;② 是一种信用贷款,无需土地、房产等作为抵押,用社会担保取代了经济担保;③ 贷款额度小,一般等于或小于一国人均 GNP,有时甚至只是一国人均 GNP 的 10% 左右;④ 偿还方式灵活,按照当地实际情况分为一周、半月或一月偿还一次,这样一方面分散了风险,提高了贷款回收率,另一方面减轻了农户一次性还不上款的顾虑;⑤ 期限短,具有可持续性,一般小额贷款借出的期限控制在一年以内,并且如果农户还款信誉良好,可续借 2—3 年;⑥ 贷款利率高于一般的商业银行贷款,但低于民间的高利贷利率;⑦ 一般实行小组联保,但也有其他模式。

微型金融在反贫困尤其是相对贫困地区有效减贫中起到重要的作用,那么它的作用机制如何呢? 本章总结了以下七大效应:

（一）滴落效应

库兹涅茨曲线效应表明，在一定时期，经济发展和金融发展会拉大收入差距，导致基尼系数上升；但是在一定阶段之后，经济发展与金融发展会通过滴落效应和扩散效应，导致收入差距缩小。这就是在经济发展和金融发展这一变量与收入差距这一变量之间的倒U形曲线的关系。所谓滴落效应，是指在经济发展和金融发展到一定阶段之后，由于较为发达的地区生产要素价格的上涨，平均利润率降低，而欠发达地区的生产要素成本低的优势会逐步显现，加之政府的引导，生产要素会向欠发达地区转移，促进经济增长，缩小区域之间的发展差距。国际实践证明，运用系统性的激励和约束框架，建立相应的农村金融发展机制，鼓励微型金融机构发展，构建多层次、广覆盖、可持续的普惠金融体系，可以在一定程度上减少贫困人群的信贷约束，从而平滑其收入水平，降低经济发展和金融发展过程中的收入不平等程度。

（二）赋权效应

微型金融在贫困人群赋权的过程中也扮演着重要角色。贫困人群的赋权，包含重新向贫困人群赋予教育、医疗、社会保障等项基本经济权利、社会权利和政治权利，使这些弱势群体可以分享社会发展带来的成果。微型金融在服务贫困人群的过程中，能够促进他们在教育、医疗和社会保障等方面的基本需求，从而倒逼社会变革。比如，微型金融的贫困客户，在接受微型金融的贷款服务之后，有了更高的教育需求。鼓励贫困人群的家庭有更多的教育支出，这就从需求方倒逼教育体制的变革，从而使贫困人群享受更多的教育公共服务。

（三）赋能效应

阿玛蒂亚·森认为，贫困的发生，其最根本的原因在于“可行能力”的丧失与剥夺，使得贫困者因不具备基本的能力而陷入贫困不能自拔。可行能力包含着一个人改变自己境况、适应周遭社会的最基本的能力，如认知能力、判断能力、应对挑战的能力、创新的能力等（森，2001）。微型金融是提升贫困人群可行能力的重要途径之一，通过信贷等方式，贫困人群能够极大地以自主的内生的方式增强自己的可行能力，以及应对生活挑战并改善生活境况的能力，并获得一种可持续的发展。

（四）社会网络效应

笔者曾经提出“社会网络扶贫”的概念，这是一种更为深刻的扶贫理念。社会网络的缺失使得个体缺乏安全保障和共同体支持，最终成为孤独的个体而陷入贫困，并很有可能导致生存绝望。对个人而言，比贫困更可怕的是被社会抛弃，游离于社会网络之外，无法从自身之外获得脱贫的资源和支持。社会网络扶贫就是要通过各种有形的组织和无形的制度的构建，为贫困人群构建一个获得社会安全感和社会资本的网络，为其可持续的脱贫提供坚实的基础。微型金融为贫困人群构建社会网络提供了助力，贫困人群在获得微型金融服务之后，会通过联保小组、信用互助、合作组织、村委会以及各种乡土社会组织，提升自己的社会资本，加强自己的社会网络，从而摆脱孤立无援的境况（王曙光和王琼慧，2018）。农村商业银行、村镇银行、小额贷款公司、资金互助组织等微型金融机构，也在不断地通过支持农村合作组织、通过与村委会联合起来对贫困人群进行信用考察、通过担保机制的构建，帮助贫困人群建立广泛的社会网络。

（五）治理效应

微型金融对于乡村治理会产生有效的积极的影响。乡村治理的好坏，实际上是影响微型金融机构效率和贷款安全的重要变量。很多微型金融机构在开展微型金融服务的过程中，往往与村庄的治理紧密地结合起来，通过信用村的评定和整村授信，通过吸收村干部参与信贷客户的信用评定、通过对合作组织和集体经济的信贷支持等方式，有效参与乡村治理。在一定程度上，我们可以说微型金融机构是改善整个乡村治理模式的重要主体。而乡村治理改善之后，对微型金融机构的可持续发展起到了极其重要的基础性的作用。

（六）文化伦理效应

微型金融机构还通过自己的服务、通过村庄的征信体系建设，对整个村庄的村风、道德体系等起到积极的作用，推动乡村的伦理建设。同时，微型金融通过支持乡村的文化产业（民俗、工艺品、旅游、民宿等），推动当地的文化建设和文化复兴。

（七）乡村产业链效应

乡村的全面复兴，其基础是乡村的产业振兴。微型金融机构在进行信贷服务的过程中，会主动发现及扶持那些当地的优势产业和特色产业，对有企业家精神的农民和微型企业进行支持，从而在培植产业链、振兴农村产业、挖掘农村产业潜力方面起到明显的积极作用。

二、微型金融在相对贫困地区减贫中遇到的瓶颈与挑战

我国的相对贫困在边疆地区表现得较为突出，可以说，边疆民族地区是我国相对贫困的集中之地，有极强的代表性，也是脱贫攻坚战中最难啃的硬骨头，因此本章第三部分集中谈谈边疆民族地区的金融服务问题。我国边疆地区一般是少数民族聚居的地区，那里民族分布比较复杂，民族文化呈现极大的丰富性、多样性、融合性，因此边疆地区的民族问题解决得好不好，对我国民族和谐与国家稳定至关重要。同时，由于地域、文化、自然条件、历史发展等方面的原因，我国边疆地区的民族经济大多处于比较不发达的状态，贫困发生率一般比较高，脱贫攻坚的任务比较繁重，老百姓的生活水平亟待提高，因此边疆地区的反贫困对整个中国的反贫困意义重大（王曙光和王丹莉，2018）。很多边疆地区又同时是生态脆弱区，在新疆、内蒙古、西藏、云南、广西等面积大的地区，高原植被和森林很容易被破坏，沙漠化、石漠化、森林退化等问题比较严重，一旦生态遭到破坏，就很不容易恢复，而且对整个中国版图上的生态都会产生严重的影响，因此保护生态对于边疆民族地区的生活和生产至关重要。所以，边疆地区和相对贫困地区、生态脆弱区这几个概念是高度重合的。由此看来，边疆地区的经济社会发展，就有着特殊的战略性的意义。

我国金融服务的真空地带和短板地带大多在边疆民族相对贫困地区。近年来，边疆民族地区的金融服务覆盖面在加大，金融机构空白乡镇数量在大幅减少，老百姓获得的信贷支持和各种金融服务大幅提升，信贷可及性提高显著。一些金融机构（农村信用社和农业银行等）在边疆民族地区加大信贷支持力度，在极为艰苦的条件下开展对边疆少

数民族群众的金融服务,金融机构维系成本很高,风险很大,但这些金融机构的服务对于这些地区经济社会发展作用巨大。当然,从总体来说,边疆民族地区的金融服务距离群众的需求和区域发展的需求而言还是有一定差距的,有些边疆民族乡镇没有金融机构,很多农牧民还没有获得金融支持(王曙光和王丹莉,2018)。

概括来说,根据笔者在新疆、西藏和内蒙古部分相对贫困地区的调研,微型金融机构在边疆相对贫困地区扶贫中遇到的瓶颈与挑战大致包括以下七个方面:

第一,边疆民族地区的地域广大,在新疆、西藏、内蒙古等地一些地区,人口稀少,每家每户居住分散且相距遥远,客观上造成客户到金融机构的距离远、成本高,金融机构服务客户的成本也高。

第二,边疆民族地区特有的地域地貌特征(比如草原、沙漠、山地),造成金融机构所搜集到的客户的信息往往出现不完备的情况,信息扭曲和失真的概率更高,甄别信息和更新信息的成本更高。

第三,边疆民族地区的文化多样性比较明显,各地民俗、文化、生活形态、生产方式差别很大,导致金融服务的需求多样性也非常明显,与其他地区有很大区别。这就给金融机构的产品设计提出了更高的要求。

第四,边疆民族地区由于经济社会发展一般而言较为滞后,因此在接受现代金融服务的过程中往往存在认识方面的偏差,群众对现代金融机构的了解比较欠缺,对金融机构的运行、定价、服务等知之甚少,客观上加大了金融服务的困难。

第五,边疆民族地区的自然条件相对不太好,造成金融机构设置服务网点的成本高,网点的维系成本也高。

第六,边疆民族地区虽然民风淳朴,但信用体系建设往往存在滞后现象,没有完备的征信体系,加上群众对金融信用的理解往往不深,客观上加大了金融机构信用管理的成本,对资产质量的提升构成了一定的挑战。

第七,边疆民族地区由于教育一般而言比较滞后,导致金融人才缺乏,极大地影响了金融机构的管理质量、运行质量,金融创新和风险处置的能力差,一些现代金融技术的运用受到限制。可以说,这些问题都影响了金融机构在边疆民族地区的生存质量,进而影响了金融机构对边疆民族地区的金融服务水平。

三、未来微型金融如何助力解决相对贫困?——着眼于乡村全面复兴的制度框架

未来微型金融如何在解决相对贫困问题中起到更大的作用,并同时实现自身的可持续发展?对于这个问题,笔者认为必须将微型金融置于一个"大金融"的框架中,要着眼于乡村全面复兴,以相对贫困地区乡村产业振兴为核心,以全面改善相对贫困地区乡村治理与伦理文化为基础,以构建贫困人群社会网络和提升贫困人群可行能力为手段,最终实现自身可持续发展。

第一,微型金融机构要以相对贫困地区产业振兴为核心,着力构建产业链。边疆民族相对贫困地区虽然地处偏远,经济发展水平不高,但是蕴含着丰富的产业资源和文化资源,当地的特色农业产业、民族民俗手工艺术产业、民族特色旅游和文化产业等,都是

有待开发的富矿。微型金融机构要在发现和挖掘当地产业资源与文化资源上下功夫,构建有效率的产业链,为相对贫困地区的持久发展提供有效保障。

第二,微型金融机构必须与相对贫困地区乡村治理相结合,与相对贫困地区农村社区发展相结合,才能获得健康的发展。没有好的乡村治理,没有好的农村社区管理体系,没有好的村风和乡村伦理体系的支撑,微型金融机构在相对贫困地区扶贫必然面临更大的风险。农村微型金融机构要有意识地推动相对贫困地区乡村治理的完善和农村社区管理体系的构建,有意识地推动乡村风气和信用环境的改善。事实上,相对贫困地区的最大短板也在于此,一些相对贫困村党支部涣散,村治溃败,伦理失序。因此,农村微型金融机构应该帮助村庄实现有效的治理,致力于改变其村风,为微型金融机构的运转提供一个优良的信用环境。

第三,微型金融机构要进一步支持相对贫困地区农民合作组织和农村集体经济的发展。大部分相对贫困地区的合作组织和集体经济极其薄弱,有些地区甚至完全缺失合作组织和集体经济,这是致贫的根源之一。农村微型金融是一种金融工具和手段,微型金融要真正达到减贫的目的,就必须与农业的规模化和农民的组织化相结合。实践证明,仅仅向单个的贫困家庭实施微型金融减贫,其效果是有限的。因此,未来农村微型金融必须在推动相对贫困地区的农民组织化和推动集体经济发展方面下功夫。政府也要支持相对贫困地区集体经济和农村合作经济的发展,这才是治本之道。

第四,要着力提升相对贫困地区农民的可行能力。微型金融机构要与政府一道、与社会民间组织一道,加强对相对贫困家庭的知识培训和技能培训。农村商业银行、村镇银行、小额贷款机构等,都要把相对贫困地区人口的培训和教育作为重要工作,这对于提升微型金融的贷款质量极为关键。

第五,要重视微型金融的机制创新,在有条件的地区开展有效的基于互联网的金融服务和金融创新,以极大地降低微型金融机构在相对贫困地区尤其是地广人稀的边疆民族地区的运行成本。当然,这需要政府在网络通信等基础设施方面对相对贫困地区进行大规模财政投入,从而建立微型金融开展互联网金融服务的基础。各类微型金融机构可以借助互联网金融的平台,突破物理网点的限制,通过 POS 机、手机银行和村庄内部的电子化机具等方式向客户提供存款、支付、授信等一系列电子化的金融服务,降低农民获取金融服务的门槛。

关键术语

福利主义微型金融	机构主义微型金融
公益机构主导型微型金融	政府(准政府)机构主导型微型金融
商业机构主导型微型金融	新型农村经营主体
合作社	家庭农场
新型城镇化	社区发展基金
银微对接	银保对接

银担对接银合对接银政对接　　普惠金融
微型金融　　相对贫困地区
乡村治理　　乡村全面复兴

思考与讨论

1. 福利主义微型金融与机构主义微型金融的区别与联系是什么？如何将二者融合起来？

2. 公益机构主导型微型金融、政府(准政府)机构主导型微型金融、商业机构主导型微型金融各自的比较优势是什么？其各自的弊端又是什么？

3. 社区发展基金的运作机制有何特点？

4. 大型商业银行如何参与微型金融服务的供给？

5. 如何构建普惠金融体系？

6. 如何理解普惠金融的内涵？普惠金融对金融体系提出了什么要求？

7. 谈谈微型金融减贫的具体作用机理。

8. 如何在乡村全面振兴的总思路下推动微型金融助力扶贫工作？

本章参考文献

A Banerjee, A F Newman. Occupational Choice and the Process of Development[J]. Journal of Political Economy, 1993, 101(2).

A Kraay. When is Growth Pro-Poor? Cross-country Evidence[R]. World Bank Policy Research Working Paper 3225, 2004.

B Coate. Group Lending, Repayment Incentives and Social Collateral[J]. Journal of Development Economics, 1995(46).

D Dollar, A Kraay. Growth is Good for the Poor[J]. Journal of Economic Growth, 2002, 7(3).

G Clarke, L C Xu, H Zou. Finance and Income Inequality: Test of alternative Theories [R]. World Bank Policy Research Working Paper 2984, 2003.

G Moser, T Ichida. Economic Growth and Poverty Reduction in Sub-Saharan Africa[R]. IMF Working Paper, 112, 2001.

J Greenwood, B Jovanovich. Financial Development, Growth, and the Distribution of Income[J]. Journal of Political Economy, 1990, 98(5).

N Maurer, S Haber. Related Lending and Economic Performance: Evidence from Mexico [J]. Journal of Economic History, 2007, 67(3).

O Galor, J Zeira. Income Distribution and Macroeconomics[J]. Review of Economic Studies, 1993, 60(1).

P Romer. Increasing Return and Long-run Growth[J]. Journal of Political Economy,

1986, 94(5).

R E Lucas. On the Mechanics of Economic Development[J]. Journal of Monetary Economics, 1988, 22(1).

V Puhazhendhi. Transaction Costs of Lending to the Rural Poor-Non-Governmental Organizations and Self-help Groups of the Poor as Intermediaries for Banks in India[R]. Foundation for Development Cooperation, Brisbane, Australia, 1995.

W Charles, A Duval. CARE Savings and Credit Sourcebook [M]. Atlanta, Ga: CARE, 1996.

Y Jacob, McDonald Benjamin, G Piprek. Rural Finance Issues, Design and Best Practices[R]. World Bank, Agriculture and Natural Resources Department, 1997.

曹子娟. 中国小额信贷发展研究[M]. 北京:中国时代经济出版社,2005.

程玲,向德平. 社区发展基金的变迁、管理及绩效分析——以云南省剑川县、禄劝县社区发展基金为例[J]. 华中师范大学学报,2010,49(5).

杜晓山. 孟加拉国的乡村银行及对我国的启示[J]. 中国农村经济,1994(2).

杜晓山. 商业化、可持续小额信贷的新发展[J]. 中国农村经济,2003(10).

杜晓山,孙若梅. 农村小额信贷:国际经验与国内扶贫社试点[J],财贸经济,1997(9).

杜晓山,孙若梅. 中国小额信贷的实践和政策思考[J]. 财贸经济,2000(7).

杜晓山. 小额信贷原理及运作[M]. 上海:上海财经大学出版社,2001.

杜晓山. 印度小额信贷的发展及借鉴[J]. 现代经济探讨,2005(5).

杜晓山. 中国农村小额信贷的实践尝试[J]. 中国农村经济,2004(8).

杜志雄,唐建华. 关于小额信贷几个主要问题的讨论综述[J]. 中国农村观察,2001(2).

何广文. 农村社区发展基金的运作机制及其绩效诠释[J]. 经济与管理研究,2007(1).

吉朋斯. 乡村银行读本[M]. 北京:社会科学文献出版社,1996.

李石新. 中国经济发展对农村贫困的影响研究[M]. 北京:中国经济出版社,2010.

李新然. 论“小额信贷”的非金融价值[J]. 农业经济问题,1999(4).

刘继平. 小额信贷扶贫在我国实践中的成就、问题及对策[J]. 经济问题,2000(5).

彭志慧,陈强. 小额信贷与扶贫:一个综述[D]. 西南财经大学中国金融研究中心,2003.

饶小龙,唐丽霞. 我国农村社区发展基金的现状及问题研究[J]. 农村经济,2008(4).

森. 贫困与饥荒[M]. 王宇,等,译. 北京:商务印书馆,2001.

史晓峰. 对内蒙古项目小额贷款的思考——昭乌达 UNDPSMAP 项目与乌审旗 SPPA 项目比较研究[J]. 内蒙古农业大学学报,2005(4).

世界银行. 2000/2001 年世界发展报告:与贫困作斗争[M]. 北京:中国财政经济出版社,2001.

孙若梅. 小额信贷与农民收入[M]. 北京:中国经济出版社,2005.

汪三贵,毛建森.中国的小额信贷[J].农村经济问题,1998(4).

汪三贵.小额信贷对中国扶贫和发展的贡献[J].金融与经济,2003(11).

汪三贵.中国小额信贷可持续发展的障碍和前景[J].农村经济问题,2000(12).

王磊.非金融机构小额信贷的利率分析[J].西南财经大学学报,2003(6).

王曙光,高连水.大型商业银行服务三农中的五大合作机制构想[J].农村金融研究,2011(5).

王曙光.管理体制创新、治理结构变革与优秀上市银行锻造[J].农村金融研究,2011(3).

王曙光.金融发展理论[M].北京:中国发展出版社,2010.

王曙光.少数民族欠发达地区多层次农村金融体系构建[J].中国经济,2010(9).

王曙光,王丹莉.我国边疆民族地区普惠金融构建与机制创新[J].中国西部,2018(1).

王曙光,王东宾.在欠发达农村建立大型金融机构和微型金融机构对接机制[J].农村金融研究,2010(12).

王曙光,王琼慧.论社会网络扶贫:内涵、理论基础与实践模式[J].农村经济,2018(1).

王曙光,夏茂成.推动区域金融改革 构建普惠金融体系[J].中国农村金融,2012(20).

王曙光.中国的贫困与反贫困[J].农村经济,2011(3).

王卓.低收入人口的信贷需求与供给分析[J].财经科学,2000(5).

吴国宝.中国小额信贷扶贫研究[M].北京:中国经济出版社,2001.

习近平.在深度贫困地区脱贫攻坚座谈会上的讲话[N].人民日报,2017-6-23.

姚先斌,程恩江.小额信贷的概念、原则及在中国的实践[J].中国农村经济,1998(4).

于海.中外农业金融制度比较研究[M].北京:中国金融出版社,2003.

张流泉.对当前信贷支农有关问题的对策建议[J].农村金融体制改革,2004,增刊.

张新伟.扶贫政策低效性与市场化反贫困思路探寻[J].中国农村经济,1999(5).

张勇.孟加拉小额信贷模式的最新发展[J].中国农村经济,2003(6).

郑振东,杨智斌.农户小额信贷可持续发展的经济学分析[J].河北经贸大学学报,2005(1).

中国人民银行合作金融机构监管司.农户小额信用贷款报告[J].中国金融,2003(8).

第五篇

农业政策性金融

第十一章 政策性金融的一般理论分析

【学习目的】

◆ 理解政策性金融存在的经济学基础。

◆ 了解政策性金融产生与发展的现实基础。

◆ 了解政策性金融的运营定位和功能定位。

【内容概要】

本章首先从狭义和广义两个方面阐述政策性金融的概念,进而探讨政策性金融发展的理论基础和现实基础,着重分析政策性金融背后的经济学理论基础;在此基础上阐释政策性金融的定位和效率分析,尤其是对政策性金融的功能定位进行详细介绍。

第一节 政策性金融发展的理论基础和现实基础

一、政策性金融的概念界定

所谓政策性金融,是在一国政府支持下,为贯彻和配合国家特定社会经济发展政策,以国家信用为基础,严格按照国家法规限定的业务范围和经营对象,运用各种特殊的融资手段,以优惠性利率进行的一种特殊性资金融通行为(白钦先,1998)。它是一切带有特定政策性意向的存款、贷款、投资、担保、贴现、信用保险、存款保险、利息补贴等特殊性资金融通行为的总称。政策性金融具有三大特征:一是政策性,即服务于政府某种特殊的产业或社会政策目标;二是优惠性,即以比商业性金融优惠的利息率、期限、担保等条件提供贷款或保证提供贷款(即可得性);三是融资性和有偿性,即在一定期限内有条件让渡资金使用权的资金融通活动。

二、政策性金融的经济学分析

在传统上,人们仅仅将政策性金融视为特定条件下出现的某种行业性和局部性问题,或仅仅是一种政府干预手段。但是,近年来的深入研究表明,政策性金融在当今世界各国的普遍存在有其深刻的经济学理论基础,其中主要是市场失灵和国家干预理论。

在古典经济学理论中,市场机制具有万能的自我调节功能,各个经济主体在市场上的行为通过价格这只"看不见的手"的调节作用,就能达到市场的出清,从而实现资源有效配置。当代世界经济面临的种种困境表明,由于众多因素的限制,在有些情况下仅仅依靠价格调节,帕累托最优状态通常不能实现,经常会出现市场机制不能或难以实现资源有效配置的情况。这种情况被称为"市场失灵",也就是"市场机制内在缺陷"。

古典经济学的理论体系中对于完全竞争市场有着苛刻的内在规定性，需要满足五个条件：一是不存在垄断市场结构，与市场的整体规模相比，各个生产者和消费者的规模都必须很小，即市场是充分竞争的；二是信息充分，市场中的每一个购买者和销售者都掌握与自己的经济决策有关的商品和市场的全部信息；三是生产要素自由流动，各种资源无障碍地流向任何使用者，且厂商进入或退出一个行业是完全自由的；四是价格接受者，市场中厂商数量众多，任何购买者和销售者在市场中对价格的影响都很微弱，都是市场价格的接受者；五是产品具有同质性，同一行业中不同销售者生产的产品具有完全替代性。从理论上讲只要满足这样的五个条件，经济就能达到帕累托最优状态。但是，现实经济不可能具备这种苛刻的条件，完全竞争的市场仅仅是西方经济学假设的一种市场模式，是理论的抽象，因此实际经济中不可避免地会产生市场失灵。当今社会，在发展中国家普遍存在的是市场机制发育不完全，没有形成独立的市场机制，价格信号的传递往往失真，远未真正成为经济决策的依据。虽然发展中国家的市场化进程在加快，但是它们与完美理论要求的距离还很远。发展中国家市场机制的残缺使得市场的功能得不到正常发挥，从而出现市场失灵。

信息不对称、外部性、公共产品与垄断都是市场失灵的表现，会造成效率和福利方面的损失，有些市场失灵是可以在明确产权后由市场机制解决的，但当市场本身无法克服市场失灵时，政府的干预就显得十分必要。也就是说，市场失灵是政府干预的必要条件而不是充分条件。采取政府干预需要满足两个条件：第一，政府干预的效果必须好于市场机制的效果；第二，政府干预得到的收益必须大于政府干预本身的成本（即制订计划并执行的成本和所有由于政府干预而对其他经济部门所造成的成本）。满足了上述两个条件，政府干预措施才会有效。

一般来说，政府可以采用立法等行政手段或者经济手段来解决市场失灵，主要有财政和金融两种手段，常见的具体方式是法律制裁、价格管制、税收制度、反托拉斯法等。

三、政策性金融产生与发展的现实基础

（一）政策性金融的产生

政策性金融从产生到现在有一百多年的历史，世界上第一家政策性金融机构是法国土地信贷银行，它成立于 1852 年，主要提供土地信贷和住房补贴信贷。在政策性金融产生初期，其业务十分单一。到了 20 世纪初期，政策性金融才得到了初步的发展。当时，美国发生了农产品过剩的农业危机，市场机制无法解决这个问题。在这种情况下，政府干预成为必然选择。美国政府对经济的干预始于对农业的干预。

1916 年，美国通过《农业信贷法》，并由财政部出资成立了联邦土地银行。该行主要为农民提供优惠的长期不动产抵押贷款。在此基础上，美国建立了比较完整的农业信贷体系，为农业生产和与农业相关的活动提供政策性金融服务，并通过这些农业信贷体系，调节农业生产规模和发展方向，实施政府的农业政策。为满足日益扩大的出口需求，1919 年，英国成立了出口信贷担保局，它成为世界上第一家政策性出口信贷机构。20 世纪初到 20 世纪 30 年代，政策性金融在主要发达国家有了初步的发展。

20 世纪 50 年代后，政策性金融在新兴市场国家开始兴起，以日本和韩国为典型代

表,日本开发银行、日本输出入银行和韩国产业银行等政策性金融机构,都是这一年代的产物。20 世纪 70 年代后,政策性金融在泰国等发展中国家也开始普遍出现。对新兴市场国家来说,政策性金融的范围更广,内容更丰富,力度更大,因而在经济发展过程中发挥了巨大作用。

(二) 政策性金融存在和发展的现实基础

金融业自身存在严重的市场失灵,对于金融资源配置中市场机制失灵的问题,就需要政府通过创立政策性金融机构来矫正,以实现社会资源配置的经济有效性和社会合理性的有机统一。金融业作为经营货币的特殊企业,除具有生产私人产品的职能外,还具有生产公共产品的职能。按照公共选择理论,金融企业具有"嫌贫爱富"的特性,金融资源在完全由市场配置的条件下,必将流向那些最能带来增值效应的地区和行业。政府管制缺位情况必将导致金融资源配置的失灵,并且加剧社会财富的两极分化。在这种情况下,各国政府普遍设立了不以营利为目的的政策性金融机构来调节社会金融资源,矫正金融市场的失灵。

政府借助金融的杠杆作用,发挥政府对市场机制失灵的矫正作用,设立政策性金融机构,是发挥金融杠杆调节作用的重要措施,政策性金融机构和商业性金融机构共同发挥作用,从投融资体制上确保政府经济调控目标的贯彻落实。政策性金融机构具有财政"无偿拨付"和金融"有偿借贷"的双重性,其与商业性金融的政策取向不同。商业性金融以盈利最大化为目标来配置资金资源,在主观上实现经济有效性的同时,客观上实现某种程度的社会合理性;而政策性金融作为政府资源配置手段之一,以贯彻政府政策为主,而不是以盈利为目标,在主要实现社会合理性的同时,实现某种程度的经济有效性,两者优势互补,实现经济金融运行的协调稳定与均衡。可以看出,政策性金融是市场机制"失灵"或不足的产物,它克服了商业性金融机制中的某些缺陷和不足,在现实的经济金融运行中只处于辅助性地位,发挥辅助性作用,但这种辅助性作用是不可替代的。

第二节　政策性金融的定位和效率分析

一、政策性金融的运营定位

农业政策性金融是一国稳定和保障农村、农业持续发展的一种制度安排,其业务内容由政府政策目标决定,其全部金融活动必须建立在国家法规或政策基础上,国家给予政策性金融机构的政策是其对农业产业实施有效保护、引导、扶持的基本准则和原则,这些准则和原则构成农业政策性金融支持的对象选择和边界。随着国家宏观农业政策的不断调整,以及农业自身的发展进程,农业政策性金融的支持对象、运行形式等都将随之变化。由于农业发展的实际差异,即便在同一时期,政策性金融的政策设计也必然体现出区域差异性。一般来说,政策性金融应遵循"政策性、安全性、保本性"的原则,合理进行运营定位。

第一,在政策性金融的运营方向方面,必须密切配合政府的宏观农业政策及其调控手段与重点,必须以政府制定的农业政策及其发展战略为导向,立足于农业和农村经济社会发展的长远利益，使政策性金融成为国家实施农业宏观调控的基本金融手段和途径。

第二，在资金运营和资金配置方面，政策性金融遵循资本配置的经济效益规律，由于其资金来源途径的特殊性、受国家信用和国家财政的担保，金融供给相对具有“零风险”特征，但是从其被支持对象看，存在较大的风险。为了保证政策性信贷的安全性和偿还性，政策性金融机构要制定贷款条件和还贷条件，严格考察发放对象和支持项目，对信用评级、期限、利率、担保方式要做出相应的安排，严格信贷监管；对政策性金融机构支持的对象，如农业企业，要不断提高信贷资金的实际利用率，使政策性金融机构与企业之间形成“政策性”和“市场性”的平衡机制。

第三，在农业政策性金融运行方面，要防止政策性金融的商业化倾向，由于政策性金融区别于商业性金融的最大特点就是非营利性和非竞争性，其必须严格规范地执行国家农业支持政策，政府要对政策性金融机构的运营进行严格规范。凡是市场机制能够解决的问题，即商业性金融机构能够而且愿意进入的领域，政策性金融机构就不必支持，避免发生对商业性金融的“挤出效应”，这样可以使政策性金融和商业性金融形成互补关系而非竞争关系，创造政策性金融和商业性金融“激励协同”的法律和制度环境。

二、政策性金融功能定位

（一）主导性功能

在商业性金融完全按照市场机制将金融资源配置从低利产业、地区转移到高利产业、地区的情形下，从微观和效率的角度看，这种逐利是完全合理的，但从宏观经济运行和社会合理性角度看，则会带来产业结构和地区结构的失衡，而政策性金融正是贯彻政府产业政策和区域发展战略等宏观经济调控措施的必要工具，其通常以优惠的利率水平、贷款期限和融资条件对国家政策支持发展的产业和地区提供资金支持，特别表现在农业方面。农业是任何国家的基础性产业，更是弱质产业，是商业性金融不愿或不予选择的领域，因而需要政府直接的财政补贴和政策性金融的大力支持。发展中国家财力有限，政府往往通过政策性金融对农业产业给予巨额的、持续性的、强大的直接信贷扶持，发挥主导性功能，而不仅仅是商业性金融的补充。

（二）逆向性选择功能

政策性金融对融资领域、行业或部门有明确的逆向选择性，只有在市场机制不予选择、依靠市场机制的自发作用满足不了资金需求时，政府才通过行政机制由政策性金融逆向地选择它们。然而，这种逆向性选择不是简单的反市场性选择，更不是政府主观的任意性选择，相反，其最终是市场机制选择的结果。政策性金融的主要活动领域，例如农业、中小企业、某些基础性产业及边远落后地区的产业，常常是商业性金融不予选择的领域，政策性金融在这些领域、行业或部门的正常发展，特别是在产业结构调整、地区均衡发展等方面发挥了独特的积极作用。政策性金融的选择是建立在商业性金融选择的基础之上的，随着时间的推移及客观环境和条件的变化，政策性金融的选择会随商业性金融选择的变化而相应地调整与变化，即政策性金融的逆向选择以商业性金融的正向选择为前提，并且这种逆向选择是一个不断变化和调整的动态过程。

（三）诱导性功能

政策性金融机构的资金投放导致间接地吸引私人金融机构从事符合政策意图或国家长远发展战略目标的高风险新兴产业或重点产业的放款，充分发挥其诱导性功能，从而对政策扶植项目的投资形成一种乘数效应，达到以较少的资金推动较多的资金投入需要扶持的领域和项目的目的。在这个过程中，政府政策性金融机构对处于成长前期、发展前途不明的重点产业先行投资，商业性金融机构随之投资，政策性金融机构就逐渐减少其投资份额，再转移投资方向，形成一种政策性金融对商业性金融投资取向的倡导和诱导机制。

（四）扩张性功能

扩张性功能指政策性金融机构在诱导性功能基础上，以较少的政策性资金投入吸引更多民间商业性资金的功能。政府政策性金融机构决定对某些产业提供政策性资金，往往反映了国家经济发展的长远目标，表明政策对这些产业的扶持和信心，从而增强商业性金融机构的信心，在一定程度上降低这些产业的投资风险。民间商业性金融机构随之投资，政策性金融机构逐渐减少其份额，再转移投资，扶持其他行业，从而开始新的一轮循环。在一般情况下，某一项目政策性投资只占20%—30%，并且大部分行业对政策性资金的依存度会随时间推移而逐渐下降，这就形成一种政策性金融对商业性金融资金投放的扩张性诱导机制，既使商业性金融的活力与主体金融角色得以充分发挥，也使政策性金融对商业性金融诱导补充而不替代、对融资对象扶持而不包揽这一宗旨得以实现。

（五）补充性功能

政策性金融机构主要承担商业性金融机构无力或不愿承担的长期资金信贷业务，主要是补充完善商业性金融机构的功能。由政策性金融的诱导性功能、扩张性功能和逆向性选择功能可见，它完全是以市场经济为前提，作为商业性金融的补充和辅助，进而完善一国金融体制的整体功能，增强其在社会经济与金融发展中的积极作用。这种补充性功能表现在两方面：一方面，对技术风险、市场风险较高的领域进行引导性投资，对投资回收期过长的项目及低收益的项目进行补充性融资；另一方面，直接对风险企业、低收益企业、低资信企业融资，间接地对企业信用形成担保，以引导商业性金融机构对其融资。

（六）专业性服务与协调功能

政策性金融一般都依据特殊法规或政策，在特定行业进行融资活动，这使其具有很强的专业性特征，在各领域积累了丰富的经验和专业技能。它必须既关注商业性选择又关注非商业性选择，这使它对经济金融领域有比商业性金融更系统的了解与分析，并聚集一批精通业务的特殊专业人才，可以为相关产业或企业提供全面而地道的金融与非金融服务。此外，政策性金融机构由于长期在某一领域从事活动，成为政府在某一方面的金融顾问或助手，参与政府有关规划的制定乃至代表政府组织实施。上述种种特殊的专业服务和某些准政府机构的规划、协调与实施功能，是任何商业性金融机构都难以完成的（白钦先，1998）。

三、政策性金融的效率分析

农业产业可划分为三部分，包括公共性农业产业、竞争性农业产业和准公共性农业产业，三种类型的农业产业对金融资源需求形成了不同的融资渠道和方式。公共性农业产业的融资主要来自国家财政，竞争性农业产业的融资主要源于商业性金融和私人资本，而介于两者之间的准公共性农业产业的融资经常面临不足，存在金融市场失灵，需要政府构建农业政策性金融机制来校正这种金融资源配置中的市场失灵问题，以实现农村经济资源配置的经济有效性和社会合理性的有机统一。农业政策性金融不具备萨缪尔森意义上的纯公共产品，不能同时具有非排他性和非竞争性，而是一种准公共产品，其在消费上具有部分排他性和竞争性，所以政策性金融所承担的功能，在很大程度上都可以通过市场机制来解决，而那些运作良好的所谓政策性金融机构的秘诀，也正充分运用了市场竞争机制和甄选机制。

关键术语

政策性金融	市场失灵	政府干预	垄断市场结构理论
公共产品理论	准公共产品理论	主导性功能	逆向性选择功能
诱导性功能	扩张性功能	补充性功能	专业性服务与协调功能

思考与讨论

1. 政策性金融应具备哪些特征？
2. 试分析我国政策性金融发展的现实基础。
3. 准公共产品理论的主要思想是什么？
4. 应如何看待政策性金融的功能定位？

本章参考文献

E Shaw. Financial Deepening in Economic Development [M]. Oxford: Oxford University Press, 1973.

F Allen, A M Santomero. The Theory Financial Intermediatiao[J]. Journal of Banking & Finance,1998(21).

R I McKinnon. Money and Capital in Economic Development [M]. Washington, D. C.: The Brookings Institution,1973.

白钦先，郭翠荣. 各国金融体制比较[M]. 北京：中国金融出版社，2001.

白钦先. 国内外政策性金融理论与实践若干问题的思考[J]. 广东金融学院学报，2005(1).

白钦先,李军.我国政策性金额立法及相关问题研究[J].上海金融,2005(11).
白钦先,曲昭光.各国政策性金融机构比较[M].北京:中国金融出版社,1993.
白钦先,王伟.各国开发性政策性金融体制比较[M].北京:中国金融出版社,2005.
白钦先,王伟.政策性金融监督机制与结构的国际比较[J].国际金融研究,2005(5).
白钦先,王伟.政策性金融可持续发展必须实现的"六大协调均衡"[J].金融研究,2004(7).
白钦先.政策性金融论[J].经济学家,1998(8).
陈雨露.经济市场化进程中的金融控制与国家工具[J].现代商业银行,2005(7).
陈元.发挥开发性金融作用促进中国经济社会可持续发展[J].管理世界,2004(7).
成思危.改革的发展:中国的农村金融[M].北京:经济科学出版社,2004.
戴相龙,黄达.中华金融辞库[M].北京:中国金融出版社,1998.
单羽青.政策性银行未来走向尚无定论[N].中国经济时报,2005-4-15.
高彦彬.论农业发展银行的政策性与金融性[J].中国农学通报,2005(5).
郭新双.金融发展与政策性金融[J].宏观经济管理,2004(12).
韩刚.农业政策性金融职能的国际比较与启示[J].世界农业,2005(1).
何广文.对农村政策金融的理性思考[J].农业经济问题,2004(3).
何正文.谈政策性金融机构的外部关系[J].黑龙江金融,1998(11).
黄小彪.农村金融体系存在问题及对策[J].华南农业大学学报(社会科学版),2005(1).
瞿强.经济发展中的政策金融——若干案例研究[M].北京:中国人民大学出版社,2000.
李君.德、日、韩三家政策性银行[J].国际经济评论,2002(9).
李岚.政策性银行:加快改革势在必行[N].金融时报,2005-3-16.
李小云,左停,叶敬忠.2003—2004 中国农村情况报告[M].北京:社会科学文献出版社,2004.
李扬.中国金融发展报告(2005)[M].北京:社会科学文献出版社,2005.
陆娟、蔡友才.政策性银行规范化改革问题研究——我国政策性金融国际借鉴与改革思路[J].经济要参,2003(76).
邱美琴.我国农村金融对农业发展支持作用研究[D].南京:河海大学硕士学位论文,2005.
邱跃民.农业政策性银行市场定位问题研究[J].经济要考,2001(4).
史福厚.中外农业政策性金融比较研究[J].广西农业科学,2005(4).
陶玲琴,王振龙,刘万翔.比较金融学[M].北京:科学出版社,2005.
王曙光.金融自由化与经济发展:第二版[M].北京:北京大学出版社,2004.
王伟.中国政策性金融与商业性金融协调发展研究[M].北京:中国金融出版社,2006.
王永龙.中国农业转型发展的金融支持研究[M].北京:中国农业出版社,2004.
闫永夫.中国农村金融业:现象剖析与走向探索[M].北京:中国金融出版社,2004.

于海. 中外农业金融制度比较研究[M]. 北京:中国金融出版社,2004.

张贵乐. 金融制度国际比较[M]. 大连:东北财经大学出版社,1999.

张余文. 中国农村金融问题发展研究[M]. 北京:经济科学出版社,2005.

赵怡. 国外农村金融的发展经验及启示[J]. 中国合作经济,2005(4).

中国农业发展银行湖北省分行课题组. 农业发展银行支持农业产业化发展研究[J]. 中国农业银行武汉培训学院学报,2005(3).

庄辉. 充分发掘和运用我国政策性金融的作用[J]. 宏观经济管理,2001(9).

第十二章　农业政策性金融运行国际模式借鉴与中国探索

【学习目的】

◆ 了解各国农业政策性金融体制、运作机制和特点。
◆ 掌握农业政策性金融体系的影响因素。
◆ 着重分析国外农业政策性金融对我国的启示。
◆ 对我国农业政策性金融的问题和未来改革模式进行探讨。

【内容概要】

本章首先介绍美国、法国、韩国等国家有代表性的农业政策性金融的运行机制和特点,在此基础上,对各国农业政策性金融体制进行比较,分析各国农业政策性金融的运行机制,探讨农业政策性金融体系的影响因素,并提出国外农业政策性金融成功经验对我国的启示。最后,详尽探讨我国农业政策性金融在制度安排、功能定位、运作机制方面的缺陷,并提出相应的改革建议。

第一节　各国农业政策性金融的运行机制和特点

农业作为国民经济的基础产业,在社会经济中所处的战略地位十分重要,但因其易受自然灾害和市场风险的双重影响,加上投资期限较长、盈利能力相对较低的特点,所以是一个天然的弱质产业,其生产经营项目往往难以得到商业性金融机构的支持。为了解决上述问题,各国普遍设立了专门的农业政策性金融机构,对农业生产、贸易等领域进行政策性信贷支持。

一、美国农业政策性金融

美国的农业政策性金融机构由美国联邦政府创办和所有,专门为农业发展服务,包括农业信贷系统和政府农业信贷机构。美国 1933 年以后形成了农业信贷系统,兼具合作性质和政策性质,充分考虑了美国各地农业生产的差异性和相似性,按照不同地区的特点和业务需要,将美国划分为 12 个农业信贷区,每个区成立联邦土地银行及地方的联邦土地银行协会(向农场提供不动产抵押贷款)、联邦中间信贷银行(向农场提供中短期贷款)和合作社银行(向农业合作社提供贷款),以促进该区域农业生产和发展。政府农业信贷机构由美国联邦政府直接设立,以农民家计局为代表,成立于 1935 年,当时名为农业重振管理局,1946 年改为农民家计局,旨在向农民提供条件优惠的多种农业贷款,支持政府认为重要或者不易从商业性金融机构得到资助的项目，以促进农业开发。贷款以中长期为主，利率明显低于市场利率，因此，大部分贷款均有贴息。美国的政策性金融机构管理手续相当完善，如农业信贷对贷款的审查发放和监测管理具有一套严格规范的程序，在贷前调查和项目评估中严格坚持“5C”标准审查制度。[①] 同时，美国的政策性金融机构的资金来源对政府的依赖度较小，而是充分利用金融市场筹集资金，可在金融市场上发行各种金融债券。

二、法国农业政策性金融

法国是欧洲最大的农业生产国和世界最大的农业出口国之一，在农业的发展过程中，法国农业信贷银行、互助信贷联合银行、大众银行和法国土地信贷银行等农业信贷机构都为支持农业发展做出了自己的贡献，其中贡献最大的是1920年成立的法国农业信贷银行。法国农业信贷银行由地方、地区及总行三级机构组成，最高层是法国农业信贷银行总行，是会计独立的官方金融机构，受农业部、经济与财政部的双重领导，也是全国农业信贷互助银行的最高管理机关；中间层是省农业信贷互助银行，负责协调省辖基层农业信贷互助银行的业务，分配管理资金，并可办理转账、投资等业务；基层是地方农业信贷互助银行，主要负责吸收和管理活期存款及储蓄资金，由个人及集体成员入股组成，按合作制原则经营，其特点是“上官下民，官办为主”，既承担普通的农业贷款业务，又与国家政策紧密结合，不但参与制定国家农业信贷政策，为政府农业发展政策和计划提出建议，而且配合贯彻政府农业发展政策和意图，优先支持符合国家政策和国家发展规划的项目。

在法国农业信贷银行发展历程中，其贷款投向严格服务于政策导向，而且根据不同阶段的政策意图进行适当的业务调整，以更好地服务于国家不同时期的农业发展重点。该行资金主要源于在金融市场上发行债券和政府借款，同时，法国的政策性金融机构也从事一些商业银行开展的业务，可以吸收客户存款。法国农业信贷银行资金运用主要是贷款和投资，不但根据政策法规和业务需要发放与农业活动有关的各种短期、中期和长期普通或优惠贷款，同时向农业经营、乡村公路建设、农村工业、农业组织等与农业有关的项目进行投资，以改善农村环境，提高农业技术水平和生产力。目前，法国农业信贷银行利用自身积累的强大实力，在承担农业政策性金融业务的同时，不断拓宽服务领域，调整业务范围，已逐步发展为面向农村的综合性银行，并跻身世界大银行之列。

法国政策性金融机构有其独特之处：首先，法国农业政策性金融机构接受政府的领导，但是其真正担负执行任务的中层和基层机构则多为民营性质，这是法国的首创。这种方式一方面使政府对政策性金融机构具有一定的控制力，同时又不会导致政府任意干涉政策性金融机构的经营活动；另一方面，基层机构作为股份有限公司能够灵活有效地开展业务，同时还能适应农村分散性的特点，有利于政府政策的贯彻落实。其次，法国的政策性金融机构虽然形式上很多都是民营的，但是其业务活动能够得到政府的许多支持，并能享受财政补贴。在整个金融体系中，政策性金融机构处于补充地位，但具有较强

① “5C”标准审查制度即品德（character）、才干（capacity）、资本（capital）、担保（collateral）和经营情况（condition of business）。

的独立性。最后,在金融自由化浪潮的冲击下,政策性银行业务活动逐渐商业化,政策性银行的资金来源和资金运用都与商业性银行越来越接近。

三、日本农业政策性金融

日本支持农业发展的政策性金融机构是农林渔业金融公库,这也是日本唯一的农业政策性金融机构,成立于1945年4月,主要是对土壤改良、造林、渔港等农林渔业基础设施建设提供贷款,其资金投放主要以长期贷款为主,贷款期限一般为10—25年。此外,农林渔业金融公库还承担着农业现代化投资、农业改良资金的融资、对国内大型农产品批发市场及交易市场提供市场设施贷款和灾害资金等政策性贷款任务,并对农户购买肥料、农药、饲料等农业用品以及日常生活开支投放短期的专项资金贷款,其贷款利率虽会因贷款种类和工程性质不同而有不同的规定,但比民间金融机构优惠。

日本的政策性金融机构与商业性金融机构之间的界限明显。首先,政策性金融机构基本上是由政府出资设立,不以营利为唯一的目的。其次,政策性金融机构和商业性金融机构不存在业务交叉和竞争,两者之间是互补的。从存款看,政策性金融机构不吸收存款,其资金来源主要是财政性投融资,日本资金运用部托管的邮政储蓄资金成为政策性金融机构最重要的资金来源(占70%);从贷款看,政策性金融机构仅投向商业性贷款不予支持的方面。最后,商业性金融机构由中央银行监管,政策性金融机构由财政省监管。

四、韩国农业政策性金融

在韩国经济迅速发展的过程中,政策性金融机构支持的领域和业务重点根据国家战略不断进行调整,发挥了举足轻重的作用。全国农业协同组合中央会和渔业合作社中央联合会是韩国的农业政策性金融机构。全国农业协同组合中央会成立于1961年,是在原农业协同组合和韩国农业银行的基础上合并成立的,是农业合作社联合的中央机构。农业协同组合又称农业合作社,是农民自愿组成的互助组织,其业务经营活动较为广泛,除从事信贷业务外,还从事农业指导、农产品销售与加工、农业生产资料供应和保险等,同时可以为其服务的对象提供各种形式的担保。渔业合作社中央联合会成立于1962年,专门为渔民和涉农企业融通资金,并充当政府和其他金融机构的代理人。韩国农业政策性金融机构的资金除了源于政府拨付的资本金,还可以通过直接吸收公众存款、向政府和中央银行借款等获得。

韩国政策性金融的显著特点是建立了较为完整的政策性金融机构监管体系,四个部门分工负责,提高了监管有效性,节约了监管成本,具体做法是由财政经济部负责对政策性金融机构进行全面监管,金融监管委员会负责涉及资本充足率方面的监管,审计监察委员会主要负责监察会计清算及计划完成过程中的违法行为,国会负责例行年度检查。

五、印度农业政策性金融

印度支持农业发展的政策性金融机构主要是地区农业银行及国家农业和农村开发银行。地区农业银行的营业机构主要建立在农村信贷薄弱的地区,主要为满足农民和农村小手工业者等农村地区贫困人口的资金需要，促进印度落后地区经济的发展，缩小与发达地区的差距。地区农业银行的资金来源主要是通过对每个地区农村银行核准资本1 000 万卢比，中央政府、邦政府和主办银行分别认缴50%、35%和15%作为资本金，除此之外，还可以通过发行债券筹措资金。地区农业银行不以营利为目的，贷款利率较低，主要向急需生产的贫困农民提供贷款，除了与农业直接有关的贷款，还提供贫困农民经常需要的消费贷款，地区农业银行已成为落后地区贫困农民直接得到信贷资金的主要渠道。国家农业和农村开发银行是印度农村金融领域的最高机构，成立于1982 年，该行不直接吸收公众存款，而是代替中央政府与中央银行监督和检查农村信贷合作机构、地区农业银行的工作，并资助商业银行的农村信贷活动，全面满足农村地区各种信贷需要，为农业的发展提供短、中、长期贷款。

第二节　各国农业政策性金融体制的综合比较

一、国外农业政策性金融的运行机制

（一）资金来源

由于各国国情不同，农业政策性资金来源渠道也各不相同，主要包括借入政府资金、发行债券、借入中央银行和其他金融机构资金、吸收存款和国外借款等，显著特征为成本费用低、数量大、相对集中稳定和可用期长。借助于政府资金，这是较为普遍的做法，发展中国家农业政策性金融机构较之发达国家的更依赖政府资金，而发达国家农业政策性金融机构有逐步减少对政府资金依赖的趋势。发行由政府担保的债券，以此筹措资金可改善资金结构，适应中长期的农业资金需求，美国、法国、泰国、印度、韩国等国的农业政策性金融机构普遍采用了这一筹资方式。部分国家尤其是发展中国家农业政策性金融机构允许从中央银行借款，如泰国、印度、韩国的农贷机构均可向中央银行借入资金。除多数农业合作金融机构吸纳会员的存款外，也有一些农业政策性金融机构，如法国农业信贷银行可以吸收存款。有的发展中国家农业政策性金融机构从世界银行及其附属机构借款；有的可以通过商业性金融机构借入资金，以满足短期周转金需求。

（二）业务范围

根据各国的国情及农业的发展阶段，业务范围会各有不同，但是一般都有特定的业务范围，涉及生产领域、流通领域、加工领域、扶贫及农户收入支持等方面的贷款（见表12.1）。

表12.1　国外农业政策性金融业务范围概要

业务范围	项目	
	贷款种类	用途
生产领域	基础设施贷款、生产设施贷款、农业结构调整贷款、稳定农业生产贷款、保护环境相关贷款、特色农业贷款等	稳定或提高农业生产能力，增加农民收入

（续表）

业务范围	项目	
	贷款种类	用途
流通领域	农产品收购和储备贷款、农产品市场建设贷款、农业出口贷款	稳定农业产品市场，确保粮食安全
加工领域	加工产品出口信贷、设备贷款	提高优势农产品加工水平和农产品的竞争能力
扶贫及农户收入支持	农户小额贷款	支持贫困农户发展生产、改善生活、稳定收入
农业贷款担保和农业保险	贷款担保和保险	支持农民生产，减少生产风险

（三）所有制模式

国外农业政策性金融机构一般为政府所控制，其所有制性质不尽相同，大致可分为三种类型：一是政府所有的金融机构，如美国的农民家计局、印度的国家农业和农村开发银行、日本的农林渔业金融公库等。这类金融机构受政府严格控制，政策性强，一般不吸收存款，资金主要来自政府。二是民间互助合作性质的金融机构，这类机构基本上是农民自筹资金，规模相对较小，因此各国政府都给予资助，合作金融机构实际上成了政府贯彻实施农业政策的工具、提供低息贷款的窗口。三是政府官办和民间协作相结合的金融机构，如法国农业信贷银行，总行是公有性质的国家金融机构，为国家所有，资金由法兰西银行和国家预算拨款提供，而中间层省农业信贷互助银行和基层地方农业信贷互助银行均为互助合作性质，实行自治，不是国家农业信贷银行在各级的执行机构。

（四）组织模式

组织模式大致可以分为复合结构模式和单一机构模式。一是以美国的复合结构及法国为代表的金字塔结构，法国农业信贷银行设计了三级管理、三级经营和三级核算的制度安排；二是以日本为代表的单一机构模式，即机构规模较小，基本不设置分支机构，政府全资设立机构来运营，主要从事其他商业性金融机构不愿开展的业务，在政策性贷款领域据主导地位，以发挥其诱导和补充功能。

二、农业政策性金融体系的影响因素分析

综观各国农业政策性金融发展现实可以发现，各国农业政策性金融体系的运行机制均不拘泥于一种。如表 12.2 所示，由于受到诸多因素的影响，使得各国农业政策性金融作用领域各不相同，其影响因素主要包括农业经济发展水平、经济发展战略、经济管理模式、现代化模式、农业生产的自然地理和生态环境以及金融基础等方面。一般来说，经济落后、采用政府主导的外生性发展、金融基础薄弱的国家和地区，农业政策性金融作用领域相对宽泛。

表 12.2　农业政策性金融作用领域的影响因素

影响因素	作用领域宽泛	作用领域狭窄
农业经济发展水平	落后	发达
经济发展战略	平衡战略	专业发展战略
经济管理模式	政府主导	市场主导
现代化模式	后发外生性现代化	内生性现代化
农业生产的自然地理和生态环境	恶劣	优越
金融基础	薄弱	丰富

三、国外农业政策性金融对我国的启示

综观世界上有代表性的农业政策性金融体系，不难看出各国农业政策性金融组织架构各不相同，通过比较，可以得到如下几点可以借鉴的成功经验：

第一，因地制宜地建立符合自身农业发展特征的农业政策性金融组织体系。建立规范、完善的农业政策性金融组织体系，是保证农业政策性金融在农村经济中发挥作用的基础。各国农业政策性金融在组织结构方面虽然没有固定的模式，但均结合了本国国情。农业政策性金融体系建设与农业经济发展水平、经济发展战略、经济管理模式、现代化模式、农业生产的自然地理生态环境和金融基础等密切相关。例如，美国农业信贷体系的组织机构设置充分考虑了该国国土辽阔，各地的气候、土壤等农业生产条件差别较大等现实情况，实行分区设置。同时，农业政策性金融体系设置会随一国经济、社会、所处环境及自身业务重点的变化而变化。例如，韩国全国农业协同组合在 1980 年以前是由中央、市（县）、基层农协三级机构组成的，后改为中央、基层两级农协，并按区域重新调整和新设了一些基层农协，在减少数量的同时，扩大了经营规模，逐步向综合性方向发展。

第二，建立灵活多样的农业政策性资金筹集机制。农业政策性金融机构资金充裕，是农业政策性金融机构正常运行的首要前提和条件。政策性金融机构作为贯彻实现国家政策的工具，其资金来源必须通过一种国家的制度安排得到保证。如法国农业信贷银行既可以从信托储蓄银行借入资金，通过发行债券筹集资金，也可以通过吸收活期存款、定期存款和储蓄存款等方式获得所需资金；韩国政府明确规定邮政储蓄作为政策性银行的主要资金来源；在日本，政策性银行资金也主要源于邮政储蓄。

第三，农业政策性金融机构的发展必须得到相关法律法规的保障。农业政策性金融有别于商业性金融机构，需要由专门的法律规范其业务行为，并提供法律方面的支持和保障，健全的法律法规为农业政策性金融机构的发展提供了良好的法律环境。如美国的农业信贷组织机构是分别根据 1916 年《农业信贷法》和 1923 年《中间信贷法》等成立的；日本的农业政策性金融机构——农林渔业金融公库，是根据 1945 年的《农林渔业金融公库法》成立的；印度政府通过 1975 年颁布的《建立地区农村银行的法令》来推动各地建立地区农村银行。通过建立一套有效的法律法规及严格的监管制度，不仅可以规范农业政策性金融机构的业务行为，强化对贷款项目和投放资金使用情况的监督，而且确保在国

家各项农业政策的制定、实施、评价和修正过程中，政策性金融机构及国家各宏观经济部门能够相互协调、配合。

第四，政府政策支持是各国建立农业政策性金融机构的普遍做法。由于农业政策性金融机构不以营利为目的，同时又面临着巨大的经营风险，因此必须给予税收、利息补贴等方面的政策优惠与保护。一是减免税收。如法国政府对法国农业信贷银行实行税收减免政策，泰国政府明确规定国家农业合作银行不上缴税收。二是注入资金。如美国的联邦土地银行、联邦中期信用银行和合作社银行等三家农村合作银行创建之初都由政府拨付款项；日本农林渔业所需的长期资金主要源于日本政府的有偿拨付，农林渔业金融公库由财政投资创建而成；法国农业信贷银行在长达五十多年的时间里，国家资助几乎成了它的全部中长期贷款的资金来源。三是实行利息补贴、损失补贴和债务担保。美国、法国对农业贷款普遍实行贴息制度。四是实行有差别的存款准备制度。美国、英国、日本、泰国等国家的中央银行对各金融机构实行差别准备金制度，农村金融机构上缴的存款准备金比例均低于城市商业银行的上缴比例。

第五，通过农业合作金融组织、农业保险等配合农业政策性金融开展工作。合作金融组织不同于股份制商业银行和私人银行，其最根本的优势在于为社员所有、接近社员、了解社员和服务社员，是国家引导农民发展市场经济和社会化大生产的重要途径。合作金融的健康发展是农业政策性金融发展的有力支持。如印度特别注重信用合作体系的建设，国家宪法列入了奖励和资助信用合作社的条文。同时，由于农业所具有的弱质性及物理生命周期等特点，农业保险也是支持和保护农业，或者说更好地履行政策性支农职能的重要保证。如美国于 1938 年颁布了《美国联邦农作物保险法》，先后于 1949 年、1959 年、1964 年和 1980 年进行了修正，对所有农作物进行保险。

第六，保持农业政策性金融政策与管理的适当灵活性。农业政策性金融政策的内容与导入时间，应当与整个国家的经济、社会发展战略相一致，农业政策性金融的具体职能随着政府不同时期的农业政策重点和意图适时调整，保持适当灵活性是农业政策性金融机构成功运作的保障之一。美国、日本、泰国等国家对农业政策性金融机构的政策一般比较灵活，能随农业生产经营活动情况的变化而进行适当的调整。如美国的农民家计局成立之初是为了应付农业危机，帮助新创业农民及低收入农民建立农场、维持家计等融通资金，随着美国农村经济的发展，农民家计问题基本得到解决，该局业务逐步转到支持农业生产、促进农村开发，配合政府农业政策的贯彻实施上。日本农林渔业金融公库贷款投向在不同时期也有所不同，从 20 世纪 60 年代以前单一支持粮食生产到 60—70 年代支持粮食、果树、蔬菜和畜产等多种生产，80 年代以后又转向支持农业竞争力和可持续发展能力的提高。

第三节 我国农业政策性金融的运作机制与内在缺陷

一、我国农业政策性金融的运行机制

我国农业政策性金融传统上以支持大宗农产品的收购为主，但是近年来其业务范围

有了很大的拓宽。在社会主义新农村建设的背景下，国家为中国农业发展银行（以下简称“农发行”）在建设社会主义新农村中发挥骨干和支柱作用赋予了新职能，不断拓宽农发行支农领域，使其不仅要适应粮、棉、油流通体制改革的新情况，完善粮、棉、油收购融资，同时还要开办农村综合开发等中长期贷款。农发行的贷款业务范围由粮、棉、油的流通环节延伸到生产、加工、转化环节，贷款对象由原来的国有企业突破到股份制、民营等各种所有制企业，贷款用途也由单纯的粮、棉、油购销储扩展到流动资金、中长期项目贷款。业务范围的扩大，使农发行支农能力大大加强。从近年批准的商业性新业务看，目前，凡是涉农领域的项目，从种养业、加工流通业，到农村的水利电力等基础设施建设，农发行都可以为其提供融资服务。商业性业务重新向农发行开放后，农发行的生存空间获得极大拓展，大力支持农业产业化龙头企业和加工企业发展，积极支持农业小企业发展。其中，管理规范、经营良好的大中型优质产业化龙头企业和加工企业、附加值较高的农产品深加工企业、具有良好发展前景的中小型加工企业将成为农发行的重点融资对象。此外，通过开办农业小企业贷款，农发行还致力于缓解农业小企业融资难的境况。

农发行的资金主要来源是中国人民银行的再贷款，其他资金来源主要是境内发行金融债券、贷款企业短期存款和财政性存款。商业性业务开办以后，信贷需求与资金规模不足的矛盾日益显现，商业化运作迫切需要发债等市场化的筹资方式。近年来农发行不断优化债券结构，积极创新债券品种和发行方式，偏重发行中期固定利率债券和中长期浮动利率债券品种，目前，农发行债券期限结构已实现长、中、短期并存的格局，使农发行的资金来源更加多样，负债结构也不断优化。

我国农业政策性金融实施“分账管理”。分账管理作为政策性银行防范业务操作风险的基本举措，是指对于政策性贷款，可由财政兜底，并由财政部门进行监管；对于商业性贷款，则实行以资本充足率为核心的商业银行监管模式。政策性业务遵循财政兜底的原则，由财政部门与农发行事先确定损失风险补偿机制，商业性业务则按照市场化原则运作，由农发行自主经营、自负盈亏、自担风险，必须坚持审慎积极原则，保证贷款放得出、收得回、有效益。近年来，农发行的业务范围不断扩展，防范风险是其首先要解决的问题之一，农发行在化解和防范不良贷款风险方面取得重大进展，先后制定和修订了多项信贷管理制度，开展了企业贷款资格认定和信用评级工作，逐步完善了贷审会等内控机制；在业务流程方面，实现“前后台分离”，前台即客户部门，负责客户营销和贷前调查，后台即信贷管理部门，负责完成贷款审查、风险控制，逐步形成了前后台相互制衡的机制。

专栏 12.1

我国农业政策性金融的历史演变

按照中央银行与商业银行分离、商业银行与政策性银行分离的两次变革为划分标准，我国农业政策性金融业务大致经历了三个阶段：第一阶段，中国人民银行大一统管理阶段（中华人民共和国成立初期至 1978 年）；第二阶段，国有专业银行分散管理阶段

(1979 年至 1994 年年初);第三阶段,农发行相对集中管理阶段(1994 年至今)。

第一阶段:中华人民共和国成立后,建立了高度集中统一的计划经济体制,与此相适应,在金融领域形成了大一统的中央银行体制。当时的中国人民银行既从事信贷和储蓄业务,又行使货币发行和金融监管的职能,同时,贷款的投向和投放量要严格依据政府的经济计划指标,因此,这一时期大一统的中国人民银行实际上是集中央银行、商业银行和政策性银行三者于一身的形式存在,经营包括农业政策性金融业务在内的所有金融业务。

第二阶段:1979 年我国进行了以银行专业化为方向的金融体制改革,中国农业银行的恢复标志着中国人民银行大一统的传统金融体制格局的结束,随后,中国银行、中国人民建设银行(现中国建设银行)、中国工商银行相继恢复或成立,四大国有银行具有各自的业务范围,形成了专业银行体系,中国人民银行转变成专门的中央银行。这个阶段的商业银行,不仅经营商业性业务,而且作为政府的银行,直接执行政府计划或政策,经营目标虽然体现了一定的社会经济效益性,但是具有浓厚的政策性银行特征,是集政策性银行和商业性银行职能于一身的综合性金融机构。1984 年,包括中国农业银行在内的专业银行开始进行企业化改革,同年 8 月,国务院批转了中国农业银行《关于改革信用社管理体制的报告》,提出把农村信用社办成真正的群众性的合作金融组织,在遵守国家金融政策和接受中国农业银行领导监督的前提下,独立自主地开展存贷业务,逐步恢复和加强"三性",完善经营机制,设立了县级联社。这一时期还组建了农村信托投资公司、乡镇金融服务机构等多种形式的其他农村金融服务机构。但是这一时期的农业政策性金融业务基本处于一种界限模糊和管理混乱的状态,农村金融体制改革出现了一些问题:一是中国农业银行和中国工商银行等专业银行同时承办相关的政策性业务与商业性业务,这两种业务由于性质、资金来源、贷款管理、评价标准等各不相同,长期由专业银行统一办理,必然导致相互占用、相互影响的结果,从而导致两种资金运行机制混乱,专业银行自身商业性业务经常挤占挪用政策性金融资金,也影响了专业银行的商业化进程。二是在计划经济条件下,"大一统"的中央银行体制对收购农副产品的资金保障供给,没有出现收购资金短缺的问题。农村经济体制改革带来农村劳动生产力的提高,农产品供应增加,需要与之适应的农副产品收购资金,而收购资金又由多家专业银行分别供应,管理混乱,挤占挪用现象层出不穷,使得农副产品收购资金短缺问题更加突出,迫使中央银行不断增加基础货币的发放。三是中国农业银行企业化改革后,商业性经营方式和目标占据主导地位,使得在农产品收购过程中,限收拒收、压级压价和打白条成为普遍现象,严重挫伤了农民的生产积极性。因此,迫切需要将中国农业银行的政策性与商业性业务分离,成立专门的农业政策性银行。

第三阶段:1992 年党的十四大确定以建设社会主义市场经济体制为目标的经济体制改革路线,随后在金融、财税、外贸等方面相继出台了一系列重大改革措施。在金融体制改革方面,1993 年 12 月国务院颁布《关于金融体制改革的决定》(国发〔1993〕91 号),确定组建国家开发银行、中国进出口银行和中国农业发展银行。1994 年 4 月国务院发出了《关于组建中国农业发展银行的通知》(国发〔1994〕25 号),批准成立农发行。同年 11 月,由中国农业银行和中国工商银行划转 2 500 亿元政策性贷款和相应负债(包括资本金），注册资本200亿元，组建了农发行。作为我国唯一的农业政策性金融机构，农发行是我国建立社会主义市场经济体制、深化金融体制改革、支持和保护农业、促进农村经济发展的产物。从1994年正式成立以来，其经历了全方位支农、专一履行粮食收购资金封闭管理职能、不断拓宽支农业务领域三个阶段的演变。

1. 1994年至1998年3月：全方位支农阶段

按照国务院规定，农发行主要承担国家规定的农业政策性金融业务，代理财政性支农资金的拨付，为农业和农村经济发展服务。开展的主要贷款业务包括：① 办理粮、棉、油、肉、糖专项储备贷款，收购、调销贷款，承担国家粮油加工企业贷款和棉花加工企业贷款；② 办理国务院确定的扶贫贷款、老少边穷地区发展经济贷款、贫困县县办工业贷款、农业综合开发贷款以及其他财政贴息的农业方面的贷款；③ 办理小型农、林、牧、水利基本建设和技术改造贷款；④ 办理中央和省级政府的财政支农资金的代理拨付，为各级政府设立的粮食风险基金设立专户并代理拨付；⑤ 发行金融债券；⑥ 办理业务范围内开户企事业单位的存款和结算；⑦ 境外筹资；⑧ 办理经国务院和中国人民银行批准的其他业务。当时规定农发行的经营损失由财政予以弥补。可以看出，这一阶段，农发行基本上是从产、购、加、销各环节，扶贫、开发和农村基础设施建设等各方面实施对农业的支持的，在保护农民利益、加强农业基础地位等方面做了大量具体的工作，取得了一定成绩。

在组织建设方面，1994年农发行成立之初，在北京设立了总行，并筹建省级分行，地市以下不设机构，其业务由中国农业银行代理，至1995年3月，农发行基本完成了省级分行的组建工作。但是农发行的成立并没有很好地解决粮、棉、油收购政策落实问题，即作为代理行的中国农业银行对农业政策性资金代而不理和变相挤占挪用的现象严重，且由于分属两家银行，经常发生相互推诿扯皮，农民"卖粮难"的问题依然存在。为了从根本上解决上述问题，进一步完善农发行的经营机制和组织架构，提高其支持农村经济发展的能力，1996年8月，国务院下发《国务院关于农村金融体制改革的决定》，决定增设农发行分支机构，至1997年3月，地、县两级的分支机构相继设立，基本实现了自营。

2. 1998年3月至2004年下半年：专一履行粮食收购资金封闭管理职能阶段

1998年3月国务院决定深化粮食流通体制改革，即实行"三项政策、一项改革"（指实行顺价销售，农发行收购资金封闭运行，按保护价敞开收购农民余粮，深化国有粮食企业改革）。由于当时的农发行人少业务杂，为了适应改革，国务院先后两次对农发行的业务范围进行调整，将其承担的农业综合开发、扶贫等专项贷款业务以及粮食企业加工和附营业务贷款划转有关国有商业银行，农发行专一履行粮、棉、油收购资金封闭管理职能，集中精力做好收购资金供应和管理工作，以促进粮食流通体制改革的顺利进行。这一阶段，农发行开展的主要工作就是按保护价敞开供应粮食收购资金，由于大量放款，国有粮食购销企业库存庞大，贷款不断增加。截至2002年年底，农发行为国有粮食购销企业贷款共6 087.74亿元。此后，国务院根据经济形势发展的新情况不断做出政策调整，粮棉购销逐步走向市场化。2004年中央"一号文件"（《中共中央国务院关于促进农民增加收入若干政策的意见》）确定全面开放粮食购销市场，实行对农民的直接补贴，农发行粮油贷款营销与管理的政策环境和客户基础发生了很大的变化，农发行独家供应收购资金的格局逐渐被打破，这使得农发行信贷业务的经营空间更加狭小，业务不断萎缩，甚至有些基层机构出现没有新增贷款的现象，部分地区农发行产生的收益已不足以抵偿每年的费用支出。随着农产品收购的逐步放开，如果不开拓业务范围，农发行将逐步失去存在的基础。

3. 2004 年下半年以来：不断拓宽支农业务领域阶段

为了适应新形势的要求，农发行的农业政策性金融职能不断得到调整和完善，从 2004 年下半年起，农发行先后开办了粮食加工企业贷款、产业龙头化企业贷款及其他粮食企业贷款等新业务。2005 年中央"一号文件"(《中共中央国务院关于进一步加强农村工作提高农业综合生产力若干政策的意见》)明确提出："加大政策性金融支农力度，增加支持农业和农村发展的中长期贷款，在完善运行机制基础上强化农业发展银行的支农作用，拓宽业务范围。"在社会主义新农村建设的历史大背景下，2006 年中央"一号文件"(《中共中央国务院关于推进社会主义新农村建设的若干意见》)提出了"调整农业发展银行职能定位，拓宽业务范围和资金来源"的要求，将农发行新的职能定位为"中国农业发展银行，建设社会主义新农村的银行"。2007 年年初，温家宝总理在全国金融工作会议上指出："农发行要进一步发挥在农村金融中的骨干和支柱作用。"同年 3 月，农发行又获准开办农村基础设施建设和农业综合开发业务以及农业生产资料等支农贷款业务，涵盖农田水利基本建设和改造、生产基地开发和建设、生态环境建设、技术服务体系和流通体系建设等领域，属于农业综合开发范畴的中长期贷款。这几项业务和之前获准开办的农业产业化龙头企业贷款、农业科技贷款、农业小企业贷款一起形成了农发行的新业务，这些业务大多涉足商业性领域，使农发行在支农功能上更加完善。随着农发行进一步完善职能，拓宽业务范围，逐步形成了"一体两翼"的业务发展格局，"一体"是指以收购储备传统政策性业务为主体；"两翼"是农发行开办的商业性业务，其中一翼是指农业产业化、农业科技发展项目、以农副产品为主要原料的加工企业、农业中小企业、农业生产资料流通等，另一翼是指农业和农村综合开发贷款、基础设施贷款等中长期贷款业务。这标志着农发行对"三农"的信贷支持进入了宽领域、多方位、深介入的发展阶段，改变了农发行长期业务单一的状况。随着业务范围不断扩大，农发行经营业绩也实现了大幅攀升。

二、农业政策性金融的问题分析

(一) 农业政策性金融的制度安排缺陷

政府设立农发行的初衷不是让其作为具有独立生存能力的经营机构，而是需要它将带有补贴的援助资金和政府资金引导到农村领域。农发行现有的补贴主要包括中央储蓄粮棉油利费补贴、中央和地方共同消化粮棉财务挂账补贴、省级及地方粮棉储备补贴、中央和省级(含省级以下)筹措的粮食风险基金、省及市县承担的简易建仓贷款利息补贴等。由于信息不对称的存在，国家难以确定政策性银行的经营管理情况，对于其管理能力、风险责任认定很难准确地进行评价和控制，补贴与政策性银行经营好坏没有挂钩，没有形成有效的激励约束机制，在一定程度上抑制了农发行进一步改善经营管理的积极性，因此国家需要一个有效的指标体系对政策性银行的经营行为进行考核。

在国家对于农发行没有利润要求的情形下，由于财政资金有限，农发行在制度设计上采用了信贷配给制度，并不是所有贷款者的金融需求都能得到满足，农发行仅仅按照政府的政策意图发放贷款，其业绩主要由发放的贷款是否符合政府规定业务范围内的资金需要决定，与贷款运作效益和贷款收回率基本没有关系，所以贷款的随意性较大，很少关注利率和风险控制，造成信贷资产质量低下，抗风险能力不断下降。这种机制决定了体现政府意志的政策性信贷无法实现信贷的资源配置、风险管理职能。在国家对于农发行利润指标有所要求的情形下，农发行势必要加强内部管理，降低经营成本，确保信贷资金能够及时收回，以实现自身利益为目标开展经营，这必然会改变农发行的价值取向，使其放弃那些微观效益差，但对于整个社会存在正外部性的项目。这样一来，农发行和农村商业性金融机构在利益目标和信贷投放对象上趋同，使建立农业政策性金融机构失去了原本的意义。近几年，随着业务领域的不断扩大，农发行基本实现了保本微利，但是其政策性金融业务萎缩的态势没有得到根本改变，面临着经营机制转型的问题。

（二）农业政策性金融的功能定位缺陷

农发行由于粮食流通体制改革需要和国家新农村建设的要求，业务范围不断扩大，承担政策性业务和商业性业务的二元业务职能。这种定位有利于农发行增强其盈利能力，实现自身的可持续发展，但是造成了商业性金融和政策性金融之间功能定位存在模糊和交叉，导致政策性功能异化，这主要表现在两个方面：

第一，政策性金融商业化造成功能偏差。对于农发行的主体性质，国务院已做出了明确的规定，农发行是“实行独立核算、自主经营、保本经营和企业化管理”的“独立法人”。但是在实际运作中，政策性和效益性统一困难重重，农发行的权利和义务不对等，导致其在政策性业务和商业性业务之间处于一种两难选择的境地。首先，在不断扩展经营范围的情况下，农发行存在商业化倾向，会逐渐淡化政策性特征，从而模糊与商业性金融定位之间应有的区别，使得本应需要政策性金融支持的领域，其贷款需求得不到满足。其次，农发行经营的二元业务的资金来源明显带有政府扶持的低成本特征，农发行用此资金参与商业性竞争，违背了公平原则。

第二，商业性金融承担政策性金融业务造成功能缺陷。目前，中国农业银行仍然承担着部分公共金融产品的供给的任务，作为商业性的金融机构，其应该定位于私人金融产品，但是在运作中同时经营政策性业务和商业性业务，这存在巨大的定位缺陷：首先，容易出现商业性银行经营风险通过公共产品外部化的现象；其次，出现私人金融产品（效益原则）和公共金融物品（政府干预）之间的相互挤占；再次，对于公共金融的承担，也将成为农村金融机构寻求政府补贴的借口；最后，由于政策性业务的低效益性，商业性金融机构往往会抵制政策性业务的开展。

（三）农业政策性金融的运作机制缺陷

第一，资金来源渠道单一，成本较高。政策性银行的资金来源，主要体现在政府的财政借款、财政贴息和税收减免三方面，而后两点主要是政策上的优惠。农发行成立以来，资本金不足，缺乏正常的补充机制，资金来源主要是通过向中国人民银行的再贷款。单一的融资渠道，使得资金运用受到限制。农发行成立初期也通过发行金融债券来满足其资金需求，主要形式是中国人民银行通过下达指令性派购计划，由商业金融机构定向购买其发行的金融债券。1998 年下半年开始，农发行开始市场化发行金融债券，并逐年扩大。再贷款量虽然逐渐减少，但仍然是主要资金来源。金融债券的大规模发行不但增加了筹资成本，而且严重制约了资金的长期使用，最终不得不陷入发新债还旧债的境地。

第二，资产负债结构不合理，流动性风险较大。在资金来源上，面向市场发行的金融债券是农发行新增资金的主要方式，但是这种市场化的资金来源期限比较短，大都在 5 年以内，有的甚至在 1 年以内。这在客观上形成了农发行资金来源的短期性，而相比其资金运作，贷款投向投资周期长、资金回笼慢、经济效益小但社会效益大的项目，这些往往是商业性金融不愿涉足的领域，这些项目决定了政策性金融贷款占有的长期性。资金来源的短期性与贷款运用的长期性的矛盾，导致资产负债结构不匹配，加大了农发行的经营难度，增加了其流动性风险。

第三，业务发展方向模糊，缺乏有效发展的理念。业务范围扩大后，农发行的区域、产业行业发展战略研究没有跟进，基层行对发展方向认识不清，没有建立起有效发展的理念，存在忽视客观条件、不顾风险、片面追求规模扩张的现象；也存在面对新的业务领域守摊观望、不思进取的现象。粮食最低收购价与市场价并行，粮棉市场波动加大，也加大了农发行支持粮棉企业自主收购政策的把握难度。

第四，风险管理手段缺乏，信贷管理制度还不完善。农发行的不良资产存量巨大，增量贷款的风险越来越大。随着业务范围的逐渐扩大，农发行风险管理手段不足，缺乏先进的风险管理技术，风险管理文化欠缺的问题日益突出，缺乏适应政策性和商业性两类业务特点的风险预警体系、信贷管理信息技术和信用评级技术，贷后管理相对薄弱，同时又缺乏适合不同类型企业需要的管理模式，不良资产化解手段比较单一，清收难度不断加大，很难适应业务多元化发展的需要。另外，国家对于政策性业务的风险补偿机制也不健全，对政策性银行的激励约束机制有待进一步完善。

第五，资金营运手段单一，运用效率低下。农发行的资金营运主要体现在信用手段上，其信用手段只有贷款一种，没有运用其他信用和投资方式来开展农业政策性金融业务，如没有使用贴息、担保、票据等国外通行的信用方式。单一的资金营业方式，造成政策性贷款资金的短缺。同时，现行的信贷计划分配方式有待完善。

第六，员工结构性矛盾突出，难以适应业务发展的需要。一直以来，农发行的业务不断萎缩，造成其人才结构不尽合理，项目评估、风险管理、国际业务、法律事务、信息技术等方面的专业人才明显不足，缺乏适应现代银行经营管理需要的高级管理人才。目前，由于业务范围的逐渐扩大，部分农发行分支机构存在重业务发展、轻案件防范的现象，员工观念陈旧、意识落后，使得国家的政策和农发行总行的战略很难落实到位，影响了业务又好又快发展。

第七，从外部经营环境来看，农发行的经营缺乏法律保障。首先，农发行的公司治理不完善，尚未建立适合政策性银行特点的法人治理结构。其次，政策性银行的立法问题尚待解决，由于农业政策性金融业务活动的特殊性，许多国家都通过立法的形式对其资金来源渠道、资金运用方式和与社会各方面的关系做出明确规定，而我国至今连一般性的政策性银行法规都没有，使得政策性银行的经营活动缺乏法律依据。无论是内部经营管理,还是外部关系的协调,都处于一种进退失据的状态。随意干预、变更政策性银行经营活动的事情时有发生,会增加农发行管理人员寻租、合谋等异化行为的激励。最后,对于农发行的外部监管机制不到位,没有适合政策性银行特点的外部监管体系,混同于一般的银行业机构,和商业性银行一样的监管有悖于政策性银行政策目标的统一,制约了政策性银行的职能发挥和自身发展。

（四）无法适应粮食流通体制改革中的信贷需求

我国粮食主销区已全面放开粮食购销市场,产销平衡区和主产区粮食购销市场化改革的步伐也明显加快。在放开粮食购销市场的地区,国有粮食购销企业收购量和农发行购销信贷业务明显下降。东部主销区和西部产销平衡区尤其突出,2002 年,8 个主销区省份发放粮油收购贷款比上年下降了 56%。现行封闭管理的重点是防止收购资金流失,但是实际运作中许多问题无法解决,农发行现有职能和具体信贷政策无法适应粮食流通体制改革和发展粮食生产、增加农民收入的需要,主要表现在以下几方面:

第一,在粮食购销放开地区(包括主产省的放开试点地区)农发行防范资金风险的压力加大,现行风险防范措施与保护农民利益的需要不匹配。如贷款抵押政策,要求以企业有效资产抵押作为贷款的先决条件,而国有粮食购销企业因长期经营困难,有效资产数量大大少于收购农民余粮需要的资金量,而且抵押物评估及登记费用太高,企业无力负担,从而导致购销放开地区收购资金不足,影响了农民种粮收益。

第二,粮食收购资金存在隐形流失。为了防止粮食收购资金流失,农发行推行了顺价销售,要求企业亏损不准挂农发行的账,但是实际运作中仍然存在隐形流失,即收购资金封闭管理中,企业因潜在损失或者间接挤占挪用而造成的收购资金的损失,其主要表现形式为商品价亏流失、粮食损耗流失、财政资金欠拨流失、农发行管理疏漏流失等。

第三,“以销定贷、以效定贷”政策挤压了农民出售粮食的价格空间。目前,对退出保护价收购范围的粮食品种和购销放开地区,基层农发行要求企业自筹“粮食价差风险保证金”(一般为贷款额的 6%—10%),不少企业无力缴纳贷款风险保证金,只好以较低价格收购粮食以维持生存,农民生产粮食的好处难以通过收购资金兑现。同时“以销定贷、以效定贷”要求企业经营性购销活动有销售合同,但在实际经营中,在没有购进的情况下就要有销售合同,不利于企业的赊销经营。

第四,基于收购资金减少的购销企业收购量下降,会造成粮食库存空虚,引发国家粮食安全问题。目前基层农发行要求购销企业新增贷款必须在 3—6 个月本息回笼达到“双结零”,过期将加息罚息,迫使企业在 3—6 个月必须卖掉新增库存,不少地方农发行甚至执行 3 个月期限,企业基本上即收即卖。鉴于粮食是一季收获全年消费的商品,如果因粮食收购资金贷款政策影响,国有粮食购销企业失去蓄水池作用,可能影响到粮食安全。

第五,资产抵押政策导致国有粮食购销企业改革推进受阻,改制企业经营困难。从各地情况看,国有粮食购销企业基本上都根据农发行文件,按照老挂账贷款、非保护价粮贷款、建仓贷款、保护价粮食贷款的顺序办理了抵押手续。实际运作中,许多粮食企业反映,往往在抵押后第一次还能贷出一部分增量收购贷款,粮食销售还贷后,农发行将抵押资产转抵企业历史挂账,不仅导致企业无法获得新贷款,而且造成企业有效资产被冻结,解决“三老”问题和涉及产权的改革无法进行。

第四节　农业政策性金融体系的改革模式和路径选择

目前,我国农村金融改革的总体目标需构建“三个体系”,分别是针对农村金融需求的特点,适应农村多层次金融需求,构建政策性金融、商业性金融、合作金融和其他形式农村金融组织,各有定位、功能互补、产权明晰、可持续发展的多层次农村金融机构体系;适应农村经济发展需要,鼓励多种制度创新和产品创新,吸收社会资金进入农村,建立起由农村信贷市场、农产品期货市场、农业保险市场等组成的适度竞争的农村金融市场体系;适应城乡协调发展需要,改善农村金融生态,加强金融监管,建立包括信贷登记、支付结算、担保等在内的比较完善的农村金融基础服务和监管体系。农业政策性金融体系的构建作为农村金融改革的重要一环,涉及以上三个体系建设的各个方面。为此应从以下几个方面入手:

一、明确定位政策性金融,完善其内部经营机制

政策性金融兼有财政和商业性金融的特性,因此,既不能把政策性银行当作第二财政,随意扩大业务范围,不计成本、不求效益;又不能允许其经营商业性业务,与商业性金融机构争市场、争业务,形成不公平竞争。根据“分工明确,适当交叉”原则,中国人民银行等监管机构应该明确界定农发行、中国农业银行、农村信用社、邮政储蓄银行、村镇银行及其他农村金融合作组织的职能定位、业务范围和支持对象。由于农村金融体系正在改革之中,在明确各自职能定位的基础上,允许农发行、中国农业银行、农村信用社的业务适当交叉,探索战略合作方式,推动农村金融稳健运行,形成农村金融与农村经济发展良性互动的格局。

二、拓宽筹资渠道,灵活调整资金运用

要进一步扩大农业政策性金融机构的资金来源:第一,要继续争取中国人民银行的再贷款,农发行自1994年成立以来,绝大多数资金都源于向中国人民银行借款,长期债券余额占总资产的比重很少,使农发行的资金期限短、成本高,但是该资金比较稳定,资金量较大,仍需继续争取;第二,当前越来越多国家的农业政策性金融机构倾向于发行债券来筹集资金,配合农发行经营业务调整,适当提高金融债券筹集资金的比重,以适应周期较长的农业基础项目的投资;第三,给政策性银行一定的自主权,适当放宽农发行组织活期存款的限制;第四,加大向国外筹集政府优惠贷款的力度,尽可能多筹集一些成本较低的财政存款;第五,诱导其他金融主体的资金支持,如借鉴日本经验,开发邮政储蓄存款、基金融资等渠道。同时,根据国家支农政策调整和市场变化,及时灵活调整资金运用。

三、完善农业政策性金融体系,调整内部布局

一方面,就我国现有的政策性银行来看,其对农村金融和农业金融的支持力度远远

不够。国家开发银行积极介入农村金融领域，在部分地区开展了一系列涉农的实践，但总量很少，覆盖面过窄，作用发挥还不明显，且业务范围不明确，有与商业银行竞争的态势，下一步应加大其对农村的支持力度，明确其业务范围应集中在大型项目的开发、大型龙头企业的建设及县域经济和农村项目的间接支持上。要适当增加中国进出口银行和中国出口信用保险公司对农产品进出口的支持，运用符合世界贸易组织规范的“绿箱”政策，加大农产品的科技含量，加大农产品出口信用保险以及买、卖方信贷的支持和信息的提供。另一方面，目前我国一些急需政策性金融介入的领域和部门尚没有专门的政策性金融机构，如中小企业金融机构、环境银行、政策性保险公司、政策性住宅金融机构、科技开发银行，等等，由于这些领域风险较大、贷款期限较长，但又具有正外部性，因此应进一步完善现有农业政策性金融体系，尽快在这些领域内建立新的政策性银行，承担政策性义务。

四、加强金融立法建设，为农业政策性金融创造良好外部环境

市场经济是法制经济，政策性金融机构作为社会主义市场经济的产物和特殊的市场主体，必须将其全部经营活动纳入法制化轨道。我国应加快制定并出台政策性银行法，以法律的形式明确政策性金融机构的经营目标、业务范围、操作规程及利润分配和风险补偿，使政策性金融机构有法可依、有章可循。在规范政策性银行经营行为的同时，明确界定其与政府、中国人民银行、企业等各方面的关系，明确政府通过政策、立法对农业政策性银行进行管理，防止财政、企业挤占挪用政策性信贷资金，保证其经营管理上的相对独立的经营自主权，摆脱外部主体超越法规的干预，从而为加强政策性信贷资金的监管提供坚强的法律后盾，为农村金融市场竞争提供良好的制度环境。

五、强化监管，健全农业政策性金融经营管理模式

一是在监管方面，应借鉴发达国家成功的监管经验，积极构建市场化、国际化、现代化的金融监管模式，更多地运用最新的电子及通信技术进行非现场的金融监管，实行实时监控，以此提高防范和化解金融风险的快速反应能力。二是强化农业政策性金融主体的创新作用。变政府供给主导型强制创新为农业政策性金融主体自发型创新，强化其创新主体作用，进一步调动农业政策性金融主体的创新积极性，激活其内在的创新能力，焕发其旺盛的创新生命力。同时，加大金融制度创新力度，形成一种开放性、长远性、系统性的农业政策性金融制度创新机制，为农业政策性金融创新营造一个良好的外部环境。

关键术语

美国农业政策性金融	法国农业政策性金融	印度农业政策性金融
韩国农业政策性金融	日本农业政策性金融	政策性金融影响因素
运行机制	组织模式	所有制模式
业务范围	资金来源	

思考与讨论

1. 试比较美国和法国的农业政策性金融的运作机制。
2. 国外农业政策性金融的组织模式有哪几种基本形式?
3. 国外农业政策性金融的所有制模式有哪几种?
4. 国外农业政策性金融的成功经验对我国有哪些启示?
5. 我国农业政策性金融有哪些内在缺陷和问题? 应如何加以改革?

本章参考文献

E Shaw. Financial Deepening in Economic Development[M]. Oxford: Oxford University Press,1973.

F Allen, A M Santomero. The Theory Financial Intermediatiao[J]. Journal of Bankong & Finance, 1998(21).

R I McKinnon. Money and Capital in Economic Development[M]. Washington DC.: The Brookings Institution,1973.

白钦先,郭翠荣.各国金融体制比较[M].北京:中国金融出版社,2001.

白钦先.国内外政策性金融理论与实践若干问题的思考[J].金融经济学研究,2005(1).

白钦先,李军.我国政策性金额立法及相关问题研究[J].上海金融,2005(11).

白钦先,曲昭光.各国政策性金融机构比较[M].北京:中国金融出版社,1993.

白钦先,王伟.各国开发性政策性金融体制比较[M].北京:中国金融出版社,2005.

白钦先,王伟.政策性金融监督机制与结构的国际比较[J].国际金融研究,2005(5).

白钦先,王伟.政策性金融可持续发展必须实现的“六大协调均衡”[J].金融研究,2004(7).

白钦先.政策性金融论[J].经济学家,1998(8).

蔡友才.政策性银行规范化改革问题研究——我国政策性金融国际借鉴与改革思路[J].经济要参,2003(76).

陈雨露.经济市场化进程中的金融控制与国家工具[J].现代商业银行,2005(7).

陈元.发挥开发性金融作用促进中国经济社会可持续发展[J].管理世界,2004(7).

成思危.改革的发展:中国的农村金融[M].北京:经济科学出版社,2004.

戴相龙,黄达.中华金融辞库[M].北京:中国金融出版社,1998.

高彦彬.论农业发展银行的政策性与金融性[J].中国农学通报,2005(5).

郭新双.金融发展与政策性金融[J].宏观经济管理,2004(12).

韩刚.农业政策性金融职能的国际比较与启示[J].世界农业,2005(1).

何广文.对农村政策金融的理性思考[J].农业经济问题,2004(3).

黄小彪.农村金融体系存在问题及对策[J].华南农业大学学报(社会科学版),2005

(1).

瞿强.经济发展中的政策金融——若干案例研究[M].北京:中国人民大学出版社,2000.

李君.德、日、韩三家政策性银行[J].国际经济评论,2002(9).

李岚.政策性银行:加快改革势在必行[N].金融时报,2005-3-16.

李小云,左停,叶敬忠.2003—2004 中国农村情况报告[M].北京:社会科学文献出版社,2004.

李扬.中国金融发展报告(2005)[M].北京:社会科学文献出版社,2005.

邱美琴.我国农村金融对农业发展支持作用研究[D].河海大学硕士学位论文,2005.

邱跃民.农业政策性银行市场定位问题研究[J].经济要考,2001(4).

单羽青.政策性银行未来走向尚无定论[N].中国经济时报,2005-4-15.

史福厚.中外农业政策性金融比较研究[J].广西农业科学,2005(4).

陶玲琴,王振龙,刘万翔.比较金融学[M].北京:科学出版社,2005.

王曙光.金融自由化与经济发展:第二版[M].北京:北京大学出版社,2004.

王伟.中国政策性金融与商业性金融协调发展研究[M].北京:中国金融出版社,2006.

王永龙.中国农业转型发展的金融支持研究[M].北京:中国农业出版社,2004.

闫永夫.中国农村金融业:现象剖析与走向探索[M].北京:中国金融出版社,2004.

于海.中外农业金融制度比较研究[M].北京:中国金融出版社,2004.

张贵乐.金融制度国际比较[M].大连:东北财经大学出版社,1999.

张余文.中国农村金融问题发展研究[M].北京:经济科学出版社,2005.

赵怡.国外农村金融的发展经验及启示[J].中国合作经济,2005(4).

中国农业发展银行湖北省分行课题组.农业发展银行支持农业产业化发展研究[J].中国农业银行武汉培训学院学报,2005(3).

庄辉.充分发掘和运用我国政策性金融的作用[J].宏观经济管理,2001(9).

第六篇

农村中小企业融资

第十三章　中小企业融资的结构和困境

【学习目的】

◆ 了解中小企业融资困境的经济根源。

◆ 了解我国中小企业的融资结构，包括中小企业内源融资和外源融资的具体结构状况。

◆ 探讨中小企业在外源融资中存在的结构问题和弊端以及形成的原因。

【内容概要】

本章首先梳理了国内外关于中小企业融资困境的经济根源的学术观点，在此基础上，着重考察我国中小企业的融资结构，尤其是外源融资的结构，介绍了中小企业在银行贷款、债券融资、股权融资、风险投资以及民间借贷方面的情况。

第一节　中小企业融资：国内外研究的基本观点

如何界定中小企业，学术界历来有争议，各国在实践中也创造了不同的界定标准，这些争议和不同的标准只能表明，中小企业界定并没有统一的尺度，各国应该根据自己的情况来界定。大体上说，中小企业的雇佣人数较少、资产规模和营业额较低，至于雇佣人数和资产规模以及营业额的具体规定，各国差异很大，在此不作讨论。目前，中小企业融资难已经成为全世界普遍存在的问题。关于中小企业融资难的内在原因，学术界已经进行了比较深入的分析。归结起来，大致有以下几种观点：

一是信息不对称。Stiglitz and Weiss (1981)提出的非对称性信息理论和信贷配给理论认为银行与企业间的信息不对称导致逆向选择和道德风险，所以银行信贷的供给必然不是利率的单调增函数。其推论为，当市场上有各种类型的借款者时，由于信息不对称，有些人即使愿意支付很高的利率也会遭到拒绝。我国很多学者也指出，妨碍我国银行机构扩大对中小企业信贷支持的主要因素是银行机构缺乏企业客户风险方面的足够信息，从而不能做出适用的风险评级并提供相应的信贷服务，指出可以通过发展非国有金融机构和转变国有金融机构的经营方式来解决贷款者与中小企业借款者之间的信息不对称问题。

二是银行规模与中小企业贷款的负相关性问题。Strahan and Weston(1996)提出的规模匹配理论指出，银行对中小企业的贷款与银行的规模之间存在很强的负相关性，即大金融机构通常更愿意为大企业提供融资服务，而不愿意为资金需求规模小的中小企业提供融资服务。Meyer(1998)也证明，银行比较集中的地区，中小企业获得贷款须付出较大的代价。从经济的角度讲，大金融机构并不愿意承担私营企业的信贷业务，因为那样将花费较高的组织成本。

三是中小企业信用不足。国内研究一般都认为中小企业信用不足是造成其融资困境的内生原因。张杰(2000)从信用角度分析,认为民营经济的金融困境是渐进式改革过程中的内生现象,民营经济与银行之间脆弱的横向信用联系不足以维系对它的金融支持,因而民营企业的金融困境从根本上来说是一种信用困境。

四是市场失灵。"市场失灵"是指在市场经济条件下,市场发挥作用对某些领域无能为力或出现种种问题,使资源配置不能达到帕累托最优的现象。国内部分学者将民营中小企业融资难的原因归结为市场失灵。在民营中小企业融资中,由于存在诸多壁垒,资金的供给与需求难以得到协调,也就难以达到帕累托最优状态。

第二节　中小企业的融资结构

在市场经济中,企业主要是通过两种渠道来获取资金——内源融资(internal financing)和外源融资(external financing)。内源融资是源于企业内部的融资,包括所有者权益和职工集资等;外源融资是源于企业外部的融资,包括间接融资和直接融资,其中直接融资包括债券融资、民间借贷、风险投资、股权融资等(见图13.1)。在我国,内源融资具有原始性、自主性、低成本性、抗风险性的特点,是民营中小企业融资的立足之本;外源融资具有高效性、灵活性、大量性和集中性的特点,是民营中小企业不可或缺的融资源泉。

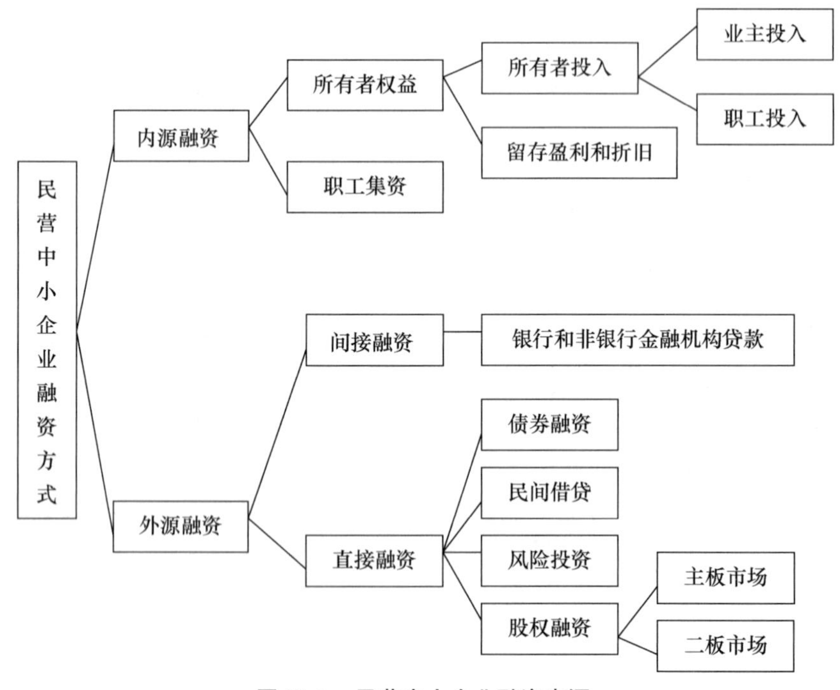

图 13.1　民营中小企业融资来源

根据融资次序选择理论,企业融资方式随着企业规模的扩大存在一定的内在逻辑性,其融资次序是先进行内源融资,再向银行借贷或者在市场上发行债券,最后的选择才是发行股票。在民营中小企业发展初期,内源融资占主要地位,但这种融资形式融通的资金有限,受到企业自身发展状况的限制,随着民营企业的进一步发展壮大,外源融资应成为企业扩张的主要融资手段。但是,我国现行的金融制度严重阻碍了民营企业的外源融资,民营企业为了筹集生产建设所需的大量资金,不得不大量依靠内源融资,使得民营企业内源融资的比例过高,外源融资渠道相对不足。

一、我国中小企业内源融资状况

民营中小企业在融资渠道的选择上,比大企业和其他国有企业更多地依赖内源融资。这主要是由于民营中小企业在建立初期缺乏业务记录和有效的抵押物,信用能力也难以得到保证,因此只能主要依靠企业主的出资或企业的内部积累来滚动发展。据抽样调查显示(李扬和杨思群,2001),中小企业资金来源中有58%是企业的内源融资,对于初创期的中小企业,内源融资的比例更高达80%,这也从侧面反映出我国中小企业外源融资的困难程度。

“中国私营企业研究课题组”自1993年开始进行大规模的全国私营企业抽样调查,即中国私营企业调查(Chinese Private Enterprise Survey,CPES),该调查每两年进行一次,至2020年共进行14次①。前两次计调查显示,当时的私营企业规模还比较小,1992年年底平均注册资金为117.11万元,1994年年底为303.27万元。至2016年调查时,有效问卷中资产规模1亿元以上的企业占比9.98%,资产规模1 000万—1亿元的企业占比27.66%,资产规模100万—1 000万元的企业占比27.53%。从构成上看,私营企业目前经营的主要企业出资人和资本构成全部来自企业主个人和家人的企业占比达59.84%,总体上,私营企业资本构成中个人出资占比平均为79.50%,国有资本占比平均为0.91%,外资和港澳台资占比平均为1.15%,其他占比为14.53%。调查中针对企业从银行贷款的难易程度,满意或非常满意的占比为47.87%,一般的占比为35.05%,不满意或非常不满意的占比为17.08%,针对企业从民间渠道筹资的难易程度,对应比例分别为44.01%、42.50%和13.50%。表13.1为2012年、2014年、2016年三次调查中私营企业融资结构数据,可以看到私营企业流动资金和扩大再生产资金都高度依赖自有资金,而贷款来源则主要是国有和股份制商业银行。表13.2为2008年、2010年、2012年、2014年、2016年五次调查中私营企业开办企业时资本结构,仍然显示自我融资是私营企业融资的主要构成。

表13.1　私营企业融资结构

调查时间	流动资金		扩大再生产资金		企业资金借贷来源			
	贷款占比(%)	自有资金占比(%)	贷款占比(%)	自有资金占比(%)	国有和股份制商业银行(万元)	小型金融机构(万元)	民间借贷(万元)	互联网金融(万元)
2012	22.37	70.75	19.61	57.63	1636.11	219.40	48.33	—
2014	23.89	71.96	21.28	62.42	3598.67	334.16	67.78	4.44
2016	18.35	74.96	15.74	64.87	2057.49	459.14	45.79	0.64

注:各数据为当年调查问卷均值,因此存在占比相加不为1的情况。

① 数据来自https://cpes.zkey.cc/DocumentCenter,目前向国内申请者开放1993—2014年数据,有条件开放2016年部分数据。

表 13.2　开办企业时资本结构　（单位:%）

调查时间	自己和家人占比	国有资本占比	外资和港澳台资占比	其他
2008	67.47	1.02	0.81	29.21
2010	82.34	0.85	0.58	15.61
2012	77.06	—	0.83	17.36
2014	79.86	0.95	0.96	13.57
2016	79.50	0.91	1.15	14.50

二、我国中小企业外源融资状况

（一）间接融资状况

我国中小企业间接融资有两个主要特点：一是间接融资方式单一，主要以银行贷款为主。间接融资包括银行贷款、商业信用、票据贴现、融资租赁和基金融资等方式。但在我国，这几种间接融资方式中，商业信用和票据市场发育缓慢，如 1999 年全国商业银行办理贴现 2 800 亿元，仅为同期金融机构贷款余额的 2.99%，其中对民营中小企业的贴现更是微乎其微；由于经济体制和企业经营者思想观念等存在诸多局限，企业融资租赁发展水平还很低；典当融资所能满足的资金一般是数额较小、期限很短的流动资金，且成本较高，发展也很有限；至于各种风险投资基金、创业基金方面的融资渠道，对一些民营中小企业而言还是一个新生事物，只有少数高科技民营中小企业利用这一间接融资方式进行融资。因此，我国民营中小企业在间接融资中主要还是依赖银行的贷款。除此之外，更主要的原因是，银行尤其是四大国有商业银行在我国金融业还处于绝对垄断地位。

2003 年 8 月，中国人民银行对全国 30 个省、自治区、直辖市（除港澳台地区和西藏）的 1 358 家金融机构和 2 438 家中小工业企业的贷款情况进行了调查，调查结果表明，贷款依然是中小企业主要的融资渠道。2003 年上半年，金融机构贷款占中小企业国内融资总量的98.7%。由此可见，中小企业基本上存在融资方式单一、过度依赖贷款的现象（王东和俞红玫，2006）。

二是国有商业银行对民营中小企业存在所有制歧视。国有商业银行在中国金融资产中依然保持垄断地位。尽管近年来国有经济占 GNP 和固定资产投资的比重不断下降，但为了支持国有企业调整改革、控制金融风险和降低不良贷款比例，国有商业银行仍将国有企业、公有制企业作为主要贷款对象。1999 年，中国金融机构 69% 的贷款发放给国有企业，同年，证券市场发行筹资的 95% 由国有上市公司获得。虽然民营经济在全国经济中的比重日益上升，但其从国有银行获得的贷款数量依然有限。其中个体企业和民营小企业的比重就更低了。2000 年和 2001 年，民营企业贷款总额仅分别占当年各项贷款总额的 6.8% 和 6.5%（申跃，2005）。

国有商业银行长期形成的为国有经济服务的理念及官僚作风根深蒂固，对小额、分散的民营中小企业金融需求往往不屑一顾，甚至宁愿贷款给有问题的国有企业，也不愿贷款给经营良好的民营企业。一些地方反映，同样数额的不良贷款，贷款对象如果是国有企业，银行工作人员可以不承担责任；如果是民营企业，则银行工作人员可能被司法机关追究。出于对贷款责任的担心,信贷人员在具体操作中就十分谨慎,表现为尽量限制对民营中小企业的贷款数额、贷款手续繁杂、抵押条件苛刻、对抵押品要求过严、抵押率过低。有的民营中小企业反映,争取一笔贷款往往要花费长达半年的时间,由此贻误商机的事例不在少数。

我国的民营企业普遍感到很难从国有商业银行等金融中介机构获得信贷支持,据《中国私人经济年鉴》提供的数据表明,我国民营企业向国有商业银行借款,感到困难和很困难的占63.3%,在存在信贷资金需求的同时,具有供应能力的银行却惜贷,这是明显的市场失灵,表明我国信贷市场出现了供求失衡。据统计,60.5%的中小企业没有1—3年的中长期贷款,即使是获得中长期贷款的中小企业,其借贷资金的满足率也较低,其中能满足需要的仅有16%,52.7%部分满足需要,31.3%不能满足需要(杨桂兰,2004)。表13.3为银行业金融机构对民营企业或中小微企业的金融支持的情况。

表13.3　银行业金融机构对民营企业或中小微企业的金融支持

	民营企业贷款余额(亿元)	中小微企业贷款余额(亿元)	民营企业贷款余额占比(%)	中小微企业贷款余额占比(%)
2010年	91 155.9	171 389.4	0.185 574	0.348 913
2011年	117 312.5	211 675.2	0.207 126	0.373 733
2012年	142 159.3	253 554.6	0.217 871	0.388 594
2013年	173 227.3	285 848.0	0.233 543	0.385 378
2014年	197 042.3	333 017.9	0.235 296	0.397 670
2015年	199 734.3	353 003.2	0.211 838	0.374 395
2016年	212 758.0	405 173.0	0.200 663	0.382 140

(二)直接融资状况

从成熟市场的经验看,资本市场作为现代企业融资的重要渠道,对经济的可持续增长起着重要的作用。但由于我国资本市场发育较晚,直接融资量只有间接融资量的10%左右(王东和俞红玫,2006),低于发展中国家的一般水平。而民营中小企业在直接融资中所占比例就更少了。我国民营中小企业债券、股权融资等直接融资困难重重。就债券融资而言,一方面,我国目前实行"规模控制、集中管理、分级审批"的管理模式。由于受发行规模的严格控制,民营中小企业很难达到所规定的最小发行额度的要求,因此对民营中小企业而言很难通过发行债券的方式直接融资。另一方面,国家规定企业债券利息征收所得税,也影响了投资者的积极性,再加上民营中小企业规模小、信用风险大等自身特点,导致在实际中,民营中小企业仅有的发行额度也很难完成。在股权融资方面,由于我国资本市场还处于起步阶段,企业发行股票上市融资有十分严格的限制条件,表现为主板市场对民营中小企业的高门槛。另外,由于各种原因,目前能够进入二板市场的民营中小企业少之又少。

对于民营中小企业,除了股票、债券的直接融资方式,还有风险投资、民间借贷等直接融资方式。风险投资(venture capital investments,或称创业投资)是由职业金融家投入新兴的、发展迅速的、有巨大竞争潜力的企业中的一种权益资本。其对象一般为新创的科技企业和现有的效益不高但发展潜力较大的中小企业。通俗地说,是指投资人将风险资本投资于新近成立或快速成长的新兴公司(主要是高科技公司),在承担很大风险的基础上,为融资人提供长期股权投资和增值服务,培育企业快速成长,数年后再通过上市、兼并或其他股权转让方式撤出投资,并取得高额投资回报的一种投资方式。

一方面,作为帮助民营中小企业摆托融资困境的一种新型的融资方式,风险投资在我国取得了一定的发展,对于推进我国民营中小企业发展,特别是高新技术的产业化发展具有重大意义。但是由于风险投资机构几乎都将目标市场定位于高科技民营中小企业,绝大多数处于传统产业、科技含量低的民营中小企业仍然得不到资金支持。即便是得到风险投资机构青睐的高科技民营中小企业,获得的资金支持也非常有限。

另一方面,风险投资实行有限合伙人的组织形式,普通合伙人是资金的管理者,有限合伙人是资金的主要供给者,在我国,熟悉企业管理、风险投资运作、会计、法律的普通合伙人并不多,这在一定程度上限制了风险投资的发展。加上政府过多地参与商业活动,导致我国的投资公司几乎都是由各级政府直接或间接出资组建的,它们以行政力量建立新的经济力量,创建新的运行规则,因此这股风险投资力量能否成功运行下去仍然很难预料。

民间借贷以私人之间的借贷为主,同时包括个人向集体企业和其他资金互助组织的借贷。民间借贷是一种内生于民营经济的非正式的金融制度安排,并以民间借贷的形式来满足民营经济的资金需求。它是我国民营企业起步和发展、筹集资金的一条主要渠道。作为一种非正式的金融制度安排,民间借贷弥补了我国正规金融机构对民营经济的融资不足,促进了我国民营经济的发展。

由于国有银行以国有企业为主要放款对象,民营企业很难从国有银行获得资金支持,这就使得民营中小企业一开始选择了资金投入少、资本门槛低、可以通过自筹方式解决资金来源的劳动密集型产业。但当企业发展到一定程度,原有资金来源无法支撑企业的发展时,就需要外部的金融支持。而民营中小企业无法在国家控制的金融体制中得到纵向的资金支持,只能自发地建立一种横向的信用联系,即内生于非国有经济的金融制度安排,以民间借贷的形式来满足其资金的需求。由于民间借贷灵活方便,手续简便、快捷,资金使用自由,交易成本相对较低,且亲朋好友和邻里相互之间都十分了解,降低了贷款道德风险,因此民间借贷常常成为民营中小企业融资的重要渠道。民间借贷在很大程度上满足了民营经济在生产经营上所需的资金,弥补了我国正规金融机构对民营经济金融支持的不足,促进了我国民营经济的发展。经过四十多年的发展,民间借贷已从小到大、从剩余资本发展成为产业资本和金融资本,并在农村经济和社会发展过程中扮演着越来越重要的角色。

截至2020年年底,新三板存量挂牌公司8 187家,服务了包括沪深在内资本市场中九成的中小企业,有效扩大了资本市场服务实体经济的覆盖面;挂牌公司累计融资上万次,筹资金额约5 300亿元,超1 500家公司在亏损阶段获得融资,缓解了中小企业融资难问题;实施并购重组1 633次,涉及交易金额2 188.72亿元,有效促进了企业资源整合和转型升级。2021年9月3日北京证券交易所(以下简称“北交所”)注册成立,同年11月15日开市,截至2022年9月3日,北交所上市公司数量达110家,战略新兴产业、先进制造业等占比超八成,北交所上市公司公开发行累计融资超235亿元,平均每家2.1亿元。

三、当前中小企业融资困境

（一）中小企业自身因素

中小企业抵御风险能力较弱，缺乏健全的公司治理结构，财务管理不规范，信息不透明，关联交易突出，主营业务不突出，往往处于产业链中一些低端的环节，价值创造较低，其自身的脆弱性、不透明性等天然导致了中小企业融资难题。

（二）资本市场外部因素

1. 间接融资方面

我国中小企业外部融资方式以银行贷款为主，但我国当前银行业体系以国有大银行、股份制银行为主导，集中度高，而大型金融机构对中小企业提供金融服务存在风险评估难度大、信息不对称问题严重、贷款审批流程繁冗等问题，成本偏高、效率偏低，这进而会导致中小企业融资困难。

2. 直接融资方面

我国资本市场起步较晚，市场结构的不完善和发展的滞后性一定程度上导致了中小企业融资困难问题，新三板市场产生尤其是扩容之后，为中小企业融资拓宽了平台，带来了持续性的资金支出，对中小企业的快速发展起到了积极的重要的作用。但中小企业在新三板市场挂牌，融得权益资金，会稀释原始股东的股份，且相关审核会涉及券商、律师等中介费用，融资成本较高。此外，新三板市场的流动性不足，活跃度相对较低，融资难度较大，公司总股本较小，股价容易受到操纵，投资者参与意愿低，市场流动性不足，进而股价波动较大，融资风险也较高。

（三）宏观经济因素

2019 年以来，新冠疫情冲击和宏观经济下行所导致的需求增加和供给减少共同加剧了中小企业融资难、融资贵问题：一方面，疫情导致企业运营受阻，现金流减少，中小企业资金需求增加；另一方面，疫情冲击后银行对贷款风险的管理进一步加强，对中小企业的贷款审批更为谨慎，中小企业相关贷款额度和期限也受到限制，而疫情叠加全球经济下行压力，股市大幅波动，投资者对待股权融资态度更为谨慎，中小企业的股权融资渠道也受到限制，上述冲击导致中小企业相关资金供给减少。

关键术语

信息不对称　规模匹配理论　信用不足　市场失灵　融资结构
内源融资　外源融资　债券融资　股权融资　风险投资
民间借贷　直接融资　间接融资　所有制歧视　融资次序选择理论

思考与讨论

1. 为什么中小企业融资困境在全球普遍存在？

2. 我国中小企业间接融资有哪些特点？
3. 我国中小企业直接融资有哪些途径？
4. 我国中小企业股权融资存在哪些问题？如何解决？
5. 民间借贷在中小企业融资中的地位如何？

本章参考文献

J E Stiglitz, A Weiss. Credit Rationing in Markets with Imperfect Information[J]. American Economic Review,1981,71(3).

L H Meyer. The Present and Future Role of Banks in Small Business Finance[J]. Journal of Banking and Finance ,1998(22).

P E Strahan, J P Weston. Small Business Lending and Bank Consolidation: Is there Cause for Concern? [J]. Current Issues in Economics and Finance,1996,2(3).

陈乃醒.中国中小企业发展与预测[M].北京:中国财政经济出版社,2003.

符戈.中国民营企业融资问题研究[M].北京:经济科学出版社,2003.

李扬,杨思群.中小企业融资与银行[M].上海:上海财经大学出版社,2001.

申跃.试析西部地区民营企业的融资困境[J].科技管理研究,2005(2).

王东,俞红玫.民营中小企业融资认识误区及对策[J].北方经济,2006(2).

杨桂兰.我国中小企业融资现状与对策[J].价格月刊,2004(10).

张杰.民营经济的金融困境与融资次序[J].经济研究,2000(4).

张玉明.民营企业融资体系[M].济南:山东大学出版社,2003.

第十四章　中小企业融资扶持体系：国际经验和中国方案

【学习目的】

◆ 学习本章，主要是借鉴全球主要发达国家在中小企业融资扶持体系方面的成功经验，了解这些国家在中小企业融资扶持的法律框架、管理部门、信用管理体系、信用担保体系以及地方中小银行体系等方面的具体政策措施，为我国建立完善的中小企业融资扶持体系提供参考。

【内容概要】

本章主要介绍美国、日本、德国等主要发达国家在中小企业融资扶持体系建设方面的成功经验。本章首先介绍了各国中小企业融资扶持体系的法律框架和管理部门，然后以美国为例，介绍其信用管理体系；接下来介绍了各国中小企业信用担保体系（包括美国模式、日本模式与欧洲模式）；本章还介绍了日本主办银行制度、美国社区银行制度和德国开户银行制度在中小企业融资扶持中的作用及其机制设计，并探讨了中国解决中小企业融资困境的可行框架。最后，本章从政府—市场关系视角，对我国县域小微企业的融资难问题及其解决方案进行了综合的分析。

第一节　中小企业融资扶持的法律体系和管理部门

在世界各国，小企业数量通常占企业总数的90%以上，在经济中占据重要地位。为了让这一庞大的群体规范、健康、持续地发展，对国民经济起到有利作用，有必要为其设计专门的法律和制度体系，政府也应该建立专门的机构对这一群体进行管理和服务。对中小企业融资和发展问题解决得比较好的国家和地区一般都有大量成体系的针对中小企业的法律和制度，肯定中小企业的经济地位，让中小企业的发展和外界对小企业的扶持帮助有法可依；政府通常都建立有统一的专门从事中小企业事务管理和服务的部门，这对于政府了解中小企业的经营状况、制定和执行扶持中小企业的政策具有重要意义。在这两个方面，美国和日本的做法比较成熟完善，值得我国借鉴。

一、法律体系

早在1940年，美国参议院就设立了小企业委员会，1941年众议院也设立了小企业委员会。美国于1953年通过了《小企业法》和《小企业融资法》，这两部法律作为指导美国中小企业的基本法律，说明了政府在政策上扶持小企业的必要性，而且特别突出了扶持小企业融资的重要作用。美国依据法律保护小企业参与自由市场竞争，并在同年由联邦政府根据《小企业法》成立了著名的小企业管理局（Small Business Administration，SBA）；1958 年颁布的《小企业投资法》鼓励建立向小企业提供风险资金的投资公司；《机会均等法》确保小企业拥有贷款的权利；《小企业经济政策法》要求协调和改善与小企业经济利益有关的政府工作；《小企业创新发展法》规定，凡是研究与开发经费超过一亿美元的联邦机构都要按法定比例资助小企业的创新研究（宁军明，2001）。

日本拥有全世界最大的中小企业扶持和发展体系，也有最多的针对中小企业制定的法律。第二次世界大战之后，日本曾面临经济发展道路的选择问题，到底是走国家资本主义的大企业道路还是走中小企业道路，在日本国内一直存在争论。在争论中，中小企业立法工作一直没有有效统一起来，从 20 世纪 40 年代末期开始出现了一些零散的法律法规。直到 1963 年，日本颁布了作为指导性法律的《中小企业基本法》，肯定中小企业在日本经济中的重要地位，明确政府发展中小企业的政策目标和发展战略，把零散的各种法律规定统一为一个体系，并促进了这个法律体系不断丰富完善。除了《中小企业基本法》，还有《国民金融公库法》《中小企业信用保险法》《中小企业金融公库法》《中小企业现代化资金扶持法》《中小企业技术开发促进临时措施法》和《中小企业现代化法案》等超过 40 部法律为中小企业的发展保驾护航，中小企业发展的方方面面几乎都能做到有法可依，特别是在中小企业融资方面，有 30 多部法律法规，内容涵盖了机构建设、行政管理、政策优惠等各个方面，在西方发达国家也算是最全面的法律体系。

二、政府管理机构和运行模式

著名的美国小企业管理局于 1953 年根据《小企业法》设立，属于联邦政府机构，总部位于首都华盛顿，并在各州和地方上设有大量分支机构从事具体工作，在全国还设立了数千个咨询中心和服务中心。该局专门对刚刚成立或成立初期的小企业进行全方位扶持并提供帮助，内容包括直接提供信用贷款、对小企业的银行贷款提供担保、为小企业获得合适的银行贷款提供帮助。另外小企业管理局还为小企业的经营管理和融资提供咨询服务，其中最有名的是“退休经理人员服务团”。该项目成立于 1964 年，已有 1 万多名退休经理人员志愿者每年为超过 20 万家小企业提供咨询服务，咨询内容涵盖了企业设立、企业管理、竞争策略、销售策略、财务管理、研发甚至是具体的商业计划书写作、贷款申请等方面，还有专门的财务咨询机构对企业进行账目、现金流、预算、贷款等方面的详细指导。同时小企业管理局还通过这些咨询机构收集了大量小企业的信息，使得银行在评估小企业贷款申请方面有更多资料可以参考。小企业管理局还在高等院校建立了小企业发展中心，与高校（通常是工商管理专业）签订研究和服务协议，这些高校的工商管理系学生组成团队接受小企业管理局的资助，对外提供免费的小企业咨询项目服务，就特定小企业所面临的具体问题进行研究，从而获得了多方共赢的结果。

日本政府在机构设置方面也非常全面，在中央政府一级的通产省设有中小企业厅，地方政府商工科则设有小企业指导科，形成了中央统一协调、全国网络化的小企业管理服务体系。中小企业厅是日本政府根据《中小企业厅设置法》于 1948 年建立的，主要工作是专门制定和实施中小企业政策，为中小企业提供管理、资金、技术和发展方向方面的指导与扶持。日本还建立了中小企业诊断制度,实际就是为中小企业提供咨询服务(黄殿文,1999)。中小企业诊断在日本已经产业化,有民间和政府两条主要渠道。政府方面,日本政府建立了中小企业综合事业团和中小企业诊断协会,其中中小企业综合事业团由政府全部出资建立,与地方大学合作培养"企业诊断士",这一职称需通过国家考试才能获得。对企业进行的诊断分为一般诊断、现代化促进诊断、经营环境对应诊断以及简易诊断等,内容包括低息融资、新兴企业补助金、组织化、经营体制和技术提高等。

除美国和日本外,韩国、德国、加拿大等国家也都有相应的法律体系来明确及规范小企业的发展战略和政策,只是相对于日本、美国而言没有更鲜明的特色,但也都在日趋完善。大多数国家的政府都建立了类似的行政机构组织扶持中小企业发展,并且在建立中小企业管理和服务部门时所采取的模式非常相似:在组织方面都是由中央政府建立统一的专门从事中小企业管理的部门制定政策并指导政策的实施,在地方广设分支机构从事具体业务运行;在运行上注重政府行为的引导和扶持功能,通过政府部门与民间部门进行广泛的合作,调动民间力量,特别是具有企业管理专业技能的志愿者和高等院校的力量参与中小企业服务事业,这样政府行为可以发挥杠杆作用,而政府自身直接提供的服务较少,从而使政府的财政负担较轻,整个政策体系比较容易持续运作。

第二节　中小企业的信用管理体系

作为全世界最大的信用交易市场,美国长期以来形成了比较完善、有效的信用管理体系,其要素包括16部系统化的信用管理类法律组成的法律体系,政府职能部门明确自身定位、发挥恰当作用,有大批独立的完全按照严格市场化运作的信用服务提供商,还有对信用产品有强烈需求的用户,信用市场已经覆盖经济中从企业到个人,形成了全社会良好的信用文化。

一、信用管理类法律和政府机构

信用管理类法律是建立信用管理体系的基石。随着第二次世界大战之后美国经济的迅速发展,美国的信用交易规模不断扩大,同时征信数据和服务方式等方面也不可避免地出现了诸如公平授信、正确报告、消费者信用状况、诚实放贷等问题。20世纪60年代末开始,美国在原有信用管理法律、法规的基础上,进一步制定和完善了有关信用管理的法律,从而形成了比较完备的框架体系。这些法律共有16部,包括《公平信用报告法》《公平信用机会法》《公平债务催收作业法》《公平信用结账法》《诚实租借法》《信用卡发行法》《公平信用和贷记卡揭露法》《电子资金转账法》《储蓄机构违规和现金控制法》《甘圣哲曼储蓄机构法》《银行平等竞争法》《房屋抵押揭露法》《房屋贷款人保护法》《金融机构改革—恢复—强制执行法》《社区再投资法》和《信用修复机构法》。不仅如此,美国十分注重法案的修订工作,几乎每一个信用管理方面的法案都随着经济发展而进行过若干次修订,具有较强的针对性和适用性。这些法律已经形成了一个比较完整的框架体系,对信用交易的各个环节做出了比较明确的规定。美国政府并未专设独立机构进行信用管理事务,其职能是根据法律或市场的发展自然分配到各部门的。对信用管理法案的主要监督和执法机构分两类：一类是银行系统的机构，包括财政部货币监理办公室、联邦储备系统和联邦储蓄保险公司；另一类是非银行系统的机构，包括联邦贸易委员会、国家信用联盟办公室和储蓄监督局（林钧跃，2000）。这些政府管理部门对信用管理主要有六项功能：根据法律对不讲信用的责任人进行适当惩处；教育全民在对失信责任人的惩罚期内，不要对其进行任何形式的授信；在法定期限内，政府工商注册部门不允许有严重违约记录的企业法人和主要责任人注册新企业；允许信用服务公司在法定的期限内，长期保存并传播失信人的原始不良信用记录；对有违规行为的信用服务公司进行监督和处罚；制定执行法案的具体规则（国务院研究室赴美考察组，2002）。完善的法律体系和政府强有力的执行，保障了美国信用市场的良好运行和发展，从而为个人（小企业主自身）和小企业融资提供了更好的环境，在后文将会提到的美国小企业融资创新模式就得益于美国信用市场的繁荣发展。

二、信用产品供应商

信用产品供应商在信用交易市场中是提供信用产品的主体，信用产品最大的作用是为投资者提供投资取向的参考，从而在很大程度上决定了融资者获得融资的难易程度。美国的情况与法、德等欧洲国家不同，这些国家中央银行资信信息的收集主要借助法律的权威性强制得，资信信息的运用也是由政府管制的。而美国则更多地强调市场原则，美国的信用产品供应商均是私人部门自发产生的，这些机构不仅专业化程度高，而且遵循市场化原则，资信信息的收集和运用效率十分惊人。美国的信用评估机构主要有三种业务模式：第一种是资本市场信用评估机构，其评估对象为股票、债券和大型基建项目；第二种是商业市场评估机构，也称为企业征信服务公司，其评估对象为各类大中小企业；第三种是个人消费市场评估机构，其征信对象为消费者个人。邓白氏公司（Dun & Bradstreet）是美国从事上述第二种信用评估即商业市场信用评估的公司。邓白氏公司历史悠久，公司规模大，业务领域广，评估方法独特，在美国乃至全球的信用评估业都占有重要的地位。邓白氏公司全球企业数据库中包含的企业已达 7 000 万个，数量之大、覆盖面之广在全球无与伦比。邓白氏公司信用评估业务主要有两种模式：一种是企业之间进行交易时的信用评级，另一种是企业向银行贷款时的信用评级。按照信用风险程度的高低，公司向需求者提供不同等级的信用报告，如较低等级的中低风险决策信用报告、较高等级的中高风险决策信用报告和高等级的高风险决策信用报告。并且邓白氏公司还发展出了许多全球征信行业的标准和模型，成为世界各国建立自己的信用体系时仿照的对象。穆迪、标准普尔和菲奇公司是世界上最大的三家信用评级公司，仅穆迪一家就对世界上一百多个主权国家、数千家银行和各种企业进行了资信评估。美国二十种以上金融法规的制定，都要听取信用评估机构的意见，世界上所有国家和企业若要到国际资本市场融资，都必须经两家以上的信用评估机构评定信用级别，信用等级的高低决定了融资成本和融资数量。除信用评估机构外，美国还有三家大的信用报告机构，分别是美国人控股的全联公司（Trans Union）、Equifax 公司和英国人控股的益百利公司（Experian），它们是向需求者提供消费者个人信用调查报告的供应商，基本工作是收集消费者个人的信用记录，合法地制作消费者个人信用调查报告，并向法律规定的合格使用者有偿传播信用报告。美国《公平信用报告法》对其所做的定义是："为了向第三方提供消费者报告，以汇编或评估消费者信用信息为其全部或部分业务的任何实体。"（于空军，2002）信用报告机构不像邓白氏是全球性信用评估机构，它们一般没有能力做全球消费者个人信用调查和评估，基本上都只建立一国或者一个地区的消费者个人信用数据库。上述三个大型信用报告机构，充其量只拥有覆盖整个北美地区的个人征信数据库。除此之外，美国还有数千家小型消费者信用产品供应商，提供不同形式的消费者信用服务。

三、信用产品的需求

美国的企业对信用产品的需求非常旺盛，购买过邓白氏公司信用评估报告的企业就超过7 000万家，而全联公司每年出售40多亿份信用报告，总收入高达150多亿美元。对于大部分企业来说，购买信用产品、了解交易对方的信用情况和自己的信用情况，已经成为交易的前提条件，同时企业也乐于授权信用评估机构制作关于自己企业的信用报告。守信状况好的企业，信用等级就高；守信状况差的企业，信用等级就低。在美国这个经济高度市场化的国家里，企业与企业之间、银行与企业之间的交易关系和信贷关系都是以信用为基础的，信用等级的高低是一个企业生死攸关的问题，信用等级高的企业，在寻求经营合作伙伴、银行贷款方面都会得到便利，企业发展的机会就多；而信用等级低的企业，在这些方面都将遇到困难，企业很可能会遇到生存危机。从这一角度讲，信用评估对企业的发展起到了一个扬善惩恶、优胜劣汰的作用。严格、科学的信用体系迫使企业严格自律守法经营，对于整个企业群体——特别是中小企业群体的发展起到了良好的促进作用。

第三节　中小企业信用（贷款）担保体系

银行贷款在世界各国几乎都是中小企业进行外源融资的最重要渠道，不论从发达国家还是发展中国家的实践经验来看，银行贷款在中小企业外源债务融资总额中所占的比例低则30%，高则70%。

企业从银行取得的贷款通常包括抵押贷款、担保贷款和信用贷款三种类型，而前文所述的中小企业自身的资源禀赋特征（特别是固定资产比例低、数量少），使它们通常没有足够的合格资产向银行进行抵押，从而难以取得抵押贷款；同时绝大多数中小企业自身的信用级别达不到取得足够数量的信用贷款的资格，并且，如果能够取得足够的抵押贷款和信用贷款，那么就说明这个企业不存在贷款难的问题。因此担保贷款是中小企业间接融资实践中比较常见的方式，这种方式的现实性也已经成为理论界的共识，而如何建立中小企业贷款担保体系也是世界各国长期以来所研究的重要课题。

一、世界各国的中小企业信用担保模式

全世界已有半数国家建立了自己的贷款担保体系，最早建立的国家是日本（1937年），我国的是2000年建立的，并且亚洲和欧洲还分别成立了欧洲投资基金（EIF）（1994年）和亚洲中小企业信用保证协会（1988年），用于国际中小企业信用担保体系的建立和

发展。

各国和地区的体系都有所不同，可以通过以下几个方面进行分类：① 运作的主体：政府直接操作型和市场公开操作型。前者是指由政府专门的行政机构（特别是负责中小企业的政府部门）进行直接运作，也有的国家和地区中小企业管理部门中专设一个中小企业信用担保管理部门。采取此类体系的国家和地区有美国（联邦中小企业管理局）、加拿大（联邦工业部中小企业贷款管理局）、英国（贸工部中小企业贷款担保办公室）、中国香港特别行政区（特区政府工业署与出口信用管理局）等。而后者是指设立独立于政府之外的法人实体进行操作，政府部门不能直接从事和干涉具体担保业务。采取此类体系的国家和地区有日本（日本中小企业信用保险中央公库和52个区域性中小企业信用保证协会）、中国台湾地区（中小企业信用保证基金）、德国（区域中小企业信用保证公司）、法国（国家中小企业担保公司）、意大利（中小企业信用保证协会）等。② 资金运作方式：实收制和权责制。实收制是指以实有资金作为事前保证，将担保资金存入协作银行，发生损失后由专门账户直接拨给贷款银行作为补偿。采取此类体系的国家和地区主要有日本、韩国、泰国、印度尼西亚和中国等。权责制体系的特征是，以特别承诺作为事后补偿的保证，一般对协作银行采取授信管理，发生损失后由银行向担保机构申请补偿。采取此类体系的国家和地区有美国、英国等。③ 担保目的：政策扶持型和社会互助型。前者即政府作为主要出资人建立中小企业信用担保体系，作为实施扶持中小企业发展政策体系和社会服务体系的重要部分，大部分国家和地区已经建立的体系都采取这种类型。而后者是指政府不组建政策性担保机构，或者着重推行社会、企业互助型中小企业信用担保体系，这种类型多见于一些有着悠久社会互保历史的欧盟国家，数量较少。

根据以上三方面的分析，日本、美国和欧洲大陆国家形成了各有特色的体系，并成为某一类型的代表模式，我们可以通过对它们进行分别考察从而提炼出适合我国建立贷款担保体系的一些值得借鉴的思路。

二、日本模式：市场公开操作、实收制、政策扶持型

日本经济的特征是以特大型骨干企业为核心、大量中小企业围绕在这些骨干企业周围，为它们提供各种周边服务的“原子核”型结构，日本中小企业占全国企业总数的比例超过99%，吸纳了日本就业人数的80%以上，创造了60%以上的GDP。相比英美而言，日本是一个后工业化国家，也曾经一度实行赶超战略，并建立了以大银行为主导的金融体系，情况与我国比较相似，因此日本的经验特别值得我国学习借鉴。日本中小企业融资结构的最大特征就是对银行贷款的高度依赖性。针对中小企业这种融资特征，日本是世界各国中较早建立起中小企业贷款担保体系的国家，早在1937年就在东京建立了东京信用保证协会，随后在京都、大阪等地也成立了信用保证协会，直到1953年成立了全国性的国家信用保证协会联合会，日本的信用保证体系基本成形，而当时美国还没有完善的贷款担保体系。日本经营的担保体系规模是世界最大的，覆盖的小企业比率居世界前列，整个体系的建设也是世界各国中最完善的。

日本贷款担保体系的总体布局为后来许多国家所效仿，以至于成为一种模式，即政府力量主导、市场化操作、担保与保险相结合、担保与互保相结合，这种体系的主体是由

政府牵头组建的自上而下的中央和地方两级担保机构。除日本外,韩国和中国台湾地区也经营着类似的信用担保体系,这也是世界上应用最广泛、规模最大的一种模式。

日本政府是日本信用担保体系的主导力量和主要经营者,政府建立了政策性的、市场化操作的机构来执行扶持中小企业的相关政策。根据1948年通过的《中小企业厅设置法》和1950年制定的《中小企业信用保险法》,中小企业厅特别会计作为金融机构为中小企业融资提供融资担保;1951年日本政府颁布实施了《信用保证协会法》,并依据该法成立了国家信用保证协会联合会;1958年日本政府成立了中小企业信用保险公库,由日本中央政府全资拥有,属于公共担保机构。此外,日本政府还分别建立了国民金融公库和中小企业金融公库,前者主要提供短期贷款,后者主要提供长期贷款,用于弥补金融机构对中小企业贷款数量的不足,并满足地方机构难以满足的跨区经营的中小企业在贷款方面的特殊需求(宋建军,2001)。

日本的信用保证协会和信用保险公库构成了严密的两级信用保证体系,这种信用担保体系将信用保证和信用保险制度相结合,即信用保证协会为中小企业向金融机构的借款进行担保,而信用保险公库则对担保机构的担保实行连环保险,这种制度在日本被称为“信用补完制度”(姚顺先等,2003)。日本的信用保证协会基金由政府投入、金融机构捐助、公共资金导入(即向国家和地方行政机关借入资金)等形成(汪玲,2005)。截至2005年,日本共有地方性信用保证协会52家,分支机构149个,雇员6015人。在日本,有50%以上的中小企业接受过担保服务,信用担保机构成为日本中小企业成功解决融资难题、不断发展壮大的重要保证。信用保险公库由政府全额出资,初始资本金约5000亿日元,并且逐年增加。同时信用保证协会的职责被转移给中小企业信用保险公库,此后很长时间内中小企业信用保险公库成为日本中小企业融资担保体系的核心。

日本的信用担保体系带有互保性质,全国52个地区的信用保证协会是由当地中小企业、地方政府、企业团体以及金融机构共同出资建立的,具有互助担保的特征,这样做较好地解决了单个小企业实力薄弱这一问题,将个别中小企业的信用风险转化为当地多家小企业的联合信用风险,并利用政府的影响力,在不干预金融机构贷款决策、不增大金融机构贷款风险的前提下提高了中小企业的融资能力。这是因为日本的信用担保体系实施方式属于“直接征信”方式。在这一方式中,参与信用担保体系的协作银行的作用仅限于为中小企业提供贷款,由信用保证协会负责中小企业的信用审查与监督,银行不承担信用风险。经各地方信用保证协会同意的贷款担保会自动受到中小企业信用保险公库的保险,如果出现代偿可向中小企业信用保险公库领取70%—90%的保险赔付,各地信用保证协会只承担剩余的风险。最高担保限额一般为普通保证4亿日元,无担保保证8000万日元。担保的放大倍数为基本资产的35—60倍,这一比率高居世界第一。以2004年为例,全日本信用保证协会的基本资产为13437亿日元,当年共有在保金额429062亿日元,担保资金的放大倍数为31.93。日本信用担保的担保比例曾在20世纪90年代采用过100%担保,但90年代之后,由于担保机构的代偿额度逐渐增大,继而采用部分担保方式,担保比例是50%—80%(刘国斌,2006)。

同时,为了保障信用保证协会能够正常发挥其作用,日本还建立了一套支撑体系,即“一项基础、三大支柱”(于洪波和武志,2005)。“一项基础”是基本财产制度。日本信用保证协会的基本财产由政府出资、金融机构摊款和累计收支余额构成，并以此作为信用保证基金。“三大支柱”是指信用保证保险制度、融资基金制度、损失补偿金补助制度。信用保证保险制度的前提是政府成立中小企业信用保险公库（1958 年），对信用保证协会进行保证保险，大大提高了信用保证协会的信用保障能力。融资基金制度赋予了信用保证协会以融资权，在法律上允许其从中小企业信用保险公库和地方政府筹资，进一步提高了信用保证协会收支平衡的能力。损失补偿金补助制度是指对于信用保证协会代偿后取得求偿权而不能回收的损失，最终由政府预算拨款补偿，保障了信用保证协会基本财产和融入资金的安全。三者构成了日本信用保证协会业务有效运作、收支平衡、良性循环的制度性保障措施。

当然我们必须清楚地认识到日本模式也不是完美无缺的，其面临的主要问题是政府资金压力较大。由于两级信用担保体系均由政府直接出资并承担风险，没有有效调动金融机构的资金，因此在经济衰退时期如 20 世纪 90 年代至 21 世纪初一直处于亏损境地。为此，日本 2001 年成立了专门从事追偿业务的全国性专业公司——信用担保服务有限公司，信用保证协会将部分追偿任务委托给信用担保服务有限公司，由信用担保服务有限公司负责追回债务。信用担保服务有限公司的成立大大改善了日本信用担保体系的收支状况，仅在 2003 年，公司就有大约 500 名雇员追回了 340 亿日元的债务。2002 年信用担保协会还提高了担保收费的费率，从之前的 1% 提高到了 1.3%。除日本外，世界其他采取政府直接出资并承担风险这一模式的国家和地区也大都经历了资金运行亏空的过程，因此，如何调动非官方的资金参与对中小企业的贷款担保以共同承担风险，是在日本模式下需要进一步解决的问题。

三、美国模式：政府直接操作、权责制、政策扶持型

与日本贷款担保模式相区别的另一种典型体系是美国模式，除美国外，英国和加拿大也使用类似模式。这种模式的实质是政府组建针对中小企业的公共融资系统，也就是政府直接操作，大力调动金融机构的参与性，官方部门与非官方机构相结合，信用担保与信用保险相分离的模式。其与日本模式最显著的差别是在形式上，日本的全国性信用担保协会联合会和地方的信用担保协会都具有独立法人资格，相对独立于政府进行公开市场操作，而美国联邦政府的小企业管理局是政府的职能部门，不具有独立法人资格，而是由政府直接操作；但在实际业务中，美国政府机构直接提供的服务较少，更多的是调动私营金融机构的力量参与进来为中小企业提供所需服务，进行完全市场化运作，政府只根据政策规定提供担保，而金融机构要承担一部分风险；日本政府直接控制的机构则往往直接提供服务给中小企业，这些机构的行为方式带有很强的政策性。

美国有三套信用担保体系：一是由小企业管理局直接操作的全国性小企业信用担保体系，选择协作银行以直接担保和授信担保方式进行，全美有 7 000 家商业银行作为协作银行参与该体系（陶莹，2005）；二是由地方政府操作的区域性专业信用担保体系，如美国进出口银行、各州金融公司等；三是社区性担保体系。起核心作用的是第一套体系，也是最具美国特色的运行模式。小企业管理局（SBA）在美国中小企业贷款担保体系中扮演了最重要的角色。美国政府对于中小企业的金融支持分为贷款援助和贷款担保两种方

式,前者主要由作为联邦政府部门的小企业管理局负责具体执行和管理,其类型有贴息贷款和直接贷款两种。贴息贷款是政府对中小企业贷款的利息进行补贴,具体做法是对中小企业自由贷款给予高出市场平均利率部分的补贴和对中小企业最难获得的长期贷款给予贴息。直接贷款是美国政府向中小企业提供的直接资助,并且中小企业享受优惠利率。例如,小企业管理局向有较强技术创新能力、发展前景较好的中小企业发放直接贷款,但数量非常有限,最高限额为 15 万美元,其贷款利率低于同期市场利率(张如,2005)。

贷款援助并不是政府扶持小企业的主要方式,毕竟政府能够直接提供的资金是非常有限的,贷款援助更多地起到一种示范作用,而对小企业真正的帮助还是通过贷款担保方式,即联邦政府的"小企业担保贷款计划"来实现,这一计划是美国政府为落实《小企业法》而实施的包括贷款、担保和风险投资政策的总称,其中主要部分是有关担保贷款的 7(a) 计划(吕薇,1999)。该计划的主要参与者是私营的金融机构,美国的大部分银行和非银行金融机构都参与了这一计划,参与小企业担保贷款计划的贷款机构按照自主决策与政府选择相结合的原则来进行,因此这种运作形式与日本模式有很大的不同。贷款机构自主决定是否贷款和是否申请政府担保,SBA 不干预贷款机构的贷款决策,但有权决定是否为贷款机构提供担保。凡符合正常贷款条件的小企业的贷款申请,贷款机构按照自己的标准和程序发放贷款;对那些不能满足正常贷款条件而又符合担保贷款计划条件的贷款申请,贷款机构可向 SBA 提出担保申请。SBA 审查担保申请,对符合担保条件的企业提供贷款担保,贷款机构在担保申请获批准后,为企业发放贷款。SBA 根据金融机构的小企业贷款经验和业绩,对参与担保贷款计划的贷款机构进行分类,并据此采取不同的审批程序。贷款机构主要分为三类:首选贷款机构、注册贷款机构和普通贷款机构。首选贷款机构是从全国最好的金融机构中挑选出来的,它们可以代表 SBA 自行决定担保贷款,但是享受一个较低的担保比例。首选贷款机构办理的贷款额约占 SBA 担保贷款的 10%。SBA 每两年复查一次其授权执行情况,并定期检查其贷款组合。注册贷款机构是较多参与 SBA 担保贷款计划并符合一定条件的金融机构,其办理的贷款额约占 SBA 担保贷款的 1/3。SBA 对注册贷款机构部分授权并保证在 3 天内对其担保申请做出快速答复。普通贷款机构是指那些没有得到 SBA 特别授权的金融机构,其贷款担保申请需经过较严格的审批程序。

向企业发放的贷款由各类金融机构提供,SBA 只负责对贷款机构的部分贷款进行担保,其余部分由贷款机构自己承担风险。通常情况下,SBA 对不超过 200 万美元的贷款提供占不超过贷款总额 75% 的担保;15 万美元以内的小额贷款,担保比例不超过贷款总额的 80%。担保贷款期限较长,大多属于长期贷款,如其中 7(a)项目贷款最长可达 25 年,平均期限为 7 年。SBA 对贷款机构在担保限额内遭受的违约损失进行补偿,小企业作为借款方仍有偿还全部债务的义务,且 SBA 有权继续追索企业所欠债务。如 1997 财政年度,小企业担保贷款计划为 5 万多家小企业提供新增担保贷款约 110 亿美元。尽管这在当时美国小企业全部贷款中所占的比例不大,但通过该计划发挥的政策效应却很明显。

四、欧洲模式：市场公开操作、权责制、社会互助型、多种混合结构

除日本和美国外，欧洲各国在建设信用担保体系方面也有自身的特色，即企业之间的相互担保现象十分普遍，互助担保组织比较发达，这种体系可以称为欧洲模式。欧洲许多国家拥有多种历史悠久的小型中小企业信用担保机构，它们中的多数是基于高度地方化的非常小的非营利性的“互保协会”(MFA)模式，如意大利、法国、西班牙、比利时、奥地利、瑞士等国均有这种互保协会存在，其他一些国家则是基于互保银行(合作银行)建立的，并由国家和地方政府机构的再担保提供支持，德国、奥地利、丹麦等国采用这种模式。

作为重要的信用担保机构在欧洲各国普遍存在的互保协会大约出现于20世纪40年代。通常来说，欧洲国家的互保协会有500—3 000个成员，它们的平均贷款规模特别小。例如，意大利是4 000—10 000美元，比利时是3 000美元，法国是2 000—8 000美元。意大利作为欧洲互保协会最多的国家(有400多个互保协会)，每个协会平均成员约为2 100个，覆盖了30%以上的意大利中小企业。这些互保协会一般由包括贸易协会、手工艺协会、商业协会等行业协会或专业协会、商会在内的受银行资助的互助机构提供主要股东和投资基金共同筹资成立，地方政府也会频繁提供启动资金。通常互保协会被注册为非营利性合作机构而独立存在，它自身并不提供贷款资金，资金由银行提供。互保协会提供的服务一般是基于会员关系的，协会的成员们通过特殊关系在成员中缔结联系，相互提供担保并从中受益，对对方的债务负责。小规模的贷款决策由会员们共同制定，互保协会分析贷款申请并帮助降低管理成本和银行的风险水平。在贷款经营方面，互保协会与贷款银行分担风险，正常情况下互保协会承担占贷款比例为35%(如法国、比利时)至100%(如西班牙)的风险，贷款银行承担其余风险，总体来看平均覆盖率约为80%。互保协会在经营中会收取一定的费用，如注册费(评审费)为一次性收取0—1%，而佣金(担保费)为每年0.25%—2%。欧洲的信用担保体系还包括政府的再担保，即一旦互保协会发生损失，则由地方政府补贴和地方政府再担保来支付，这样就放大了政府资金的作用，可以取得比较好的经济效益。

但欧洲的互保模式也存在不可避免的缺陷，目前理论界和实务界普遍认为欧洲互保模式的代偿率很高，管理效率低、成本高，担保费设定太低，且与风险/代偿率无关联。几乎所有的互保协会都是高成本的小型机构，担保贷款的平均成本是担保数额的6%—15%(最高的是意大利、奥地利、法国和西班牙)，发生代偿后互保协会自身通常无力承担，所需资金全部严重依赖(地方和中央)政府补贴和再担保，而非独立的财政支持。欧洲模式的产生和发展紧密依赖于欧洲自身独特的历史和文化，并不适合作为其他国家特别是发展中国家建立信用担保模式的借鉴，这种模式曾被“出口”到非洲、中东和南美等地区，但通常都以失败而告终。

第四节　地方性中小银行与中小企业融资

解决中小企业融资困难问题最重要的一点是银行与企业的关系问题，也就是金融资

本与产业资本的关系问题。金融资本通常具有高度集中化的倾向,而中小企业则是产业资本的分散化形态,二者之间有怎样的关系、如何协调这种关系,始终应该作为讨论这一问题的关键。银行作为金融资本的典型代表,在一国经济中采取怎样的组织形态、遵循怎样的发展路径、对产业经济起到什么样的作用、应该如何进行改革,以上问题是除前文所述的建立起扶持中小企业融资的各项制度外,对于一国中小企业融资问题而言也非常重要的关注点。

中小企业从银行获得贷款的难易程度与一国的银行业集中度有很高的相关性,即银行业集中度越高,中小企业越难获得贷款;而银行业越分散化,中小企业就越容易获得贷款。实证方面的研究如 Strahan and Weston(1996)通过对美国银行的数据研究发现,银行规模与对中小企业贷款之间有很强的负相关关系。理论研究通常认为,大银行在提供中小企业融资方面相比小银行而言处于不经济的地位,小银行与小企业的对应关系是必然且必要的,主要观点可以归纳为五个方面:① 中小企业的信息不对称问题比大企业更为严重,故大银行通常避免给中小企业贷款;② 由于在贷款的交易成本中有许多属于固定成本,大银行在对量小、频度高的中小企业贷款上存在规模不经济的问题;③ 企业通常倾向于向尽可能少的银行提出贷款要求,而小银行由于资产规模的限制无力向大企业提供足够数量的贷款,只能在中小企业之间分散贷款;④ 由于资金和市场力量有限,小银行在与大银行争夺大客户的竞争中处于劣势,在与大企业打交道时亦处于不利地位;⑤ 与大银行相比,小银行在向中小企业提供融资服务方面拥有信息优势,这种信息优势主要来自银企双方长期的合作关系,即小银行更容易获得小企业产生的“软信息”(张捷,2002)。其中第①②点说明大银行不倾向于贷款给小企业,可以认为是小银行给小企业提供服务的可能性;第③④点说明小银行难以给大企业提供服务,可以认为是小银行向小企业提供服务的必然性;第⑤点说明小银行给小企业提供服务具有核心竞争优势,可以认为是小银行给小企业提供服务这种模式存在的可持续性。以上理论研究表明,在分散化的产业资本不可能迅速集中的条件下使二者互相匹配的途径便是形成分散化的金融资本,具体到银行业,即形成分散化的中小银行来为中小企业提供服务。

一、关系型贷款与中小企业融资

中小企业群体有自身特定的融资行为方式,有学者将其分为两类:一类是以日本为代表的“关系型融资”,包括美国、德国、韩国等大部分国家的中小企业在向银行贷款时都会采取这种模式;另一类是以英国为代表的“保持距离型融资”,这种模式现在已经不常见,逐渐被关系型融资所取代。关系型融资指银行的贷款决策主要基于通过长期和多种渠道的接触所积累的关于借款企业及其业主的相关信息而做出。这些信息除了通过办理企业的存贷款、结算和咨询业务直接获得,还可以从企业的利益相关者(股东、债权人、员工、供应商和顾客等)以及企业所在的社区获得;它们不仅涉及企业的财务和经营状况,还包含许多有关企业行为、信誉和业主个人品行的信息。这些信息区别于企业的财务报表和抵押担保能力,可以称为“软信息”。关系型贷款产生的根源是为了解决前文所述的金融资本与产业资本之间的信息不对称和运行方式不兼容问题,其存在的基础是小企业与少数银行间的长期稳定的甚至是更广阔范围内的合作关系,因此它可以不必拘泥于企业特定时期的财务状况和抵押担保状况，最适合于中小企业融资。关系型贷款的基本特征可以归结为“就近融资”和“集中融资”。“就近融资”是指中小企业在向银行贷款时首先考虑本地距离较近的银行，而不是外地银行或全国性银行的分支机构；“集中融资”是指中小企业倾向于在同一家银行取得全部所需融资，而不是就一笔贷款从多家银行分别获取。根据美联储的统计，尽管随着银行业并购的浪潮，中小企业的融资“距离”有所加大，但就近融资仍然是它们的首选方式，同时有超过 3/4 的小企业采取集中融资方式。地区性的中小银行由于天然接近中小企业，在获得中小企业的软信息方面具有优势，并且中小银行组织结构层级少，信息传递的链条较短，决策中心更靠近信息来源，因此在贷款决策方面比大银行更有优势。尽管从理论上讲，大银行也可以像小银行一样，依靠其众多的分支机构来收集关于中小企业的软信息，从而降低信息成本，但由于代理成本不同，大银行难以将决策权配置到与小银行相同的低层级上去，因而使这些源于基层又难以传递的软信息派不上用场，基层人员也将失去收集软信息的动力。在大银行的最优决策更加集权化的情况下，它们将倾向于专业的对大企业的市场交易型贷款，同时放弃需要更多软信息的对中小企业的关系型贷款，而小银行的选择则与大银行相反。于是，根据各自的比较优势将内生地形成大银行与小银行在信贷市场上的专业化分工，小银行对小企业的关系型贷款将成为小企业融资的主导方式。

二、日本主银行制度和德国的开户银行制度

与美国建立的以市场为基础的金融体制不同，日本是典型的以银行为基础的金融体制，而现代日本金融体制是在第二次世界大战之后建立起来的主银行制度模式。对于主银行制度的定义在理论界虽然存在一定争议，但通常认为主银行制度是指特定企业和特定银行间建立的长期交易关系。如果从资金供求双方关系的疏密来理解，则主银行制度也可以理解为关系型贷款制的一种延伸。这种企业与特定银行间的连续、长期、稳定的交易关系并不是日本独有的，在世界许多其他国家都存在这样的银企关系。但在日本，这种关系还包含其他方面的内容，例如主银行不仅对企业贷款，还持有企业的股份，并且在企业经营出现危机时对企业进行干预。日本这种密切的银企关系主要是第二次世界大战之后政府为了处理银行和企业之间大量不良债权债务关系而形成的，当时这种做法迅速明确了银企的产权关系，增强了企业的融资能力，有力推动了经济的恢复。

德国与日本相似，也形成了基于银行的金融制度，但与日本由政府推动形成的主银行制度不同的是，德国实行的是一种“开户银行制度”。在开户银行制度下，银行与企业的关系也十分密切。企业的外部融资方式主要是从其开户银行贷款，银行通过贷款和直接持有股权来对企业施加巨大的影响。此外，银行还可以代理客户所持有的企业股份，从而进一步加强银行对企业的控制权，这是与日本主银行制度的主要区别。可以说德国的开户银行制度是银企关系密切的一个极端形式，这种体制的形成与德国长期以来实行银行混业经营有关，即全能银行除了可以吸收存款和为企业提供长短期贷款，还可以承销企业股票和债券，从事证券投资，参与企业决策和管理，支付交易结算和经营进出口业务及外汇买卖，银行和企业之间互相派驻董事并建立长期关系（马君潞和刘嘉，2005）。这样无须政府的推动，靠市场自身的力量就形成了德国这种极端的银企关系模式。

日本的主银行制度和德国的开户银行制度都为企业提供了更为稳定的融资环境,使企业和银行建立了长期、密切的合作关系,在制度层面对解决信息不对称问题起到了重要作用。

三、美国的社区银行体系

美国是世界上人均银行数量最多的国家,其金融体系的结构特点是少数规模庞大的银行和大量小银行并存,特别是社区银行数量众多(美国在银行业监管和统计口径上,通常把资产规模小于10亿美元的小商业银行及其他储蓄机构称为社区银行),在对中小企业提供融资方面起到了重要作用。美国社区银行数目占银行总数的90%左右,所拥有的金融资产占全部银行金融资产的60%以上,这种情形与小企业在实体经济中的状况非常相似。

根据现有的对美国社区银行体系的理论研究,美国社区银行的特点可以归结为规模小、区域性强、服务主要面向中小企业、以传统业务为主和业务代理制这五个方面。规模小和区域性强是社区银行区别于大银行的主要特征,平均每家社区银行下辖4个分支机构,而大银行平均每家下辖94个分支机构,平均每家社区银行的资产规模约为1.5亿美元,其中资产规模小于1亿美元的银行占社区银行总数的53.2%。社区银行的股东和董事基本是当地居民和企业,股本结构高度集中,提供的服务也主要面向当地居民和企业以及其他金融机构。从贷款对象上看,社区银行对小企业的贷款占其贷款总额的40.1%,而大银行仅为7.2%(黄励岗,2005)。业务代理制是指社区银行与某个规模较大的地区性银行建立长期的、固定的业务联系,大银行代理小银行进行不同城市之间的票据结算,帮助小银行解决临时性的资金头寸安排。从这些特征我们可以看出社区银行体系对于中小企业融资问题的意义,以及建立我国自身的地区性中小银行体系时需要注意的方面。

需要注意的是,美国社区银行体系的建立依赖于其自身特殊的金融和经济制度环境,是一种比较特殊的银行业组织结构。总体来说,美国长期以来是一个反对垄断、保护竞争的国家,在银行业方面也不例外。通过立法来保护银行业的竞争是促使社区银行发展的一个重要方面,其中《反垄断法》《小企业法》和《社区再投资法》中都有有利于社区银行发展的条款。例如《小企业法》中有指定优先贷款给小企业的银行(通常是社区银行)的条款,而《社区再投资法》则规定美国各类存款金融机构必须为所在社区的小企业提供融资。这些法律规定为社区银行服务小企业提供了保障。

在银行体系方面美国也有比较独特的制度。美国的银行业准入体制是一种联邦政府和州政府的双重体制,联邦政府和州政府拥有各自的金融立法与监管机构,各自都有权批准设立银行,但由于州立银行注册资本的要求较低,州政府的监管相对较松,州立银行远多于国民银行。由于资本要求低,规模较小的社区银行通常注册成为州立银行。同时美国历史上又长期执行单一银行制和单一州制,各州为了保护本州的银行和本地利益,纷纷立法限制银行跨州设立分支机构,许多州只允许银行有一家经营机构。这种制度直到20世纪90年代才彻底终结,并造成了美国银行数量众多,但分支机构较少的现状,却从制度上为社区银行的发展提供了充足的空间。

美国还有一项关键性的制度创新对中小银行的发展具有重要意义，这就是存款保险制度，它的出现增强了存款人对中小银行的信心，在加入联邦存款保险公司(Federal Deposit Insurance Corporation,FDIC)的银行中社区银行占92%，即绝大多数社区银行都加入了存款保险体系，为社区银行提供了与大银行在吸收存款方面进行平等竞争的机会，这就大大拓展了社区银行开展业务的空间，有力促进了社区银行的蓬勃发展。

美国社区银行在为中小企业提供关系型贷款方面具有的比较优势已经为大量学者所研究(严谷军,2006)，主要观点是社区银行在获取中小企业的“软信息”方面和决策过程方面相比大银行更有优势，因此对区域内中小企业提供关系型贷款是社区银行的主要业务和收入来源。但近年来这一结论受到了挑战，其根源是美国对金融业的放松管制，因而社区银行遇到了多方面的竞争，如非银行金融机构对存款的竞争，大银行的并购行为以及新兴金融产品和服务对客户的竞争。值得注意的是，在这种情况下，美国政府并没有颁布新的有利于保护社区银行的法律规定，而是让市场力量自身进行调节，让社区银行自己发现新的生存能力，其中就包括业务代理制(联系银行制)、专注于细分市场、金融产品创新等方面。从实际情况看，过去30多年中，在大量社区银行被购并或倒闭的同时，仍有近4 000家新成立的社区银行进入市场，说明社区银行还是有强大生命力的，这种生命力就来自其在关系型贷款方面的比较优势，这又从另一方面证明了中小银行的发展方向应是区域性的，并以向区内中小企业发放关系型贷款为主要业务。

第五节　我国县域小微企业融资困境纾解方案：基于“政府—市场关系”视角

一、引言：我国县域小微企业发展与融资现状

(一) 全国小微企业发展及其结构

改革开放以来，随着经济活力的不断提升，小型企业、微型企业、个体工商户等新型经济主体得到迅猛发展。它们数量庞大，类型众多，遍布城乡，已成为我国社会主义市场经济体系的重要组成部分。第四次全国经济普查结果表明，我国批发和零售业、住宿和餐饮业小微企业快速发展，整体规模不断扩大，增速高于全行业，对激发市场活力和促进就业增长起到了积极推动作用。

2018年年底，全国小微商贸企业法人单位684.4万个，从业人员3 335.9万人，分别比2013年年底(2013年是第三次全国经济普查年份)增长133.3%和24.7%，分别比全国商贸企业法人单位数和从业人数增速高3.1和7.0个百分点；在全国商贸企业法人单位数和从业人数中所占比例分别为98.8%和70.8%，分别比2013年年底提高1.3和4.0个百分点。2018年年底，全国小微商贸企业资产总计27.9万亿元，比2013年年底增长64.6%，高出全国商贸企业资产总计增速9.9个百分点；全年实现营业收入40.0万亿元，比2013年增长77.6%，高出全国商贸企业营业收入增速33.9个百分点。在工业企业中，小微企业发展空间不断拓展。一系列减税降费、金融支持等政策举措落地，小微企业享受到新一轮发展“红利”。2018年年底，小微企业占比较大的私营工业企业户数达

291.2 万户，比 2013 年年底增长 65.4%，占全部工业企业比例为 84.4%，提高 11.3 个百分点；资产总计 40.5 万亿元，增长 48.6%，占全部工业企业比例为 29.1%，提高 3.2 个百分点。小微企业吸纳就业作用明显。2018 年年底，中小微企业吸纳就业人员 23 300.4 万人，比 2013 年年底增加 1 206.8 万人，增长 5.5%。占全部企业就业人员的比重为 79.4%，比 2013 年年底提高了 0.1 个百分点。拥有资产总计达到 402.6 万亿元，占全部企业资产总计的 77.1%；全年营业收入达到 188.2 万亿元，占全部企业全年营业收入的 68.2%。[①]

小微企业中，微型企业增速尤为迅猛。2018 年年底，我国共有微型企业 1 543.9 万家，比 2013 年年底增加 929.1 万家，增长 151.1%，是 2013 年年底的 2.5 倍，占全部企业的比重为 85.3%，比 2013 年年底提高了 12.4 个百分点。中型企业比 2013 年年底增长 1.3%，小型企业比 2013 年年底增长 18.3%，都远低于微型企业增速。不过，虽然增速较快，但微型企业资金产值率相对较低。2018 年年底，微型企业的资金产值率仅为26.2%，相当于大型企业的 1/3，也比中型、小型企业低 30.3 和 29.1 个百分点。微型企业实现全年人均营业收入 49.1 万元，是中型企业人均营业收入的 43.1%，是大型企业人均营业收入的 33.9%。但微型企业数量庞大，生存能力强，推陈出新快，仍有较大的发展空间。[②]

总体来说，一方面小微企业承担了我国大部分人口的就业责任，吸收了大量基层劳动力，对我国经济增长、促进就业和基层社会稳定的意义不言而喻；另一方面，小微企业由于其自身规模小、抗风险性差，也是市场经济中非常薄弱的部分。如何改善小微企业的生存现状，也是我国政府非常关注的问题。2017 年，《中华人民共和国中小企业促进法》修订，对中小企业和个体工商户从财税、融资、创业创新等各个方面确立了更加清晰明确的扶持方向。

（二）县域经济生态下的小微企业及小微企业融资困境

本章将小微企业融资困境的讨论集中于县域，因为县域经济下的小微企业数量最为庞大，也是所有小微企业中相对弱势的群体。由于县域经济自身的特点和运转规律，县域小微企业面临的各种问题也有其特殊性。在县域经济中，县政府及其各级分支机构是经济调控的主体，也是县域经济产业规划的制定者，越是经济欠发达的地区，政府对县域经济的影响也就越大。具体来说，县域经济具有以下基本特征：第一，县域经济的区域性明显。相比大中城市，县城相对而言是一个较为封闭的区域经济体，越是不发达地区，其封闭性越明显。这就决定了区域内小微企业大多依托县城及其辐射的周边农村地区，劳动力来源高度本地化，上下游产业及客户群体也大多集聚于县域经济内，跨区域竞争较少。这个特点也决定了地方政府政策对县域小微企业的发展起着非常重大的影响，往往能决定一个地区主导行业的发展。第二，县域经济的农村性特征很强。农村经济是县域经济的重要组成部分，而县域小微企业相比大中城市而言，其农村经济成分所占比重较大，农户是县域小微企业的重要参与者和服务对象。县域小微企业融资问题，很大程度上涉及农村金融和农户融资问题。第三，县域经济的发展不平衡性突出，东南沿海和中

---

① 资料来源：国家统计局。

② 同上。

西部地区的小微企业发展条件差异很大,营商环境、政府扶持政策和基础设施的差异对地区小微企业发展造成很大影响。

从县域金融市场发育与县域小微金融融资环境来看,相比大中城市的中小企业,县域小微企业所在地域的金融市场发育程度较迟缓,金融机构覆盖面不够广,各种市场要素的密集程度和配置效率也非常低下。因此,县域小微企业面临的融资约束更加严格。县域金融服务的范围涵盖了广大农村地区,是我国金融服务非常薄弱且脆弱的环节。尽管从总体上来说,我国县域金融市场已经建立起一个相对比较完善的政策性金融、商业性金融、合作性金融相结合、"巨、大、中、小、微"型金融机构并存的普惠金融体系,但是与县域小微企业旺盛的融资需求相比,其融资缺口仍然极大。

从现实融资结构来看,小微企业的融资渠道主要有内源融资和外源融资,内源融资主要是企业自有资金、股东投资和员工集资等,外源融资主要是股权融资、小额贷款公司、民间借贷、银行信贷和票据贴现。就现阶段我国小微企业而言,由于信贷市场不完善以及企业主对融资风险的承担能力有限,融资途径高度依赖内源融资。小微企业最理想的外源融资是银行信贷,然而由于小微企业具有风险性和缺乏信用背书,一般而言很难直接获得银行的信用贷款,而小微企业为获得贷款,需要额外承担较高的担保成本和中间费用,这进一步抬升了小微企业的贷款成本。由于很难获取到足够的银行信用贷款,民间借贷就成了小微企业寻求融资的重要渠道。然而,我国县域和农村民间借贷市场相对不完善,由民间借贷引发的一系列高利贷问题、金融风险问题和资金链问题,一直以来都是困扰县域金融发展的重要问题。

当前在经济下行和经济增长模式转换交叠的双重影响下,我国县域小微企业的生存质量受到较大的影响,因而帮助县域中小企业摆脱融资困境就成为我国保增长、保稳定、促转型、促就业的重中之重。

本章基于政府—市场关系视角,从银行、地方政府、监管机构、金融市场机制和县域小微企业自身等五个角度,分别从中长期战略和短期策略来探讨这个问题。

二、政府—市场关系视角下的小微企业融资:理论解释和政府行为

政府—市场关系是理解小微企业融资问题的核心。小微企业融资困境的出现,是市场自由配置资源的必然结果,而这一世界性难题的解决,也需要从政府—市场关系的调整这一核心入手。

从理论上来说,小微企业融资困境的内在根源在于小微企业金融服务市场的四大内在缺陷。一是金融市场的信息不对称。Stiglitz and Weiss (1981)提出的非对称性信息理论和信贷配给理论认为银行和企业间的信息不对称导致了逆向选择和道德风险,所以银行信贷的供给必然不是利率的单调增函数。其推论为,当市场上有各种类型的借款者时,由于信息的不对称,有些人即使愿意支付再高的利率也会遭到拒绝。妨碍我国银行机构扩大对小微企业信贷支持的主要因素是银行机构缺乏企业客户风险方面的足够信息,从而不能做出适用的风险评级并提供相应的信贷服务。二是信贷市场中银行规模与小企业贷款的负相关性问题。Strahan and Weston(1996)提出的规模匹配理论指出,银行对小企业的贷款与银行的规模之间存在很强的负相关性,即大金融机构通常更愿意为大

企业提供融资服务,而不愿意为资金需求规模小的小企业提供融资服务。Meyer(1998)也证明,银行比较集中的地区,小企业获得贷款须支付较高的代价。从经济的角度讲,大金融机构并不愿意承担私营企业的信贷业务,因为那样将支出较高的组织成本。三是既定金融市场中的小企业信用不足,国内研究一般都认为小微企业信用不足是造成其融资困境的内生原因。四是金融市场失灵。“市场失灵”是指市场经济条件下,市场发挥作用对某些领域无能为力或出现种种问题,使资源配置不能达到帕累托最优。在民营小微企业融资中,由于存在诸多自然壁垒,资金的供给与需求难以得到自发协调,也就难以达到帕累托最优状态。

正是小微企业金融服务市场自身存在的缺陷,导致该市场难以依靠自身的力量自动获得均衡状态,难以达到金融资源的有效配置和各方福利的帕累托改进。这也就意味着在小微企业金融服务市场中,必须将市场自发配置资源的机制与政府配置资源的机制结合起来,把“看不见的手”与“看得见的手”结合起来,从而弥补市场的缺陷,这就是我国近年来提出的“让市场机制在资源配置中起决定性作用,让政府在资源配置中起更好的作用”的理论基础。20世纪八九十年代,随着信息经济学的崛起,经济学界开始重视政府的适度干预对于金融市场稳健发展的重要作用,尤其是在农村金融市场和小微企业金融服务市场,政府的干预政策更加必要。这一理论的代表就是斯蒂格利茨的不完全竞争理论,该理论在国家干预论和自由市场论之间保持了一种适度的均衡。针对农村金融市场和小微企业金融服务市场而言,面临更为明显的信息不完全和市场分割的情形,不完美信息、不完全市场、外部性等问题更加严重,因此政府的适度干预是非常必要的。斯蒂格利茨的不完全竞争和不完全信息理论对发展中国家农村金融市场和小微企业金融服务市场的现状是比较有解释力的,也更具有可操作性和现实性。

因此从“政府—市场关系”视角,我们可以看到一种可行的优化搭配结构:在基础性的金融资源配置中,市场机制起决定性作用;但是为了克服市场的缺陷,为了减少信息不完全和外部性等问题所带来的市场失灵问题,政府有必要进行适度的介入,帮助农村金融市场和小微企业金融服务市场中的供求双方克服市场机制的缺陷而达到福利的帕累托改进。具体来说,为了克服上述四种市场缺陷,政府要在四个方面进行补充,以帮助小微企业摆脱融资困境:一是要构建更好的小微企业信息网络,为金融机构提供更完备和及时的小微企业信息;二是要大力鼓励地方性中小微金融机构的发展,从而提高中小微金融机构与区域内小微企业的规模匹配度,同时鼓励大型金融机构通过机制创新和产品创新,在降低风险的前提下提高对小微企业的信贷支持;三是政府要利用各种方式为小微企业增信,以克服小微企业信用不足问题;四是要建立和完善能够缓解市场失灵的政策性融资体系,还要在政策性金融发挥作用的同时克服逆向选择问题。本章以下部分试图从“政府—市场关系”视角出发,从银行、地方政府、监管机构、金融市场机制和县域小微企业自身等五个角度,解析县域小微企业融资困境的纾解之道。

三、从银行角度看县域小微企业融资问题

县域小微企业的主要融资来源仍然是银行的间接融资,尤其是地方性的中小银行融资。我国目前的县域金融体系是商业性金融和政策性金融并存的复杂体系,县域金融的

银行业主要由四大国有商业银行、邮政储蓄银行、农村商业银行、城市商业银行和村镇银行组成。其中中国农业银行是我国“三农”领域的主导服务银行，同时承担着最多的政策性扶持任务。而农村信用社以及改革模式农村商业银行，是县域金融机构中从业人员最多、网点分布最广的金融机构，也是县域金融的核心。除此之外，在县域金融领域，还有为数不少的非银行类的贷款公司以及其他从事小微企业融资服务的地方小金融机构等。

县域金融机构之间的竞争异常激烈。尤其是近些年来，一些原本对县域金融市场参与不多的大型国有银行和股份制银行也大量介入了县域金融市场的竞争，这种情况跟以前有了巨大的差异。目前的问题是如何建立一个有效的激励和约束机制，以使这些“巨、大、中、小、微”金融机构能够真正把资金用在对县域小微企业的支持上。

从短期策略来看，激励（奖励）措施比监管上的约束机制更有效。在当前经济下行的周期内，银行同样想要找到优质的县域小微企业来放贷，从而赚取更多的利润，其中的障碍主要来自县域小微企业较高的信贷成本和信贷风险。政府应该对县域金融机构支持小微企业的信贷行为进行较大力度的财政、税收以及其他方面的政策支持，运用补贴和政策倾斜来纾解其支持小微企业成本高、风险大的问题，激励其支持小微企业的积极性，这在短期内是容易操作的，也是政府（实际上包括中央和地方政府）应该做的事情。

当然从地方中小银行的角度来说，更重要的是在经营过程中找准定位。大量的实证研究证明，地方中小银行的小微企业定位越准确（永远不偏离、永远瞄准小微企业）、越坚定（持续进行小微企业信贷支持），其经营绩效越稳定，盈利能力越强；相反，那些在经济下行周期仍然盯紧大企业、喜欢垒大户、喜欢把信贷集中于房地产等资金密集但风险较高领域的地方中小银行，其经营状况近年来却往往每况愈下，风险累积严重。以浙江为例，浙江拥有大量规模极小（多为 50 人以下）、附加值和技术含量相应较低的进出口贸易企业（比如纺织贸易等），宏观来看，要想实现全省经济转型，这些小微企业需要进行产业转型、机器换代，融资缺口极大，且发展前景广阔，对地方银行而言，无疑是巨大的潜在市场。浙江省农村商业银行系统“只做小，不做大；只做土，不做洋”、坚持支农支小不动摇的做法，给农村商业银行带来稳定和丰厚的业绩回报，笔者调研过的一些浙江农村商业银行在近年经济下行的状况下业绩仍然斐然可观，有些农村商业银行甚至在这几年盈利有了较大幅的增长。

市场定位问题要在地方中小银行中形成共识，使它们避免认识误区，也让地方中小银行增强战略定力，不要有短期功利主义心理和投机心理，而要扎扎实实深耕地方小微金融市场，踏踏实实、细致入微搞服务。当然，服务县域小微企业的挑战也很大，需要地方中小银行和其他种类的商业银行进行细致的市场分析，进行深入的金融产品创新和金融机制创新，今天在互联网的带动之下，这些节约成本、有利于解决风险控制问题和信息不对称问题的金融创新手段及金融创新产品层出不穷，理论界和实践界都已经有充分的共识。

经济下行周期，就是一场对地方中小金融机构的大洗牌过程，那些没有定力、没有竞争力的机构就会被清洗掉。未来从长期来看，对于地方中小银行的整合将会提上日程，要运用市场化的手段进行中小银行的战略重组，鼓励以兼并收购的形式对资不抵债、资产质量差的地方中小银行进行重组，这个过程在未来几年必然开始，以提高地方金融机构质量,实现优胜劣汰,优化县域金融市场生态。

四、从地方政府角度看县域小微企业融资问题

地方政府在帮助县域小微企业摆脱融资困境中扮演独特的角色,从信息的整合能力、金融机构和小微企业之间的协调能力、机制创造能力来说,地方政府能够在支持小微企业方面起到重要作用。中共中央办公厅、国务院办公厅于 2019 年 4 月印发了《关于促进中小企业健康发展的指导意见》,其中提到鼓励地方政府尤其是县域政府建立中小企业发展基金,这一倡议对于地方小微企业发展至关重要。毫无疑问,地方中小企业发展基金要有效运作,还必须依赖良好的运行机制,尤其是要把市场化的机制优势与政府的优势结合起来,不能成为一个行政化的"官方"基金。建立中小企业发展基金,其主要目的和功能是"机制创造",也就是要通过这个基金,发挥地方政府特有的公共功能,孵化和创造有利于小微企业发展的长效机制和可持续机制。这些机制包括:

第一,要创造有效的"优质小微企业发现机制"。发现、发掘优质的小微企业,是一件不简单的事情,单靠地方中小银行的力量是不行的,地方政府在这方面有很大的信息优势。地方政府要建立一个相对完备的、能够及时更新的优质小微企业信息库,要把这些优质小微企业的信息及时发布给地方中小银行。这是地方政府有能力、有优势提供的一种重要的公共服务,这是其他市场化的信息提供商难以比拟的。

第二,地方政府要建立优质小微企业与地方中小金融机构的常态化的沟通和协调机制。通过企业推介会、金融对接会、形势报告会、银企联谊会等形式,使小微企业与银行进行长期的可持续的沟通,有利于银行和企业的信息对称,对于银行筛选好的企业进行信贷支持极为重要。地方中小银行都是"社区银行",社区银行的优势在于基于信息优势进行"关系型贷款"(此处关系型贷款的含义不同于基于"不正当关系"进行的贷款,而是指基于银行对企业的软信息的掌握和银企亲密关系而进行的贷款)。地方政府作为公共服务的供给主体而协调银企关系,这为银行的关系型贷款提供了更为可靠的信息渠道,有利于降低银行的搜寻成本。地方政府如果把这件事坚持下去,各方必将受益良多,对建立地方的良好金融生态也有很大帮助。

第三,地方政府也可以通过这个中小企业发展基金孵化出一些更具市场性的机制,比如县域小微企业担保基金、小微企业技术更新和设备改造促进基金、高科技型小微企业扶持基金等,这些基金都需要建立市场化的机制和法人实体,引进社会上的民营资本来参与,用市场化的手段来运作。这些机制有些是长期性的战略任务,不是短时期能够解决的,但是需要地方政府有计划地去实施,而不要临时抱佛脚。有些地方政府的最大问题是政策与措施的不连贯性和不持续性,政府的官员一换,以前抓的事情就不管了,又来新的一套,永远不会持续地做一件事情,这就使得很多支持小微企业的有效政策措施难以落地和难以持续,往往成为一届届地方政府的口头实践,很难执行到底、贯彻始终,这是国家治理和基层治理的一个大问题和长远问题。

第四,地方政府还需要一个系统的小微企业信息发布机制和平台。这些信息能够以最低的成本,以有效的方式发布给县域中小银行,使它们能够很容易获得这些可靠的信息。这就需要地方政府各部门在信息披露方面的大力协作。实际上,在一些地方,已经

有县域农村商业银行进行了有益的探索，利用政府各部门提供的各种信息，对农户和小微企业进行直接的线上授信和贷款，因为这些信息都是权威的、不可更改的，能够使银行有效、即时、准确地判断客户的信用状况。如果地方政府相关部门能够持之以恒地在小微企业和农户的信息披露方面多做实事，给中小银行做好信息服务工作，县域小微企业的融资问题就好办多了。

小微企业融资难的一个非常大的问题在于其信用等级较低，信用风险不确定性强。对中小银行而言，如何鉴别甄选信用良好的小微企业进行放贷，是一件非常困难的事情。地方政府可以利用自身的信息优势，打破这个信息不对称造成的困局。同样以在小微企业放贷领域做得非常好的浙江农村商业银行为例，在国家税务总局推广“银税互动”助力小微企业发展的背景和前提下，浙江银行业积极响应，主动搭建银税信息共享机制，努力探索更有效的银税互动模式，银行与地方税务局进行合作，共享纳税信用来实现银税合作，纳税信用逐渐成为浙江小微企业获取融资的敲门砖。浙江农信进一步与台州税务局合作，推出专门针对小微企业的“税微贷”产品。如果企业需要融资，可以在当地税务局“税微贷”平台提交申请，由当地税务部门对企业的诚信纳税情况进行分析鉴别，为纳税信用良好的企业提供相关涉税证明，以便企业可以进一步向农村商业银行申请“税微贷”产品。“税微贷”自 2014 年开始试点推广以后，仅一年时间，浙江农村商业银行就通过“税微贷”产品授信贷款 3.8 亿元，惠及全市 171 家小微企业。这部分获得融资的小微企业，2015 年纳税总额同比增长近 20%。

这一个政府和银行合作、缓解小微企业融资问题的典型案例，从中也可以看出政府发挥的巨大平台作用。传统上小微企业缺乏抵押担保不能获得银行授信，但原本无实际价值的纳税信用，通过政府搭建平台和背书，则可以非常有效解决小微企业的银行授信问题。

五、从监管机构角度看小微企业融资问题

监管机构需要对地方中小金融机构实行“宽严相济”的监管政策。从宽的一面来说，对于县域的地方性中小金融机构，尤其是农村商业银行和村镇银行等法人机构，应该采取与国有大银行、股份制银行不一样的、差异化的监管政策，银保监会这些年在差异化监管方面有了很大的进展，进行了很多宝贵的探索。

我国县域金融监管字改革开放以来发生过几次较大的变动，1992 年证监会的成立，是我国金融监管历史的重大分水岭，我国从此由一开始的中国人民银行统一监管，走向金融分业监管。2003 年银监会成立，正式承接了中国人民银行的银行监管职能。2008 年起，中国人民银行和银监会委托地方政府对小额贷款公司进行监管，县政府拥有对县域融资担保公司的监管权力，具体则能部门为县银监办。但是在具体的实践中，对于那些比较小的县域银行业法人机构，监管措施有时令这些机构无所适从，比如对支农和支持小微企业的指标进行分别设置，要求有一定的比例，这种僵化的指标设置是不能涵盖中国这个大国的多元化的地方实践的，应该视各区域的不同情况允许灵活处置，否则金融机构上报的这些指标就会充满“自我矫正”的可能，监管部门就难以获得准确的信息。

短期内,对于那些更多地支持小微企业和支农的县域金融机构,应该在财税、利息补贴等方面进行相应的激励,在资产质量的容忍度、中国人民银行的再贷款条件、准备金上缴比例等方面,都应给以更大的优惠和支持,这是短期内可以做到的事情。而长期来看,从严的一方面来说,监管部门应密切注意地方中小金融机构的金融风险问题,要高度关注那些不良贷款率超高的中小银行的经营状况,要制定相应的政策框架来应对可能出现的地方性的小银行破产倒闭、存款人挤兑等局部的金融危机,要未雨绸缪,提前布局地方中小金融机构整合重组方案,这是一个长远的战略问题。

另外,从长远的审慎监管角度出发,监管部门还要深入研究村镇银行的制度变革问题(其中主要是主发起行与村镇银行之间的关系问题以及投资管理型村镇银行的管理体制问题等)、农村商业银行系统的制度变革问题(其中主要是省联社体制的改革问题、省级法人与地方农村商业银行法人机构的关系问题等)。这些制度变革涉及深层次的制度设计和利益结构以及激励约束机制建设,实际上是影响县域小微企业融资的关键性问题,必须以长远眼光进行提前布局,监管部门统筹考虑,各地方探索试验。

六、从金融市场机制和其他市场机制建设角度看小微企业融资问题

县域金融市场机制和其他市场交易机制发育不完全和发展滞后,是影响小微企业融资的深层问题。这些问题的解决,都需要长期的战略构想,且需要市场本身长期的孕育和发展才能奏效,不是短期的短平快措施所能解决的。这里择其要,探讨五个方面:

第一,一条相对完善的产业链以及供应链金融的形成。一个区域的产业链的形成,需要一批能够发挥当地要素比较优势的产业集群和龙头企业,从而构成一条上下游衔接紧密、合作顺畅、信息流动的产业链。这条产业链为以一个或数个龙头企业或以金融机构为核心进行供应链金融服务奠定了基础。地方政府和银行都长期扶持这个产业集群以及龙头企业的成长,从而带动发展出一个完整的产业体系,这为解决中小企业融资奠定了产业基础,如果没有这个产业集群和较为完整的产业链,就很难进行供应链金融的服务。

第二,促进地方各类产权和要素进行交易和流动的地方性产权交易所。金融和信贷的背后,是各种要素和各类产权的流动,这个流动和交易需要背后有一个运作有效而顺畅的地方性产权交易机制支撑,否则任何金融和信贷活动以及其他小微企业的产权交易活动都难以有效进行,小微企业的要素流动和产权交易的成本会变得高昂。在县域,这样的产权交易所并不普遍,笔者在调研中看到福建沙县有一个产权交易所,为当地农民和小微企业的产权交易、银行的资产处置等提供了极大的便利。

第三,促进小微企业和金融机构服务的地方性的信用评估机构及其他服务性中介机构的发育。在一些大中城市,这些信用评估机构、会计师事务所、资产评估机构等比较多,而在县域,这些中介机构的发育比较滞后,提供的服务还不到位,这使得地方中小银行和小微企业的交易成本提高不少。各类金融中介服务机构的发展和孕育也需要一个比较长的过程,这是市场分工和交易的必然结果。

第四,为地方中小银行资产整合和重组而服务的市场化的资产管理机构体系。现在地方中小银行的质量参差不齐,从而有了整合重组的内在需求。这种银行资产的整合重

组尤其是对中小银行不良资产进行整合重组，对于中小银行提升质量、卸掉包袱、转换机制、轻装上阵非常重要。这类资产管理机构如同四大资产管理公司一样，在未来县域中小银行的资产整合重组中将发挥重要作用。

第五，需要地方性的多层次资本市场体系。这个问题已提了多年，新三板、创业板等这些年有了较大的发展，为地方中小企业融资起到一定的促进作用。但是各地发展程度不一，小微企业受益程度和覆盖面不一，在很多地方，多层次资本市场对解决小微企业融资难融资贵问题的贡献不大，债券融资、股权融资等在县域小微企业群体中还不多见，绝大多数的小微企业还是依赖自源融资和间接融资。

以上的市场机制，都要进行科学的顶层设计和长期的制度建设，需要市场本身长期的培育，才能奏效，不是头疼医头、脚疼医脚的临时措施所能解决的。

七、从县域小微企业自身角度看融资难问题

县域小微企业生命力很强，经营灵活，但在财务上往往处于不稳定、不规范的状态，信用记录不完备，信息极为分散，影响了金融机构对其信用的估价；同时，小微企业从个体来说受外部经营环境的影响较大，在经济周期中的波动较大，这些都导致小微企业存在某种程度的“信用不足”。

县域小微企业中发展比较优质的企业，往往存在一些共同的特点——它们一般都专注于一个在地方上有特色、有优势的产业，长期精耕细作，并且在这个产业上找到自己的差异化的竞争策略。在经济下行和经济转型升级的交叠时期，小微企业还是要有定力，有耐力，把自身的产业做好，有自己稳定的客户和现金流，这样就容易获得银行的支持。

当然，小微企业的经营管理和创新等问题受到能力的约束，为此地方政府和各类市场机构要进行细致的小微企业辅导和培训，增强其经营管理能力，提高其经营的规范性，提升其产品和服务的竞争力。对于各类创新创业类小微企业，地方政府和其他中介机构应积极介入其项目推广、路演及其他孵化活动，使这些创新型小微企业能够有更多机会接触投资者、接触金融市场，为其获得多渠道资金提供便利。小微企业自身也要改变观念，积极主动向金融机构展示自己的经营优势，争取获得信贷支持，而不是固守保守理念，只在亲友中寻求资金支持。在很多县域基层地区，小微企业的这些传统理念还是普遍存在的。地方中小银行需要进行细致的推广工作，使小微企业能够熟悉并接近银行的金融服务。

八、寻求“政府—市场关系”优化配置，建立长期机制切实缓解小微企业融资困境

以上我们从政府—市场关系视角，探讨了小微企业融资难问题的根源，而解决这一问题的关键，在于寻求一种“政府—市场关系”的最优配置，让市场竞争机制和政府功能各得其所，发挥各自的优势。本章从银行、地方政府、监管机构、金融市场机制和县域小微企业自身五个维度所做的分析表明，缓解小微企业融资难问题不仅要有短期对策，还要着眼于中长期的机制建设和体制完善，才能真正找到正确的应对之道。实际上所有解

决小微企业融资困境的方法都是社会各界多年讨论形成的共识以及各地方多年形成的有益经验,其中贯穿着很多长期以来行之有效的途径。另外,不要因为急于解决当下的中小企业融资问题而向中小银行硬性强派信贷指标,不要给地方中小银行施加更多的政策性压力。政府要尊重市场,要让银行按照市场原则发放信贷,注重风险控制,不要在当下解决小微企业融资问题的同时给中小银行增加未来的不良贷款,这是我们需要重点防范的问题。

关键术语

中小企业融资扶持体系　　中小企业信用管理体系
中小企业信用担保体系　　地方性中小银行
关系型贷款　　日本主银行制度
德国开户银行制度　　美国社区银行制度
信用文化　　县域经济
小微企业融资　　政府—市场关系
金融监管　　金融市场机制

思考与讨论

1. 中小企业融资扶持体系包含哪些内容?
2. 美国的中小企业信用管理体系包括哪些内容,如何运作?
3. 中小企业信用担保体系的日本模式都有哪些特点,如何运作?
4. 中小企业信用担保体系的美国模式都有哪些特点,如何运作?
5. 中小企业信用担保体系的欧洲模式都有哪些特点,如何运作?
6. 关系型贷款对中小企业融资有哪些影响?
7. 日本主银行制度、德国开户银行制度和美国社区银行制度各有哪些利弊? 我国应如何选择自己的地方中小银行制度?
8. 我国中小企业融资困境的解决依赖哪些内外条件?
9. 从政府—市场关系视角看,如何帮助我国县域小微企业摆脱融资困境?

本章参考文献

J E Stiglitz, A Weiss. Credit Rationingin Markets with Imperfect Information[J]. American Economic Review,1981,71(3).

L H Meyer. The Present and Future Role of Banks in Small Business Finance[J]. Journal of Banking and Finance,1998,(22).

P E Strahan, J P Weston. Small Business Lending and Bank Consolidation: Is there

Cause for Concern? [J]. CurrentIssues in Economics and Finance,1996,2(3).

贝洪俊.中小企业银行融资的国际比较[J].生产力研究,2003(1).

邓学衷.国外中小企业金融结构的演进及启示[J].商业时代,2007(6).

国务院研究室赴美考察组.美国信用体系考察报告[J].经济研究参考,2002(67).

黄殿文.日本中小企业诊断士制度的建立及做法[J].中国中小企业,1999(9).

黄励岗.美国社区银行制度对我国城市商业银行发展的启示[J].南方金融,2005(10).

姜春海.中国乡镇企业融资来源及结构分析[J].经济评论,2003(6).

林钧跃.美国信用管理的相关法律体系[J].世界经济,2000(4).

刘国斌.日美中小企业信用担保体系比较分析[J].现代日本经济,2006(6).

吕薇.美国的小企业担保贷款制度及其启示[J].改革,1999(11).

马君潞,刘嘉.德国企业投融资体制的特点及其对中国的启示[J].上海金融,2005(3).

宁军明.借鉴美日中小企业融资体系建设的经验[J].当代亚太,2001(10).

宋建军.日中中小企业融资体系比较[J].当代亚太,2001(8).

陶莹.美日中小企业融资政策比较及启示[J].经济体制改革,2005(5).

汪玲.中小企业信用担保:他国的模式及借鉴意义[J].国际经济合作,2005(8).

王曙光.金融发展理论[M].北京:中国发展出版社,2010.

王曙光.中国愿景:构建现代化经济体系十大内涵[J].经济研究参考,2019(19).

解围.浙江省农信联社支持小微企业出口的贸易融资产品比较研究[D].浙江工业大学博士学位论文,2017.

严谷军.关系型贷款与美国社区银行自生能力:一个文献综述[J].浙江社会科学,2006(4).

姚顺先,李焱,贾谊,等.日本对中小企业融资服务体系的建设及其启示[J].西南民族大学学报,2003(6).

于洪波,武志.中小企业信用担保体系的国际比较与借鉴[J].财经问题研究,2005(1).

于空军.美国最大的企业征信服务机构——邓白氏集团公司[J].经济研究参考,2002(67).

张捷.中小企业的关系型借贷与银行组织结构[J].经济研究,2002(6).

张如.中美两国中小企业融资的比较与借鉴[J].特区经济,2005(5).

第七篇

新兴农村金融市场

第十五章　农产品期货市场

【学习目的】

◆ 对农产品期货市场的运作原理以及全球发展状况有所了解。

◆ 思考我国农产品期货市场的发展模式。

【内容概要】

在农业现代化和农村经济转型的新形势下，农产品期货市场作为抵御农产品价格风险的主要手段，日益受到农产品供给者、加工者以及贸易商的重视。本章首先对期货原理和世界主要农产品期货市场进行简明的介绍，在此基础上，对我国农产品期货市场的发展历程、存在问题以及未来发展趋势进行系统探讨。

第一节　期货原理与世界主要农产品期货市场

一、期货交易的基本概念

受经济规律和自然规律的共同作用，我国农业生产的自然风险和市场风险都比较高，这是制约我国农村发展和农民增收的重要原因之一。所以，我国一方面需要发展农业保险，分散和降低农业生产的自然风险；另一方面需要发展农产品期货，转移农业生产的市场风险。当前，世界农产品贸易体系日趋一体化，我国正逐步融入国际农产品大市场，在粮食市场化的大背景下，农产品期货的作用日益重要，不可或缺。

期货(futures)是一种标准化合约，是统一的、远期的“货物”合同。买卖期货合约，实际上就是承诺在将来某一天买进或卖出一定量的“货物”。这里的“货物”既可以是大豆、铜等实物商品，也可以是股指、外汇等金融产品。期货大体可分为商品期货和金融期货。商品期货又分工业品期货、农产品期货和其他商品期货等。金融期货主要包括股指期货、利率期货和汇率期货等。

期货合约是在交易所达成的标准化的、受法律约束的，并规定在将来某一特定地点和时间交割某一特定商品的合约。简单地说，期货合约就是标准化的远期合同，其标准化主要表现在以下几个方面：一是商品数量(重量、体积等)计量单位、质量指标等方面的标准化，以及合约单位的数量(每张合约的数量)的标准化；二是交易方面的标准化，包括报价方式、最小变动单位、每日波幅限制、交易时间、最后交易日、最低保证金额、持仓限额；三是交割方面的标准化，包括交割月份、最后交割日、现金交割或实物交割等。

下面是一张大连商品交易所的玉米标准期货合约：

大连商品交易所玉米期货合约
交易品种：黄玉米
交易代码：C
交易单位：10 吨/手
报价单位：元/吨
最小变动价位：1 元/吨
每日价格最大波动限制：上一交易日结算价的 ±3%
合约交割月份：1、4、6、8、10、12 月
交易时间：每周一至周五 9:00—11:30、13:30—15:00
最后交易日：合约月份第十个交易日
最后交割日：最后交易日后第七日(遇法定节假日顺延)
交割等级：具体内容见交易所相关文件
交割地点：大连商品交易所玉米指定交割仓库
交易保证金：合约价值的 5%
交割方式：实物交割

二、期货交易的主要特点

（1）期货市场交易的是标准化的远期合约，是一种规范化的交易，交易信息完全公开，且交易采取公开竞价方式进行，使交易者可在平等的条件下公开竞争。

（2）双向交易，期货市场中可以先买后卖，也可以先卖后买，投资方式灵活。

（3）不必担心履约问题。所有期货交易都通过期货交易所进行结算，且交易所成为任何一个买者或卖者的交易对方，为每笔交易做担保。所以交易者不必担心交易的履约问题。

（4）以小博大。期货交易只需交纳 5%—10% 的履约保证金就能完成数倍乃至数十倍的合约交易。由于期货交易保证金制度的杠杆效应，使之具有“以小博大”的特点，交易者可以用少量的资金进行大宗的买卖，节省大量的流动资金。

（5）期货是一种零和博弈，期货市场本身并不创造利润。在某一时段里，如不考虑资金的进出和提取交易费用，期货市场总资金量是不变的，一个市场参与者的盈利来自另一个交易者的亏损。

三、期货交易的经济功能

（1）发现价格(price discovery)：在市场经济条件下，价格是根据市场供求状况形成的。期货市场的交易者来自四面八方，不同的人从不同的地点根据对各种信息的不同理解、通过公开竞价形式产生对远期价格的不同看法，带来大量的信息，标准化合约的转让可以增加市场流动性，使得期货市场中形成的价格能比较真实地反映供求状况，同时为现货市场提供参考价格，起到发现价格的作用。期货市场上形成的价格信息具有连续性、公开性和预期性的特点，有利于增加市场透明度，提高资源配置效率。

(2) 回避价格风险(price-risk transfer)：期货交易的产生，为现货市场提供了一个回避价格风险的场所和手段，其主要原理是利用期货、现货两个市场进行套期保值交易。在实际的生产经营过程中，为避免商品价格的千变万化导致成本上升或利润下降，可利用期货交易进行套期保值，即在期货市场上买进或卖出与现货市场上数量相等但交易方向相反的期货合约，使期现货市场交易的损益相互抵补。锁定企业的生产成本或商品销售价格，保住既定利润，回避价格风险，达到减缓市场价格季节性和区域性波动的目的。

(3) 实现市场供求和价格的稳定：期货市场的交易是在未来一定时间履约的期货合同。它能在一个生产周期开始之前，就使商品的买卖双方根据期货价格预期商品未来的供求状况，指导商品的生产和需求，起到稳定供求的作用。同时，由于投机者的介入和期货合约的多次转让，买卖双方应承担的价格风险平均分散到参与交易的众多交易者身上，有助于降低价格变动的幅度和每个交易者承担的风险。

(4) 节约交易成本：期货市场为交易者提供了一个能安全、准确、迅速成交的交易场所，提高交易效率，节约交易成本，同时可以避免"三角债"，有助于市场经济的建立和完善。

(5) 配置闲置资金：期货交易是一种重要的投资工具，有助于合理利用社会闲置资金。

四、期货交易的过程

(1) 交易准备阶段：客户在可以委托买卖期货合约之前，需要与期货经纪公司签订客户契约，在期货经纪公司开设账户，并存放保证金。

(2) 下达交易指令：准备工作完成后，客户即可下达交易指令、买卖期货合约。通常客户可自己下达交易指令，也可委托经纪人下达。交易指令的内容一般包括期货合约的品种(通常是期货合约代码)、交易方向、委托数量、委托价格、委托有效时间、日期、客户签名等。

(3) 落盘：期货经纪公司负责落盘的工作人员在接到客户或代理客户的经纪人提交的交易指令后要做两件事：一是检查交易指令的有效性，内容包括交易指令是否有客户的签名、委托价格是否在规定的范围内、委托数量是否有效、日期是否正确等。二是在完成对交易指令的有效性检查后，工作人员应立即将有效的交易指令传送到期货交易所的交易人员或期货经纪公司在期货交易所内的出市代表手中，然后，工作人员应记录下委托时间、流水号等工作标记。无效的交易指令应立即退还给客户或代理客户的经纪人，并说明理由。

(4) 成交：期货交易会员受理的交易指令，如果是直接传送到期货交易所的电脑主机(计算机自动撮合成交)，则由其按复式竞价原理配对成交；如果是传送到期货交易所的交易池(出市代表人工撮合成交)，则由各期货经纪公司的出市代表通过手势议价成交。

(5) 成交回报及行情发布：通过期货交易所的电脑主机自动撮合达成的交易，由期货交易所的成交回报及行情发布系统负责将成交数据传送回对应的期货经纪公司，再由期货经纪公司将成交价格和成交量通知客户（一般情况下客户通过电脑终端即可得知委托是否成交及成交行情）。实时行情主要传送到各期货经纪公司，同时向报社、电台、电视台等新闻媒介传送。客户可根据实时行情分析价格走势，做出交易决定。

（6）结算：首先是期货结算所会员与期货结算所之间的结算，这种结算通常在当天收市后立即进行。其期货经纪公司与期货结算所进行结算的同时，期货经纪公司与每一客户之间的结算工作也在进行。

（7）交割：每种期货合约都有一个最后交易日，在最后交易日营业时间结束前期货合约持仓者均可平仓。平仓者不用履行交割义务。但最后交易日营业时间一过，还未平仓的持仓者就必须履行交割义务。交割有货币交割和实物交割两种方式。具体用哪一种方式，期货交易所对各种期货合约事先都有规定。

五、世界主要农产品期货市场

（一）发达国家农产品期货市场发展史及其经验

期货交易是从现货远期交易发展而来的。最初的现货远期交易是双方口头承诺在某一时间交收一定数量的商品，后来随着交易范围的扩大，口头承诺逐渐被买卖契约代替。这种契约行为日益复杂化，需要有中间人担保，以便监督买卖双方按期交货和付款，于是便出现了1570年伦敦开设的世界第一家商品远期合同交易所——皇家交易所。

现代意义上的期货市场最早诞生于美国芝加哥。19世纪中叶，芝加哥成为美国国内农产品的主要集散地之一。由于粮食生产特有的季节性，加上仓库不足、交通不便、信息不畅，粮食供求矛盾突出，价格波动剧烈，为了改善交易条件、稳定产销关系，82位商人于1848年联合组建了一个集中的交易场所——芝加哥期货交易所（CBOT），开始从事谷物远期合约交易。由于远期合约交易中交货期和商品品质缺乏统一的标准，违约现象时有发生，1865年CBOT推出了期货标准合约，对商品数量、质量、交货时间和交货地点都做出了明确规定，这标志着现代期货交易的产生。此后，CBOT又实行了保证金制度，成立了结算公司，成为严格意义上的期货市场。为适应农业生产发展的需要，CBOT相继推出了玉米、小麦、大豆等谷类期货。19世纪后期到20世纪初，新的交易所在芝加哥（如芝加哥公开贸易局）、纽约（如纽约棉花交易所、可可交易所）、伦敦（如可可交易所、联合糖类交易所）、巴黎（如巴黎商品交易所）成立。从交易的品种看，新的上市品种有棉花、咖啡、可可等经济作物以及黄油、鸡蛋、生猪等畜产品。到20世纪70年代之前，农产品和金属矿产品期货交易占据了期货市场交易的主导地位，以CBOT为例，1848—1972年间，农产品和金属矿产品交易占其总交易量的99%。

20世纪70年代以来，全球期货市场进入了蓬勃发展的时期，期货创新层出不穷，金融期货大量出现。1975年5月，CBOT首次推出了以美元报价的包括英镑、加拿大元、联邦德国马克、法国法郎、日元和瑞士法郎在内的外汇期货合约。1975年10月，CBOT推出了利率期货合约，其他国家也纷纷效仿，金融期货迅速发展起来。到20世纪80年代，金融期货在整个期货市场的占有率已全面超过传统的商品期货。20世纪90年代后，期货市场借助现代信息技术进入了一个全新的发展阶段，其标志是全球交易执行系统

(GLOBEX)的建立。GLOBEX 使全世界各地的交易者可以通过这个系统的终端进行全天 24 小时的期货交易。到 2000 年,全球期权(现货期权和期货期权)交易总量第一次超过了期货交易总量。2005 年全球场内金融期货与期权成交量是 92.1 亿张合约,占全部成交量的 92.3%,农产品期货仅占 3% 左右,贵金属占 1%,贱金属占 1%,能源产品占 3%。

虽然农产品期货的相对比重有所下降,但交易量持续增加,如 CBOT 农产品期货交易从 1960 年的 247.9 万手增加到 1996 年的 5080.6 万手,到 2003 年达到 6011.8 万手。农产品期货品种推出速度减慢,但新的合约仍不断推出,1998—2003 年,美国商品期货交易委员会共批准上市新的农产品合约如猪肚、活牛、牛奶等共 12 个品种。为了给交易者提供完善的避险工具,各个交易所在推出期货交易的同时,很快推出期权交易,有的交易所甚至同时推出期货和期权,CBOT 在 1999 年之后的农产品期货全部都是期权和期货同时推出。

各期货交易所经营品种增加的同时,专业化分工程度不断提高,各大交易所都有各自的骨干品种,重复交叉很少,如 CBOT 的主要品种是谷物、大豆,纽约商品交易所则以经营皮革、橡胶为主。另外,期货市场向大型化、综合化和国际化方向发展,市场集中度进一步提高,如悉尼期货交易所兼并了新西兰期货交易所。日本的商品期货交易所最多时曾达 27 家,到 1990 年,通过合并减少到 16 家,1997 年 11 月减至 7 家,形成以东京工业品交易所、东京谷物商品交易所为中心的商品期货市场。在欧洲,伦敦国际金融期货期权交易所于 1992 年兼并了伦敦期权市场,1996 年又收购了伦敦商品交易所。

随着科技进步,期货交易的电子化趋势日益明显,电子报价系统、微波与卫星通信系统、计算机清算系统得到了全面更新和飞速发展。农产品期货市场自身也不断向规范化、制度化的方向发展,这为期货市场交易以标准合约为载体、以经纪人中介交易为特点、以买空卖空为主题、以转移风险为宗旨的运行机制提供了更加完善的技术和制度保障。

作为一个高风险的市场,各国政府监管部门对期货市场无一例外地进行严格监管。特别是 1995 年,具有百年历史的英国巴林银行因其交易员在新加坡国际金融期货交易所从事日经 225 股票指数期货交易时违规操作,造成数十亿美元的损失,最终导致该银行倒闭的严重事件发生后,从监管部门、交易所到投资者都对期货市场的风险更加重视,对期货交易中的合约设计、交易、结算、交割等环节进行深刻的反思和检讨,以求控制风险,更好地发挥期货市场的功能。

发达国家的农产品期货市场取得了很大成功,在各自国家的农产品生产和流通环节发挥了重要作用,为其他国家农产品期货市场发展积累了经验。

第一,现代农业和成熟的市场主体是发达期货市场的基础。生产的规模化和机械化是农产品质量标准化的基础;发达的物流和运输体系可以降低现货交易成本,促使期货价格和现货价格紧密衔接;成熟的市场主体对价格变化敏感,形成对套期保值锁定利润的有效需求,这些都是发达的农产品期货市场所必需的。

第二,需要高度组织化的中介组织和多层次的流通网络的配合。对大多数农民来说,由于受资金和生产规模的限制,他们直接参与期货市场的成本相对较高,因此,尽管各国农业发展状况不同,但绝大多数国家的多数农民都不直接参与农产品期货交易,而是借助各种中介组织。我国农业生产以小农经济为主,更加需要提高农民的组织化程度,引导农民参与期货交易。

第三,制度建设很重要。期货市场的一切交易制度都必须以市场为导向,只有根据经济发展的需要,不断加强制度建设,营造宽松自由的市场交易环境,才能使期货市场具有高度流动性、低成本和高效率,广泛吸引参与者,真正发挥期货市场的经济功能。

第四,需要建立合理的品种上市机制,不断开发新品种。对于期货交易所而言,只有开发出适应市场需求而又具有特色的品种,才能使自身获得生存和发展。

（二）世界主要农产品期货交易市场及其品种

国外开展过农产品期货交易的主要期货交易所有 CBOT、美国芝加哥商品交易所(CME)、美国堪萨斯期货交易所(KCBT)、英国伦敦国际金融期货期权交易所(LIFFE)、美国纽约期货交易所(NYBT)等共 20 家,它们交易的主要农产品期货品种如表 15.1 所示。

表 15.1　世界主要农产品期货交易市场及其品种

交易所名称	主要交易的农产品期货品种
荷兰阿姆斯特丹交易所	马铃薯、生猪、仔猪
巴西期货交易所	咖啡、活牛、棉花、玉米、大豆、糖
美国芝加哥期货交易所	玉米、籼米、燕麦、大豆、豆粕、豆油、小麦
美国芝加哥商品交易所	活牛、黄油、奶酪、瘦肉猪、木材、牛奶、牛肉
日本中部商品交易所	红小豆、甜马铃薯粉、大豆、羊毛、鸡蛋
马来西亚商品货币交易所	粗棕榈油
西班牙柠檬类水果和商品期货交易所	脐橙
日本关西商品交易所	红小豆、进口大豆、糖、生丝
美国堪萨斯期货交易所	硬红冬麦
英国伦敦国际金融期货期权交易所	大麦、可可、咖啡、马铃薯、5 号白糖、小麦
美国中美洲商品交易所	活牛、玉米、瘦肉型猪、燕麦、大豆、豆粕、豆油、小麦
美国明尼阿波利斯谷类交易所	黑虎虾、白虾、硬红小麦、软白小麦等
美国纽约期货交易所	BEP 牛肉、14 号糖和白糖、2 号棉花、冷冻浓缩橙汁、马铃薯
法国巴黎布鲁斯交易所	油菜籽、45 号 ICUMSA
新加坡商品交易所	大豆咖啡、RSS1 橡胶、RSS2 橡胶、TSR20 橡胶
南非期货交易所	白玉米、黄玉米、葵花籽、小麦
澳大利亚悉尼期货交易所	羊毛、小麦等
日本东京谷物交易所	红小豆、国产大豆、马铃薯粉、美国大豆、糖、阿拉伯类种咖啡(山豆咖啡)、咖啡、大豆咖啡
日本东京工业交易所	橡胶、棉纱、羊毛
加拿大温尼伯商品交易所	油菜籽、亚麻籽、小麦、大麦、燕麦、花生

全球商品期货市场经过一百多年的发展已非常发达,但期货商品品种上市成功率并不高,统计显示,1960—1977 年美国期货合约上市成功率为 32.3%,1980 年以后的上市成功率为 24.6%。CBOT 在 1987—1996 年间共推出 26 种不同期货合约,到 1996 年只有 17 种在交易。CME 每年上市四五个新品种合约,80% 是失败的。期货交易成交量中有 97% 的合约是近 20 年内开发的,只有 3% 的合约是 20 年前的老产品。决定一个期货品种成功的因素有很多,参考国外经验,合适的期货品种应该具备下列因素:

一是现货价格波动频繁。只有价格波动频繁的商品,现货的生产商、贸易商和加工商才会有强烈的套期保值需求。例如,棉花现货价格的剧烈波动是棉花期货成功的一个重要原因。而国外鸡蛋的期货市场日趋萎缩,其主要原因就在于科学养鸡的进步能控制鸡蛋的生产周期,从而使鸡蛋价格的波动大大减小。

二是市场价格自由波动,政府管制较少。市场价格自由波动,主要由供给和需求双方的力量决定,这是建立期货市场的一个基本条件。如果农产品的均衡价格受到政府的严重干预,而不能由市场的力量自由决定,那么其上市的期货品种的活跃程度肯定会受影响。

三是良好的现货基础。一般而言,在一国大量生产或者大量消费的商品,其生产商、贸易商和加工商的数量众多,流通量巨大,参与期货交易的潜在资金比较充裕,期货市场的流动性相对较好,不易出现市场操纵行为,也可以吸引更多的国外资金进入,成为全球交易的中心。

四是产品同质,易于标准化。期货交易的是标准化的合约,对期货交易的原生品而言,只有产品同质,才易于标准化。虽然在实物交割时不一定是期货合约上的代表规格,但只要品种容易划分,就便于升贴水计算,减少因为品种不同而进行的复杂的度量计算和因为交割品质而引起的纠纷。

五是拥有国际贸易中的比较优势。如美国现代农业发达,其小麦、玉米、棉花、大豆的产量和贸易量居世界首位,且农业机械化生产,农产品标准化程度高,为开展期货交易带来了极大方便,美国就是这些农产品最主要的期货交易中心。同样,澳大利亚羊毛期货的交易量在世界上首屈一指。

六是适当的产业结构以及一定长度的产业链。某种农产品的产业链越长,其期货市场的潜在参与者越多,也就越容易成为活跃的交易品种。如大豆的产业链中涉及众多的榨油企业、饲料企业以及众多以豆油和豆粕为主要原料的企业,这就使大豆的期货交易有广泛的市场参与者基础。当然,如果产业链中的纵向整合程度很高,上游企业和下游企业组成一家企业,也就无须借助期货市场来达到套期保值的效果,这样的期货市场潜在参与者会大大减少。

第二节　我国农产品期货市场的改革发展与未来趋势

一、我国农产品期货市场的发展历程

我国在 20 世纪 90 年代初开始建立期货市场,并且以农产品期货作为最先开始的期货品种,这种发展道路不仅符合世界期货市场的发展规律,也符合我国自身的经济发展

状况和改革需要。经过长期艰难、曲折的探索，我国农产品期货市场得到了一定发展，在我国国民经济中发挥着越来越重要的作用。

我国农产品期货始于期货市场建立之初。1988 年 5 月，国务院决定进行期货市场试点，并将小麦、杂粮、生猪、麻作为试点品种。1990 年 10 月 12 日，中国郑州粮食批发市场经国务院批准，以现货为基础，逐步引入期货交易机制，作为我国第一个商品期货市场正式开业。之后，各期货交易所陆续成立，开始期货交易。试点初期，受行业利益驱使，加之市场监管不力，交易所数量和交易品种迅速增加，最多的时候全国出现了五十多家交易所，市场交易品种达到三十多个。农产品期货市场也经历了较快发展，交易品种最高时有近二十种，部分大宗农产品期货在全国多家交易所同时交易。随着农产品期货市场的迅速扩展，其风险也在酝酿和积累。

为规范期货市场的发展，国务院和监管部门先后在 1994 年和 1998 年对期货市场进行了两次清理和整顿。经过清理整顿，期货交易所撤并保留了上海、郑州和大连 3 家①，期货品种压缩为 12 个，其中农产品期货品种，上海保留了天然橡胶、籼米 2 个品种，郑州保留了绿豆、小麦、红小豆、花生仁 4 个品种，大连保留了大豆、豆粕、啤酒大麦 3 个品种，且品种在各个交易所不重复设置。随着国家治理整顿的进行，农产品期货交易量与成交额都呈现明显的下降趋势，到 2000 年期货市场总成交量为 5 461.07 万张，不及 1995 年的 1/10。

2000 年之后，我国农产品期货交易逐步活跃起来。2003 年管理层批准优质强筋小麦和豆粕 2 个品种上市交易，2004 年棉花、玉米和黄大豆 2 号 3 个品种上市交易，2006 年白糖和豆油 2 个品种上市交易，2007 年 6 月菜籽油期货上市交易。我国期货市场引起了国际同行的关注，部分农产品期货价格被纳入世界信息统计体系。例如，2002 年 12 月路透社在其全球食用小麦出口报价单上列入了郑州小麦；2004 年棉花期货上市后，路透社等每日登载棉花期货行情，我国的棉花期货价格与国际价格走势基本一致；大豆等品种的交易量与国际交易所的交易量相比，差距显著缩小，国内市场对国际市场价格的影响力逐渐增强。

我国农产品期货市场经过多年的发展，制度基础不断完善，市场结构不断优化，经济功能和风险转移功能得到发挥。第一，提高了农民的市场意识。农产品期货市场反映了市场供需双方的长期发展趋势、价格走势，通过公开透明的市场机制，广大农民及时了解农产品未来价格走势，并根据市场信息进行农业生产和销售决策。第二，为农业生产提供了套期保值的工具。农产品期货市场为农民、农村经纪人和农业企业提供规避市场价格风险的场所。在东北，一些种豆农户通过“先卖后种”的方式利用期货市场的套期保值功能，实现了收入增长。第三，优化了农业产业结构和农产品结构。期货市场体现了优质优价的原则，促使企业和农民选择优良农产品品种，采用先进的种植技术，实行统一的种收机制，这有利于在粮食主产区形成集中连片的生产基地，提高农业生产的集约化、规模化和标准化。第四，政府可以利用农产品期货市场的价格信号，引导企业调整生产经

① 2006 年 9 月 8 日，我国第四家期货交易所——中国金融期货交易所挂牌成立。金融期货交易所由上交所、深交所、上期所、郑商所和大商所各占 20% 股份共同出资建立。

营规模和方向，使其符合国家宏观经济发展的需要。

二、我国农产品期货市场的制约因素

尽管农产品期货市场已经在服务"三农"过程中发挥了重要作用，但由于自然条件、制度基础等因素的影响，农产品期货对农产品价格没有起到有效的稳定作用，市场效率偏低。农产品期货对于外部现实经济的作用程度并没有我们预期的那么好，这是因为农产品期货市场发挥作用更多受到包括体制在内的外部环境的作用，其发展也需要一个过程，除此之外，制约我国农产品期货市场发展的主要因素有以下几点：

第一，我国农产品期货市场上市新品种采取行政审批制，缺乏成文的审批标准及程序规定，不存在品种下市机制，增加了上市期货交易品种的复杂性和难度，所以农产品期货交易品种不多，与发达国家存在很大差距。美国 2003 年的农产品期货和期货期权品种就有五十多个。在我国主要农产品中，稻谷、小麦、肉类、棉花、花生、油菜籽、水果的产量现均居世界第一位，玉米、大豆生产量分别为世界第二位和第四位，我国是名副其实的农业生产大国和农产品消费大国，需要发展农产品期货市场，增强在国际农产品市场的定价权、话语权和影响力。但由于国际大宗商品贸易谈判价是以相关商品的期货价格为基准的，在我国目前农产品期货市场规模较小、对国际价格影响力有限的情况下，这些农产品的期货交易中心主要在芝加哥、伦敦和纽约，而这些市场为全球金融资本所掌握，与我国作为经济和贸易大国的地位不相称，其不利后果是：对一些我国出口量较大的产品，国际市场的主要买家可以在产品集中上市期间，通过打压国际期货市场价格以获得较低的买价；对于一些我国进口量较大的农产品，国际市场的主要卖家可以在产品上市前，通过大幅拉升国际期货价格以获得较高的卖价，侵害我国的国家利益。

随着金融市场的开放，投资者选择国外交易所和交易品种的自由度提高[①]；国内活跃着大量农产品现货远期市场，有些市场也采取保证金制度，允许双向交易，具有明显的期货特征，这些都是对我国农产品期货市场的挑战。

第二，期货市场投资主体尚需进一步完善，许多潜在的投资者入市积极性不高。我国农民的组织化程度低，以家庭为单位的农户生产分散，规模太小，同集中而大宗的期货交易相矛盾，一个标准的农产品期货合约规定的交易一般每次不得少于一手(10 吨)，一般的农户显然难以达到这一要求。小农经济难以实现生产的规模化和机械化，也无法利用先进的生产技术实现生产的标准化，这就决定了绝大多数农民的农产品只能进入初级农贸市场，很难直接进入较高层次的粮食批发市场，更不要说期货市场了。

第三，对国有企业入市的限制过多过死，造成国有企业无法自由进入期货市场，结果是我国期货市场缺少国有企业这样的保值者主体。国内期货投资基金尚未起步，私募基金得不到法律法规的认可。我国期货市场不允许外资自由进入，对国内企业和投资者参与国际期货市场交易实行管制，只有少数大型国有企业具有外盘交易资格，我国农产品

---

① 2005 年 10 月 18 日，商务部与香港特区政府就内地与香港关于建立更紧密经贸关系的安排(CEPA)的进一步开放达成协议(即日起生效)。协议规定：允许符合条件的内地期货公司到香港经营期货业务，包括设立分支机构。这为内地期货经纪业"走出去"打开了政策空间。

期货市场基本处于比较封闭的状态，与开放程度日益提高的现货市场不相称。我国期货市场上近95%的交易者是中小散户，只有5%是机构投资者，影响了期货市场功能的发挥。

第四，期货市场专业性强，风险程度较高，社会各界对期货市场的认识尚不统一。尽管近年来中央文件中多次提出积极稳妥地发展期货市场，但人们对期货市场的认识一直存在误区，尤其是我国粮棉企业在国际期货市场发生一些巨额亏损事件，如“中储棉”“大豆风波”“中盛粮油”事件等，加深了人们对期货市场的偏见，社会的理解与支持不够。其实，正因为这些事件，我国才更应该重视国内农产品期货市场的发展。另外，期货市场是一种零和博弈，在期货市场损失了，一般会在现货市场有所收获，人们往往只看到了前者，而忽视了后者。

第五，农村市场信息闭塞。长期以来，我国农民信息闭塞，在市场竞争中处于弱势地位。未来农业发展、农村进步、农民增收都离不开市场机制的作用，农民掌握市场信息将成为关键。我国农业人口众多，地域分散，仅依靠期货市场对农民进行培训的范围过于狭窄，市场知识单一。提高农民素质、增强农民市场意识、推广农业技术，需要调动方方面面的力量对农民进行全面的培训。

第六，农产品期货制度自身还存在一些不足，比如：我国农产品期货各品种的保证金水平基本相同，没有考虑到各品种之间价格波动程度等方面的差异性，无法及时根据市场的风险状态进行调整，削弱了风险控制能力；各品种涨跌停板的比率也是统一规定的，缺乏依据，不够灵活；还没有推出期货期权品种的交易，严重制约了国内投资者采取更灵活的方法规避市场风险；期货经纪公司业务单一，只能靠收取交易手续费盈利，期货公司之间的手续费竞争日益激烈，有的公司为了追求交易量和交易额排名，从期货交易所那里获得交易费的年终奖励返还，竟然规定只要客户缴纳交易所手续费就代理交易，这种恶性竞争导致部分期货公司经营每况愈下，违规操作，出现诚信危机。

三、我国农产品期货市场的未来发展趋势

借鉴国际经验，我国农产品期货市场的发展将呈现以下发展趋势：

第一，法治建设将不断得到加强。市场经济，法制先行。期货交易投机性强，风险性大，近几十年来，西方国家发展期货市场，大多是先立法，后建交易所，而我国法治建设相对滞后。随着期货业的对外开放，需要更加完善的法律体系予以保护。因此，除了行业自律管理，我国还要根据国情，健全期货市场法律体系，为期货市场的健康发展营造良好的法治环境。

第二，逐步将上市农产品期货品种的机制由审批制过渡到核准制，改变目前多部门参与的品种上市审批制度。这就需要由期货监管部门成立审批权限集中而明确的上市决策机构，建立高效的市场化品种创新机制。只要是对国民经济运行“无害”的品种，就应该允许其上市。在规范发展原有农产品交易品种的基础上，需要进一步加强大宗农产品期货的上市研究论证工作，加快推出稻谷、油料等农产品期货，农用塑料、化肥等农业生产资料期货，生猪、肉鸡等畜产品期货，并鼓励农产品期货市场创新品种的上下市机制，设立一系列保护投资者的制度，促进农产品期货市场的公平、公开、公正。考虑到农

产品期货合约是一个不断发展、探索和完善的过程，而且失败的可能性较大，万一正式推出的合约失败，付出的成本相对较大，所以有必要建立农产品期货品种的试运行机制，降低合约上市成本。

第三，在家庭联产承保责任制的基础上，逐步引导农民走上新的合作和联合，建立起能够真正代表农民利益的农村市场中介组织，提高农业组织化程度，引导和带动农民参与期货交易。需要出台引导国有粮食企业参与套期保值交易的相关政策，在信贷、财税和登记等制度方面提供更多的优惠措施，推动国有粮食企业加强内控制度建设，保证其理性、稳健地参与期货市场避险。

第四，农业信息化建设将得到进一步加强，需要对相关部门农产品信息统计和发布环节进行整合，形成全国统一的信息采集、整理和发布渠道，把包括期货市场在内的各种农业信息迅速传递给千家万户，积极引导农民获取农产品现货与期货两个市场的信息，形成期现一体化的信息服务体系。需要充分利用各种新闻媒体，加大对期货知识和典型案例的宣传，组织好相关企业和农民的培训，甚至可以成立期货知识普及工作组，定期到粮食主产区进行期货知识的普及教育，要通过培训使农民成为期货市场的参与者。

第五，期货交易制度将不断得到完善。需要建立动态的保证金系统，可考虑持仓头寸的差异，按照净持仓收取保证金；对于转移风险者、投资者和套利者来说，由于他们购买产品的动机不同、面临的风险不同，对他们应收取不同比率的保证金和手续费；对比较成熟的交易品种实行动态涨跌幅限制，以增强市场流动性；合理设置农产品期货交割的仓库，提高交易所对交割仓库的管理水平，降低仓单生成的费用，逐步引入现金交割、期货转现货、车板交割、无纸化仓单等多种交割制度，提高整个市场的运作效率。

第六，商品期货期权的研究和试点将得到重视。期货投资者通过运用期权来规避期货交易的风险，有利于投资心态更趋稳定与理性。在期货价格异常波动时，可以减少市场的恐慌性买卖行为，抑制单边市风险状况的出现。另外，投资者可以利用期权进行低风险的套利交易等组合投资，有助于机构投资者控制风险，改善市场结构，有效遏制市场操纵行为。

第七，逐步建立期货经纪公司的退出机制，加快期货经纪业的整合。这就需要允许一部分资质良好的期货经纪公司自营和代理外盘交易，拓宽期货经纪公司的业务范围和盈利空间；鼓励期货投资基金的发展，改善期货市场的投资者队伍和投资水平。逐步放开银行、保险、社保、国有企业、外资、基金等的资金参与农产品期货的比例，扩大期货市场的资金来源，提高市场流动性。

第八，期货市场的发展环境将不断得到改善。目前由于我国期货市场发展的时间较短，在发展过程中出现过一些问题，使得社会各界对期货市场的担心大于信任，期货市场在宏观经济调控中应有的作用没有得到有效发挥。因此，很有必要利用各种渠道加大对期货知识的宣传，加深社会各界对期货市场的认识，让人们认识到市场经济有风险，期货是风险管理的工具，不做期货将面临更大的风险；认识到期货市场作为金融市场组成部分在促进行业发展方面所发挥的作用，从国家经济的全局战略高度提出期货市场的发展规划；在农业政策中，把农产品期货市场作为农村市场经济体系建设的一项重要任务；在金融政策方面，大力扶持期货市场的发展，为农产品期货市场更好地服务新农村建设创造更好的外部环境。

专栏 15.1

开发生猪期货品种，转移市场风险

2007 年，生猪价格猛涨，对居民生活造成了一定的影响。为抑制生猪价格过快上涨，政府采取了一系列调控措施，生猪保险便是其中一项。政府推行生猪保险的出发点是好的，是有利于农民的好事，可以增加生猪供给，稳定市场预期。可是，生猪保险是对生猪养殖户在从事生猪养殖过程中，因为自然灾害和意外事故所造成的经济损失提供保障的一种保险。生猪保险保护的是生猪养殖户的利益，分散的是养殖户的自然风险和意外事故风险。而生猪价格上涨，受损的是猪肉消费者，生猪养殖户是受益者。生猪价格上涨，养殖户认为有利可图，即便政府不推行生猪保险，养殖户也会增加生猪存栏量。随着生猪和猪肉供给增加，当猪肉供给超过了老百姓的消费能力时，生猪价格就会下跌。随着生猪价格下跌，当养殖户认为无利可图时，即便国家推行生猪保险，养殖户也会减少生猪存栏量。

下面做一个简单的分析。2007 年 8 月 1 日，保监会出台了《关于建立生猪保险体系促进生猪生产发展的紧急通知》（以下简称《通知》），《通知》规定：能繁母猪保险的保险金额定为每头 1 000 元，保费为每头 60 元。其中，中央及地方各级政府负担 48 元，保户自负 12 元。《通知》还规定：能繁母猪保险的保险责任应包括洪水、台风、暴雨、雷击等自然灾害，蓝耳病、猪瘟、猪链球菌、口蹄疫等重大病害及泥石流、山体滑坡、火灾、建筑物倒塌等意外事故。这两条规定意味着保险公司保的是能繁母猪的自然风险和意外伤害，保的是母猪的成本，这对分散母猪的自然风险是有效的，可是对母猪的市场风险没有太大作用。假如养殖户养猪过多，生猪价格大跌，母猪不值钱了，但是只要这头母猪是健康的，保险公司就不承担责任。对养殖户来说，这头母猪活着还不如得蓝耳病死了。因为如果这只母猪得蓝耳病死亡，保险公司就得赔偿养殖户 1 000 元，养殖户还不用饲养。

通过上面的分析，我们可以看出，生猪保险并不能有效地分散生猪养殖的市场风险，而生猪养殖的市场风险是比较大的，这是因为生猪价格波动具有周期性特点，进而带动生猪养殖周期性波动。由于市场供求信息传导不畅，养殖者只能根据局部地区生猪市场价格的变动安排生产，造成了市场整体供求的不均衡。生猪的生长周期约为 10 个月，从种猪补栏到生猪出栏也需要 6 个月，这种“时滞”进一步加大了生猪供求的不均衡。一般情况下，生猪当期的价格波动会对其后一年甚至两年的生产造成影响。当市场供大于求时，养殖户可能会亏损，甚至有可能严重亏损。

引起本轮生猪价格上涨的主要原因是长期以来猪肉价格偏低，国内养猪产业出现萎缩，生猪供不应求。调查显示，2005 年年底，河北许多地区生猪收购价跌到了每市斤 2.5 元，与 2004 年同期生猪价格每市斤 5 元相比，下跌了 50%；2005 年年底四川资阳地区生猪价格是每市斤 2.7 元左右，与 2004 年同期相比低了 1.2 元。为了减少损失，很多农民养猪户只能忍痛“割肉”。到 2006 年 6 月下旬，全国重点生猪养殖企业生猪存栏量比 2005 年同期下降了 13.6%。两年前的猪肉价格大跌，迫使养殖户减少生猪存栏量，生猪供给减少是导致本轮猪肉价格上涨的最主要原因。

生猪价格上涨,确实让养殖户得到了实惠。现在需要担心的是在政府各种调控措施的作用下,养殖户的养猪积极性大大提高,这不仅会拉升母猪、猪崽的市场价格,还会拉升猪饲料的价格,增加生猪养殖的成本。在这种情况下,难以排除几个月后生猪供大于求的可能性。而一旦生猪供大于求,生猪价格必然下跌,受损的还是农民。猪贱伤农,生猪价格大跌对养殖户的伤害要比蓝耳病严重得多。所以,促进生猪价格合理波动,采取生猪保险等调控措施是必要的,但不是充分的,还应发展生猪期货品种,因为市场经济条件下,期货是转移农业生产市场风险的不二之选。

生猪期货的好处很多,有了生猪期货交易,广大养殖户不仅可以根据期货价格波动,及时了解生猪的未来价格走势,并根据市场信息进行农业生产和销售决策,合理调整养殖规模和饲养周期,还可以通过期货市场"先卖后养"规避风险,减少生猪养殖的盲目性,抑制现货价格的不合理波动。发展生猪期货,可以引导饲养、加工、贸易企业通过期货市场的价格发现机制和套期保值锁定远期价格,有效规避现货价格风险。有了生猪期货,就可以为政府调节生猪市场提供一个比较有效的价格信号,提升宏观调控的效果。生猪期货上市后,还将有助于形成全国性的生猪价格,通过高效率的期货机制迅速传导到全球各地,增强我国在国际生猪贸易中的话语权。另外,生猪期货合约是标准化合约,其用于交易的商品在质量、规格、数量等方面均进行明确规定,并对不同等级商品明确规定价格升贴水,"优质优价"可引导养殖户加快生猪品种改良和科技养殖的进程,从而促进我国生猪养殖业规模化、标准化和统一市场的形成。

目前,我国已经具备发展生猪期货的经济基础。首先,我国对生猪期货交易的需求十分旺盛。近年来,我国畜牧业生产水平获得很大提高,正向现代产业转变,生猪作为我国最主要的家畜产品,其市场体系已基本形成,价格波动频繁,养殖、加工、贸易相关企业及参与者规避风险的需求日益强烈,国家也迫切需要通过健全生猪期现两个市场机制,引导整个产业链条的生产与消费。

其次,我国生猪现货规模巨大,猪肉年产量近5 000万吨,产量居世界第一,出口贸易居世界第三,生猪的养殖与消费范围广泛,质量标准与检验检疫法规体系健全,品级易于划分,开展生猪期货的现货基础较好。生猪产业链条较长,附加值较高,双汇等大型屠宰加工企业都是响当当的名牌,有可能成为比较稳定的生猪期货市场主体。

最后,我国猪肉市场的竞争比较充分,垄断程度低,除非出现价格异常波动,政府一般不会干预生猪价格,生猪短期价格波动比较频繁,1996年之后10多年的时间里,我国生猪市场价格只有1999—2003年间是在平稳中度过的,其余时间都在剧烈波动,波动幅度一般在±15%,高时达到45%甚至更高,这为发展生猪期货提供了可能。

当然,发展生猪期货也有一些问题需要解决,比如生猪不是传统的储藏商品,不容易运送到指定交割库注册成仓单后再进行交割,设计生猪期货合约有一定难度,所以应首先开发冻白条肉等期货产品,因为冻白条肉易于标准化和运输。另外,我国生猪的养殖还比较分散,规模养殖占比还较低,所以有必要出台一些优惠措施,逐步引导生猪养殖户走上新的合作和联合,建立起能够真正代表生猪养殖户利益的中介组织,提高生猪产业的组织化程度,引导和带动农民参与生猪期货交易。

关键术语

期货　期货合约　农产品期货　零和博弈　价格发现功能　套期保值　金融期货

思考与讨论

1. 期货交易的主要特点和功能有哪些？
2. 世界农产品期货市场发展呈现哪些特点？
3. 我国农产品期货市场的制约因素有哪些？
4. 我国未来农产品期货市场的发展趋势是什么？

本章参考文献

常清，等. 中国期货市场10年[J]. 当代金融家，2007(5).

常清. 关于期货市场的几个理论问题的探讨[J]. 财贸经济，1999(7).

陈燕，等. 订单农业和农产品期货[J]. 农业经济，2005(7).

程扬勇. 美国农产品期货市场的现状、运行效果及其启示[J]. 甘肃农业，2005(8).

范力. 农产品期货市场势在必行[J]. 银行家，2004(10).

高铁生，等. 中国农产品期货市场功能发挥与产业发展[M]. 北京：中国财政经济出版社，2005.

高伟. 稳步发展我国农产品期货市场的建议[R]. 国务院发展研究中心调研报告，2007.

龚国光. 我国农产品期货市场存在的问题及对策研究[J]. 南京农业大学学报，2005(12).

康敏，等. 中国大豆期货市场运行特点及其影响因素[J]. 调研世界，2005(1).

李国华. 期货市场简明教程[M]. 北京：经济管理出版社，2005.

李经谋. 中国粮食市场发展报告2006[M]. 北京：中国财政经济出版社，2006.

李亚光. 论中国期货市场的风险控制[M]. 北京：中国财政经济出版社，2001.

王赛德，潘瑞娇. 中国小麦期货市场效率的协整检验[J]. 财贸研究，2004(6).

杨玉川，等. 现代期货市场学[M]. 北京：经济管理出版社，1998.

姚传江，等. 中国农产品期货市场·效率实证分析：1998—2002[J]. 财经问题研究，2005(1).

第十六章　农业保险市场与农村金融

【学习目的】

- 了解我国农业保险发展的情况及其存在的问题。
- 对金融机构参与农业保险的模式进行探讨。

【内容概要】

农业保险是现代农村金融体系不可或缺的重要一环。本章对我国农业保险市场的发展进行系统的梳理，对农业保险的发展模式及政府作用进行总结，并对我国农业保险市场存在的问题进行探讨。本章集中探讨金融机构如何参与农业保险，介绍互助型农业保险机构以及银保合作的运作机制。

第一节　我国农业保险市场的发展历程

农业的发展，由于其生产经营的特殊性，更容易受到自然灾害和意外事故的威胁与影响，因此，农业和农村保险对于中国这样一个农业大国的重要意义不言而喻。据统计，1961—1983 年间我国农作物因旱、涝、风、雹、霜冻及病虫害造成的受灾面积平均每年有 6.4 亿亩，占农作物播种面积的 29.5%。而 1950—1979 年的 30 年间，全国仅粮食作物一项因自然灾害年均减产就有 200 亿斤左右（中国保险学会，1998）。党的十一届三中全会以后，国务院于 1979 年做出决定，准备逐步恢复办理国内的各项保险业务。随着家庭联产承包责任制和一系列城乡改革的启动，在计划经济时期停滞不前的农村保险业务也开始慢慢恢复并进入了新的发展阶段。

1982 年，中国人民保险公司根据当时农村地区的实际需求尝试办理农村牲畜保险，当年先后在江西、黑龙江、山东、湖南、江苏、上海、山西、辽宁、贵州、云南、广西、四川等 10 余个省份试办耕牛保险、奶牛保险、大牲畜（牛、马、骡、驴）保险、养猪保险、养鸡保险以及农作物保险。1982—1989 年，全国有 29 个省份试办农业保险，有 800 多个市、县设立了农业保险试验基地，承保的种植业保险标的种类涉及粮食作物、经济作物、农作物、蔬菜、饲料等其他作物共 5 大项 16 个种类。承保的养殖业保险标的种类涉及大牲畜（包括耕牛、奶牛和其他）、小牲畜（包括猪、羊和其他）、家禽（包括鸡、鸭、鹅和其他）、水产养殖（包括虾类、鱼类和其他）以及其他如兔、貂等 5 大项 12 个种类。开办的险种多达 100 余个（中国保险学会，1998）。

20 世纪 80 年代初到 90 年代初，我国农业保险的发展速度较快，这不仅体现在险种的不断增加和覆盖范围的不断扩大上，还表现为保费收入规模的快速上升。1982 年全国种植业保险和养殖业保险保费收入合计只有23万元,在此后的10年中,特别是20世纪80年代前半期,农业保险的保费规模以极快的速度增长。80年代后半期,农业保险保费收入增速有所下降,但种植业保险的保费增速仍保持在20%以上(见表16.1)。1992年全国农业保险保费收入达8.17亿元,当年我国包括企业财产险、家庭财产险、养老金险等在内的主要国内保险业务保费合计共335.15亿元,农业保险保费占国内保险业务总保费的比重为2.44%。

表16.1　1982—1990年农业保险业务经营情况

年份	种植业			养殖业		
	保费(万元)	增长率(%)	赔付率(%)	保费(万元)	增长率(%)	赔付率(%)
1982	4.0		200.00	19.0		73.68
1983	51.0	1 175.00	149.02	122.0	542.10	128.69
1984	362.0	609.80	88.95	645.0	428.70	62.84
1985	1 765.0	387.60	83.85	2 567.0	298.00	147.49
1986	3 346.5	89.60	93.19	4 378.7	70.56	160.80
1987	5 409.9	61.66	103.13	4 618.5	5.48	152.08
1988	6 627.1	22.50	46.41	4 906.7	6.24	73.12
1989	9 032.4	36.29		6 311.0	28.62	
1990	12 562.0	39.08		6 635.7	5.14	
合计	39 069.9			29 903.6		

资料来源:中国保险学会,《中国保险史》,第460页,北京:中国金融出版社,1998年版。

20世纪90年代,随着社会主义市场经济体制改革目标的确立,我国的各项经济改革都驶入了快车道。市场因素的逐步引入使各个领域包括保险业的发展面临着新的机遇和挑战。1993年以后,在其他保险业务快速扩张的同时,我国的农业保险业务却出现了明显下滑的趋势。农业保险的保费收入从1993年起一直在波动中下降,1998年稍有上升,但仍未达到1992年的水平。2000年,中国人保农业保险保费收入占我国农业总产值的比重仅为0.032%,加上新疆生产建设兵团的农业保险,农业保险保费收入占农业总产值的比重为0.043%(陈锡文,2004)。2003年全国农业保险的保费收入仅有4.64亿元,占当年农业生产总值的0.04%,占全国财险保费收入的0.53%,占全国总保费收入的0.11%,农业保险险种数目减少至不足30个(庹国柱,2011)。除了中国人保和中华联合财产保险公司,商业保险公司很少经营农业保险业务。

进入21世纪之后,国内农业保险业务的停滞与快速发展的农村经济形成了鲜明的对比,不断萎缩的农业保险业务规模显然无法满足现代农业和农村地区对于保险业务的需求。在工业反哺农业、城市反哺乡村的大背景下,中央及地方各级政府先后出台了一系列推动农业保险工作开展的政策,很多地区的农业保险试点探索相继开始,这又一次带来了农业保险的快速发展。农业保险的保费收入在短短的10年间翻了几番,2004年我国农业保险保费收入只有4.00亿元,2007年迅速升至53.33亿元,2013年达到306.59亿元(见表16.2)。农业保险的险种不仅涉及小麦、水稻、玉米、棉花等传统的主要农作物,蔬菜、水果、禽畜、海水养殖等越来越多的项目都被逐渐纳入农业保险的保障范围,从而增强了市场经济条件下农民抵抗农业风险的能力。

表 16.2　1984—2013 年我国农业保险保费收入、赔付情况及全国保费收入

(单位:亿元)

年份	保费	赔款及给付	全国保费收入
1984	0.11	0.07	14.96
1985	0.43	0.53	25.73
1986	0.78	1.06	42.35
1987	1.00	1.26	67.14
1988	1.16	0.92	94.76
1989	1.30	1.07	122.91
1990	1.92	1.67	155.76
1991	4.55	5.42	209.71
1992	8.17	8.15	335.15
1993	5.61	6.47	456.87
1994	5.04	5.39	376.42
1995	4.96	3.65	453.32
1996	5.74	3.95	—
1997	5.76	4.19	772.71
1998	7.15	5.63	1 225.97
1999	6.32	4.86	1 406.17
2000	4.00	3.00	1 598.00
2001	3.00	3.00	2 109.00
2002	5.00	4.00	3 054.00
2003	4.64	3.45	3 880.39
2004	4.00	3.00	4 318.00
2005	7.00	6.00	4 932.00
2006	8.48	5.91	5 640.34
2007	53.33	29.75	7 036.21
2008	110.68	64.14	9 784.24
2009	133.90	95.20	11 137.30
2010	135.90	96.00	14 528.00
2011	174.03	81.78	14 339.25
2012	240.60	131.34	15 487.93
2013	306.59	194.94	17 222.24

资料来源:1997 年以前的数据来自历年《中国统计年鉴》,1997—2013 年数据来自国家统计局网站(http://data.stats.gov.cn/workspace/index? m = hgnd)。

第二节　农业保险发展中的政府行为

农业和农村保险在一定程度上具有公共品的部分属性。良好的农业保险制度设计可以最大限度地帮助农民避免或减少农业生产经营中可能面临的风险和经济损失，而农业生产的稳定与增长具有很强的正外部性，是整个社会经济健康发展的必备前提和必要保障。但是，对保险公司而言，一些险种存在较高的风险和经营成本，农业保险本身所能带来的经济效益并不高。20 世纪 80 年代是我国农业保险发展相对较快的一个时期，但居高不下的赔付率使经营者获得的收益有限，1982—1988 年间，我国农业保险的总保费收入为 3.84 亿元，总赔款支出为 3.91 亿元，总平均赔付率为 111.9%，而农业保险的费用开支远高于一般的财产险（一般财产险费用为 6.8%），两项合计经营结果在 20% 以下（中国保险学会，1998）。因此，单纯从经济效益角度而言，农业保险并不是商业保险公司拓展业务时的首选，这也是后来农业保险业务规模出现萎缩的重要原因之一。这些特殊性决定了农业保险的推动需要一定的政策倾斜和支持。

近十余年我国农业保险的快速发展与政府的引导和支持密切相关。2004 年，在 21 世纪以来第一个关于“三农”问题的“一号文件”（《中共中央 国务院关于促进农民增加收入若干政策的意见》）中，中央明确提出了“加快建立政策性农业保险制度，选择部分产品和部分地区率先试点”的要求，并允许“有条件的地方可对参加种养业保险的农户给予一定的保费补贴”。政策性农业保险试点工作很快启动，在此后的 10 年中，除了 2011 年的中央“一号文件”（《中共中央 国务院关于加快水利改革发展的决定》）以水利建设与改革为侧重点，没有谈及农业保险之外，每一年的“一号文件”中都有关于农业保险工作的阐述，内容也越来越具体。2013 年“一号文件”（《中共中央 国务院关于加快发展现代农业进一步增强农村发展活力的若干意见》）提出“开展农作物制种、渔业、农机、农房保险和重点国有林区森林保险保费补贴试点”。2014 年“一号文件”（《中共中央 国务院关于全国深化农村改革加快推进农业现代化的若干意见》）提出要“提高中央、省级财政对主要粮食作物保险的保费补贴比例，逐步减少或取消产粮大县县级保费补贴，不断提高稻谷、小麦、玉米三大粮食品种保险的覆盖面和风险保障水平”，同时“扩大畜产品及森林保险范围和覆盖区域”。与政府对各项农业生产的扶持相配合，农业保险的试点地区与险种的覆盖范围不断扩大，农业再保险体系和各级财政支持下的巨灾风险分散机制也在探索和逐步建立的过程中。

为推动政策性农业保险的发展，在 2004 年农业保险试点工作启动后不久，中央财政就开始了对部分地区的保费补贴试点工作。2007 年以后，财政部先后出台《中央财政农业保险保费补贴试点管理办法》《能繁母猪保险保费补贴管理暂行办法》《中央财政种植业保险保费补贴管理办法》《中央财政养殖业保险保费补贴管理办法》等一系列政策，后来还启动了森林保险保费补贴试点。由政府财政按照保费的一定比例，为特定险种的参保农户或龙头企业以及农村合作经济组织提供补贴。

政策推出后，国家财政对农村地区特别是中西部农村地区的保费补贴力度不断加大。2007 年，种植业保险保费补贴仅在吉林、江苏、湖南、四川、新疆和内蒙古 6 个省份推行,2009 年扩大到 17 个省份,2010 年增加到 23 个省份以及新疆生产建设兵团、黑龙江农垦总局和中国储备粮管理总公司北方公司;养殖业保险的保费补贴已覆盖全部中西部地区;2010 年湖南、福建、江西、辽宁、浙江、云南等 6 个省份开展了森林保险保费补贴(庹国柱,2011)。一些地区的农业保险可以得到中央、省、市、县各级财政的保费补贴,极大地减轻了农民缴纳保费的负担。

以农业保险中最重要的构成部分之一种植业保险为例。如表 16.3 所示,从 2007 年开始,中央财政补贴在全国种植业保险保费收入中所占的比重一直呈上升趋势,2012 年达到 40%;地方财政补贴在全国种植业保险保费收入中的比重也由 2007 年的 23% 上升到 2011 年的 39%。2007 年参保农民自己负担的保费占种植业保险保费的 62%,而 2011 年农民自负部分所占比重已经下降到了 23%。在财政的大力支持下,种植业保险以极快的速度发展,2007 年全国种植业承保农作物面积占全国农作物播种面积的比例仅为 10%,2012 年上升至 40.2%,2013 年水稻、小麦、玉米、棉花 4 种主要农作物的全国承保面积占该作物种植面积的比重均在 40% 以上,最高的是棉花,达 47.87%,最低的是玉米,也达到 41.55%(庹国柱,2013)。和种植业保险一样,畜牧业保险、水产养殖业保险以及包括渔船保险、农机具保险、农民住房保险在内的其他涉农保险在几年中也都明显获得了很大的发展。

表 16.3　2007—2012 年全国种植业农业保险补贴情况

年份	保费收入（亿元）	中央财政补贴（亿元）	占比（%）	地方财政补贴（亿元）	占比（%）	农民自负（亿元）	占比（%）
2007	51.84	7.57	15	11.98	23	32.29	62
2008	110.69	38.99	35	40.76	37	30.93	28
2009	133.80	49.46	37	51.87	39	32.46	24
2010	135.68	50.74	37	52.07	38	32.87	24
2011	173.80	66.70	38	67.79	39	39.97	23
2012	240.60	95.50	40	—	—	—	—

资料来源:根据《中国统计年鉴》《中国保险年鉴》和财政、保险、农业部门文件整理,转引自庹国柱主编,《中国农业保险发展报告 2013》,北京:中国农业出版社,2013 年版,第 12 页。

除了大力支持,政府还在农业保险的监督和管理方面出台了政策。2012 年 12 月,国务院颁布《农业保险条例》,对农业保险合同、农业保险的经营规则、农业保险的法律责任等问题都做出了明确的规定,这使得农业保险业务未来的发展更加有法可依。从中央到地方各级政府的推动带来了近年来我国农业保险业务的快速发展,在看到政府发挥积极作用的同时,我们也应当注意农业保险领域发展过程中出现的一些仍需解决的问题,比如负有管理和监督农业保险职责的多个政府部门之间的有效协调、中央与地方政府的合理分工、不同地区在保险业务开展和深入推进中存在的巨大差异、部分地区部分险种推行中的道德风险、农民自身对农业保险的认知和参与积极性等。这些问题的合理解决都将推动我国农业保险更好地发展。

第三节　各具特色的区域试点

在政府的引导和支持之下，政策性农业保险快速增长。由于不同地区在经济结构、业务需求方面的巨大差异，农业和农村保险的经营模式也出现了多元化的趋势，它们各具特色，共同推进着我国农业保险业务的发展。2004 年，经保监会批准，一批专业性农业保险公司相继成立，吉林的安华农业保险公司（以下简称“安华公司”）和上海的安信农业保险股份有限公司（以下简称“安信公司”）都是其中的典型代表。

安信公司是在上海市委、市政府的大力支持下成立的，成立后发展非常快，不论是在农业保险产品的开发还是在农业保险的覆盖范围方面都明显领先于国内其他地区的保险公司。上海市水稻、生猪、奶牛、家禽和能繁母猪等主要险种的保险覆盖率在 2010 年就已经基本达到 100%，2010 年安信公司已经实现了对传统农业从保成本到保产值的转变，对部分种养殖业实现了从保产值到保市场价格的跨越，较好地适应了上海都市农业的特点。安华公司的服务范围更大，除了吉林省内，还在其他一些省份开展了农业保险业务。2010 年该公司在吉林、内蒙古、辽宁、山东、北京、青岛等 6 个省份的农业保险试点县达到了 101 个，为 383 万户次农民提供了 195 亿元的风险保障。在相关政府部门的支持下，安华公司依托当地的农村经济管理部门、畜牧防疫部门、农村信用社等金融机构、龙头企业、农民合作组织等各类机构代办农业保险业务，从而实现了业务规模的快速拓展。2010 年安华公司的保费收入达 15.2 亿元，在当时的 4 家专业农险公司中排名第一（庹国柱，2011）。

和安信公司、安华公司同年成立的还有黑龙江的阳光农业相互保险公司（以下简称“阳光公司”），该公司和前两家公司的区别在于，它是 2004 年保监会首批批准成立的农业保险公司中唯一的一家相互制保险公司。不同于国内的其他地区，黑龙江具有一定的农业互助保险基础。早在 20 世纪 90 年代，黑龙江垦区就有过推行农业互助保险的尝试，经过十余年的发展，自愿参加互助保险的农户累计达 250 万户，累计参保面积达 1 767 万公顷。相互制保险公司与股份制保险公司在很多方面存在差异，相互制保险公司既没有股东，也不发行股票，不以盈利为主要目标，其风险基金主要由会员缴纳的保费构成，在会员内部之间开展相互保险，因此，相互制保险公司的保单持有者同时具有投保人和保险人的双重身份（庹国柱，2011）。在运营中，阳光公司也和安华公司、安信公司一样，得到了政府相关部门的大力支持，基层的农经站点在为其代办农业保险业务中发挥了重要的作用。为了尽可能减少损失，阳光公司还投入大量资金筹建防灾减灾服务体系，帮助农户预防灾害，并通过购买再保险的方式分散大灾风险。

在开展农业保险业务的实践中，各地的模式不尽相同。安徽的国元农业保险公司（以下简称“国元公司”）是全国第四家专业农业保险公司，公司针对不同的险种采用不同的经营方式。安徽省将政策性保险纳入“民生工程”，在政府强有力的支持下，国元公司的种植业保险采用了保险公司与政府联办的方式，不仅保费中的相当比例由政府财政补贴支付，经营风险也由地方政府和保险公司共同承担。浙江省探索的是另外一种联合共保的经营模式，针对自身的实际情况和需求，2006 年成立了“浙江省政策性农业保险共保体”，由中国人民保险公司浙江省分公司作为首席承保人（在共保体中占有67%的股份），联合太平洋财险、中华联合、平安保险、天安保险、永安保险、华安财险、安邦财险、太平保险、大地财险等10家商业保险公司的浙江省分公司作为共保人，组成共保体一起在浙江省内开展农业保险业务。共保体首先在11个县内进行试点，试点范围很快扩大至全省。尽管经营过程是商业化运作，但产品的开发、费率的厘定、各项方针政策等都要听取浙江省发展与改革委员会的意见。为了降低商业保险公司在巨灾风险中可能面临的巨额损失，浙江省的农业保险政策规定“二倍之内超赔由共保体承担，二倍到三倍的超赔由保险公司和政府之间按1∶1进行赔付，三倍至五倍的赔付由政府和保险公司按2∶1进行赔付，同时，对于超赔五倍赔付的风险进行封顶”，既为商业保险公司提供了保障，也对政府的风险做出了限定（庹国柱，2012）。政策性保险开办短短几年，农户的参保率就有了大幅提升。还有的地区引入了外资保险公司经营农业保险业务，如四川成都的法国安盟保险有限公司。

与浙江省类似，江苏省的农业保险在经过了多种方式的尝试之后也最终选择了“联合共保”的经营模式，由人保财险、太平洋财险、紫金保险、中华联合保险、华农产险五家保险公司共同承办政策性农业保险。在实际运行中，各级政府和保险公司共同承担风险，保费收入由保险公司和各级政府按一定比例分别入账，需要赔付时也由双方按照一定比例分摊赔款，以此推动农业保险业务的发展。即使在同一地区，各个省份针对不同的险种其经营模式也存在差异。如陕西省对于省里确定的试点项目实行相关的政策支持和财政补贴，对于市县级政府推出的“一县一业”“一村一品”项目，则鼓励保险公司与当地政府合作或自主经营，而政策性农业保险项目中既有保险公司独立承保的险种，也有各公司共同承保的项目（庹国柱，2013）。

在发展农业保险的过程中，各个地区都做出了非常有益的尝试。尽管各省的经营模式存在差异，但仍有一个共同点，即不同经营方式下农业保险的快速推进都与地方政府的大力支持密切相关，在政策性农业保险十余年间的发展中，各级政府及相关部门的配套举措发挥了十分重要的作用。政府的介入和支持在短期内节约了保险公司在市场、业务拓展方面的成本，农户的参保率也有了大幅提升，但如何确保农业保险发展的可持续仍需要更多的探索。如何合理地界定政府与市场的边界，如何在目前基本整齐划一的财政补贴政策中满足各地农牧民千差万别的保险需求，如何提高农户对于农业保险的正确认识并尽可能避免逆向选择与道德风险，如何分散风险、实现保险公司在农业保险业务中的盈亏平衡以确保其经营的充足动力，等等，这些都是在未来的农业保险实践中需要探索和解决的问题。

第四节　互助型农业保险机构

我国农业保险在发展过程中，出现了一些创新模式，其中互助型农业保险机构的发展引人注目。互助保险是指由一些面临同样风险、具有共同保险需求的人自愿结合形成的、预交风险损失分摊金的一种保险形式。由于农业保险的特殊性，互助模式无疑是经营农业保险较为合适的选择之一。目前比较流行的互助型农业保险组织形式有农业保险合作社以及农业相互保险公司两种，其中又以农业保险合作社为主要形式。

一、互助型农业保险的优势

互助型农业保险模式最大的优势在于它可以有效地解决逆向选择及道德风险问题。农业互助保险的成员彼此之间都较为熟悉，对当地农业风险情况和保险标的物的情况也较为了解，这就弱化了农业保险中较为严重的信息不对称的问题。而投保人作为可以享受农业互助保险盈利的成员，除了会自发重视防灾减损工作，还会形成良好的监督机制，也不太可能出现农户与农业互助保险组织工作人员联合骗保的现象，这样可以达到防范道德风险的目的。

此外，互助型农业保险还可以减少沟通成本、销售成本以及投保人与承保人之间的冲突等。参与了农业互助保险的农户会在生产上趋于合作，在防灾减损工作上也会互相帮助以降低整体损失。

二、我国实施互助型农业保险的障碍和困境

从日本以及法国的经验来看，建立互助型农业保险需要农户有较高的农业风险意识以及良好的合作制基础，这使得农业互助保险的开展需要满足特定的区域条件。对于我国大部分地区而言，农民的合作意识相对较弱，自我组织能力也不太强，要成立互助型农业保险并非易事。

另外，农业保险合作社和农业相互保险公司都存在一定的弊端和困境：第一，资金规模有限。农业保险由于其高赔付率并且具备规模效益的性质，对资金的需求较高。但是合作社和相互保险公司的资金来源是小范围的参与者的保费收入，无法通过资本市场来筹措资金，这使得农业保险风险基金无法承受过高的赔付额而不能顺利运行下去。第二，农业风险难以分散。由于农业保险合作社及农业相互保险公司的成员一般居住较为集中，且面临的风险较为同质，因此难以解决风险过于集中的问题。尤其是当农户面临巨灾时，例如洪涝，将很可能全部遭受损失，这就违背了保险作为风险分散手段的原意。第三，缺乏专业的保险经营人才。农业互助保险是由投保的农户组成的，并且是非营利性质的，因此几乎不可能有专业的保险经营人才参与，这又可能将互助型农业保险模式带来的成本的降低、经营效率的提高抵消，不利于农业保险的发展。第四，我国农业互助保险缺乏有效的再保险机制。在日本和法国，农业互助保险都有强大的再保险机制作为后盾。但是我国目前并没有统一有效的针对互助型农业保险的再保险机制，这使得农业互助保险难以承担大灾赔付。

三、我国互助型农业保险的制度安排及运行机制建议

尽管农业互助保险存在一些弊端及具体施行上的障碍，但它因为贴近农户，对信息不对称问题的有效解决在农业保险领域具有明显的优势。我们可以通过相关制度安排及机制设计，尽量消除或减少农业互助保险发展所面临的障碍，使之发挥出应有的效用。

第一，选择合适的区域进行互助型农业保险。目前我国有较多省份都不适合进行互助型农业保险。因地制宜选择最合适的农业保险经营模式是农业保险得以顺利运行的

前提条件。同时也应当注意到，虽然农业互助保险适用于农业生产规模较大、农业收入占家庭总收入比重较大的地区，但是日本仍然在小规模农户的条件下成功建立起了全国的农业互助保险体系，这是由其农户强烈的合作意识以及风险意识所决定的。因此，要建立互助型农业保险机制，首先应当注意的仍然是当地农户对农业互助保险的态度。

第二，在相关法律法规的支持下建立起完整的农业互助保险体系。我国无法也没有必要在全国建立起农业互助保险体系，但是在有条件的省份应当通过法律法规的具体规定，建立起农业互助保险体系，并根据法律规定，对费率、补贴、财税优惠都做出安排。参照日本、法国的农业保险模式，我国同样可以将农业互助保险分为三级，具体形式如图16.1所示。

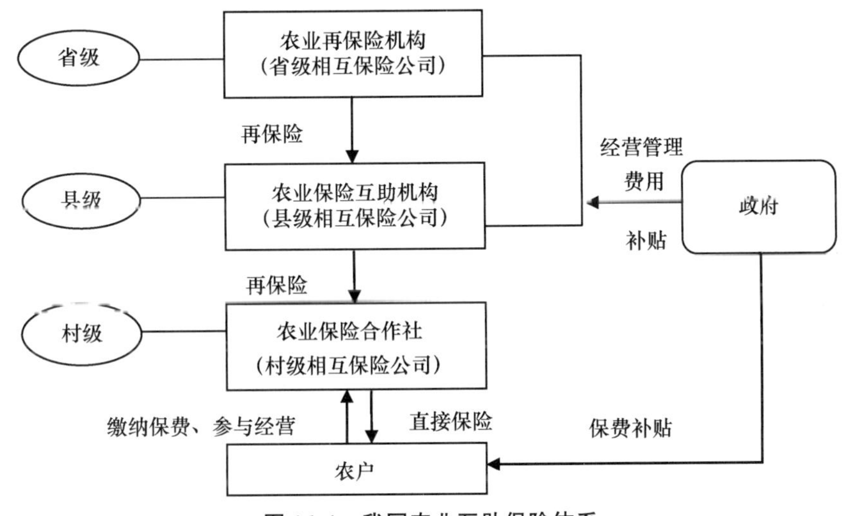

图16.1　我国农业互助保险体系

除了村、乡一级的农业保险合作社以及农业相互保险公司与农户发生直接关系，还应当在县一级或地区一级成立再保险机构，对其区域内的基层农业互助保险组织实行分保，提供再保险。而省级农业再保险机构将会为县级、地区级农业互助保险组织提供再保险。此外，政府应提供一定的补贴，并且与农业互助保险机构共同出资组建巨灾基金，建立起完整的农业互助保险体系以及再保险体系。

县级乃至省级农业互助保险组织的存在，扩大了农业互助保险的经营范围，有助于解决农业互助保险资金规模较小、风险过于集中的问题。巨灾风险基金和再保险支持体系也将保证农业互助保险不会轻易出现赔付资金不足的现象。

第五节　银保合作

农业保险作为农业金融体系中的一环，应当与农村银行类金融机构有着密不可分的关系，农业保险可以通过农业银行、信用合作社等农村金融机构的网点支持、信贷合作、贷款支持等，实现农业保险、银行类金融机构以及农户“三赢”的局面。

一、农业保险与农业信贷的联动对接机制

农业保险可以为农业信贷提供信用保障，提高农业信贷机构的经营效率和农业信贷资产的质量。同时，农业信贷资产质量的提高又有利于增加农业信贷的供给量，从而有利于农业生产规模的扩大及产业化，进一步增加农业保险的需求量。如果实现了农业保险与农业信贷的对接合作，即农业保险使农户能相对更容易地获得农业信贷，那么在农户对农业信贷的需求较为强烈时，会事先进行投保，这也会增加农业保险的需求量，使其更接近社会的合理值。

虽然目前在我国已经有了一些农业保险与农业信贷互动合作的模式，但仍然存在诸多不足之处，主要表现在以下几个方面：

一是农业保险与农业信贷在产品设计上无法很好地匹配。农业保险在进行产品设计时，更多是从自身利益出发，因此农业保险险种有限，覆盖的范围较小，而信贷机构和保险经营主体在进行产品设计时，大多缺乏事前的沟通，并没有把二者作为整体来考虑风险—收益，而是侧重于自身利益。农业保险与农业信贷产品的不匹配问题，造成了农户可供选择的范围过小，不能达到预期的效果。

二是在部分产品中，农业保险与农业信贷的经营主体以及农户这三方承担的风险与获得的收益并不对称。农户需要支付保费，因而融资成本进一步增加；保险公司仍然要承担可能的高赔付率；对于信贷机构来说，既可以增加收益，又可以降低风险。三方的风险收益匹配存在问题，一部分农户也对这种强制保险尤其是强制人身险产生了抵触情绪。

构建联动机制首先应当加快融资保险品种的创新，农业信贷机构和农业保险机构应从整体利益出发，逐步拓展合作领域，开发出符合农业生产特点、适合农户需求的产品，做到产品的匹配。如农户联保贷款与农业保险统保的对接，“一揽子农险”与“一揽子农贷”的衔接安排。

其次，针对参与者风险收益不匹配的情况，应当尝试推行农业小额信贷保证保险，投保人由借款人变为贷款机构，贷款机构需要自己支付保费以降低贷款风险，并且由保险机构和信贷机构共同商定费率、具体条款等，找准二者之间的契合点。

再次，选择当地的农业产业化组织作为新的切入点，如当地农业龙头企业和农户。产业化组织对农业信贷和农业保险的需求都较为强烈，融资成本的提高对其来说也不难承受，不会改变需求意愿。而且农业产业化组织的内部透明度较高，可以有效缓解信息不对称的问题。

最后，政府应当加强对农业信贷机构的监管，尤其要关注小额信贷市场的秩序，建设相关配套设施。农业信贷机构的健康运行才能保证“农业保险 + 农业信贷”模式能够规范发展。

二、农业金融机构可为农业保险提供网点支持和贷款支持

（一）网点支持

农业保险开展的一个难题在于组织机构空白。农业保险机构在农村的网点覆盖率

远不如农村信用社、农业银行等农村金融机构，农业保险可以利用这些金融机构的网点优势进行经营，而无须新建保险机构。农业保险可以通过利用农村金融机构在当地的人缘优势和地理优势，对农业保险进行柜面宣传，加强农民的风险意识。农村银行类金融机构还可以开展农业保险代理业务。对于农业保险机构而言，通过将保险业务发放给农村银行类金融机构办理，可以降低成本、节约资源，并且能够提高经营效率。农村银行类金融机构还可以与农业保险实现资源共享。农业保险需要大量的数据予以支持，如果二者能够实现资源的共享，将有利于农业保险进行费率厘定、核保定损等工作。

（二）贷款支持

农业保险机构在进行农业保险经营时，常常遭遇初始资金不足的情况，尤其是农业保险合作社。此时，农业银行等农村金融机构应当对其提供信贷支持。当农业保险经营机构发生暂时性资金短缺时，应在政策上允许银行向其提供一定额度的无息或低息贷款，或者实行债务延期等优惠政策。同时，农发行作为政策性银行，也可以对农业保险机构提供优惠贷款，这也体现了农业保险中政策性的一面。

三、农村资金互助社与农业保险的对接

农村资金互助社是指经银行业监督管理机构批准，由乡（镇）、行政村农民和农村小企业自愿入股组成，为社员提供存款、贷款、结算等业务的社区互助性银行业金融机构。它既有一般的农村银行类金融机构的存贷性质，又具有互助合作的特点，与农业保险特别是互助型农业保险非常契合。

农村资金互助社作为合作组织，能够更好地将农业保险与农业信贷结合。农村资金互助社应当通过农业保险的形式来降低信贷风险，同时由农村资金互助社与保险机构进行沟通，会降低交易成本，也会降低农业保险面对单户的信息不对称风险。因而农村资金互助社也可以通过进行农业保险代理业务，方便农户，或是统一投保，并利用其对社员的了解，合理安排险种。由于资金互助社内部往往会采用联合经济形式，便于形成农业的规模经济和产业化，更能促进自身与农业保险的进一步合作。

四、“龙头企业＋农业保险＋信贷机构”新模式

在农业保险发展过程中，农业龙头企业所占据的地位是无法忽视的，这也为农业保险经营模式提了一种新思路。由农户、龙头企业、政府、信贷机构、保险公司、担保公司、合作社、同行企业以及协会共同构成农业产业化组织。

其中，农业龙头企业就自身经营范围对农户提供种子或种苗以及配套的服务和相关的防灾防损措施，并且通过龙头企业去为农户向农业信贷机构申请贷款，为农户购买农业保险。在农产品成熟后，农户则按约定的价格将其提供给企业。同时，企业和政府共同组建担保公司，为银行提供贷款支持。

在这一模式的构想中，龙头企业与农户作为利益共同体，对农业保险有着强烈的意愿。把农业信贷与农业保险作为一种半强制保险来实现，也可以克服某些保险技术问题。而且龙头企业通常规模较大，一是具备一定的讲价能力，二是能够更好地达到风险分散的目的。

值得注意的是，龙头企业要与农户有明确的经济利益关系，应当把属于龙头企业的农户和其他农户分开看待，并要求与龙头企业合作的农户的同一区域内的土地都投保，以避免逆向选择和道德风险。

总之，在农业保险的发展过程中，不可能将金融机构完全剥离。股份制农业保险公司、农业保险合作社、农业相互保险公司等非银行类金融机构，农村商业银行、农村信用社、农村资金互助合作社等银行类金融机构以及证券公司、期货公司等其他金融机构都应当积极参与和推动农业保险的发展，建立并且完善我国农业保险与金融机构对接机制，为我国农业保险的顺利运行、农村金融市场的培育与发展提供强大的支持。

关键术语

农业保险市场　互助型农业保险机构　银保合作

思考与讨论

1. 农业保险的政策性和商业性如何平衡？
2. 我国农业保险市场的发展呈现哪些特征？
3. 我国农业保险的发展模式有哪些？
4. 如何促进金融机构与农业保险的对接？
5. 如何理解互助型农业保险机构的运作机制？

本章参考文献

陈锡文．中国政府支农资金使用与管理体制改革研究[M]．太原：山西经济出版社，2004.

范从兵，王强．从农业保险排斥看新疆农业保险发展[J]．黑龙江对外经贸，2010(3).

黄英君．农业风险与我国农业保险制度：一个框架性设计[J]．中国保险管理干部学院学报，2005(3).

黎已铭．我国农业保险发展问题研究[D]．西南大学博士学位论文，2006.

李长健，罗洁．农业保险的证券化制度研究[J]．金融理论与实践，2009(11).

庹国柱．农业保险试验四年回顾与展望[J]．中国保险，2011(1).

庹国柱．中国农业保险发展报告 2011[M]．北京：中国农业出版社，2011.

庹国柱．中国农业保险发展报告 2012[M]．北京：中国农业出版社，2012.

庹国柱．中国农业保险发展报告 2013[M]．北京：中国农业出版社，2013.

王韧．基于农业保险运营风险管理的技术创新[J]．经济体制改革，2010(3).

吴海峰．我国保险业风险证券化可行性思考[N]．上海证券报，2004-11-1.

杨萍．对我国农业保险模式选择的思考[J]．中国农垦，2006(11).

杨新华.农业保险的利益主体联动及其运行机制[J].重庆社会科学,2010(6).

张浩,等.农业保险与农村信贷互动机制研究[J].上海金融,2010(3).

张跃华,等.市场失灵、政策性农业保险与本土化模式——基于浙江、上海、苏州农业保险试点的比较研究[J].农业经济问题,2007(6).

张作雄,等.江苏农业保险经营模式选择及发展构想[J].中国保险,2010(2).

中国保险学会.中国保险史[M].北京:中国金融出版社,1998.

第十七章　互联网金融与农村普惠金融

【学习目的】

◆ 着眼于农村普惠金融构建，思考互联网金融对我国普惠金融将产生何种影响，以及互联网金融与农村金融对接的具体机制。

【内容概要】

互联网金融近年来在中国得到迅猛的发展，对传统金融体系产生了巨大的影响。本章对互联网金融的国际与国内发展模式进行了系统的介绍，对互联网金融如何促进中国的金融民主化和金融改革进行了深入探讨。同时，本章对互联网金融在普惠金融构建中的作用、农村金融体系如何植入互联网金融文化等前沿性问题进行了讨论。

第一节　互联网金融的发展模式

一、互联网金融兴起的社会、经济与技术基础

由于金融业天然的网络属性，互联网技术在金融领域的应用日益深入，大数据、云计算、社交网络等新兴互联网技术正在悄然改变着传统的金融业务。金融与互联网的联姻引发了诸多商业模式变革和服务模式创新，直接推动了金融市场环境、客户需求和服务模式的深刻变化，催生了互联网时代的金融新业态。

互联网金融（internet of finance）是传统金融行业与互联网精神相结合的新兴领域，并不是简单的"互联网技术的金融"，而是技术作为必要支撑的"基于互联网思想的金融"（Allen，2002）。广义上来说，互联网金融是现代信息技术、网络技术和各种金融业务的有机结合，是在互联网和移动互联网虚拟空间进行金融活动的一种金融形式。传统市场中，融通资金是金融服务最基本的功能，普遍存在的信息不对称和所引发的道德风险、逆向选择是传统金融服务机构存在的必要前提（Scholtens and Wensveen，2003；Berger and Gleisner，2008），但传统金融服务的局限性同时又引发了新的信息不对称，进而引发了新的道德风险和逆向选择。互联网金融时代的搜索引擎、社交网络、大数据和云计算等的发展和广泛应用，使得市场信息的不对称性的降低成为可能，从而借贷双方的交易以及股票、债券、基金等的流通都可能绕过银行、券商等中介直接进行，市场更可能接近无金融中介存在的、充分有效的一般均衡状态（谢平，2012）。

任何事物的产生与发展都离不开社会需求和科技进步的推动，互联网金融也不例外。互联网金融的兴起是社会需求推动下时代发展的必然产物，具有其深刻的人文、社会和技术背景。

首先,信息和网络技术的进步为互联网金融的飞速发展提供了技术背景。技术层面的突破使得互联网金融的长足发展成为可能,正是以互联网和信息通信为代表的新一代信息技术(云计算、搜索引擎、社交网络、大数据、移动支付)的不断完善促进了互联网金融的兴起。

其次,虚拟经济特别是电子商务的快速发展为互联网金融的发展提供了经济背景。我国电子商务市场规模持续高速增长,且网络购物成为消费的潮流。随着电子商务的发展,其对我国工农业生产、商贸流通和社区服务等的渗透不断加深,实现了实体经济与网络经济、网上与网下的不断融合,且跨境合作与全球扩张的趋势明显。电子商务的快速发展引致了对便捷网上支付方式的迫切需求,成为互联网金融发展的初始契机。

再次,居民生活方式与交易习惯的变化为互联网金融的兴起提供了人文社会背景。生于20世纪八九十年代的群体在银行客户的主体中占据一席之地。不愿意排队、对网络应用和操作熟练掌握的群体特点挑战了现有的线下服务模式。互联网已经成为消费者与服务提供商联系最主要的渠道。

最后,第三方支付、众筹等众多新型金融服务模式的创新累积为互联网金融的异军突起提供了时代背景。各大互联网创新企业如雨后春笋般出现,逐步渗透网络和移动支付、个人及小微企业信贷和理财的方方面面,极大加速了传统金融机构和互联网企业的融合,掀起了互联网金融的时代热潮。

二、互联网金融的模式分析:国际与国内

(一) 互联网金融发展的国际模式

1996年是国际互联网金融发展的元年,美国嘉信理财集团(Charles Schwab Corporation)开始提供网上股票交易等业务以及Scottrade. com的上线都标示着互联网金融时代的开启。至今,互联网金融经过二十多年的迅猛发展,业务触角已深入支付、融资和理财等方方面面,涌现出了一大批优秀的互联网金融企业。

根据业务形式和服务对象的不同来划分,欧美的互联网金融业务模式可大致分为七种:① 第三方支付,杰出代表是美国的PayPal,主要是为网上供货商和拍卖网站提供代收服务,是全球使用最为广泛的网上交易工具之一;② 网络理财,其中又可以分为个人理财(比如FundsDirect,是英国首家互联网基金超市)和社区理财[比如Learn Vest,是针对特定的客户群体(女性)设立的基于个人理财咨询、服务、交流的金融社区平台];③ 网络融资,主要包括众筹、小额借贷等模式(Bachmann et al., 2011);④ 服务平台,比如搜索和比较消费金融产品的Lendingtree、提供地产和按揭市场信息的Zillow等;⑤ 信用卡服务;⑥ 互联网券商,比如嘉信理财是美国最大的在线证券交易商,为客户提供低价的在线经纪业务;⑦ 互联网交易所,比如Second Market为客户提供一个可以交易限售股权、破产债权、有限合伙权益、结构性产品(MBS、CDO、ABS)和非上市公司股权转让的平台。具体来说,各类型互联网金融模式的典型代表企业如表17.1所示。

表 17.1　欧美等国互联网金融的代表型企业(截至 2012 年)

主要模式			国际代表性企业
第三方支付			PayPal（1998）/PayMate（2001）/MoneyBookers（2001）/Adyen Amazon Payment（2007）/Google Wallet（2011）
网络理财	个人理财服务		Bankrate（1996）/Lower My Bills（1999）/MINT(2006)/Fundsdirect（1999）
	理财社区		LearnVest（2009）/DailyWorth（2009）/Mint（2007）
网络融资	众筹融资		Indiegogo（2008）/Kickstarte（2009）/Rockethub（2010）/Crowd Cube（2011）/Seeders（2012）
	小额借贷		Kabbage（2008）
	P2P	非营利公益型	Green America（2008）/Aqush（2009）/Funding Circle（2011）/Assetz Capital（2012）
		单纯中介型	Prosper（2006）
		复合中介型	Zopa（2005）/Lending Club（2006）
服务平台			Beat That Quote（2005）/Lendingtree（1998）/Zillow（2005）
信用卡服务			Credit. com（2006）/CreditCard. com（2004）
互联网券商			Sottrade（1980）/Charles Schwab（1996）/E-Trade（1991）
互联网交易所			Second Market（2004）/Shares Post（2009）

资料来源:根据各大企业网站资料整理。

(二) 互联网金融发展的中国模式

中国的互联网创业中,最常见的模式是 consumer to consumor(Copy to China),就是说当美国等发达国家出现一种互联网服务的新模式时,中国会迅速出现复制版本(比如,雅虎催生了搜狐,谷歌催生了百度),互联网金融在中国的发展也基本上遵循了这一规律,同时又有自己独特的创新与发展。本部分中,我们将对互联网金融发展的主要中国模式进行梳理。具体来说,根据互联网金融模式的业务功能,将互联网金融的中国模式归为四类:一是支付平台型,二是融资平台型,三是理财平台型,四是服务平台型。下面,我们将从这四大类出发,具体讲述中国的互联网金融模式。

1. 支付平台型的互联网金融模式

网络支付是指依托公共网络或专用网络在收付款人之间转移货币资金的行为,包括互联网支付、移动电话支付、固定电话支付、数字电视支付等。在网络支付行业中,商业银行凭借自身的资金和渠道优势依然牢牢占据主体地位。在发展传统的网上银行和手机银行之外,商业银行还积极进行产品创新,推出了 B2B、B2C 支付平台等创新支付产品以及手机钱包等移动支付类产品。

随着互联网和支付的联姻,互联网金融的源头——第三方支付已成为网络支付中最耀眼的明星。现今,第三方支付已经占据了我国小额支付的大部分市场,预付卡的发行与受理、银行卡收单和互联网支付是其三大主要业务板块。就第三方支付行业的参与机构来说,一方面,随着传统行业电子商务化程度的加深,传统零售、电商以及金融机构纷纷切入第三方支付市场;另一方面,第三方支付企业进军传统金融服务领域也是一大发展趋势。

2. 融资平台型的互联网金融模式

(1) 众筹融资经营模式。众筹(crowd funding)是指小企业或者个人利用互联网和社会性网络服务(social networking services,SNS)向公众展示自己的创意,征求资金援助的一种融资模式。不同于一般的商业融资方式,在众筹融资经营模式下没有股权的转让,项目发起人享有项目100%的自主权。实质上,众筹是用"团购+预购"的形式来获得完成项目所需的资金,属于"预消费"(preconsuming)中的一环。通过筛选出好的创意、出资而后见证产品从设计至生产的全过程,消费者可以获得有别于传统消费模式的全新消费体验。众筹的运作模式是:项目发起人(有创造能力但缺乏资金的人)在平台上展示自己的想法,在设定时间内,如果支持者提供的资金达到或者超过目标金额则项目融资成功,发起人可以获得资金;否则,已获得资金需退还给支持者,项目关闭。

(2) P2P信贷经营模式。P2P信贷(peer-to-peer lending)曾是互联网金融业务创新中最大的亮点之一,是指以互联网为媒介,撮合借款人和投资人通过平台进行借贷交易的融资服务模式。

2020年11月27日,银保监会首席律师刘福寿在"《财经》年会2021"上表示,互联网金融风险大幅压降,全国实际运营的P2P网贷机构,由高峰时期的约5 000家逐渐压降,到当年11月中旬完全归零。

(3) 平台小额贷款模式。"电商平台数据+小贷"是平台小额贷款模式的核心,而挖掘自有电商数据建立企业和个人的信用评级是其核心竞争力。"阿里小贷"是该模式的开拓者。阿里小贷是将阿里巴巴集团的B2B、B2C和C2C平台积累的海量客户的真实行为及信用数据全部打通共享,通过深度的数据挖掘和云计算将客户在电商平台上的行为数据转化为企业和个人的"信用评级",建立中小企业贷款数据库。

3. 理财平台型的互联网金融模式

理财式互联网金融就是金融机构或者非金融机构通过互联网向投资者提供金融产品和服务,涵盖基金、保险、国债、外汇、期货、贵金属、银行理财产品等的销售和交易。阿里集团的余额宝是该类业务的先驱者,之后各大银行、券商、基金等陆续抢滩理财类互联网金融市场。

国内该类型的互联网金融创新基本上借鉴了欧美等国的发展模式,也出现了个人理财服务和理财社区两种模式。第一种模式主要是指以支付宝为代表的理财产品网络销售平台,旨在帮助用户进行碎片式理财。理财社区在中国也已经悄然兴起,一方面,各大金融机构重资投入,打造专属的网上理财社区平台;另一方面,独立理财社区也纷纷涌现,挖掘用户的实际需求,提供定制理财计划。

4. 服务平台型的互联网金融模式

服务平台型的互联网金融模式主要是为个人提供金融产品的搜索和比价服务,以帮助消费者便捷获取费率更低的贷款、理财、保险等服务。金融业的飞速发展带来了各式各样的贷款、理财等产品供消费者选择,如何快速、方便地从中选择更适合自己需求的低费率产品就成了消费者的重要课题。这样,搜索类的服务平台型互联网金融企业应运而生。服务平台类的互联网金融企业已成为用户获取金融产品、金融机构获得精准客户的主要平台。

三、互联网金融的比较优势

互联网金融的快速发展很大程度上源于其具有的一些传统金融无法比拟的优势，具体表现可概括为以下五个方面：

(1) 客户体验更好。互联网金融能提供随时、随地、随心的交互服务，真正做到服务无所不在、服务随需而变。

(2) 运作更加高效。一方面，互联网新技术的应用使得金融服务能快速发现并响应客户的需求，并通过智能化操作实现高效运作；另一方面，互联网金融极大提高了资金配置的效率并降低了匹配成本，这一点已经在阿里小贷和众筹融资等领域得到验证。

(3) 信息更加透明。高效的数据和信息处理技术能缓解甚至完全消除交易双方的信息不对称，并实现对信息的有效组织、排序、检索和匹配。

(4) 服务包容性更强。互联网金融平台上，资源开放共享，传统金融无法顾及或难以完全覆盖的小微企业、小商户、农民、学生等草根阶层，也能得到公平对待、享受服务，既弥补了传统金融的薄弱环节，又有效支持了实体经济的发展。

(5) 助推金融发展。互联网金融的发展倒逼传统金融业不断探索服务模式的创新，间接推动了金融业向注重客户体验、便捷高效、低成本、广覆盖的方向发展。

第二节　互联网金融与农村普惠金融构建

一、互联网金融与金融民主化

未来的金融体系，实际上应该是民众很容易参与的、进入门槛极低的，而这种金融体系的兴起，对整个传统金融体系是一个很大的挑战。中国互联网金融的兴起，就是响应了民间对金融服务与资金的巨大需求，尤其是响应了“草根”阶层(包括工薪阶层、小微企业)对金融的需求。互联网上流行很多像“余额宝”这样的投资理财产品，对小额客户有巨大的吸引力。这就是金融民主化的开启，每个老百姓，每个只有很小资本的人，他们进入金融体系都很简单，移动互联网时代的到来，使每个人进入金融体系的门槛降低，金融不再是高不可攀的，而是每个人都可以享受的服务。

在金融抑制过程当中，中小企业想突破投资的瓶颈，投资者想突破金融市场的约束，交易者想突破利率的约束，金融资本想突破金融机构设立的约束，供求双方要突破信息的约束，在这些方面，互联网金融都提供了很好的平台和机遇。因此，互联网金融到来之后，一个金融民主化的时代就到来了，而这个时代的到来会极大地冲击传统的金融机构。传统银行体系可以利用互联网金融，把它线下对于客户的熟悉、乡土社会的信息对称优势跟线上的快速信息收集、大数据整理结合起来，改造它的传统业务流程，从而实现传统金融机构的转型和发展。

互联网金融是中国金融民主化的一个契机，它的本质是草根金融、平民金融，实现了金融供求双方的协商和融合。互联网金融大大降低了金融业的准入门槛，使得金融的交易和定价机制民主化，使得金融体系走向大众化、民主化、社会化、草根化、非垄断化、均衡化,也促进了金融资本的跨期、跨人群、跨区域配置。因此,当互联网金融在中国兴起之后,会倒逼中国金融改革。比如说利率自由化,因为在整个互联网金融领域,利率是自由定价的,于是就倒逼利率的市场化进程。互联网金融还会倒逼金融机构设立的变革。原来设立金融机构有严格的限制,但是移动互联网到来之后,网点都虚拟化了,于是就倒逼金融监管机构变革对金融机构设立的限制政策。

同时,互联网金融兴起所导致的“脱媒”现象也倒逼传统银行体系改变原有的经营模式。当互联网金融体系兴起之后,大量的储蓄和资金脱离金融中介机构,倒逼银行改革,引发银行业务模式和业务结构的深刻革命。

二、互联网金融与普惠金融发展

目前,互联网对金融业的渗透程度正在与日俱增。在中国,互联网金融的创新和发展正在积极地改变整个金融生态,加剧了金融市场竞争,改善了资本配置的效率并使资本流动空前加速,也有力地推动了利率市场化、金融监管模式变革以及银行业的开放。将互联网金融的创新接入农村金融领域,把互联网金融的文化理念植入农村金融机构,将会极大地推动我国普惠金融体系的发展。

(一) 互联网金融的文化精髓

近年来,随着农民收入水平的提高,信息通信技术(ICT)在农村地区得到了较快的发展,这为互联网金融对接农村金融发展提供了坚实的基础。目前,在我国农村地区的互联网接入方式主要有电脑和手机两种。随着电脑的普及和宽带的迅速发展,我国已经形成多层次、多元化的涉农网站服务体系,为农民提供必需的技术和产量信息;同时,以移动通信网络为载体的农村信息服务模式已经成为农民使用互联网的最主要途径。根据当地农村发展需要,许多省份的农业部门开发建设了多种移动服务平台和网络。

在农村 ICT 技术快速发展的基础上,互联网金融文化为农村普惠金融体系的构建提供了新的可能性。互联网金融的核心特征是无处不在、无时不有的创新,这种创新主要体现在互联网金融通过迅速的时空转换,实现金融产品创新、金融业务流程创新和金融机构创新。这些创新将会在以下几个方面推动普惠金融体系的发展:

首先,互联网金融能够丰富普惠金融的产品体系。互联网金融接入可以通过大数据技术,将分散的农民和企业的各类信息进行整合处理,解决信息不对称问题,创新信用模式并扩大贷款抵质押担保物范围。在互联网金融思维影响下的金融机构,可以向农民和小微企业提供创新的、定制的微型金融服务,从而惠及每一个普惠金融体系的参与者。

其次,互联网金融能够完善普惠金融的业务流程体系。发展普惠金融,离不开覆盖城乡的全方位的金融服务网络。互联网金融业务以云平台为基础开展,具有交易成本低、覆盖范围广、服务效率高等先天优势,与发展普惠金融高度契合。各类金融机构可以借助互联网金融的平台,突破物理网点的限制,通过 POS 机、手机银行和网上银行等方式向客户提供存款、支付、授信等一系列电子化的金融服务,降低农民获取金融服务的门槛。

最后,互联网金融能够优化普惠金融的生态体系。互联网金融技术可以为金融体系建立网络支付平台、信用评估平台等基础性的金融设施,使金融服务提供者实现降低交易成本、扩大服务规模和深度、提高技能、促进信息透明的要求，同时会进一步规范农民、小微企业等普惠金融受益者的行为。互联网金融文化接入普惠金融体系，在未来将促进农村金融信用评级的科学化、规范化，形成全方位的征信体系，让金融机构可以提供更加完善的服务，从总体上提升普惠金融体系的效率。

（二）农村金融与互联网金融的对接

农村金融机构要想在普惠金融体系中加大对农村的金融支持，必须学习互联网金融的文化，结合互联网金融思维，全面而深刻地变革农村金融机构的运行机制。实现农村金融机构与互联网金融的对接，具体包括以下几个方面：

第一是组织机构扁平化。传统银行的金字塔状管理模式很难适应农村金融市场快速变化的特点。组织扁平化要求减少管理层级，压缩职能部门和机构，降低各级组织之间的协调成本，以便使金融机构快速地将决策权延至农村金融经营的最前线，减少客户反馈信息向上级传达过程中的失真与滞后，从而提高对市场变化的敏感度，改善服务质量，增强在农村金融市场中的竞争力。

第二是业务流程电子化。业务流程问题是制约农村金融机构进一步发展的基础性障碍。农村金融机构在农村地区拓展业务，必须建立集约化的电子业务管理体系，针对农民的需求特点，通过手机银行、网上银行等方式，方便存款流程、简化贷款流程、完善信用审查流程，并将这些业务进行合并集中处理，减少交易成本，提高工作效率，增加业务的灵活性。

第三是支付体系立体化。农村支付服务是农村金融服务的基础，利用互联网技术，建立一个由手机银行、电子支付、POS 机、ATM 等组成的立体化支付系统，能够极大地改善农村支付环境，为农民提供便捷的支付清算服务。

第四是信用管理动态化。信用管理动态化要求改变传统的信用管理方式，将客户的大量信息进行电子化处理，从而提高金融机构的信息获取能力、信息挖掘能力、信息分析能力，既可以降低成本，又能够提高信息利用的效率，在数据积累到一定数量之后，可以使用大数据技术，对信息进行更深层次的挖掘，为经营决策提供更丰富和准确的依据。

第五是利率定价自动化。农村金融机构可以通过互联网金融的大数据技术，建立一套完善的利率定价体系，使贷款利率与客户类别、贷款成本、承担风险和预期资金回报等信息相匹配，从而实现农村金融的普惠效应。

第六是物理网点虚拟化，基层网点匮乏是在农村地区提供金融服务面临的主要难题，而网点虚拟化正是解决这一问题的有效途径。网点虚拟化运用移动互联网技术手段，以方便的虚拟电子银行服务替代高成本的基层物理网点，在广大农村基层地区完成吸收储蓄、发放贷款、授信、支付等一系列服务。这种方式既扩大了农村金融机构服务的覆盖范围，又能够最大限度地节约成本。

第七是线上线下一体化。金融服务无论是线上还是线下，目的都是为客户提供最优质的服务，农村金融机构在利用线上服务的创新性与便捷性的同时，还要充分发挥自身在线下服务积累的优势，为农村地区客户提供线上线下一体化的普惠金融服务。

三、互联网金融思维在农村金融中的应用

互联网金融渠道和主体的多元化，正在改变农村金融机构的服务方式，丰富农村金融机构的经营手段。目前，互联网金融对农村金融的发展已产生以下几方面的影响：

（一）银行卡业务功能拓展

除具备消费、转账、存款、查询等基本功能外，农村金融机构将小额授信功能加载于银行卡上，客户可以自助办理贷款。这充分展现了小额贷款“自助办理、随用随贷”的特点，满足了个人借款客户融资申请手续简便、自助办理、轻松易贷等的需求。同时，银行卡用户可享受涉农产业商户联盟为持卡人带来的优惠折扣、保险保障优惠、涉农补贴发放、第三方产业政策支持等多项金融特色服务。

（二）移动支付兴起

手机银行大范围普及，使得移动支付业务受到全球关注。在我国，农村移动支付的试点工作也已开启，该业务能够为客户提供交易查询、账户关联、及时转账、贷款还款、账户挂失等功能。移动银行不仅能为客户提供便捷的支付方式，还能促进交易的达成和资金的流通，加快社会资源的分配，增加资本回报率。我国农村金融具有巨大的市场潜力，能带来良好的社会效应，因此，移动支付在农村金融领域的广泛应用将极大地促进普惠金融的发展。

（三）授信方式创新

在传统金融模式下，银行只能通过历史信贷信息判断授信对象的信用水平。而在互联网金融模式下，农村信贷机构可根据电子交易平台信息、物流信息、资金流信息等互联网大数据建立客户授信评级模型，综合判断授信对象的信用状况，授予其一定的信用额度。此外，信贷机构可以根据客户的信用状况、存款记录、评级情况等因素，实时调整授信额度和期限，以实现授信动态化。

（四）供应链金融服务创新

农村金融机构可借助互联网金融，结合当地产业特点，有效整合客户资源，为上下游企业提供“供应链金融服务”。在结合支付结算、融资借贷、资金管理等服务和产业链中企业的资金流、物流、信息流的基础上，拓宽金融服务范围，服务范围应涵盖供应链前端的原材料订单管理、中端的财务管理以及末端的物流、对账查询管理等，以实现银行和企业的深度融合。以安徽亳州的药都银行为例，该行重点打造了以亳州当地中药材及白酒企业为主的供应链金融服务。

四、农村金融体系植入互联网金融文化的主要障碍

目前，尽管农村金融机构正在尝试运用互联网金融思维，开展各种金融产品创新和金融机制创新，但是在实践中，要想在农村金融体系中植入互联网金融文化，还面临以下障碍：

（一）信息分散所导致的信息整合困难加大了互联网金融创新成本

授信是互联网金融促进普惠金融发展的重点，而精确授信需要建立在全面掌握对方

信息的基础上。因此，有效整合信息是推动农村金融植入互联网金融文化的重要因素。由于众多农村金融机构尚无能力整合信息资源，因此通过政府整合包括历史交易、医疗、社保、个人收入、家庭等在内的信息，建立评级系统，是提高风险管理水平和降低信贷风险的有效途径。但是，政府各部门业务具有复杂性和多样性，信息整合过程将不可避免地遇到各种阻力，信息的采集和整理面临很多实际困难。

（二）不当的政府规制和管理体制为农村金融体系应用互联网金融创新设置了障碍

由于农村金融和互联网金融市场尚不完善，必须运用政府规制来纠正市场失灵，维护竞争秩序。但是，农村金融的政府规制目前存在一定程度的滥用。对很多农村金融机构，尤其是农村信用社体系而言，由于特殊的省联社管理体制，不少应用互联网金融技术而进行的金融创新难以推行，省联社纵向一体化的行政干预使得农村信用社的互联网金融创新步调较慢，创新动力不足，创新行为甚至受到省联社的管制。同时，在应用互联网技术和信息技术方面，省联社的行动也存在很大的时滞，影响了金融创新的效率。

（三）信息技术的不完善导致了一定的风险隐患

在互联网金融模式下，农村金融机构需改变原有经营模式，将现有产品与服务开放在网络平台上。因此，信息技术的完善是互联网金融在农村金融中能够有效应用的关键。然而，目前的移动支付、手机授信等技术尚不完善，支付、交易系统存在较大安全隐患。网络瘫痪、数据容灾、网络外部的数字攻击等因素会导致整个网络的瘫痪。因此，互联网技术需要进一步提高以有效控制可能发生的各种风险。

（四）我国征信体系的不完善使得农村金融体系的授信效率受到影响

互联网金融的快速发展大大扩展了征信体系的数据范畴，使得建立完善的征信体系面临着诸多困难：首先，我国对互联网金融信息的使用尚无明确的法律规定，将这些信息纳入征信系统存在法律风险；其次，由于目前互联网金融机构的信用风险管理能力有限、信息安全管理水平不足，此类机构共享征信系统存在较大隐患。

关键术语

互联网金融	众筹	支付平台型互联网金融
融资平台型互联网金融	理财平台型互联网金融	服务平台型互联网金融

思考与讨论

1. 互联网金融兴起的社会、经济与技术基础是什么？
2. 互联网金融在中国主要有哪些模式？
3. 众筹模式的特点和优势是什么？
4. 互联网金融对金融创新产生了何种影响？
5. 互联网金融如何促进普惠金融发展？

6. 如何在农村金融发展中植入互联网金融文化?

本章参考文献

A Bachmann, A Becker, D Buerckner, et al. Online Peer-to-Peer Lending: A Literature Review[J]. Journal of Internet Banking and Commerce, 2011,16(2).

B Scholtens, D V Wensveen. The Theory of Financial Intermediation: An Essay on What It Does (not) Explain[D]. Working Paper, 2003.

F Allen. E-Finance: An Introduction[J]. Journal of Financial Services Research,2002, 22(1/2).

S Berger, F Gleisner. Emergence of Financial Intermediaries on Electronic Markets: The Case of Online P2P Lending[D]. Working Paper, University of Frankfurt,2008.

冯晶,张惠光,马朝阳. 浅析阿里小额贷款模式[J]. 时代金融,2013(5).

王曙光,等. 普惠金融——中国农村金融重建中的制度创新与法律框架[M]. 北京:北京大学出版社,2013.

王曙光. 互联网金融的哲学[J]. 中共中央党校学报,2013(6).

王曙光,孔新雅,徐余江. 互联网金融的网络信任:形成机制、评估与改进[J]. 金融监管研究,2014(5).

王曙光,张春霞. 互联网金融发展的中国模式与金融创新[J]. 长白学刊,2014(1).

王艳,陈小辉,邢增艺. 网络借贷中的监管空白及完善[J]. 当代经济,2009(24).

王毅敏,王锦. 网络借贷的发展及中国实践展望研究[J]. 华北金融,2011(2).

谢平. 互联网金融模式研究[J]. 金融研究,2012(12).

第十八章　农地金融创新

【学习目的】

- ◆ 对我国农村土地制度变革的内在逻辑有所了解。
- ◆ 对我国土地资本化给农村金融带来的影响进行深度思考。

【内容概要】

我国农村土地制度变革为农村金融的创新与发展提供了历史性机遇，在一定程度上缓解了困扰农村金融发展的抵押担保等瓶颈问题，并对农村金融发展提出了新的要求。本章对我国农村土地制度变革的历史逻辑进行梳理，同时对我国农村土地制度存在的问题以及改革的方向进行探讨。本章着重讨论了土地资本化给农村金融创新与发展带来的历史性机遇，并对如何实现农村金融与农地改革共赢发展提出了看法。

第一节　农村土地制度变革的历史逻辑起点

我国当前的农村土地制度是在改革开放四十多年的时间里逐渐形成并固化的，是我国整体改革逻辑中一个不可分割的部分。所以，要探讨我国农村土地制度变革的逻辑，就要搞清楚在中国改革的大逻辑中，农村土地制度到底扮演了什么角色。从整个中国改革的历史逻辑来看，可以概括为三个方面：

第一，是通过“故意”把价格搞错的方式，为我国改革和工业化提供资金。所谓“故意把价格搞错”，是指通过工农业产品价格剪刀差的方式、城乡要素价格（包括土地价格等）分离的方式，以及农民工和城市职工在工资及社会福利上相分离的方式（体现为劳动力市场价格的扭曲），为我国快速的工业化、城市化提供了基础和条件。在这个历史进程中，城市和工业部门获得了大量的租金，获得了廉价的农产品、廉价的城市发展和工业发展用地，以及廉价的劳动力要素，从而极大地加快了城市扩张和工业部门发展的速度，也为地方政府竞赛提供了大量的财政剩余（主要是由土地的级差地租带来的财政收入），这是地方政府的主要财政来源之一。

第二，是通过“故意”把产权搞模糊的方式，为实现工业化和城市化提供租金和要素支撑。产权制度的清晰化固然是交易的前提，然而产权的清晰化是一个历史的进程，是需要时间和成本的。因此中国改革的一个秘密在于，经济改革和发展往往是在产权尚未清晰的时刻开始的，初期的产权模糊化给经济发展带来了大量的租金机会，支撑着经济的快速发展。土地产权的模糊化是其中最典型的代表之一。土地产权的模糊化使得政府的土地征用成本降低，这为城市扩张和土地财政奠定了制度基础；同时，土地产权的模糊化和土地产权市场的不完善也支撑了一个隐形的社会保障体系，使得农民工在社会保障未能实现均等化的时代还能够保有一份安全感。因此很长一段时间以来，政府在农村土地产权（包括农民住宅）清晰化和农村土地产权市场完善化方面的动力与激励都很小，这一方面基于发展城市和工业部门的考虑，另一方面出于社会保障与稳定和谐方面的考虑。

第三，是通过“故意”把资源配置二元化的方式，将城市资源和农村资源人为割裂，从而在制度上鼓励农村资源向城市单向流动，来支撑快速的工业化和城市化。其中的典型代表是农村集体建设用地与城市建设用地的人为的二元化管理体制，导致农村集体建设用地与城市国有土地不能同等入市，不能实现同权同价。这种二元化土地管理体制导致的结果是农村集体建设用地难以得到高效率的利用，其经济效益极低且大多处于法律的真空状态。另一个典型的例子是农村金融的二元化。二元金融结构的核心在于城市金融吸纳了大量农村资本，形成了农村负投资现象，而大型商业银行和农村金融机构在一个很长的历史时期中仅仅扮演了农村资金“抽水机”的角色，从而形成城乡二元金融格局，这极大地影响了农民的信贷可及性，影响了农村经济的可持续发展。

明白了以上我国改革的历史大逻辑，就会清楚当前农村土地制度和农村金融制度的历史根源，从而找到未来改革的方向。从以上三个“故意”的历史条件出发，我们未来的使命是工农业要素市场和产品市场的一体化，建立统一的城乡土地市场，实现农村集体经营性建设用地与国有土地同等入市、同权同价，并赋予农民更多土地财产权利，从而实现城乡要素的合理流动与科学配置。

第二节　农村土地制度存在的问题及改革的总体方向

我国现行的农村土地制度是一种集体土地所有制下农民拥有承包经营权的制度，在这个制度框架下，集体拥有土地的所有权，从而拥有土地的发包权和处置权，而农民拥有土地的承包权、经营权、收益权和转包权。这种在十一届三中全会后逐步形成的农村土地制度，由于承认农民对土地的承包经营权长久不变，从而极大地激发了农民在土地上长期投入的热情，对于我国改革开放后农业生产的长期稳定起到了至关重要的作用。也可以这样说，如果没有农民的家庭联产承包制，就没有我国改革开放的发轫与成功推进。经过农村土地制度的不断调整和固化，我国农村土地承包关系逐步长期化，接近于我国古代的永佃制，这种稳定的带有永佃制特征的土地制度在总体上是有利于农村社会稳定和农业生产发展的，应该加以肯定并长期坚持。

但是这种制度在执行运转过程中存在很多问题，也引发了某些消极的后果。其中之一是这种承包经营权长期稳定的制度在土地流转权方面存在很大的问题，农民的土地在法律层面很难得到有效的流转，土地流转的市场机制没有形成，其法律程序也没有得到清晰和完善。在这种情况下，农民的经营权就很难转移到别的主体手中，这就阻碍了农村土地的规模化利用。而没有规模化的利用，就很难形成规模经济，现代化的农业产业和农业经营方式就很难在现有制度条件下得到发展。小农难以转化为大农，就难以抵御市场风险，难以融入大的农产品市场，也难以分享市场收益，从而导致我国小农经济下的农户很难获得应得的收入,难以分享改革开放和市场化带来的好处。这是由我国土地制度的历史条件所决定的。要使家庭经营向规模化的家庭农场、企业化的现代农业企业和有组织的合作社等现代经营模式转变,就必须完善土地流转市场和法律程序,使土地得到集约化和规模化的利用。土地流转方面的障碍也使得我国珍贵的耕地资源得不到有效的利用,很多耕地被闲置或者低效使用,远远没有释放土地应有的生产力。这对于中国这个土地资源稀缺的国家来说是一种巨大的浪费。

其中之二是在原有土地制度下,我国农民所享有的土地权利实际上仅仅是承包权和经营权(经营权很难转让),农民还不能充分享受现有土地的处置权、抵押权、担保权等权利;农民仅仅享有住房的所有权,住房很难被抵押;农民只享有宅基地的使用权,但收益权和转让权是不完整的,导致宅基地的财产功能难以发挥。农民不享有承包地的抵押权,土地就难以作为抵押物,仅仅作为一种耕种的对象,而不是一种活的资本,农民也难以通过土地的抵押获得融资支持。农民不能享有住房财权的抵押、担保、转让权,就难以获得住房的财产性的收益。

党的十八届三中全会明确了未来的改革方向,大致有三方面:一是赋予农民对承包地的占有、使用、收益、流转以及经营权抵押、担保权能,如此则可以使土地要素得到合理流转,为现代农业经营体系的构建奠定制度基础,同时农民所拥有的抵押和担保权也可以促使他们更多地获得银行的信贷支持,增强他们进入农村金融市场的能力。农民可以将土地承包经营权入股,组建土地股份合作社,既使生产经营规模扩大,有利于农业的规模化和集约化经营,有利于现代农业产业的培育,也可以使农民获得更多财产性收入。这方面的制度创新对于那些拥有承包经营权但又在城市务工的农民工而言非常有利,既增加了收入,又避免土地的闲置抛荒,可谓一举多得。二是赋予农民对承包地的占有、使用、收益、流转及经营权抵押、担保权能。党的十八届三中全会决定提出要保障农民集体组织成员权利,积极发展农民股份合作,赋予农民对集体资产股份的占有权、收益权、有偿退出权以及抵押权、担保权和继承权。三是推进农民住房财产权抵押、担保、转让,探索农民增加财产性收入的渠道。很多地区实施农民住房的确权和颁证工作,农民有了房产证,就可以拿去抵押,就可以获得银行信贷,这是对农民增收的最大支持。当然,上述改革的推进有赖于一个完善的农村土地和住宅产权市场的构建,来完成土地和住宅产权的确权、登记、定价和交易等诸项功能。

第三节　土地资本化给农村金融带来的机遇与挑战

党的十八届三中全会关于农村土地制度调整的一系列政策框架和设想,其目的有四个:一是实现土地的集约化和规模化利用,促使小农经济向规模化的现代农业经济转型,为农村经营体制的变革奠定制度基础,这是我国农民真正实现更大规模合作的制度基础;二是使土地得到更有效的利用,避免土地的大规模抛荒,既使农民获得更多的土地收益,又可以在此基础上使稀缺的土地资源得到更合理的配置;三是促使土地资产和住房资产转变为农民的活的“资本”,使农民的土地经营权和住房财产权可以实现抵押、担保等各项权利,增加农民的财产性收益,并使农民获得更多的信贷支持;四是通过城市和农村土地同地同权、同地同价,建立城乡统筹的土地产权市场,促进农村土地征用的规范化,使农民更多地分享城镇化和工业化的收益。

党的农村土地制度创新和调整的核心是土地的资本化和住宅的资本化,这将给我国农村金融供给带来极大的积极效应。在原有的农村土地制度下,农民缺乏可以抵押的资产,银行在考察农民的还款能力和评估银行信贷风险时,通常仅仅是根据农民的信用来考察,这使得农村金融机构在给农民贷款时心存疑虑。农民几乎没有银行认可的合格的可抵押物,与城市居民可以用自己的合法房产作为抵押物从而获得银行信贷不同,农民没有房产证,其承包地也不能抵押,所以银行对他们的贷款意愿很低。这也不足为怪,因为银行需要控制风险。我们往往把这种因为资金需求方的一些问题而导致的信贷不足称为"需求型金融抑制"。现在,土地的资本化解决了农民抵押物不足的问题。农民可以将农村土地的经营权和住宅产权作为抵押向银行申请信贷,这就极大地提升了农民的信贷可及性,并极大地推动了农村金融机构向农村的放贷,由此撬动的银行信贷每年会多达数万亿元,对于我国普惠金融体系的构建意义重大。同时,集体建设用地也可以用来抵押和担保,这对银行信贷的撬动能力更大。

农村土地制度变革所引发的农村经营制度的转型与升级,对农村金融发展提供的机遇也许更大。党的十八届三中全会提出要通过土地的合理流转,促进土地向家庭农场、种养殖大户、合作经济组织和现代农业企业这四类现代化的农业经营主体集中,这必将使得我国农业经营体制发生根本性的变革。这些规模化的"大农"的金融需求,比原有的那些原子化的"小农"更旺盛,金融需求的规模更大,类型也更加多元化,这给农村金融机构扩张和金融产品创新带来很多机遇。当前,农村金融机构对家庭农场和农民专业合作社以及种养殖大户的信贷力度还不够,其金融产品的开发力度也不够,应该说有极大的发展空间。因此,农村金融机构和商业银行应该加大对土地制度变革后农村新型经营主体信贷需求特征的研究,大力开发新的金融产品,以满足其强烈的金融需求。

在强调土地资本化给农村金融发展带来的机遇的同时,我们也应该充分认识到在这个过程中农村金融机构所面临的风险和挑战。我们要认识到,在现有的法律制度和社会保障制度以及市场条件下,农村土地经营权的转让还存在很多实际操作层面上的困难,农村住宅的抵押和担保也存在很大的障碍。如果一家银行接受一个农民的土地经营权或者住宅作为抵押物,一旦农民不能还款,则银行将获得土地经营权和住宅的产权,由此造成的农民土地经营权的丧失和住宅产权的丧失的后果是非常严重的。如果没有一个完善的土地评估机制和农村住宅评估机制,土地和住宅的价值就很难被科学评估,这也就使得银行很难由此确定信贷风险和信贷规模。如果没有一个完善的土地和住宅产权的交易市场以及规范的交易机制,农民抵押权的实现和土地住宅的资本化就很难落地。如果没有一个完善的社会保障体系,农民在不能还款的情况下丧失土地和住宅,其生活就难以保障,农村社会的和谐与稳定必然受到影响。而且,中国农民拥有的土地规模非常小,人均一两亩耕地带来的收益是非常低的,以这些狭小的耕地作为抵押物向银行申请信贷,对于银行而言其价值极小,不足以激发银行发放信贷的热情。因此,假如仍然以小农的狭小地块作为抵押物,虽然在理论上和法律上可以算是合格的,但是在现实当中这些微不足道的抵押物所能撬动的银行信贷是极为有限的。基于这个理由,我们一直强调,单纯试图以小农土地经营权作为抵押物来撬动农村金融需求,在实践中是很难操作的,这里面既有土地收益低从而抵押价值小的原因,也有社会保障和社会稳定方面的原因,因此在这方面农村金融机构不要盲目乐观,而要谨慎研判,谨慎推进,政府也要在产权市场建立和社会保障制度完善方面有突破性的、实质性的举动。

第四节　实现农村金融与“三农”共赢发展的政策选择

近年来,中央政府对农村金融的支持力度很大,而且随着农村经济的深刻转型,农村金融发展所面临的环境日趋好转。政府通过各种政策扶持,不断丰富农村金融服务主体,加大涉农资金投放,发展农村普惠金融,加大对发展现代农业重点领域的信贷支持,培育农村金融市场。社会公众和农村金融机构释放了一个强烈的信号:政府将通过更加灵活和优惠的扶持措施、更具市场化特征的制度手段、兼具农村发展与扶贫的均衡性政策框架,来大力推动农村金融的改革与发展,从而为农村经济复兴、农民增收和农业产业转型升级注入强大动力。

在新的政策框架下,农村金融机构面临的竞争将加剧,农村金融机构的多元化市场竞争结构将加快形成。未来的趋势必定是农村金融的供应主体更加多元化,一个崭新的包含大、中、小、微不同层次的农村金融机构的新谱系正在形成,商业金融机构回归农村的态势明显。这是好现象。随着农村金融改革的不断推进,我国农村金融的谱系逐渐完善,尤其是一些新型微型金融机构的出现,极大地丰富了农村金融供给主体,对我国农村金融发展和农民增收意义重大。近年来,微型金融发展与创新层出不穷,互联网金融的出现为微型金融发展注入新的活力,微型金融发展对缩小城乡人均收入差距起到明显的作用。中国的数据支持库兹涅茨曲线效应的假说,即随着金融发展,我国人均收入差异(以基尼系数为衡量指标)起初有扩大的趋势,在后期才会逐步出现下降的趋势,整体上这条曲线呈倒U形。如果要使得库兹涅茨曲线更加平滑,基尼系数差异更小,就必须大力发展微型金融,鼓励微型金融向弱势群体放贷,这是全世界的研究者所发现的共同规律。

发展普惠金融是党的十八大报告和十八届三中全会提出的重要战略举措。发展普惠金融的要点是要满足农村日益多元化的融资需求,这就要深入研究不同主体的融资结构和风险特征,并开发相应的金融产品。随着城镇化的深入推进和城乡一体化的发展,农村金融的需求日益旺盛和多元化,农业企业、种养殖大户、家庭农场、农民合作组织以及农村小微企业等都有强烈的融资需求。这些主体尤其是合作社和家庭农场等新型农村经营主体的融资需求旺盛,对金融产品的需求比较多元化,这对农村金融发展而言是一个大好机遇。同时,发展普惠金融最关键的一点是要满足欠发达地区农民的融资需求,以此促进我国区域经济的协调发展,避免收入差距拉大。大量调研发现,经济欠发达地区和人均收入较低的农民的金融需求更为旺盛,这对欠发达地区的农村金融发展提出了迫切的要求。这个结论似乎与我们的常识相反,我们一般认为经济发达地区和收入较高的农民融资需求强烈,但是事实上那些经济不发达地区和低收入农民的融资需求更旺盛,他们所面临的资金瓶颈约束也更严重。未来要加大政策扶持力度,填补欠发达地区的农村金融服务空白区,要鼓励农村金融机构到这些地区开展金融服务,增大扶贫开发的力度。这在少数民族地区尤为重要,涉及我国的民族团结与民族和谐发展问题。

未来政府必将加大对发展现代农业重点领域的信贷支持。对于涉农金融机构来说,这个使命是责无旁贷的,也是涉农金融服务自身发展壮大很好的抓手。以金融手段支持现代农业发展,首先要注意相关配套政策的落实,比如说土地政策。随着土地资本化和土地制度变革的深度推进,困扰农村金融供给的瓶颈问题如抵押和担保问题得到了极大缓解,极大地促进了农村金融领域的产品创新。农民的土地经营权市场逐渐发育,土地流转、土地抵押、土地担保等形式逐步完善。没有土地的流转和规模化使用,是不可能有现代农业的。其次,要关注整个农业产业链的构建。现代农业是一条完整的产业链,种子培育体系、科技推广体系、农机服务体系、灌溉体系、生产作业体系、仓储体系、物流体系、营销体系等,环环相扣,缺一不可,农村金融机构要在整个产业链上展开布局,不要局限在一个产业局部下功夫。最后,现代农业体系的金融支持还是一个综合性的金融问题,不单是信贷问题,而且包括信托、担保、农机租赁、农业保险、农产品期货、农业产业投资基金等其他金融形式,这些金融形式要相互配合,才能有好的效果。

总体来说,我国现代农村金融制度的建设正在进入快车道。一个产权多元化、规模多层次、多类型、可持续、广覆盖的现代普惠型农村金融体系正在加快形成。当前,政府支持农村金融发展的政策正在体系化和配套化,其中鼓励社会资本参与、降低农合行和农商行的存款准备金率、完善扶贫贴息贷款政策、推动偏远乡镇基础金融服务全覆盖、完善农业保险机制、完善涉农贷款财政奖励等政策措施,为农村金融的发展提供了制度保障,农村金融发展也将迎来难得的历史机遇。

关键术语

土地流转　土地承包权　土地经营权　土地收益权　土地产权交易
土地资本化　土地抵押　土地担保　规模化经营　现代农业产业链

思考与讨论

1. 如何理解我国农村土地制度变革的历史逻辑?
2. 我国土地制度变革的趋势是什么?
3. 土地资本化能够解决我国农村金融中的抵押担保问题吗?
4. 土地资本化对农民会产生什么影响?
5. 如何实现农村金融与“三农”改革的共赢?政府在政策体系的顶层设计方面应该做哪些工作?

本章参考文献

王丹莉.从非自觉到自觉:中国百年农民合作历程透视[M]//农本(第一辑).北京:中国发展出版社,2012.

王曙光,等.普惠金融——中国农村金融重建中的制度创新与法律框架[M].北京:北京大学出版社,2013.

王曙光.告别贫困——农村金融创新与反贫困[M].北京:中国发展出版社,2012.

王曙光.农本——农村土地变革:理念与实践(第三辑)[M].北京:中国发展出版社,2014.

王曙光,王丹莉.农村土地改革、土地资本化与农村金融发展[J].新视野(双月刊),2014(4).

王曙光,张棋尧.开启农金梦 迎来新春天:制度变革拓宽农村金融发展新空间[J].中国农村金融,2013(23).

第十九章　我国农业供应链金融的模式创新

【学习目的】

◆ 供应链金融是现代农业金融的重要组成部分，学习本章的重点，在于深刻认识我国发展农业供应链金融的重要意义和必要性，并了解我国农业供应链金融发展创新的主要模式。

【内容概要】

乡村振兴战略和农业供给侧结构性改革促进了农业一二三产业融合发展和农业产业链的完善，为农业供应链金融提供了制度条件，而物联网、互联网以及金融科技创新则为农业供应链金融提供了技术条件。近年来，我国大型农业生产制造和物流仓储企业、商业银行和政策性银行、农业互联网电商企业等在农业供应链金融方面进行了大量的金融创新，创造了多元化模式。未来我国应在银行信息处理、农业和农村信息基础设施建设、农村信用体系和信息共享平台建设、仓单银行机制和农村产权交易机制建设等方面进一步深化改革，促进农业供应链金融健康快速发展。

一、引言：农业农村金融和农业产业的现状

随着我国乡村振兴战略的深入实施和农业供给侧结构性改革的深入进行，我国农业农村金融体系发生了深刻的变化。近年来，在乡村振兴战略的引领与推动下，我国农村经营制度和土地制度的变革与创新明显加快，新型农村经营主体的发展壮大引人注目，土地流转和土地信托等土地制度也在农村悄然孕育并迅速推广（王曙光，2018）。这些制度变革与创新既对农业农村金融提出了新的挑战，也预示着农业农村金融发展崭新的机遇与前景，从而倒逼农业农村金融不断通过技术创新和产品创新，促使农业金融机构不断改变其产品的结构、运作的流程及其与客户互动的方式，以适应农业农村发展的新要求。

农业供给侧结构性改革也使得现代农业体系不断得以发展完善，农业的产业化速度与规模空前提升，农业一二三产业融合的趋势更加明显。现代农业是一个业态融合的概念，即一二三产业突破传统的产业界限而实现高度融合和高度整合，不同的业态相互交叉渗透、相互促进激励，彼此成为对方转型发展的条件与助力，彼此为对方提升边际产出价值（王曙光，2019）。在现代技术尤其是互联网技术的推动之下，产业界限的消弭和融合成为一种新趋势，这一趋势正在对现代农业的产业形态、产业发展模式和增值模式产生深刻的影响。而农业供给侧改革的根本目标是提升现代整个产业链的效率，并同时保障农业全产业链的可持续性与安全性。在农业一二三产业融合的过程中，由于应用了现

代信息技术(包括互联网技术、物联网技术和大数据云计算技术等),深刻改变了农业养殖种植业、农业加工制造业和农业文化旅游服务业的业态(包括生产制造方式和服务提供方式以及组织形式),使农业各产业链的内在联系空前加强,并极大地降低了信息不对称和信息不完全的成本,从而为提升各产业的边际产出价值以及加强各产业之间和各企业之间的纵向一体化协作提供了产业组织基础。现代农业一二三产业融合和产业链的形成,为农业农村金融带来了新的发展机遇,使供应链金融与产业链金融应运而生,为解决中小企业和新型经营主体以及农户的融资难问题提供了新的途径。

二、有效开展农业供应链金融的制度条件和技术条件

农业供应链金融就是农业农村金融机构将农业核心企业及其产业上下游的企业和其他参与者加以整合与联结,通过它们之间相互的产业关系和财务联系而创造相应的金融产品与服务,提升整个农业产业链上所有企业和参与者的信贷可及性,同时农业农村金融机构利用它们之间的产业和财务关系并运用新的金融科技与信息手段,极大地提高信息的完备性和对称性,有效降低融资风险。供应链金融的视野不再只是局限于对单一企业进行融资服务,而是着眼于一个“系统”展开金融服务,着眼于通过这个系统中各个主体的相互关系而创造新的金融产品,并通过它们之间的关系确保信贷的安全性。然而要有效开展农业供应链金融,需要具备一定的制度条件和技术条件,这些条件主要是:

(一) 农业企业的发展和企业制度的发育

农业企业尤其是龙头企业的成长以及企业制度本身的完善,是供应链金融发展的重要前提。一个大型农业企业(无论这个农业企业是加工制造业、农产品电子商务企业还是物流企业)的诞生,往往意味着在它的周围会带动出一大批上下游产业,这些企业的成长,能够构建一个集生产商、物流商、分销商、仓储机构等为一体的产业集聚体。农业农村金融机构就可以以龙头企业为核心,根据其供应链关系而构建供应链金融体系。近年来,随着农业产业化的发展,随着各种市场要素集聚作用的加强,我国农业企业正在迅猛发展,并形成了一批具有市场竞争力和完整产业链的大中型农业企业,这些农业企业对于上下游产业的整合能力正在迅速增强。这些龙头企业中,既有实力雄厚的农业加工制造企业,也有大型的农业物流仓储和农产品电子商务企业,这些企业不仅规模较大,其产业整合能力也非常强,这就为供应链金融的开展提供了有力支撑。

(二) 农业企业命运共同体和产业链的构建

随着我国农业产业化和农业要素市场化的推进,农业企业之间的交易更加频繁,其经济和技术联系更加紧密,从而天然形成相互依赖、相互促进、相互渗透的紧密的命运共同体关系。这一紧密的命运共同体使得农业产业链条上的各个主体出于各自利益的考虑,愿意以自己的信用为对方增信,愿意以自己的风险承担行为为对方降低风险,从而达到共荣共生的目的。商业银行正是利用了这一共同体关系,设计出产业链上下游企业之间、企业与合作社以及农户之间的特定财务关系纽带(如相应的抵押、质押、担保、保险、信托关系等),为降低银行的信贷风险提供各种保障机制。

（三）金融科技与信息技术的发展以保障农业信息的完备性和即时性

商业银行在服务于数量庞大的农业主体（尤其是中小农业企业、合作社、家庭农场以及农户）的过程中，最大的困难和挑战来自信息，因为农业的信息极为分散且不对称，而且信息获致成本在传统模式下是非常高的。在以往农业各产业链条和各经营主体之间的关系尚不紧密的时候，在它们之间的信息传递是缺乏效率的，因而农业各产业链条和各经营主体之间的信息是不对称、不完备的，相互之间不能获得有效的即时的信息。在这种情况下，一个饲料生产商就难以为养殖合作社或养殖户提供担保，一个蔬菜加工制造商就很难为一个蔬菜生产合作社或菜农提供担保。但是在密切的共同体关系和产业链关系中，农业企业之间、农业企业和其他农业经营主体之间的信息更加对称和完备，同时随着互联网和物联网技术的不断普及，农业企业之间的信息交流更加有效，信息的完备性、正确性和即时性大为增强。一个仓储物流企业和农业电子商务企业可以很容易获得关于自己的客户的所有信息，而这些信息不仅是对称的（可靠的），而且是即时的（可以以低成本迅速获得），从而使得一个商业银行能够在金融科技和信息技术的支撑下借助这些信息正确评估客户信用并有效控制信贷风险。

（四）农业生产的组织化

一个有效的农业供应链金融体系必须与规模化农业和产业化农业相联系，而不可能建立在一个细碎化的、原子化的、分散化的农业组织之上。因此，在原来的传统小农体系之下，注定很难发育出比较成熟的农业供应链金融体系。当前，随着我国农业和农村的发展，农业新型经营主体的发展十分迅猛，小农经济正在逐渐被有组织的大农经济所取代，而家庭农场、大型中养殖户、农民合作经济组织等，在经济联系和制度架构上更容易与大中型龙头企业相对接，更容易与其他经济要素相对接，这就为供应链金融的实施提供了农业组织条件。而同时，规模化农业经营组织对接小农户的能力也在逐步增强，这就为供应链金融服务于农户提供了制度组织条件。比如一个牛奶加工企业可以与很多个具备一定规模的家庭农场、养殖大户和养牛合作社进行对接，而这些家庭农场、养殖大户和养牛合作社又可以通过各种产权和要素联结的形式与农户对接，从而使得商业银行服务于农户有了现实可能性。在实践中，牛奶加工企业可以为奶牛养殖大户和奶牛合作社进行担保，从而使它们获得商业银行的贷款，而奶牛养殖大户和奶牛合作社可以通过各种形式再进一步带动小农户的发展。

（五）银行抵押担保机制的完善和金融产品创新能力的提升

商业银行要利用供应链金融拓展自己的金融服务，首先就要洞察自己所在区域的农业产业发展状况和农业产业链的构成状况，从而为系统性地设计供应链金融产品和流程奠定基础。同时，供应链金融要求银行不断灵活创造新的抵押担保机制，比如针对渔业的滩涂抵押机制、针对林业的林权抵押机制、针对养殖业的抵押机制等，还要为各主体之间灵活的担保关系创造条件，用不同的抵押担保产品适应不同的农业企业和农业经营主体的需要。

（六）银行信息管理系统、信用评估系统和风险预警控制系统的变革

商业银行的核心是风险控制。在新的互联网、物联网等信息科技条件下，银行获得

信息的成本大为降低,银行的信息渠道也空前拓展。商业银行应具备较高的金融科技创新能力,具备完善的金融科技硬件和软件设施,要与各个农业电子商务平台、物流平台、仓储平台、大型企业等主体充分分享信息,接入相关端口,有效获得有关客户的信息。同时,在新的科技条件下,商业银行要大力改造自己的信息管理系统、信用评估系统(模型)、风险预警和风险控制系统,以增强自己的信息处理能力和风险处置能力。

（七）农村农业产权交易体系的完善

农业供应链金融体系要成功有效运作,就必然涉及抵押物的处置问题,就必然涉及产业链上下游企业之间以及企业与银行之间的产权交易问题。这就要求农业农村必须建立完善的产权交易体系。当前,我国农业经营各要素的产权交易机制正在逐步形成和完善,各地因地制宜,建立了很多农村产权交易所,通过即时的信息披露、规范的契约文件、产权交易双方平等的交易关系,实现农村农业各要素的合理流动和有效配置。这为供应链金融实施后商业银行和其他参与者之间的产权交易奠定了制度基础。

从以上分析可以看出,随着我国农业产业化、组织化、企业化、市场化、信息化的深入推进,随着农业供给侧结构性改革、乡村振兴战略的实施,随着商业银行经营机制的变革和金融科技的广泛应用,我国农业供应链金融体系虽然还面临一些挑战和困难,但基本具备了比较好的发展条件,可以说,农业供应链金融迎来了发展的黄金时代。

三、我国农业供应链金融发展的基本模式与制度创新

（一）我国农业供应链金融的基本模式:从核心企业的类型来分类

我国农业供应链金融的发展模式呈现多样化特征,从参与供应链金融核心企业的角度来说,大概可以分为四类,兹将这四类的特点、运作模式及其优势分述如下:

1. 以上游的农业生产资料供应企业为主体和核心的供应链金融

改革开放以来,我国一大批大型农业生产资料供应企业不断发展壮大,涉及化肥、农药、种子、饲料以及其他重要农业生产资料的生产和供应。这些企业在长期的经营过程中,与大量种植户、养殖户、合作社和农业企业形成了稳定的交易关系,因此对这些下游客户的经营信息和财务信息有着比较准确的把握和判断。这些上游的农业生产资料供应企业出于为稳定自己的供应链客户的考虑,希望与下游的种植户、养殖户、合作社和农业企业形成牢固的命运共同体,因此它们愿意在商业银行的供应链融资服务中为这些下游客户充当担保人,同时也可能利用自有资金通过供应链融资为这些下游客户直接提供融资服务。实际上,传统上上游农业生产资料供应企业对下游客户(主要是种养殖户)的赊销行为,也是一种供应链金融服务。

2. 以下游的农业加工制造企业为主体和核心的供应链金融

农业加工制造业处在农业产业链比较靠顶端的位置,它的上游产业是农业原材料供给者(主要是种养殖户、农业合作社以及家庭农场)。农业加工制造业通过长期与种养殖户等客户的购买关系,积累了大量关于客户产品数量和质量的信息,它们可以基于双方的信任关系与客户形成比较稳定的订单关系,从而使得上游的种养殖户可以获得稳定的预期收入。无论农业加工制造企业获得的巨量的客户信息,还是它给种养殖户(以及合

作社)提供的订单,对于商业银行的供应链金融而言都具有极大的信用评估价值、风险甄别价值和担保价值。在商业银行的供应链金融服务中,处于核心地位的加工制造企业既可以为商业银行提供有关种养殖户的财务和经营的信息,也可以直接为种养殖户进行担保,还可以通过开立订单,使种养殖户可以持此订单向商业银行作抵押(应收账款抵押)而获得银行的贷款。这一形式的供应链金融在粮食等行业已经获得比较普遍的应用,粮食加工制造企业在其中扮演了重要的角色。

3. 以农业物流仓储企业为主体和核心的供应链金融

物流仓储企业既联系着产业链上游的种养殖业(实践中以种植业居多),也联系着下游的销售端、加工制造端。一个物流仓储企业的最大优势,是它掌握的关于种植者和加工制造者的存货信息,这些存货信息是银行判断这些种植者和加工制造者的信用状况及财务状况的重要依据。在以农业物流仓储企业为主体和核心的供应链金融中,商业银行可以通过农业物流仓储企业开立的关于客户存货的仓单(载明客户存货的质量和数量)来判断这些贷款需求者的信用,客户也可以持仓单作为抵押向银行申请贷款,一旦某个客户违约而难以偿还贷款,这个仓单所依据的存货可以被拍卖或进行其他处置;由于仓单具有标准化合约的性质,其本身可以被贴现、再贴现或者在二级市场上转让,这本身也构成供应链金融的一部分。而由于物联网发展的突飞猛进,存放在物流仓储机构的存货信息可以被商业银行以及其他上下游客户直接观察到,确保了存货信息的即时性、完备性和对称性,从而使商业银行供应链金融的风险大大降低。

4. 以覆盖农业全产业链的互联网电子商务企业为主体和核心的供应链金融

互联网电子商务企业的客户主要是农业中小企业,这些农业中小企业以及个体种养殖户将自己的农业产品借助互联网电子商务企业进行销售,他们的销售信息、现金流信息、客户对其进行的质量反馈信息等,都会即时地、毫无损耗地、完整地反映到互联网电子商务企业的后台,而互联网电子商务企业获取这些信息几乎是没有任何成本的,这是互联网电子商务企业进行基于互联网的供应链金融服务的最大优势。互联网电子商务企业可以利用这些信息直接对农业中小企业进行信贷服务,它们可以通过云计算技术对相关信息进行处理,对客户进行分层,对客户的结构和融资需求进行科学分析,从而开发有针对性的金融产品。当然从理论上来说,互联网电子商务企业也可以应中小企业和商业银行的要求而出售这些信息(大数据),通过信息(大数据)的提供而获得收益,从而支持商业银行的供应链金融服务。

(二) 我国农业供应链金融的基本模式:从融资主体的类型来分类

从承担融资的主体来看,农业供应链金融的融资主体也是多种多样的,主要是以下四种:

1. 以商业银行为融资主体的供应链金融

商业银行仍然是最重要的供应链金融的融资主体,其优势在于商业银行实际上几乎可以为所有的农业经营主体和农业企业(包括互联网电子商务企业)提供融资服务,在这个过程中自然与所有农业经营主体和农业企业形成了牢固的交易关系。商业银行提供农业供应链金融服务的基础是商业银行对各地农业产业链的深刻理解以及对产业链上各企业经营状况的全面把握,同时也需要商业银行能够具备对基于互联网和物联网的大数据进行正确分析并进而设计相应的金融产品的能力。

2. 以互联网金融机构为融资主体和形式的供应链金融

近年来以众筹为代表的互联网金融在中国得到了长足的发展,并随着我国法律法规的不断完善而逐渐规范化。互联网金融具有成本低、规模效应强等线上优势,互联网金融机构依托相关大数据对农业产业链上的各个企业进行供应链金融服务,创造了与商业银行完全不同的信贷模式,但是其抵押机制(如仓单抵押)和担保机制(如利用上下游产业之间的关系进行担保)的基本原理则无二致。实践中,互联网金融为融资主体的供应链金融也常与商业银行的线下优势相对接,从而与银行形成供应链金融中彼此合作的关系。

3. 以农业企业为融资主体的供应链金融

以农业企业为融资主体的供应链金融包括农业生产资料供应商和农业养殖企业提供的供应链融资服务以及农业物流仓储企业提供的供应链融资服务。与商业银行相比,农业企业与农业上下游产业的联结更紧密,所获得的信息以及获取信息的渠道更可靠,因此在供应链金融中具备一定的优势。但是农业企业作为融资主体的供应链金融,在资金、金融经营经验以及融资的规模效应上与商业银行相比有一定的劣势。

4. 以电子商务企业为融资主体的供应链金融

电子商务企业为融资主体具备信息(大数据)优势和线上融资的成本优势,同时又具备对巨量农业产业的极强的整合能力、渗透能力、延展能力,可以说以电子商务企业为融资主体的供应链金融是一种全产业链的、全功能的供应链金融,既可以独立进行供应链金融的运作,也可以与其他种类的融资主体合作进行供应链金融服务。

（三）我国农业供应链金融的典型案例

以农业种养殖企业为核心和融资主体的农业供应链金融的典型代表是大北农集团。在数年前提出的“智慧大北农”战略的引领下,大北农集团在生猪养殖和相关生猪养殖服务的基础上,建立了由服务养殖户的“猪管网”、服务经销商的“智农网”、对各类客户进行金融服务的“农信网”,以及生猪交易服务交易平台和金融服务移动端“智农通”构成的一个庞大的互联网平台,凭借其在全产业链上的大数据优势和线下服务优势(这是大北农集团与互联网电子商务企业相比最具优势之处),为整合和贯通整个生猪产业链(包括生猪养殖管理服务、养殖农资销售、养殖户融资服务、客户理财服务、网络结算、数据分析)奠定了基础。大北农集团的“农信金融”利用农信云、农信商城积累的巨量的客户大数据,构建了渗透生猪产业上下游客户的风险可控、覆盖全面、财务可持续的农村普惠金融体系(王铁军,2015)。大北农集团利用供应链金融体系而为客户量身定做的“农富宝”(理财产品)、“农信贷”(农业贷款产品)、“农付通”(第三方支付产品),为我国农业供应链金融的创新提供了可供参考和复制的成功模式。

以农业生产资料供应商为核心和融资主体的农业供应链金融的典型代表是新希望集团。新希望模式包含希望金融、普惠农牧担保、保理业务、新网银行以及与开发银行合作的养殖户小额贷款等部分,其中希望金融整合农牧供应链上下游产业,为小微企业和种养殖户提供融资服务和财富管理;普惠农牧担保依托新希望集团的农牧业产业链,为农牧民获得商业银行贷款而进行担保服务,从而与从事供应链金融的商业银行形成战略合作；保理业务则为农牧产业链上下游客户提供综合金融服务，为合作社/养殖户、经销商等提供融资保理服务，为融资困难的核心企业提供担保保理，为有优质应收账款的优质企业提供居间保理服务；新希望集团还建立了新网银行，以互联网金融为载体，以"移动互联"作为特定战略，为中小微企业和"三农"客户提供融资；新希望集团与国家开发银行合作，开创"农业产业链养殖户小额贷款"模式，发挥其农业产业链优势，全面参与项目评审、融资担保、贷后管理等业务流程（王中，2013）。

以互联网电子商务企业为核心和融资主体的农业供应链金融的典型代表是阿里金融模式。阿里金融利用在线上所获得的大数据对农业全产业链的小微企业和种养殖户进行小额贷款，是国内互联网电商平台中进行小额贷款最早和最成功的案例之一。以农业仓储物流企业为核心的农业供应链金融模式在中国较多，这类模式往往以商业银行为融资主体，而物流仓储企业通过互联网和物联网技术为融资提供担保和信息服务以及仓单银行服务。以上两种方式都比较常见，不再赘述。

四、我国未来农业供应链金融发展要注意的问题

综上分析，我国农业供应链金融发展可谓正当其时，其发展模式正逐渐成熟，而商业银行、互联网电商平台、农业企业等为开展供应链金融而开展的制度创新则方兴未艾。当然，今天我国的农业产业化程度还不算太高，整个农业产业链的整合效应还有待加强，农业供应链金融的综合风险防控能力还有待提升。未来在农业供应链金融方面还需要特别注意以下问题：

第一，商业银行要特别注重强化自身的信息处理能力，要基于互联网和金融科技，大力完善风险控制机制，要对农业产业链风险进行科学预判和严格管控。

第二，要加快农村信用体系建设，政府、银行、互联网平台、农业企业等要加强合作，对种养殖户、农业合作社和农村中小企业的信息进行整合，各个供应链金融的参与者要建立信用信息共享与处理平台，共同防范金融风险。加强商业银行与电子商务企业、物流仓储企业之间的业务联系和后台沟通，实现大数据的共享。

第三，要加强信息基础设施建设，在农业领域实施互联网和物联网全覆盖工程，为供应链金融的融资主体提供更即时、便捷、安全、全面的信息服务。

第四，要进一步完善仓单抵押机制、农业保险机制、农村产权交易机制、土地流转制度等，为农业供应链金融的开展提供制度基础。

关键术语

农业供应链金融　农业一二三产业融合
农业产业链　现代农业
农村金融　互联网金融

思考与讨论

1. 谈谈我国发展农业供应链金融的必要性和重要意义。
2. 我国农业供应链金融发展的前提条件是什么？
3. 谈谈我国农业供应链金融的主要创新模式及其运作特点。
4. 我国未来要进一步发展农业供应链金融,需要在哪些方面有所改进？

本章参考文献

王曙光. 论中国农垦一二三产业融合发展战略[J]. 新疆农垦经济,2019(6).

王曙光. 中国农村[M]. 北京:北京大学出版社,2018.

王铁军. 农信互联:构建农业互联网金融生态圈[J]. 农经,2015(7).

王中. 现代农业产业链中的农户小额贷款运行模式分析—— 以新希望集团有限公司为例[J]. 农村经济,2013(1).

第一版后记

近年来,农村金融研究颇受学术界重视。2006年,我在北京大学经济学院首次开设了“农村金融学”课程,这是综合类院校第一次正式开设农村金融学本科课程,选课同学的踊跃程度既让我感到欣慰,也使我感到肩上的责任重大。2006年,恰逢《农村金融与新农村建设》出版(王曙光等著,华夏出版社),我就暂时把这本书作为农村金融学课程的教材。但毕竟这本书是一本研究性的专著,在体系和体例方面与教材差别很大。因此,我决心集中精力,尽快组织撰写出一本适合本科教学、体系完善而系统的教材。

现在呈现在大家面前的,是我们这个研究团队集体劳动的结晶。全书由王曙光设定总体框架和各章节内容概要。全书分七篇,共二十一章。写作分工如下:第一篇“总论”、第二篇“农村合作金融”、第五篇“农村小额信贷”、第六篇“农村中小企业融资”由王曙光负责,第三篇“农村民间金融”由中国农业银行乔郁负责,第四篇“农业政策性金融”由山东大学于凤丽教授和中国农业银行乔郁、陈强负责,第七篇“农产品期货市场”由国务院发展研究中心高伟副研究员负责,金旭毅承担了第五篇第十三章和第十四章初稿的大量写作,李时宇和陈瑾编写了第五篇的小额信贷案例研究专栏,姜晓晓和张杨分别承担了第十六章和第十七章初稿的写作。在初稿完成后,由王曙光进行最后的体例与格式的统一工作,并对内容做最后的校订。教材的编写前后历时近两年,衷心感谢这个研究团队的每个人对这本教材的辛勤付出。

我在北京大学经济学院的农村金融研究得到了刘伟院长、孙祁祥副院长、黄桂田副院长、金融系主任何小锋教授和中国金融研究中心主任胡坚教授的支持和帮助。不论是农村金融学课程的开设,还是北京大学金融与产业发展研究中心农村金融研究所的建立以及各项学术活动的开展,没有这些前辈的支持是不可能实现的,在此谨致衷心感谢。

学术界前辈与同仁以及金融主管部门领导在作者的农村金融研究中也给予了宝贵的支持与指导,并为作者提供了很多学术交流的机会。在此,对中国人民银行研究局副局长焦瑾璞研究员,中国社会科学院农村发展研究所副所长杜晓山教授、胡必亮教授、李静研究员,亚洲开发银行首席经济学家汤敏博士,天则经济研究所茅于轼研究员,北京大学国际关系学院潘维教授,商务部国际经济技术交流中心白澄宇先生,国务院发展研究中心陈剑波研究员、来有为研究员,中国人民大学农业与农村发展学院温铁军教授、马九杰教授等同仁和朋友的支持表示衷心感谢。中国人民银行研究局苏淑惠女士为作者参加农村金融学术会议提供了很多支持,特致谢意。另外,华夏出版社陈小兰主任、李雪飞老师,北京大学出版社陈莉博士、林君秀主任、高秀芹博士、符丹先生、王花蕾博士对作者学术成果的出版给予了特别的关注与支持,谨致谢意。

在作者写作教材过程中,许多朋友和学生为作者的学术研究和写作提供了很多协助。李伟群先生与姚忠福先生多次参加本教材的讨论,尽管由于时间原因并未实际参与写作，但是在讨论过程中所贡献的建设性意见拓清了本教材写作的很多思路。特别感谢北京大学金融与产业发展研究中心慈锋，北京大学中国经济研究中心邓一婷，清华大学公共管理学院王东宾，清华大学人文学院阚方圆，中国人民银行研究生院万虹麟，美国哥伦比亚大学黄冰洁，美国宾夕法尼亚大学沃顿商学院 Jonathan Richter、温则圣，北京大学经济学院姜晓晓、王浩、张杨、江雁、姚晓阳、金旭毅、姚奕、陈瑾、郭欣、黄洁、李婧谦等在作者学术研究和农村调查中所给予的积极协助以及与作者的建设性的学术交流。邓一婷和姚奕作为农村金融学课程的助教，承担了很多琐碎的工作，尤应感谢。

北京大学出版社任旭华编辑和我的老友朱启兵编辑对本书的出版付出了艰苦的劳动，谨致谢忱。

作为国内第一本农村金融学教材，本书不论是体例方面还是内容方面必然还存在很多缺陷，恳请学术界和金融业界同仁提出建设性的意见，以便进一步修订。

王曙光

2007 年 10 月 3 日于西二旗

第二版后记

2006 年，我在北京大学经济学院首次开设了“农村金融学”课程。2008 年，应经济学院课程建设所需，《农村金融学》出版，这本教材是我国农村金融学领域第一本规范的、系统的教材，出版后获得了学术界和农村金融业界的好评。近年来，中国农村金融领域发生了很多重要的变化和创新，这些变化和创新必须在教学体系上有所体现。因此，自 2014 年年末，应北京大学出版社的要求，我开始修订该教材。

与初版相比，第二版的改动是相当大的。一方面，我对全书的内容做了精简，篇幅大大压缩，使内容更加精炼、重点更加突出，学生阅读和教师上课的压力也得到了相应缓解；另一方面，结合最近几年学术界的新研究、农村金融业界的新进展以及政府农村金融改革的新举措，本书对我国合作金融、微型金融、民间金融等领域的最新发展变化进行了研究，同时对新兴农村金融市场的一些问题进行了前沿性探讨，其中关于农业保险、互联网金融和农地金融创新等方面的介绍，有助于学习者了解中国乃至世界农村金融领域的最新发展情况。民间金融和微型金融等章节的内容几乎全部改写，读者会发现，第二版中包含了诸多我本人以及学术界的最新研究成果。

本教材分七篇，共十八章，由王曙光主撰，很多同仁和学生参与了第一版部分初稿的写作，其中于凤丽教授承担政策性金融的初稿写作，高伟教授承担农产品期货市场的初稿写作；另外，邓一婷、乔郁、姜晓晓、张杨、金旭毅、杨寒等亦对第一版部分初稿贡献良多。衷心感谢这个研究团队的每位成员对这本教材的辛勤付出。农村金融研究和实践领域的很多朋友为我的研究和田野调查给予了大量宝贵支持，在此一并致以深深的谢意。北京大学经济学院和北京大学出版社的领导及同仁多年来对我的农村金融研究提供了巨大的支持和帮助，谨致谢忱。

王曙光

2015 年 2 月 21 日乙未年正月初三

于北京大学经济学院

第三版后记

2006 年,我在北京大学经济学院首次开设了“农村金融学”课程。2008 年,应经济学院课程建设所需,《农村金融学》出版,这本教材是我国农村金融学领域第一本规范的、系统的教材,出版后获得了学术界和农村金融业界的好评。近年来,中国农村金融领域发生了很多重要的变化和创新,这些变化和创新必须在教学体系上有所体现。2015 年、2022 年,我两次应北大出版社要求修订该教材,以期适应我国农村金融领域崭新的发展需求,并满足高等院校农村金融学教学内容更新的迫切需要。

我大概交代一下第二版和第三版的修订情况:第二版与第一版相比,改动是相当大的。一方面,我对全书的内容做了精简,篇幅大为压缩,使内容更加精炼、重点更加突出,学生阅读和教师上课的压力相应也得到了缓解;另一方面,结合最近几年学术界新的研究、农村金融业界新的进展以及政府农村金融改革的新举措,本书对我国合作金融、微型金融、民间金融等领域的最新发展变化进行了研究,同时对新兴农村金融市场的一些问题进行了前沿性探讨,其中关于农业保险、互联网金融和农地金融创新等方面的介绍,有助于学习者了解中国乃至世界农村金融领域最新的发展情况。民间金融和微型金融等章节的内容几乎全部改写,读者会发现,第二版中包含了诸多我本人以及学术界最新的研究成果。2022 年我在第二版的基础上,又根据农村金融领域新的变化,增加了第十章第六节“微型金融发展与相对贫困地区减贫机制创新”,改写替换了第十四章第五节“我国县域小微企业融资困境纾解方案:基于‘政府—市场关系’视角”,在第七篇中增加了第十九章“我国农业供应链金融的模式创新”。第三版的这些更新,对于学习者跟进我国农村金融发展的前沿动向是非常有益的。

本教材由王曙光主撰。一些学界同仁和学生参与了第一版部分初稿的写作,其中于凤丽教授、高伟教授承担了政策性金融和农产品期货市场的初稿写作,邓一婷、乔郁、姜晓晓、张杨、金旭毅、杨寒等亦对第一版部分初稿贡献良多。衷心感谢研究团队的每个人对这本教材的辛勤付出。农村金融研究和实践领域的很多朋友为我的研究和田野调查给予了大量宝贵支持,在此一并致以深深的谢意。北京大学经济学院和北京大学出版社的领导和同仁们多年来对我的农村金融研究提供了巨大的支持和帮助,谨致谢忱。

王曙光

2023 年 1 月 25 日于北京大学经济学院

教辅申请说明

北京大学出版社本着“教材优先、学术为本”的出版宗旨，竭诚为广大高等院校师生服务。为更有针对性地提供服务，请您按照以下步骤通过**微信**提交教辅申请，我们会在 1~2 个工作日内将配套教辅资料发送到您的邮箱。

◎扫描下方二维码，或直接微信搜索公众号“北京大学经管书苑”，进行关注；

◎点击菜单栏“在线申请”—“教辅申请”，出现如右下界面：

◎将表格上的信息填写准确、完整后，点击提交；

◎信息核对无误后，教辅资源会及时发送给您；
如果填写有问题，工作人员会同您联系。

温馨提示：如果您不使用微信，则可以通过以下联系方式（任选其一），将您的姓名、院校、邮箱及教材使用信息反馈给我们，工作人员会同您进一步联系。

教辅申请表

1. 您的姓名：*

2. 学校名称*

3. 院系名称*

••• •••

感谢您的关注，我们会在核对信息后在1~2个工作日内将教辅资源发送给您。

提交

联系方式：

北京大学出版社经济与管理图书事业部
通信地址：北京市海淀区成府路 205 号，100871
电子邮箱：em@pup.cn
电　　话：010-62767312 /62757146
微　　信：北京大学经管书苑（pupembook）
网　　址：www.pup.cn